Gustav Schmidt
Geschichte der USA

Grundzüge

Herausgegeben
von
Michael Fröhlich

Gustav Schmidt

# Geschichte der USA

Wissenschaftliche Buchgesellschaft

Redaktion: Marit Borcherding
Umschlaggestaltung: schreiberVIS, Seeheim
Umschlagabbildung: Associated Press
Gedruckt auf säurefreiem und alterungsbeständigem Papier
Printed in Germany

**Besuchen Sie uns im Internet: www.wbg-darmstadt.de**

ISBN 3-534-13835-X

# Inhalt

# Vorwort

*The historians of this generation … have a peculiar responsibility as intermediaries between a past that could not foresee the future and a future which may not be able to understand the past.*
(David M. Potter, Essays on History and American Society, S. 156)

Historiker haben gewöhnlich den Vorteil, den Anfangs- und Endpunkt ihrer Geschichte bestimmen zu können. Die Reihe, in der dieses Buch erscheint, legt ihren Schwerpunkt auf eine intensive Darstellung der Gegenwart. Daraus resultierte die Entscheidung, die Vorgeschichte der Unabhängigkeit der USA nur zu streifen. Der Endpunkt verschob sich im Laufe der Verfassung des Manuskriptes von der Clinton- zur Bush-Regierung.

Das Buch versucht, auf einige im Schlussteil behandelte Fragen hinzuführen und Anhaltspunkte für mögliche Antworten anzubieten. In welcher Hinsicht nehmen die USA die Position einer „bisher nie da gewesenen" *(unprecedented)* Supermacht ein? Welche Aspekte der Amerikanisierung wirken anziehend, welche abstoßend? Woran liegt es, dass die Außenwirtschaftspolitik der USA, deren Binnenmarkt einem Weltmarkt gleicht, in den Augen Dritter zum Ärgernis wird? Weist die Sozialpolitik all jene Defekte auf, die dazu berechtigen, die USA zum abschreckenden Beispiel eines „Raubtierkapitalismus" (Helmut Schmidt) zu stempeln?

Die Unterteilung in drei Großphasen erfolgt entlang politischer Kriterien. In einer ersten Zeiteinheit von der Gründung bis zum Ausgang des Bürgerkriegs wurde die Entwicklung davon bestimmt, dass entweder die Unionisten bzw. Nationalisten oder die Einzelstaaten den Bogen überspannten und Verfassungskrisen auslösten. Die europäischen Staaten, die ja immer noch in Teilen des amerikanischen Kontinents präsent waren, nutzten diverse Gelegenheiten, sich in die auch mit militärischen Mitteln ausgetragenen Konflikte einzumischen. Für die zweite Zeiteinheit von der Rekonstruktion über die Überwindung der Großen Depression durch den New Deal bis zum Zweiten Weltkrieg ist die Konsolidierung des Gebiets zwischen Atlantik und Pazifik als amerikanischer Rechts-, Wirtschafts-, Kultur- und Politik-Raum kennzeichnend. In dieser Periode führten die Amerikaner erstmals keinen Krieg auf eigenem Territorium – außer den letzten grausamen Schritten zur Vertreibung und Vernichtung von Indianern. Es ist die Ära des *Triumph of Industrial Capitalism* (Louis Hacker) und der Gegenströmungen, der Suche nach politisch-rechtlicher Beschränkung wirtschaftlicher Machtpositionen (*Search for Order*, R. H. Wiebe). Die USA wurden in dieser Zeit eine „Weltwirtschaft für sich", deren Binnenhandel eine dem Welthandelsaufkommen vergleichbare Größe erreichte. Gleichzeitig wichen die USA einem sicherheitspolitischen Engagement als „europäische Macht" aus, während sie ansatzweise die Rolle einer „pazifischen" Ordnungsmacht übernahmen.

In der dritten Zeiteinheit von 1945 bis heute identifizierte sich die amerikanische Politik in Weltwirtschaft und Weltpolitik gleichermaßen mit der Position als Supermacht, zuerst des Westens und nach Ende des Ost-West-Konfliktes als einzige Globalmacht. In dieser Phase durchschritten die USA die Höhen und Tiefen einer selbstbewussten Vorzeigenation, die im Innern und auf der internationalen Ebene Anlass zur Polarisierung bietet.

In jedem Teil werden die Verlaufslinien der Innen- wie der Außenpolitik, der Binnen- und Außenwirtschaft sowie der sozialen Chancenverteilung kapitelweise und so weit ausdifferenziert dargestellt, wie es in einem Überblick möglich ist. Auf den üblichen Anmerkungsapparat wird verzichtet. Außer ergänzenden Erläuterungen oder Zusatzangaben zum Text enthalten die Anmerkungen nur Nachweise der wörtlichen Zitate.

Wer über Amerika redet, kann große Worte nicht vermeiden. Sie spiegeln starke Gegensätze sowohl in der Sache als auch in der Urteilsbildung der Betrachter wider. Das gilt für das äußere Erscheinungsbild genauso wie für innergesellschaftliche Entwicklungen. Sieht man auf der einen Seite ein übermächtiges Amerika, das den Vorwurf auf sich zieht, allein auf seine Stärke zu vertrauen, so steht dem auf der anderen Seite das Bild einer Gesellschaft gegenüber, die von großen Spannungen gekennzeichnet ist und unerledigte Probleme vor sich herschiebt.

Die Mahnung des ersten amerikanischen Präsidenten George Washington, die junge Republik solle Verwicklungen in Konflikte zwischen Dritten vermeiden, lässt den Weg erkennen, den die USA bisher gegangen sind. Denn heute besteht die Überzeugung, dass sie als stärkste Nation notfalls im Alleingang gegen Urheber menschheitsbedrohender Gefahren intervenieren müssten. Genauer betrachtet gibt es eine beträchtliche Übereinstimmung zwischen der Vorstellung vom gottgegebenen Auftrag in der Phase der Staatsgründung, in Amerika das vollkommene politische Gemeinwesen zu verwirklichen, und dem „Schicksalsauftrag“ des 20. Jahrhunderts, eine neue Weltordnung, gestützt auf den Transfer der in Amerika entwickelten Leitwerte, zu schaffen.[1] „Wie keine andere Nation der Gegenwart verbinden die USA einen weltweiten Machtanspruch und die Fähigkeit zur globalen Machtprojektion mit dem Anspruch eines auserwählten Volkes, die amerikanische Sendungsidee der Freiheit zu erfüllen.“[2]

Der Aufstieg zur unbestrittenen wirtschaftlichen Suprematie untermauert den politischen Anspruch, die erste Nation des 20. Jahrhunderts zu sein. Die für das 20. Jahrhundert typischen Produkte kamen ebenso aus Amerika wie die Leitwerte der demokratischen Gesellschaften. Dieses Jahrhundert wurde zum „Zeitalter Amerikas“, weil die europäischen Mächte die USA einluden, Aufbauhelfer und Garant einer europäischen Sicherheitsordnung zu werden. „Die USA balancieren nicht nur global, sie balancieren bis auf den heutigen Tag auch in Europa.“[3] Europa brauchte die USA als europäische Macht. So konnte eine Konstellation vermieden werden, in der sich alle Augen auf die Politik der Ankermächte Frankreich und Deutschland richteten – wozu auch die Gestaltung der Beziehungen zur russischen Kontinentalmacht gehört hätte.

# I. Von der Unabhängigkeit zum Bürgerkrieg

| | |
|---|---|
| 1776 | Unabhängigkeitserklärung der 13 britischen Kolonien |
| 1778 | Bündnis der Vereinigten Staaten mit Frankreich |
| 1783 | Frieden von Paris: Großbritannien erkennt die Unabhängigkeit an; Ausdehnung des Staatsgebiets bis zum Mississippi |
| 1789 | Bill of Rights; George Washington wird erster Präsident |
| 1803 | „Louisiana Purchase“: Präsident Jefferson kauft das französische Territorium zwischen Mississippi und Rocky Mountains |
| 1803 | Oberster Gerichtshof etabliert gerichtliche Kontrolle der Legislative |
| 1812–1814 | Krieg gegen Großbritannien (Zweiter Unabhängigkeitskrieg) |
| 1820 | Missouri-Kompromiss über die Ausdehnung der Sklaverei nach Westen |
| 1823 | Monroe-Doktrin: Verbot jeder Einmischung europäischer Staaten in Angelegenheiten der westlichen Hemisphäre |
| 1825 | Fertigstellung des Erie-Kanals |
| 1828–1836 | „Jacksonian Democracy“: Auseinandersetzungen um Zollschutz, Staatenrechte, Zentralbank, Indianerrechte |
| 1840–1860 | Erste große Einwanderungswelle: ca. 4,5 Millionen Einwanderer |
| 1846–1848 | Krieg gegen Mexiko; Mexiko tritt Kalifornien und New Mexico an die USA ab |
| 1848/49 | Goldrausch in Kalifornien |
| 1850 | Douglas-Kompromiss: Regelung der Sklavenfrage nach Einzelstaaten |
| 1850–1857 | Fünf neue große Schienenwege durch die Appalachian Mountains |
| 1854 | Gründung der Republikanischen Partei; Commodore Perry öffnet Japan für amerikanischen Handel |
| 1857 | Finanzpanik |
| 1860 | Wahl Abraham Lincolns zum Präsidenten; South Carolina verlässt die Union |
| 1861–1865 | Amerikanischer Bürgerkrieg (Sezessionskrieg): Sieg der Union über die Konföderierten Staaten von Amerika; endgültige Aufhebung der Sklaverei durch den 13. Verfassungszusatz |
| 1862–1869 | Bau der ersten transkontinentalen Eisenbahn |

Die Vereinigten Staaten sind aus dem Unabhängigkeitskrieg der 13 englischen Kolonien gegen das Britische Empire hervorgegangen. Die englische Kolonisation repräsentiert die letzte Phase nach der spanischen und der französischen in der europäischen Erschließung Nordamerikas. Die Vorgeschichte der USA umfasst daher die Geschichte der Auseinandersetzungen der Siedler mit der indigenen Bevölkerung auf der einen und mit den Ansprüchen der europäischen Mächte auf dem amerikanischen Kontinent auf der

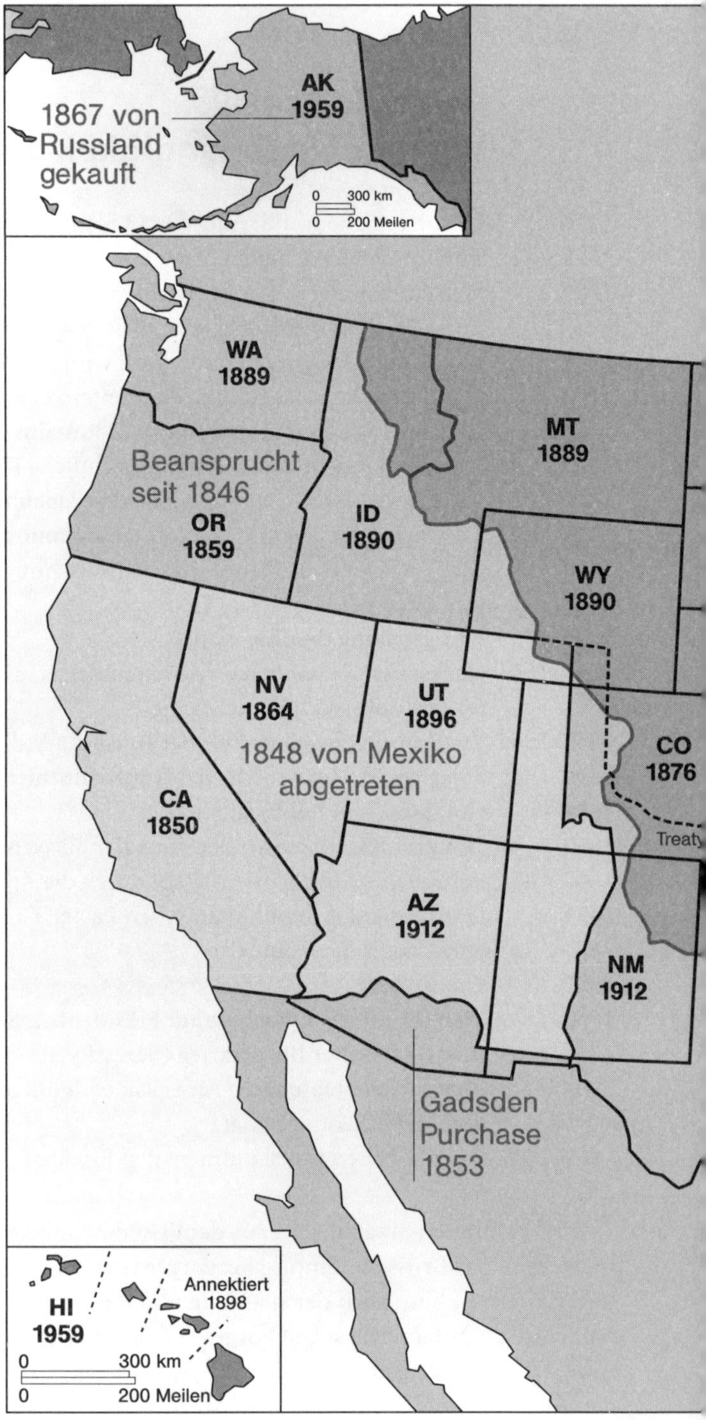


Die territoriale Expansion der Vereinigten Staaten. Die Datumsangaben beziehen sich auf die Ratifizierung der Unionsverfassung (*Constitution* von 1787) durch die Gründerstaaten sowie den Beitritt zur Union.

Beansprucht seit 1818
ME 1820
VT 1791
NH 1788
MA 1783
CT 1788
RI 1790
NY 1788
NJ 1787
PA 1787
DE 1787
MD 1788
OC ORG. 1800
VA 1788
WV 1863
NC 1789
SC 1788
GA 1788
FL 1845
1819 von Spanien gekauft
OH 1803
MI 1837
IN 1816
IL 1818
WI 1848
KY 1792
TN 1796
AL 1819
MS 1817
Gebiet der Vereinigten Staaten nach dem Friedensschluss von 1783
ND 1889
SD 1889
MN 1858
IA 1846
NE 1867
Louisiana Purchase 1803
KS 1861
MO 1821
OK 1907
AR 1836
LA 1812
TX 1845
Annektiert 1845
of 1819
0 300 Kilometer
0 200 Meilen

anderen Seite. Im Unterschied zu Mittel- und Südamerika trafen die Europäer in Nordamerika nicht auf Hochkulturen, das riesige Gebiet zwischen Atlantik und Pazifik bzw. Hudson Bay und Golf von Mexiko war dünn besiedelt. Die Indianer gingen davon aus, dass sie den Europäern nur den Gebrauch ihres Landes überließen, nicht aber den Anspruch auf Nutzung von Grund und Boden für Ackerbau und Viehzucht als bleibendem Besitz. Die französischen Kolonisatoren, die primär am Pelzhandel interessiert waren, stießen ins Landesinnere entlang dem St.-Lorenz-Strom im Nordosten und dem Mississippi im Westen vor. Sie versuchten das St.-Lorenz-Tal bis zum Michigan-See und das riesige, nach Louis XIV. benannte Louisiana-Mississippi-Gebiet zu beherrschen. Zu diesem Zweck schlossen sie mit den mächtigen Indianerstämmen Militär- und Handelsbündnisse. Anders die englischen Kolonisatoren. Ihnen ging es nicht nur um Tauschgeschäfte – Ausdruck dafür war die Hudson Bay Company –, sondern auch um eigenständige Niederlassungen und Siedlungskolonien. Diese weißen Siedler betrachteten die Landnahme als Besitzerwerb. In zwei blutigen Kriegen – *Pequot War* 1636/37 (Schlachten am Mystic River und Connecticut River) und *King Philip's War* 1675–77 – brachen sie den Widerstand der gegen die Eigenmächtigkeiten der Zuwanderer ankämpfenden Indianerstämme.

Bei den Kriegen zwischen Frankreich und England auf nordamerikanischem Boden gewannen die Franzosen die Unterstützung der Indianer. Die Milizen der Kolonien hingegen kämpften in dem 1752 im Ohio-Tal ausbrechenden Krieg auf englischer Seite. Auf Grund der Niederlagen der Französisch-Habsburgerischen Allianz gegen das von England unterstützte Preußen im Siebenjährigen Krieg und der erfolgreichen britischen Feldzüge gegen Quebec (1759) und Montreal (1760) musste Frankreich im Frieden von 1763 seinen gesamten nordamerikanischen Besitz bis auf St.-Pierre-et-Miquelon an England abtreten. Dadurch verloren die Indianer einen wichtigen Schutzpatron. Als Sieger erhielt die englische Krone das vormals französische Gebiet, d.h. das heutige Quebec und Ontario sowie Louisiana östlich des Mississippi. Das Gebiet westlich davon und New Orleans bekam Spanien von Frankreich als Preis für den Kriegseintritt. Darüber hinaus beanspruchte die britische Krone das Recht, den Expansionsdrang der Siedler ihrer amerikanischen Kolonien zu beschränken. Vor dem Hintergrund eines bis 1766 andauernden Aufstandes der im Ohio-Tal und an den Großen Seen lebenden Indianer unter Führung des Ottawa-Häuptlings Pontiac verbot eine königliche Proklamation vom Oktober 1763 den weißen Siedlern, westlich der als Grenze festgelegten Wasserscheide des Appalachen-Gebirges zu siedeln. England wollte seine in Nordamerika verbleibenden Streitkräfte nicht als Schutztruppe des Westwärtsdrangs der Kolonisten verschleißen.

Im nachfolgenden Unabhängigkeitskrieg kämpften die Indianer nach Ansicht der „Amerikaner" eher auf britischer Seite. Sie wurden von ihnen dementsprechend als Verlierer behandelt. In den Vertragsverhandlungen unternahm die britische Regierung keine Anstrengung, die Rechte der Indianer wirksam vertraglich zu schützen. Die Konföderation setzte sich auch über Wünsche des spanischen Verbündeten hinweg, den Indianern das Gebiet zwischen Appalachen und Mississippi zu überlassen. Im Frieden von Paris 1783 wurde der Mississippi zur neuen Westgrenze der USA bestimmt. Südlich der 13 Kolonien und westlich des Mississippi bis nach Kalifornien brachte sich die spanische Kolonialmacht in Erinnerung, Louisiana und die Schifffahrts- und Hafenrechte waren in spanischer

Hand. Im Tausch gegen das 1762 an England verlorene Kuba trat Spanien Florida an England ab. Florida wechselte 1800 vorübergehend wieder in spanischen Besitz. Louisiana, d.h. das Gebiet zwischen Mississippi, Red River und Rocky Mountains, sowie New Orleans musste Spanien im Oktober 1800 an Napoleon zurückgeben, der es dann im Frühjahr 1803 an Präsident Jefferson verkaufte. Da Spanien durch die Befreiungskriege in Südamerika gebunden war und der spanische König befürchtete, bei dem Gebietsschacher zwischen Frankreich, England und den USA übervorteilt zu werden, trat er 1819 das Gebiet östlich des Mississippi (Ost- und West-Florida) an die USA ab. Dafür erhielt er sowohl eine Kaufsumme von 5 Millionen Dollar als auch die Zusicherung der amerikanischen Regierung, auf Annexionspläne gegenüber Texas zu verzichten. Im Gegenzug erkannte Spanien das Gebiet nördlich des 42. Breitengrades, die Südgrenze des *Oregon Territory*, als amerikanisches Einflussgebiet an. Ein Jahr zuvor, 1818, hatten Großbritannien und die USA den 49. Breitengrad als Nordwestgrenze gegenüber Britisch-Kanada festgelegt und sich bezüglich des *Oregon Territory* bis zum 54. Breitengrad auf eine gemeinsame Verwaltung geeinigt. Schließlich wurde das Oregongebiet 1846 entlang des 49. Breitengrades zwischen den USA und Großbritannien geteilt. Nach dem verlorenen Krieg trat Mexiko 1848 Kalifornien, Nevada, Utah, New Mexiko, Arizona sowie Teile Wyomings und Colorados an die USA ab.

## Auf dem Weg zur Unabhängigkeitserklärung

Für die künftige Entwicklung der USA war bedeutsam, dass die englischen Kolonien drei struktur- und mentalitätsbildende Eigenschaften vorwiesen.

Zum einen erwarben die Siedler Grund und Boden als Eigentum. Dank der Möglichkeit, ins Landesinnere weiterzuziehen, konnten Nachfahren, Zuwanderer und die auf Kontraktbasis *(indentured labour)* eingeführten abhängigen Arbeitskräfte nach Ablauf ihrer Frondienstzeit Land als Privateigentum erwerben.

Des Weiteren konnten religiöse Gruppen, meistens Minderheiten, in Nordamerika eigene Gemeinwesen gründen, die stark unterschiedliche politisch-soziale und wirtschaftliche Binnenstrukturen entwickelten. Die königlichen Charter gestanden den Gründern Selbstverwaltungsbefugnisse in ihrer Kolonie zu.

Drittens schließlich bildete sich in den landwirtschaftlichen Monokulturen der südlichen Kolonien (Virginia, Carolina) – zuerst Tabak und Reis, später Baumwolle – die so genannte besondere Einrichtung heraus: das System der Sklavenhaltung. Dem Einsatz schwarzer Arbeitskräfte verdankten die Plantagenbesitzer einen dauerhaften Reichtum. Um 1770 stellten die Sklaven ein Fünftel der Gesamtbevölkerung der 13 Kolonien von etwa 2,5 Millionen. Den Schwarzen* wurde jeglicher Rechtsstatus als Person aberkannt.

* Gemäß dem bis in die 1950er-Jahre vorherrschenden Sprachgebrauch verwende ich den Begriff „Schwarze". Eine Rückdatierung des seit den 1960er-Jahren verbindlichen Terminus „Afro-Amerikaner" würde die Unterschiede im Personenstatus und den Denkgewohnheiten verwischen. Viele radikale bzw. militante *blacks* bevorzugen noch heute den Ausdruck „Schwarze".

- *Virginia* (1624), aus der ersten englischen Siedlung in Jamestown hervorgegangen, war anglikanisch. Zunächst vom Tabakanbau geprägt, bildeten Obstanbau, Pelzhandel, Rinderzucht, aber auch Eisengewinnung die Grundlagen des Wirtschaftslebens.
- Die 1620 nach Plymouth einwandernden *Pilgrim Fathers* legten den Grundstein für das puritanische *Massachusetts* (1691). Eisengewinnung, Fischfang (Heringe, Kabeljau), Holzwirtschaft gehörten zu den prägenden Wirtschaftsbereichen.
- Der katholische Lord Baltimore begründete in den 1630er-Jahren *Maryland* (1632). Hier waren Obst- (Pfirsiche) und Getreideanbau anzutreffen.
- *Carolina*, 1663 von Karl II. an treue Helfer bei der Restauration der Monarchie zur Landaufteilung übertragen, verknüpfte freie Religionsausübung mit der Bestimmung, dass Besitzrechte die Voraussetzung für politische Mitsprache bilden. Das ärmere *North Carolina*, zunächst von Siedlern Virginias als Schutzzone eingerichtet, war seit 1691 vom reichen *South Carolina* verwaltungsmäßig getrennt. Der Süden verdankte seinen Reichtum in erster Linie dem Reisanbau (seit 1696), aber auch Indigo und Seide sowie der Viehzucht. Im Norden gab es Rinder- und Schweinezucht, Pelzhandel und Tabakanbau.
- *New Hampshire* wurde 1679 von Karl II. als Kolonie unter königlicher Verwaltung errichtet, um die Expansion Massachusetts' nach Norden zu unterbinden. Die Rumherstellung ist für dieses Gebiet kennzeichnend.
- Von William Penn wurde in den 1680er-Jahren die Quäkerkolonie *Pennsylvania* (1681) gegründet. Neben Getreideanbau förderte man hier Kupfer und Eisen.
- *New York* ging 1664 aus holländischem Besitz *(Neu-Amsterdam)* in englische Hand über. Felle und Flachs gehörten zu den wichtigsten Wirtschaftsgütern.
- *Delaware* entstand aus den drei Bezirken Pennsylvanias, denen die nach internen Auseinandersetzungen vereinbarte *Charta of Privileges* 1701 das Recht auf eigene Repräsentationsversammlungen zugestanden hatte. Der Obstanbau (Äpfel) lieferte die Exportprodukte.
- *New Jersey* (1664) war presbyterianisch ausgerichtet. Schafzucht und Weizenanbau standen an erster Stelle des Güterangebotes.
- In *Rhode Island* (1661) und *Connecticut* (1663) ließen sich puritanische Dissidenten nieder. Die parlamentarische bzw. königliche Charta sicherte Gewissensfreiheit und die Trennung von Staat und Kirche zu. Für Rhode Island war die Pferdezucht, für Connecticut der Maisanbau kennzeichnend.
- *Georgia*, 1732 zum Schutz der *Carolinas* gegen spanische (Florida) und indianische Überfälle gegründet, war eine Art Sträflingskolonie: General James Ogelthorpe setzte Sträflinge aus dem Mutterland in den als unwirtlich geltenden Gebieten ein. Hauptprodukte waren Indigo, Reis, Felle und Häute.

„Sklaverei auf Lebenszeit war in den 1640er-Jahren eingeführt worden. Nach einem Gesetz von 1670 bestimmte der Status der Mutter (frei oder versklavt) den ihrer Kinder."[1] Die Verfassung von 1787 überantwortete die Handhabung der Sklavereifrage den Einzelstaaten. Im Verfassungskongress von 1787 kam es zu dem Kompromiss, wonach der Norden für weitere 20 Jahre auf die Einschränkung des Sklavenimports verzichtete, während der Süden den vom Norden gewünschten Navigationsgesetzen zustimmte. Mit Letzterem wollte Hamilton Waffengleichheit mit England erreichen.

Als ersichtlich wurde, dass die Kolonien wertvolle Produkte wie Fisch, Holz, Tabak, Pelze und Farbstoffe lieferten und Fertigwaren in großem Umfang abnahmen, wollte sich das Mutterland die ökonomischen Vorteile auf Dauer sichern. Mit Hilfe der Navigationsgesetze, die die britische Seeherrschaft gegenüber Holland, Frankreich und Spanien durchsetzen sollten, richtete England den bilateralen Handel mit Nordamerika und vor allem den lukrativen Dreieckshandel unter Einschluss der karibischen Kolonien sowie der Mittelmeeranrainer und der Elfenbeinküste an den Wirtschaftsinteressen der Metropole aus. Die 13 Kolonien absorbierten um 1760 ca. 25% der englischen Exporte. Ihr Außenhandel mit England und der Karibik war umfangreicher als das Handelsvolumen zwischen den Kolonien untereinander.[2] Ein wichtiges Instrument zur Ausschaltung von Konkurrenz und unabhängigen Austauschbeziehungen der Kolonien mit Drittländern war die Bestimmung, dass die *Vice Admiralty Courts* 1696 die Vollmacht erhielten, allein zu befinden, ob Schmuggel oder Piraterie vorläge. Damit konnte man eventuelle „amerikanische" Versuche unterdrücken, lukrative Handelsware *(enumerated goods)* wie Indigo, Reis, Tabak, Pelze und Wolle, die nur nach England exportiert werden durften, auch auf Drittmärkten, z.B. im Mittelmeerraum, zu verkaufen. Andere gesetzliche Bestimmungen verboten den Kolonien, Waren herzustellen, die auf ihrem Binnenmarkt oder auf Drittmärkten mit englischen Erzeugnissen – Eisenwaren, Häute, bestimmte Textilien – in Wettbewerb treten könnten.

Die Kolonien, deren Wirtschaftsleistung um 1760 auf etwa 40% des Bruttosozialproduktes des Mutterlandes angestiegen war, fühlten sich als Opfer des britischen Merkantilsystems, insbesondere der Beschränkung ihrer Schifffahrtsdienste und in der freien Wahl lukrativer Absatzmärkte. Daher entschied der amerikanische Kontinentalkongress, parallel zur politischen Unabhängigkeitserklärung durch einen Modellhandelsvertrag 1776 die Basis für die wirtschaftliche Selbstbehauptung zu schaffen. Aus dem Studium der bestehenden europäischen Handelsverträge leitete der beauftragte Kongress-Ausschuss die Bestimmungen über Rechte der Neutralen ab, welche die europäischen Mächte möglicherweise den USA in Handelsabkommen zugestehen könnten. Den USA gelang der Abschluss solcher Verträge in der Zeit des Unabhängigkeitskrieges nur mit Holland und nach dem Frieden von 1783 mit Schweden, Russland und Preußen. Spanien und England, die beiden das „US"-Gebiet umschließenden europäischen Kolonialmächte, ließen sich vor 1814 nicht auf das amerikanische Prinzip des möglichst unbeschränkten Außenhandels und der umfassenden Geltung der Rechte von Neutralen in Kriegszeiten ein.

Die Unterwerfung der Kolonien unter die Monopolansprüche des englischen merkantilistischen Systems konnte nur gelingen, wenn das Mutterland die Rechtshoheit in den Kolonien stärker an sich zog, also die im Rahmen der Charters gewährte und in der Praxis ausgeübte Toleranz gegenüber den in den einzelnen Kolonien unterschiedlich ausgeprägten Selbstbestimmungsrechten aufgab. Mit Ausnahme von Pennsylvania, Maryland, Rhode Island und Connecticut wurde den englischen Kolonien der Status einer königlichen Kolonie *(royal colony)* auferlegt. Der vom König ernannte und entsandte Gouverneur wurde Statthalter der Krone, d.h. oberste Gerichtsinstanz und Fiskalgewalt. Den Kolonisten gelang es freilich, parlamentarische Vertretungsrechte zu erreichen oder beizubehalten. Unabhängig von der Frage der Loyalität gegenüber dem Mutterland verlangten die mit den europäischen Geistesströmungen und Verfassungsverhältnissen vertrauten kolonialen Eliten das Recht ihrer gewählten Vertreter auf Mitentscheidung in Steuerfragen sowie die Niederschrift von Grundrechten analog zur englischen *Bill of Rights* von 1688.

Die Auseinandersetzungen zwischen den Gouverneuren als Vertreter der Krone und den parlamentarischen Versammlungen waren gleichsam die Übungsstätte für den Verfassungskonflikt, der schließlich in den Unabhängigkeitskrieg überleitete. Als das englische Parlament mit seinen Steuererhebungsgesetzen die Auffassung verfocht, dass die Kolonisten politisch unmündige, Abschöpfungsmaßnahmen unterworfene Mitglieder eines zentral gelenkten britischen Empire sein sollten, gaben auch die gemäßigten Kräfte in den amerikanischen Kolonien die Hoffnung auf, dass Krone und Parlament in London ausgleichswilliger sein könnten als viele Gouverneure es waren. Die Gemäßigten konnten den Argumenten der „Rebellen", dass eine freie Gesellschaft die Staatsform der unabhängigen (Einzel-!)Republik erfordere, umso weniger entgegensetzen, je mehr die Krone die Mitwirkungsrechte der Kolonial-Repräsentanten negierte. Das der Krone vorgehaltene Sündenregister bildete die zweite Säule der von Jefferson verfassten Unabhängigkeitserklärung. Parlament und Krone fühlten sich hingegen im Recht, weil das Mutterland die gemeinsamen Gegner – Frankreich, Spanien, die Indianer – in den Kriegen besiegt habe, also dürfe London zur Minderung des dadurch entstandenen Schuldenbergs (ca. 133 Mio. Pfund Sterling im Jahre 1761) die bislang milde gehandhabte Steuerpflicht der Kolonisten voll in Anspruch nehmen.

Der Unabhängigkeitskrieg mit Großbritannien resultierte aus der Auflehnung gegen die drei geschilderten Entwicklungen:

1. Die Forderung „keine Steuer ohne Mitwirkung durch eigene Repräsentanten" *(No Taxation without Representation)* bedeutete de facto den Anspruch auf Gleichberechtigung der Kolonialbürger mit den englischen Steuerzahler-Bürgern. Krone und Parlament waren zur Aufhebung des Status-Unterschieds oder zur Gewährung von Selbstregierung bei formeller Anerkennung der Souveränität der Krone nicht bereit.
2. Die wirtschaftlichen Beschränkungen durch die Zwangsmitgliedschaft im Merkantil-System standen im Gegensatz zu der Erwartungshaltung der amerikanischen Exporteure, Händler und Schifffahrt, welche die Drittmärkte direkt statt über Re-Exporte aus England beliefern wollten.
3. Schließlich wollten sich die Siedler das Vordringen in die Gebiete jenseits der Appalachen-Wasserscheide nicht von der englischen Krone verbieten lassen.

Die Vielzahl der steuertechnischen Maßnahmen, mit denen das Mutterland vorhatte, seine Hoheitsansprüche in klingende Münze umzusetzen, erinnerte die Einwanderer an die Schikanen, die sie in ihren europäischen Herkunftsländern erfahren hatten. Die Stempelsteuer (*Stamp Act,* 1765) sollte nicht nur Mittel eintreiben, um ein Loch im britischen Staatshaushalt stopfen zu helfen. Vielmehr wollte das Kabinett Grenville zur Eintreibung der Steuer eine eigene königliche Bürokratie in Amerika aufbauen. Außerdem wurden die parlamentarischen Versammlungen der Einzelstaaten verpflichtet, Unterkünfte für die britischen Truppen bereitzustellen *(Quartering Act)*. Diese Trias – direkte Besteuerung, direkte Steuereintreibung, Zwangsbelegung von Wohnraum für britisches Militär – erschien wie ein Oktroi, gegen den die Kolonisten sich prinzipiell zur Wehr setzen müssten. Das Protestverhalten kam im Parlament von Massachusetts am deutlichsten zu Ausdruck. Es konstatierte nicht nur die Verfassungswidrigkeit der britischen Maßnahmen, sondern ergriff auch die Initiative zur Einberufung eines interkolonialen Kongresses.

In Massachusetts griff der Protest auf die Straße über: Angriffe auf englische Steuerbeamte, Boykott englischer Waren und Verbrennung von Attrappen, die britische Symbole nachbildeten, waren an der Tagesordnung. Das englische Parlament erfüllte zwar 1766 das Ersuchen des *New York Stamp Act Congress* vom Oktober 1765 um Aufhebung des strittigen Gesetzes, doch bekräftigte der neue Premierminister Lord Rockingham den Standpunkt der unteilbaren Souveränität. Das bedeutete das ausschließliche Recht des englischen Parlaments, Gesetze zu verabschieden, die für die Kolonien in jedem Regelungsbereich unmittelbare Rechtskraft erlangten. In Anbetracht der unverändert schlechten britischen Haushaltslage machte das Londoner Parlament mit den Townshend-Zöllen u. a. auf Tee einen erneuten Versuch, Geldmittel einzutreiben und die Stellung der Versammlung gegenüber dem Gouverneur und seiner Administration zu schwächen. Das Parlament von Massachusetts sprach von unzumutbaren Handlungen und Verordnungen (1765) und einige Radikale wie Samuel Adams propagierten offen die Unabhängigkeit von Großbritannien.

Mit dem *Tea Act* vom Mai 1773 heizte die britische Regierung die Situation erneut auf: Mitte Dezember 1773 kam es zur so genannten *Boston Tea-Party*, als etwa 60 als Indianer verkleidete *Sons of Liberty* die Schiffe der *East India Company* enterten und Tee im Wert von 10 000 Pfund Sterling vernichteten. London wollte Massachusetts zu Schadensersatz für die Versenkung der Teeladung zwingen, die Krone hob die Charter von Massachusetts auf und verhängte den *Massachusetts Government Act.* Damit schien die Grenze des Zumutbaren überschritten. Jefferson, Hamilton (New York), Wilson (Pennsylvania) und John Adams (Massachusetts) traten für die Einberufung eines Kontinental-Kongresses ein, damit die Kolonien mit einer Stimme sprechen und sich gegen Diktate des britischen Parlamentes gegenüber den Kolonien wehren könnten.

Noch war allerdings die Stimmung für den weitestgehenden Schritt, die Erklärung der Unabhängigkeit und Ausrufung einer Republik, nicht vorhanden, aber unter dem Druck der öffentlichen Proteste beschloss der erste Kontinentalkongress im September 1774, eine Kontinentalvereinigung *(Continental Association)* zu gründen, um Massachusetts durch Beteiligung an den Boykottmaßnahmen Beistand im Wirtschaftskrieg gegen England leisten zu können. Weitere englische Aktionen wie die Verstärkung der Truppen im November 1774 und die Weisung an General Gage in Boston, die Rädelsführer zu verhaften, veranlassten die Delegierten, am 10. Mai 1775 ein zweites Mal zum *Continental Congress* zusammenzutreten. Dieses Mal fassten die Abgesandten den Entschluss, durch Zusammenlegung der verfügbaren Miliz-Kontingente eine gemeinsame Streitmacht unter dem Oberbefehl von George Washington zu schaffen; sie nannten sich Truppen der Vereinigten Staaten von Amerika. Im April 1775 war es bei Concord und Lexington zu ersten Gefechten gekommen, als britische Soldaten ein Waffendepot der Miliz von Massachusetts auflösen wollten. Mit der Weisung an den New Yorker General Philip Schuyler, die kanadischen Kolonien, die sich dem Protest nicht anschließen wollten, zu erobern, ließ der Kongress seinerseits den Konflikt eskalieren.

In Reaktion auf die Repressionsmaßnahmen der Gouverneurs-Administration gegen die Rebellen griffen James Otis, Thomas Jefferson[3] u.a. Gebildete zur Feder und formten aus dem gewachsenen Selbstständigkeitsbewusstsein der einzelnen Kolonien das Gedanken- und Argumentationsgerüst eines *American Way of Life* und einer politischen Ordnung, die der Welt als Vorbild dienen sollte.[4] Die Einzelstaaten gaben sich neue Verfassungen, in denen Regieren als Dienst an der Gesellschaft und Regierung als Treuhänder des Volkes bezeichnet wurden. Als Demokratiegründung, die dem einfachen Mann *(common man)* politische Mitwirkungsrechte zusicherte, war die amerikanische Republik eine neue, „revolutionäre" Erfindung. Als Kampagne gegen die Tyrannei der britischen Monarchie war der Unabhängigkeitskrieg ein revolutionärer Akt: Befreiung von überseeischer Fremdbestimmung und Aufstand der Untertanen gegen den *King in Government.*[5] Die britische Haltung schwankte zwischen Nachgiebigkeit – also Zurücknahme oder Abschwächung der Steuergesetze und Verhandlungsbereitschaft – und Härte. Deren Befürworter behielten mit dem unschlagbaren Argument die Oberhand, man könne die Kolonien entweder verloren geben oder unterwerfen (König Georg III.), also sollte man Letzteres betreiben. Das Empire experimentierte weiterhin lieber mit Zwangsmitteln als zu versuchen, durch Zugeständnisse den Radikalen auf der Gegenseite den Wind aus den Segeln zu nehmen. Mit Verhaftungswellen von Rädelsführern und der Entsendung zusätzlicher Truppen nach Amerika im November 1774 vollzog Großbritannien den Schritt, der die Solidarisierung der Kolonien mit Massachusetts als Zentrum der Rebellion erheblich voranbrachte. Den Gemäßigten um Joseph Galloway, die um den inneren Frieden und die Besitzverhältnisse besorgt waren, blieb angesichts der Intransigenz des britischen Parlaments kaum Spielraum für die Verfolgung der Idee, mit England über Gleichberechtigung innerhalb des Empire zu verhandeln. Sie wollten damit die politischen, diplomatischen und militärischen Vorbereitungen auf den ersten englisch-amerikanischen Krieg aufhalten.

Der Unabhängigkeitskrieg wirkte aber auch deshalb wie eine Revolution, weil er die Oberschichten zu einer Parteinahme für oder gegen bewaffneten Widerstand zwang.[6] Wer zu den Loyalisten zählte und vertrieben wurde oder nach Kanada oder England flüchtete, verlor Hab und Gut. Dank der Versteigerung der konfiszierten Güter gelangten die Verfechter der unabhängigen Republik zu Reichtum. Nach Robert R. Palmers Definition *(The Age of Democratic Revolution)* bilden die Zahl der Exilanten bzw. Emigranten und die erzwungene Enteignung privaten Besitzes und Vermögens *(property)* einen wichtigen Gradmesser des gesellschaftlichen Umsturzes. Mit dem Verlust von ca. 80–100 000 Loyalisten, unter ihnen Offiziere, Beamte und Besitzende, liegt der Anteil der Vertriebenen und Geflüchteten an der Gesamtbevölkerung höher als die Vergleichszahl für die Opfer der Französischen Revolution. Es ist eine zweite Frage, ob die Loyalisten überwiegend den Oberschichten angehörten. Einiges spricht dafür, dass sie auch aus den Mittel- und Unterschichten kamen.[7]

Wichtig wurde, dass der Unabhängigkeitskrieg politische Vorstellungen verfestigte, die in verschiedenen Fragen nachwirkten: Die Einzelstaaten wollten keinen bundesstaatlichen Zentralismus an die Stelle der britischen Monarchie gesetzt sehen. Die in den Parlamenten stärker vertretenen Farmer und Handwerker artikulierten ihr Interesse an der Abschaffung wirtschaftlicher Privilegien und Monopole, an billigen Krediten und an Papiergeld. Sie brachten damit zum Ausdruck, dass die Regierung nicht in den Dienst der Besitzenden und Gläubiger, kurzum: der *American Aristocracy*, gestellt werden dürfe. Die gegensätzlichen Interessen wurden offen und gruppenmäßig in den Parlamenten der Einzelstaaten organisiert sowie in den Zeitungen und bei öffentlichen Versammlungen ausgetragen.

Auf die „Amerikaner" wirkte es wie ein Tort, dass die britische Regierung fremde – deutsche – Söldner anwarb, um den Konflikt mit dem als Rebellion deklarierten Widerstand der Kolonien im August 1775 gegen die Serie von Steuer- und Strafmaßnahmen für sich zu entscheiden. Am 7. Juni 1776 stellte Henry Lee den Antrag, der Kongress möge die Kolonien zu freien und unabhängigen Staaten erklären, eine Konföderation vorbereiten und ausländische Mächte um Hilfe gegen England ersuchen. Benjamin Franklin, John Adams, Roger Sherman, Robert Livingston und Thomas Jefferson wurden mit der Ausarbeitung beauftragt. Mit den Stimmen von 12 Staaten beschloss der Kongress am 2. Juli 1776 die Unabhängigkeit, am 4. Juli machte er sich die von Jefferson entworfene Unabhängigkeitserklärung zu Eigen, New York stimmte nachträglich zu.

Die Unabhängigkeitserklärung wurde in Formulierungen mit universalem Anspruch verfasst[8] und enthält insofern den Keim für den späteren, mit den Namen Woodrow Wilson und Franklin Delano Roosevelt, aber auch Dwight D. Eisenhower und George Bush assoziierten „Internationalismus", als die Prinzipien einer multilateralen Weltordnung den Wertekanon des amerikanischen *civic nationalism*[9] widerspiegeln sollten. Diese Schlüsselbekenntnisse umfassen a) die allgemeinen Menschenrechte und b) das Postulat guten Regierens: a) Alle Menschen sind gleich geschaffen und von ihrem Schöpfer mit gewissen unveräußerlichen Rechten ausgestattet. Dazu gehören Leben, Freiheit, Streben nach Glück *(pursuit of happiness)*, aber auch Gleichwertigkeit von Lebenschancen *(equality of opportunity)*, b) zur Sicherung dieser Rechte müssen Regierungen eingerichtet werden, die ihre rechtmäßige Macht aus der Zustimmung der Regierten herleiten. In der Präambel der Unionsverfassung von 1787 wurden die Aufträge an das Regieren im Hinblick auf das Leitziel *to form a more perfect Union* präzisiert: Herstellen von Gerechtigkeit, Gewährleistung innerer Friedfertigkeit, Vorsorge für gemeinsame Verteidigung, Beförderung des Allgemeinwohls und Schutz der Freiheits- und Bürgerrechte.

## Unabhängigkeitskrieg und Gründung der Union

Vorerst diente die Unabhängigkeitserklärung der Einstimmung auf den Kampf um die Freiheit. Der Unabhängigkeitskrieg, der erste Englisch-Amerikanische Krieg, machte noch einmal deutlich, wie eng das Geschehen auf dem amerikanischen Kriegsschauplatz und an den politisch-diplomatischen Fronten mit den Entwicklungen im Kampf zwischen England und Frankreich um die Hegemonie in Europa und weltweit (Südasien/Indien) verflochten war. Die 13 unabhängigen Kolonien hatten einen festen Freundschaftsbund geschlossen, der angenommene Name Vereinigte Staaten von Amerika konstituierte einen multiplen Akteur, keinen Staatenbund mit Exekutivgewalt. Die 13 unabhängigen Staaten, die sich erst im November 1777 endgültig auf die *Articles of Confederation* einigten,[10] waren nicht nur auf auswärtige Militär- und Finanzhilfe angewiesen, welche von Frankreich und den Niederlanden geleistet wurde, sondern mussten durch militärische Erfolge auch beweisen, dass sie bündnisfähig waren. Der Sieg Washingtons bei Saratoga nahe Albany im Oktober 1777 veranlasste das auf Revanche gegen England erpichte Frankreich, mit der nunmehr bestehenden Konföderation über einen Beistandspakt zu verhandeln. Dieser wurde im Februar 1778 formell besiegelt. Frankreich erkannte die USA als souveränen Staat an. Das Militärbündnis wurde durch einen Freundschafts- und Handelsvertrag ergänzt. Die britischen Rückschläge auf dem amerikanischen Kriegsschauplatz waren einer der Gründe, warum Frankreich – unter Vergennes – im Juni 1778 den Krieg mit England wieder eröffnete. Die Niederlande und Spanien, mit Kolonialinteressen in Mittel- und Südamerika und/oder Süd- und Südostasien, unterstützten Frankreich.

Im Krieg mit den USA versuchten die englischen Feldherren – die Generäle Howe, Burgoyne, Clinton und Cornwallis –, den Gegner auch von innen her zu schwächen. Sie setzten nicht nur die Loyalisten und deutsche Einwanderer als Soldaten ein, sondern ermunterten auch die Sklaven zum bewaffneten Widerstand oder wenigstens zur Flucht und umwarben Indianerstämme als militärische Verbündete. Weil die Briten ihre Verbündeten jedoch nicht effektiv schützen konnten, versiegte diese Kraftquelle. Mit der Verstärkung ihres Kontingents um 5500 Mann im Sommer 1780 veränderten die Franzosen die militärische Balance auf dem nordamerikanischen Kriegsschauplatz entscheidend. Dank eigenen strategischen Geschicks zwangen schließlich die verbündeten Streitkräfte den britischen Feldherrn Lord Cornwallis am 19. Oktober 1781 zur Kapitulation. Die Enttäuschung in London über den Verlust in Nordamerika wurde dadurch kompensiert, dass England Indien als „Juwel" des zweiten Empire gewann.

Die Konföderation siegte, obwohl ihrem Oberbefehlshaber Washington selten mehr als eine aus Milizen hervorgegangene Armee von 18 000 Mann zur Verfügung stand. Der Feldherr musste die Staatenregierungen wiederholt drängen, Anleihen bei den europäischen Verbündeten aufzunehmen, weil die Einzelstaaten der Konföderationsarmee keine ausreichenden Geldmittel zur Verfügung stellten. Gemäß den *Articles of Confederation* standen der Konföderation Matrikularbeiträge der Einzelstaaten zu, die jeweils selbst entschieden, ob und wenn ja, welche Art von Steuern sie erheben oder erhöhen wollten oder ob sie Schuldverschreibungen bevorzugten und damit vom Wertverfall bedrohtes Papiergeld in Umlauf brachten.

In Kenntnis dieser eigenen Schwächen und aus Furcht, dass die europäischen Kriegsgegner sich ohne große Rücksichtnahme auf den noch nicht allseitig anerkannten Staat auf einen Friedensvertrag einigen könnten, war den USA an der Aufnahme von Verhandlungen mit London sehr gelegen. Es lag auf der Hand, dass Spanien, besorgt um die Auswirkungen des amerikanischen Erfolgs auf Befreiungsbewegungen in Lateinamerika, und Frankreich – in Überschätzung seines Anteils am Sieg des amerikanischen Verbündeten – kein Interesse daran haben konnten, der Expansion der USA Vorschub zu leisten. Die britische Regierung rang sich dazu durch, die USA diplomatisch anzuerkennen. Das war der erste Schritt auf dem Weg zum größeren Ziel, die Allianz zwischen den USA und Frankreich aufzubrechen und Markt- und Handelschancen in der *Western Hemisphere* zu behaupten. Da London befürchtete, dass die europäischen Gegner ihre Position verbessern könnten, je länger England durch die ungeklärte Situation in Nordamerika belastet bliebe, kam das englische Interesse dem amerikanischen an einem Abschluss der Verhandlungen entgegen.

Es war allerdings schwierig, die im April 1782 in Paris eröffneten Friedensverhandlungen aufeinander abzustimmen. Die amerikanischen Unterhändler in London hatten zuvor in Paris (Franklin) und Madrid (Jay) verhandelt. Sie besaßen den besten Einblick in das diplomatische Schachern um Gebietsansprüche, das Eintreiben von Guthaben (z.B. der Briten bei amerikanischen Schuldnern) und Bündniskonstellationen. John Adams, Franklin und Jay nutzten ihr Prestige, um auf eigene Faust die Chancen zur Verständigung mit der britischen Regierung zu testen (Präliminarvertrag von Ende November 1782). London bestand auf der Zugehörigkeit Kanadas zum Britischen Empire, gestand den USA jedoch die Ausdehnung nach Westen bis zum Mississippi zu. Das Gebiet der USA reichte fortan von den großen Seen bis zum 31. Breitengrad im Süden.

Inneramerikanische Kritik, etwa am Verzicht auf Kanada, und Quertreibereien Frankreichs, das den USA wegen des Präliminarfriedensvertrags mit dem gemeinsamen Feind England einen Verstoß gegen Geist und Buchstaben der Allianz vorwarf, hielten den endgültigen Vertragsabschluss auf. Die Unterzeichnung des britisch-amerikanischen Vertrags erfolgte am 3. September 1783 im Rahmen des Pariser Vertragswerkes. Gleichsam als letzten Akt des Unabhängigkeitskriegs kann man George Washingtons Rückgabe des Oberbefehls an den Kongress im Dezember 1783 ansehen.

Mit der Selbstbehauptung sowohl an der diplomatisch-internationalen als auch an der militärischen Front hatte die Konföderation die Zerreißprobe bestanden, doch blieb sie gefährdet. Der Hauptverbündete, Frankreich, pflegte Beziehungen mit den amerikanischen Einzelstaaten. Die Einzelstaaten, die keine Zentralinstanz als Nachfolger der verhassten britischen Vorherrschaft wünschten, hatten in den *Articles of Confederation* keine maßgeblichen Rechte – Steuer- und Zollerhebung, nationale Gesetzgebung, Schaffung einer Bundesexekutive – an den Staatenbund übertragen. Sie beharrten auf Einstimmigkeit der Beschlussfassung in verfassungsändernden Angelegenheiten und auf Zweidrittelmehrheiten bei wichtigen Entscheidungen. Damit war die Möglichkeit begrenzt, offenkundige Selbstschwächungen, die im Krieg und in der Nachkriegszeit sichtbar wurden, zu beseitigen. Erschwerend kam hinzu, dass der Kongress, das einzige wirkliche Gemeinschaftsorgan neben dem befristeten Oberbefehl über die Streitkräfte, jährlich neu von den Staatenparlamenten beschickt wurde.

Der Kongress durfte zwar Anleihen auflegen und Kredite aufnehmen, doch war die

Konföderation auf die von den Staaten zu zahlenden Matrikularbeiträge und Umlagen angewiesen. Der Kongress, in dem jeder Staat eine Stimme hatte, setzte jährlich die Ausgabenhöhe fest. Die Staaten zahlten ihren Anteil, der nach dem geschätzten Wert des kultivierten Landes bemessen wurde. Die Verantwortung für die Erhebung von Einnahmen, aus denen die Bedienung der Anleihen und Kredite erfolgte, lag bei den Einzelstaaten. Die meisten von ihnen erhoben jedoch keine Steuern und erzielten somit keine ordentlichen Einnahmen. Stattdessen gaben sie eigene Schuldscheine (Papiergeld) aus, deren Sicherheit allein auf den versprochenen künftigen Steuereinnahmen beruhte.

Die USA verschuldeten sich über Kredite und Anleihen gerade auch im Ausland. Die Gläubiger beharrten nicht nur auf Bedienung der Zinsforderungen, was das Budget vorbelastete, sondern verlangten auch eine harte Sparpolitik, um ihre Ansprüche vor Wertverlust wirksam zu schützen. Zu Letzterem gehörte auch, dass Schuldzahlungen ggf. durch Besitzversteigerung und andere Formen der Enteignung eingetrieben werden konnten. Dagegen wiederum protestierten Farmer (*Shay's Rebellion* im westlichen Massachusetts) oder Handwerker (Herbst 1782 bis Frühjahr 1787).

Die Staaten, die im Zeichen der 1784 einsetzenden Depression große eigene Zahlungsprobleme hatten, streckten ihre Überweisungen an die Konföderation oder stellten sie gänzlich ein. Zur Bewältigung der wirtschaftlichen Schwierigkeiten waren die Staaten auf ihre Findigkeit angewiesen. Da die Maßnahmen oftmals ohne Kenntnis oder Rücksichtnahme auf die entsprechende Wirtschaftsgesetzgebung der Nachbarstaaten erfolgten, blieben Zollkriege, wie der zwischen New York und New Jersey, nicht aus. Die Konföderation erschloss ab 1781 eine Geldquelle, indem sie das ihr als Gemeinschaftsbesitz überlassene Territorium zwischen den Appalachen und dem Mississippi nutzte, um Land zu verkaufen. 1785 wurde als Mindestpreis ein Dollar per *Acre* festgelegt. Doch reichte das bei weitem nicht aus, um die finanziellen Folgelasten des Krieges zu tragen und den Ausfall der Überweisungen seitens der Einzelstaaten zu verkraften.

Die *North-West Ordinance* (1787), eine der letzten Resolutionen des Konföderations-Kongresses, sah die Gründung neuer Staaten im Gebiet zwischen dem Ohio und den Großen Seen vor. Sie legte den Grundsatz fest, dass jedes im Besitz der USA befindliche Territorium ein eigener Staat werden sollte, *on an equal footing with all the original states in all respects whatever.* Sofern sie sich eine republikanische Verfassung gegeben und die Einwohnerzahl von 60 000 erreicht hatten, konnten sie der Union beitreten. In der Folgezeit entstanden hier die künftigen Bundesstaaten Ohio (1803), Indiana (1816), Illinois (1818), Michigan (1837), Wisconsin (1848) und Minnesota (1858). Es wurde ebenfalls festgelegt, dass die aus diesem Gebiet hervorgehenden Staaten für immer sklavenfrei bleiben sollten. Die Südstaaten, voran South Carolina und Virginia, betrieben ebenfalls die Siedlungsausdehnung nach Westen, um das Gleichgewicht zwischen sklavenfreien Nord- und sklavenhaltenden Südstaaten aufrechtzuerhalten. Die Unionsverfassung bestimmte, dass die Einzelstaaten die Zuständigkeit in der Regelung der Sklavereifrage behielten (23. März 1790). Der Kompromiss sah ferner vor, dass der Kongress bis 1808 nichts zur Behinderung des Sklavenhandels tun dürfe. Die Möglichkeit, nach Ablauf dieser Frist den Sklavenhandel von Bundes wegen zu unterbinden, bestand theoretisch, hätte jedoch einen Verfassungskonflikt heraufbeschworen. Georgia (James Jackson) und South Carolina (W. L. Smith) hatten 1790 die Sezession angedroht, falls die Union die Gleichstellung der Sklaven mit den Bürgern der Einzelstaaten erzwingen wollte. Sie fanden Nachfolger, die den Kompromiss in eine Dauerlösung uminterpretierten.

Mit der Ausdehnung der arbeitsintensiven Baumwollkultur nach Südwesten ging die Ausbreitung der Sklaverei einher. Die schwarzen Sklaven stellten 40 bis 50% der Bewohner der neuen Staaten im Südwesten (Alabama 1819, Louisiana 1812, Mississippi 1817). Da der Norden es wegen dieser Frage nicht zum Bruch der Union kommen lassen wollte und der Süden, insbesondere South Carolina und Virginia, die Einzelstaatsrechte über die der Union stellte, erfolgte die Aufnahme neuer Staaten unter dem Gesichtspunkt, die Stimmengleichheit im Senat zu wahren.

Die Schwächen der Konföderations-Verfassung waren so offensichtlich, dass die Umgründung nur eine Frage der Zeit sein konnte. Die Initiative zur Einberufung eines Verfassungs(reform)konvents ging von Alexander Hamilton (New York) und James Madison (Virginia) aus. Beide waren davon überzeugt, dass Institutionen erforderlich seien, um die Herrschaft von Menschen über Menschen ohne Machtmissbrauch zu ermöglichen.[11] Ein einheitlicher großer Binnenmarkt in Verbindung mit einer starken, die nationalen Eliten anziehenden Zentralregierung würde eine stabile republikanische Staatsform ermöglichen. Die USA würden dann auch in Frieden leben können, weil kein anderer Staat, auf innere Schwächen und unzulängliche Kompetenzen der Unionsregierung spekulierend, den Konflikt mit den USA suchen würde.

Der Streit um die neue Verfassung war heftig, was in Anbetracht der verschiedenen Interessengegensätze nicht überraschen kann: Die langfristig bedeutendste – die Sklavenfrage – wurde durch den bereits erwähnten Kompromiss in die ferne Zukunft verlegt. General Washington hatte sich dafür eingesetzt, den Sklaven die Freiheit zu versprechen, wenn sie als Soldaten dienten, um den Aufruf der Briten zum Aufstand oder zur Flucht zu konterkarieren. Die Konföderation hatte das Verbot des Sklavenhandels in ihren Katalog kriegswirtschaftlicher Maßnahmen gegen Großbritannien aufgenommen, aber nach dem Sieg im Krieg trat das Problem hinter anderen Fragen zurück. „Die Sache mit den Sklaven“ sollte mit den 1787 und 1790 verabschiedeten Kompromissregelungen gleichsam schlafen gelegt werden.[12] Zu den Kompromissen gehörte auch, dass Schwarze im Süden nicht auf die Einwohnerzahl angerechnet wurden, nach der sich die Zahl der in das *House of Representatives* zu entsendenden Vertreter richten sollte, weil sonst die Südstaaten mehr Abgeordnete hätten stellen können. Der Norden nutzte hier den Umstand aus, dass der Süden den Schwarzen nicht das allgemeine Wahlrecht einräumen wollte.

Eine zweite Weichenstellung, die den Verlauf der amerikanischen Geschichte prägte, war die Übernahme der Trennung von Staat und Kirche aus den Einzelstaatsgesetzen in die Unionsverfassung. Sie beseitigte den Anreiz zur Gründung von Weltanschauungsparteien. Vorbild war der *Virginia Act for Establishing Religious Freedom* von 1786. Das Gesetz sah die Gleichstellung der christlichen Glaubensgemeinschaften vor und legte fest, dass der Staat keine Finanzhilfe an sie leisten dürfe.

Die grundsätzliche Entscheidung, eine neue Verfassung auszuarbeiten statt entsprechend dem vom *Confederation Congress* gestellten Auftrag eine Verbesserung vorzunehmen, traf der Verfassungskonvent von Philadelphia bereits kurz nach seinem Zusammentritt Ende Mai 1787. Die sozialen Unruhen sowie die Gefahr eines Staatsbankrotts waren Grund genug, einen verfassungspolitischen Neubeginn zu wagen. Der Begriff Gründungsväter *(Founding Fathers)* gibt dies wieder. Die Begleitumstände bestimmten auch die Streitfragen, die in den Verfassungsdebatten in den Vordergrund traten.

1. Das Ziel, eine *more perfect Union* zu schaffen, konnte nur erreicht werden, wenn große[13] und kleine Staaten[14] ihre Interessen berücksichtigt sahen. Die gefundene Lösung, ein von Sherman (Connecticut) vorgeschlagener Kompromiss, befriedigte den Anspruch auf Gleichheit, als jeder Staat im *Upper House* (Senat) mit zwei Senatoren vertreten sein sollte. Die Verteilung der Sitze im *House of Representatives* sollte die Unterschiede in der Bevölkerungsgröße der Staaten berücksichtigen.
2. Damit war jedoch die zweite bedeutsamere Frage noch nicht geklärt, welche Kompetenzen der nationalen Ebene (Union) zugeschrieben oder welche den Einzelstaaten vorbehalten bleiben sollten, und wie man bzw. wer im Konfliktfall zu entscheiden habe, ob Bundesrecht Landesrecht breche oder umgekehrt der Bund die voneinander abweichenden Landesrechte respektieren müsse. In der Sklavereifrage wurde dies zugunsten der Einzelstaaten entschieden, um den Bruch der Union zu vermeiden, bevor sie in Kraft trat. In jedem Fall war zum In-Kraft-Treten der Verfassung die Zustimmung aller 13 Staaten erforderlich. Am Ende des Verfassungsgebungsprozesses wurde die Bestimmung eingefügt, dass Verfassungsgesetze des Bundes das oberste Gesetz des Landes darstellten und entgegenstehendes Recht der Einzelstaaten brechen würden (Artikel VI). Durch Artikel I, Abs. 8 erhielt der Kongress die Vollmacht, Gesetze zu verabschieden, die notwendig und angemessen seien, um die der Union von der Verfassung gestellten Aufgaben zu erfüllen. Darauf Bezug nehmend, entwickelte der *Federalist* John Marshall als Oberster Richter (1801–1835) die Doktrin der *Judicial Review* (Normenkontrolle). Die Zentralgewalt erhielt die *taxing* und die *commerce power*, die Aufsicht über Staaten-Milizen und die Aufstellung von Heer und Kriegsmarine. Das Prinzip „Keine stehenden Heere“ *(No Standing Army)* sollte die Union vor dem Missbrauch der Militärhoheit zu innenpolitischen Zwecken bewahren. Die Gegensätze zwischen *Federalists/Nationalists* und Verfechtern einzelstaatlicher Rechte verliefen weder entlang den Frontlinien zwischen großen und kleinen Staaten noch waren sie vom Gegensatz zwischen Arm und Reich geprägt. Die Differenzen finden sich in allen Staatendelegationen und in den Ratifizierungsdebatten der Einzelstaaten wieder.
3. Als Gegengewicht zur Parlamentssouveränität, wie sie in den Einzelstaaten bestand, sah die Unionsverfassung eine unabhängige Exekutivgewalt vor, die sich aber nicht in Richtung einer Ersatzmonarchie entwickeln dürfe, sowie einen Obersten Gerichtshof, der sich jedoch das Prinzip der Normenkontrolle erst selbst – unter Marshall – zuschrieb.
4. Einvernehmen bestand darüber, dass die USA im außenwirtschaftlichen Bereich handlungsfähig werden müssten. Sie sollten sich gegen die Behinderung amerikanischer Exporte durch englische Vorschriften für den Austausch mit England und den karibischen Inseln zur Wehr setzen können, zumal sich ein Handelsbilanzdefizit mit England

aufbaute. Englische Lieferanten und Kreditgeber konnten den kriegszeitbedingten Nachholbedarf der Amerikaner an Waren und Investitionsmitteln schneller befriedigen. Zum Streitpunkt wurde die Frage, ob der Kongress Zölle als zentrale Einnahmequelle und als Mittel zum Schutz einer nationalen Industrie einsetzen dürfe. Während Hamilton dies als Kernpunkt seines Konzepts zur Schaffung einer *National Economy* betrachtete, waren Jefferson sowie die Südstaaten als Exporteure von Baumwolle und Agrarprodukten dagegen. Sie meinten, Schutzzölle würden die Monopolbildung fördern und die Industrie mit ihren am englischen Beispiel ersichtlichen sozialen Folgeproblemen zu Lasten der Landwirtschaft und des kleinen Mannes begünstigen. Als Finanzminister der ersten US-Regierung unter Präsident Washington erreichte Hamilton 1789 die Zustimmung des Kongresses für Einfuhrzölle. Deren Erträge waren so hoch, dass er, wie vorgesehen, den Gläubigern die Zinsen in Hartgeld bezahlen und die Sicherheit ihrer Zertifikate garantieren konnte, ohne von direkten Steuern Gebrauch machen zu müssen.

Zur Überwindung der wirtschaftlichen Schwierigkeiten und zur Verhinderung künftiger Zollkriege zwischen den Einzelstaaten wurden die Befugnisse der Bundesebene gestärkt. Der nationalen Regierung oblag die Regulierung des Handels zwischen den Bundesstaaten *(Interstate Commerce)* und mit dem Ausland. Den Staaten wurde untersagt, Gesetze zu verabschieden, die das Wachstum der *National Economy* beeinträchtigen könnten. Zu den Kompetenzen der Bundesebene gehörten des Weiteren die Erhebung und der Einzug von Steuern und die Übernahme der Schulden der Einzelstaaten zusätzlich zu den Bundesstaatsschulden.[15] Der strategische Sinn der Konzentration der Schulden in der Hand der Union lag darin, dass der Bund, geordnete Schuldenverwaltung und Wiederherstellung der Kreditwürdigkeit vorausgesetzt, zwei Vorteile gewann: Er konnte erstens die Verschuldung als Instrument nutzen, um das Kapital in den Auf- und Ausbau der Binnenmarktstruktur zu lenken sowie die Industrialisierung zu finanzieren, zweitens konnte man durch Staatsverschuldung eine Gläubigerschicht in der Erwartung fördern, dass diese den Ertrag aus Zins- und Tilgungszahlungen wieder für investive Ausgaben verwenden würde.

Der US-Kongress hatte die alleinige Gesetzgebungskompetenz betreffend Einrichtung und Regulierung des Währungssystems, Münz- und Geldprägung, Postwesen sowie Festlegung von Maßen und Gewichten. Ferner lag das Insolvenz-*(Bancruptcy-)*Recht in seinen Händen. Die Staaten behielten jedoch die Polizeigewalt und angestammte Rechte *(Inherent Powers)*. Hinzu kamen die an sie delegierten Befugnisse *(Authorities)*. Nach Artikel V, der das Verfahren bei Verfassungsänderungen festlegte, müssen drei Viertel der Staaten durch ihr Parlament oder einen eigens einberufenen Verfassungskonvent einer Verfassungsergänzung oder -änderung *(Amendment)* zustimmen. Zwei Drittel der Staaten können die Einberufung eines Verfassungskonvents beantragen, Gleiches steht beiden Häuser des Kongresses mit jeweiliger Zweidrittelmehrheit zu. Vor allem behielten oder entwickelten die (neuen) Staaten ein eigenes, voll durchorganisiertes System von Legislative, Exekutive und Gerichtshof, sie hatten die Attribute der inneren Souveränität.

## Die junge Republik und die Kriege in Europa

Die Ratifizierungsdebatten in den Einzelstaaten und der Ausbruch der Französischen Revolution legten offen, dass die USA auf doppelte Weise ins europäische System verflochten blieben:

1. Die Konflikte um die innere, wirtschafts- und sozialpolitische Ausgestaltung der Republik wurden von den *Federalists* (Hamilton) ebenso wie von den *Republicans* (Jefferson) mit den der europäischen Konfrontation entlehnten Kampfparolen aufgeheizt. Man diffamierte die pro-französischen *Republicans* mit den Reizworten Jakobiner, Sansculotten, Demagogen, Anarchisten usw., den *Federalists* wurden ihre Sympathien für die Interventionsmächte England und Spanien als Absicht ausgelegt, die Verfassung zugunsten der von ihnen als natürliche Eliten bezeichneten besitzenden Klassen ändern zu wollen.

   Typisch dafür ist der Streit zwischen Hamilton und Jefferson um die Schaffung einer Nationalbank. Dieser Konflikt betraf nicht nur die Frage der verfassungsmäßigen Zuständigkeiten des Unions-Gesetzgebers, sondern auch die Auswirkungen der Zentralisierung auf das Gesellschaftsgefüge. Der von Hamilton inspirierte und vom Kongress verabschiedete Gesetzentwurf machte das Privatkapital (mit 4/5) und die Union (1/5) zu Anteilseignern. Das Privatkapital sollte überwiegend die von der Union übernommenen und garantierten Schuldverschreibungen einbringen. Falls die Schutzzölle als Einnahmequelle nicht mehr ausreichen würden, konnte die Zentralregierung zum Mittel der Verschuldung greifen und zur Befriedigung der Gläubigeransprüche Steuern ausschreiben. Die Zölle und die Besteuerung von Verbrauchsgütern würden die große Masse der Bevölkerung härter treffen als die besitzenden Klassen. Präsident Washington setzte das Gesetz zur Schaffung der *First National Bank* im Februar 1791 in Kraft, Madison wechselte auf die Seite der von Jefferson organisierten Opposition. Als die Whiskeybrenner in Pennsylvania gegen die Steuereinzieher zu den Waffen griffen, ließ Präsident Washington es sich nicht nehmen, den Befehl über die zur Niederschlagung der Rebellen aufgebotene Milizstreitmacht persönlich auszuüben.

2. Die Intervention der monarchischen Mächte gegen die Französische Republik, die ihren Revolutionsgedanken unverhohlen exportierte, warf die Frage auf, wie die USA es mit ihrer Bündnispflicht gegenüber Frankreich halten sollten. Solange die Revolutionsarmeen siegten und in den USA von den Anhängern der *Republicans* bejubelt wurden, bestand kein dringender Handlungsbedarf. Aktuell war vielmehr zunächst die Frage, ob die Regierung dem Vorschlag Hamiltons entsprechen sollte, handels- und industriepolitische Schutzmaßnahmen zu ergreifen, um „Waffengleichheit“ mit England herzustellen. Da London parallel zu den gegen Frankreich gerichteten Militäraktionen auch wirtschaftliche Sanktionen verhängt hatte, bestand die Gefahr, dass Hamiltons Maßnahmen den Konflikt mit England vorangetrieben hätten. Dies hätte die USA an die Seite Frankreichs gebracht, auch wenn Hamilton gerade kein Parteigänger Frankreichs war. Um die Gefahr einer Kriegsverwicklung abzuwehren, beauftragte Präsident Washington den erprobten „Gesandten“ John Jay, in London Handelsvertragsverhand-

lungen zu führen, ferner verlieh er dem Neutralitätsgebot am 5. Juni 1794 Gesetzeskraft. Das Neutralitätsgesetz stand im Widerspruch zu den Bestimmungen des 1778 eingegangenen Beistandspakts, doch nahm die französische Regierung davon Abstand, die Allianz aufzukündigen. Hamilton war sich bewusst, dass die englische Seeherrschaft nicht zu brechen war. Weil auch Frankreich die Handelsschifffahrt behinderte, bestand keine Chance, eine Liga der Neutralen gegen England aufzubieten. Also blieb nur die Option, mit dem größten Handelspartner, d. h. England, über die Zurücknahme oder Reduzierung der wirtschaftlichen Kampfmaßnahmen zu verhandeln.

Die britischen Verordnungen schädigten amerikanische Interessen auf dreifache Weise. So wurden zum einen durch einseitige Veränderungen des Begriffs Kontrabande auch neutrale Schiffe, die Nahrungsmittel und anderes nach Frankreich bringen sollten, von britischen Kriegsschiffen aufgebracht. Zweitens untersagten sie die Auslieferung amerikanischen Getreides an Gebiete, die Frankreich nach englischer Auffassung als Markt verlieren sollte oder verloren hatte. Schließlich wirkte sich die Vorschrift negativ aus, dass amerikanische Schiffe nur in britischen Häfen oder in mit Großbritannien verbündeten Staaten Waren entladen dürften.

Außer den heftigen Verlusten auf der Exportseite fügte Großbritannien den USA auch noch einen Prestigeverlust zu. Die britische Regierung ignorierte den von Jefferson wiederholten Anspruch aus der Zeit der Unabhängigkeitserklärung, dass die Souveränität eines neutralen Staates sich auch auf dessen Handelsschiffe auf offener See erstreckte: *Free ships give freedom to goods.* Sie ignorierte ebenso das 1780 im *Armed Neutrality Act* verankerte Prinzip der bewaffneten Neutralität, demzufolge die anordnende Macht in der Lage sein müsse, eine Blockade effektiv durchzuführen, damit sie als legitime kriegsbedingte Handlung respektiert werden könne. In den von John Jay 1794 geführten Verhandlungen lehnte London die amerikanischen Standpunkte ab und ließ sich im Vertrag vom 19. November 1794 *(Jay's Treaty)* lediglich das Versprechen abringen, amerikanischen Bürgern eine Entschädigung für beschlagnahmte Waren zu zahlen, soweit diese nicht als Kontrabande bewertet wurden. Die mangelnde englische Konzessionsbereitschaft erschwerte es Präsident Washington, die für die Ratifizierung erforderliche Zweidrittelmehrheit im Senat zustande zu bringen (Juni 1795). Nach dem In-Kraft-Treten des *Jay's Treaty* im Sommer 1796 kündigte Frankreich unter dem Direktorat von sich aus den amerikanisch-französischen Beistandsvertrag von 1778.

Die Kontrahenten im Streit um die Durchsetzung des Neutralitätsgesetzes, Finanzminister Hamilton und Außenminister Jefferson, bekannten sich zum 1776 postulierten Neutralitätsgebot. Hamilton sah die Neutralitätserklärung als wichtigen Schritt zur Beendigung der Allianz mit Frankreich an. Demgegenüber vertrat Jefferson den Standpunkt, dass es keine Unparteilichkeit zwischen „Gleichheit und Freiheit" und „Gegenrevolution" geben dürfe. Die erste, von Washington im April 1793 abgegebene Neutralitätserklärung verbot den Bürgern der USA die Einmischung in die Kriegshandlungen zugunsten einer der Krieg führenden Mächte. Zu diesem Zeitpunkt hatten sich die *terms of debate* zuungunsten der *Republicans* verschoben, weil die Hinrichtung Ludwig XVI. im Januar 1793 und die Kriegserklärung der Französischen Republik an England und Spanien als Zeichen einer ausufernden Radikalisierung der Revolutionsbewegung verstanden wurden.

Der von Präsident Washington etwas voreilig akkreditierte Gesandte der Revolutionsregierung, Charles Genêt, begann unmittelbar nach seiner Ankunft in South Carolina damit, den Bündnisfall zu provozieren. Wie eine Art Prokonsul auftretend, warb er amerikanische Freibeuter für den Seekrieg gegen England und Söldner für die Rückeroberung Louisianas und Floridas an. Er setzte sich damit nicht nur über die von Präsident Washington erklärte amtliche Linie hinweg, sondern unterlief auch die Bestimmungen der Unionsverfassung. Diese überantwortete die Beschlussfassung über Krieg und Frieden sowie den Schutz der Unabhängigkeit jedes Einzelstaates den Bundesorganen. Die Einmischung Genêts mit dem Ziel, durch das Aufgebot inneramerikanischer Verbündeter einen Kurswechsel der USA zugunsten Frankreichs zu erzwingen, gab den letzten Anstoß für Präsident Washington, in seiner Abschiedsbotschaft im September 1796 die Grundsätze zu fixieren, die schon 1776 bei der Gründung der USA Pate gestanden hatten: „Ja" zu weltweiten Handelsbeziehungen, „Nein" zu politisch-militärischen Bündnisverpflichtungen. „Europa besitzt einen Kanon primärer Interessen, die für uns keine oder nur entfernte Bedeutung haben ... wir müssen ständigen Bündnissen fern bleiben." Allerdings enthielt die Abschiedsbotschaft auch den Hinweis, dass eine auf Unabhängigkeit und Selbstbehauptung bedachte Macht wie die USA im Extremfall, wie etwa 1778, zeitlich begrenzte Bindungen eingehen dürfe, jedoch sei Vorsicht geboten, weil ein Bündnis zum Schutz der Unabhängigkeit in eine Abhängigkeit von dem mächtige(re)n Verbündeten umschlagen könnte.

Mitte der 1790er-Jahre war beides gefährdet – die Chance, mittels eines expansionsfähigen Außenhandels die nationale wirtschaftliche Entwicklung zu stimulieren, und die Hoffnung, den jungen, aber noch schwächeanfälligen Staat nicht in neuen militärischen Verwicklungen aufzureiben. Da die allmächtige englische Seemacht auch als gut gerüsteter Nachbar in Nordamerika präsent war und Frankreich die alte Verbindung zwischen Karibik und Mississippital – durch Druck auf Spanien, Louisiana abzutreten – wieder beleben wollte, lag Konfliktstoff vor der Haustür. Es war für die USA ein Glücksfall, dass Spanien im Vertrag von San Lorenzo vom Oktober 1795 dem amerikanischen Unterhändler Pinckney die freie Schifffahrt auf dem Mississippi zugestand und versprach, die Indianer im Zaum zu halten. So wie Washington und Hamilton bemüht waren, sich nicht zur Eskalation des Konflikts mit England hinreißen zu lassen, sorgte sich auch Präsident Adams (1796–1800) darum, den Konflikt um die Auflösung des Bündnisvertrags und die von Frankreich ausgehenden Verletzungen der Rechte der Neutralen auf dem Verhandlungsweg zu lösen. Die Verhandlungen mit Frankreich führten 1800 zum Vertrag von Mortefontaine. Nach den vorausgehenden einseitigen Aufkündigungen beendeten beide Parteien nunmehr einvernehmlich die Allianz von 1778 und wollten auf gegenseitige Behinderung auf den Weltmeeren verzichten.

Die *Federalists* nutzten den auswärtigen Konflikt für eine Schwächung der internen Opposition. Dank ihrer Mehrheit im Kongress setzten sie im Sommer 1798 die Fremden- und Aufruhr-Gesetze durch, welche die Pressefreiheit, beispielsweise im Fall einer Verleumdung der Regierung, und die Rechte der Neu-Einwanderer, etwa französischer Flüchtlinge, beschränken sollten. Diese ausländerfeindlichen Maßnahmen trieben die Iren, die *Pennsylvania Germans*, die *New York French* und andere Gruppen in Jeffersons Lager. Mit ihren Unterdrückungsmaßnahmen bestätigten die *Federalists* den Verdacht, dass eine starke Zentralgewalt nicht der Versuchung widerstehen werde, die Bürgerrechte zu beschneiden.

Im Protest gegen Hamilton vereint, vertieften Jefferson und Madison ihre Zusammenarbeit. Sie ließen von ihnen verfasste Resolutionen in den Parlamenten von Virginia und Kentucky verabschieden, welche dem Kongress verfassungswidriges Verhalten vorwarfen und das Recht der Einzelstaaten postulierten, sich schützend vor die Bürger der Einzelstaaten gegen Machtübergriffe der Union zu stellen *(Interposition)*. Stilisierte man die Einzelstaaten als wahren Hort der Menschenrechte und erkannte ihnen das Recht auf Beurteilung der Verfassungsmäßigkeit von Bundesgesetzen zu, ebnete man jedoch gedanklich-argumentativ den Weg zur Null-und-nichtig-Erklärung (Nullifikation) (1828–32, 1854) und zur Sezession (1860–61).

Die *Federalists* hatten sich viele Gegner geschaffen und ihren Präsidenten Adams so stark demontiert, dass dessen Chancen auf eine zweite Amtszeit gering waren. Die Entscheidung, wer der nächste Präsident werden sollte, fiel jedoch im Wahlmännerkolleg. Dort siegte Jefferson im 36. Wahlgang über seinen Vizepräsidentschaftskandidaten Burr. In einem Punkte revidierte Jefferson seine Opposition gegen Hamiltons Zentralismus: Er respektierte die Nationalbank. Die Erweiterung des Wahlrechts auf alle weißen Männer in den Staatenparlamenten lag auf der Linie des Jefferson'schen Republikanismus. Ebenso kam ihm entgegen, dass die *Republicans* die Mehrheit im Kongress innehatten. Die Fremden- und Aufruhr-Gesetze wurden 1801 nicht verlängert, die Armee, als Unterdrückungsinstrument diskreditiert, wurde stark reduziert, der Flottenbau wurde nicht fortgesetzt. Jefferson schuf die internen Steuern ab, was leicht fiel, weil die Zolleinnahmen und die Landverkäufe in Verbindung mit den Sparmaßnahmen seines Finanzministers mehr als ausreichten, um den Haushalt zu konsolidieren. Die steigenden Agrarausfuhren bescherten einen Exportüberschuss.

Jefferson lehnte eine aktiv lenkende Wirtschaftspolitik ab. Wie das Beispiel Hamiltons gezeigt habe, so sein Argument, bedeute Staatsinterventionismus eine unfaire Methode, den Reichen durch zinsbringende Schuldtitel, Steuern, Schutzzölle, Banken, Privilegien und Gefälligkeiten zu helfen. Die wirtschaftliche Prosperität lieferte einen Grund mehr, den außenpolitischen Kurs beizubehalten, d. h. drohenden Konfliktausbrüchen auf dem Verhandlungswege entgegenzuwirken. Dies verband sich für Jefferson mit der Vision, die USA durch Siedlungen nach Westen auszudehnen und auf diese Weise ein „Reich der Freiheit“ *(Empire of Liberty)* zu errichten. Handelte es sich bei den Binnenwanderern um Landwirte und Handwerker, so würden die neuen Staaten, ähnlich wie Kentucky (1792) und Tennessee (1796), mit ihrer bodenständigen Bevölkerung das gewünschte Gegengewicht zum kommerzialisierten Neuengland bilden.

Es war für Jefferson ein Glücksfall, dass ihn Napoleon mit dem Verkauf Louisianas (30. April 1803) von dem Dilemma erlöste, wie er eine erneute Festsetzung des französi-

Monticello, der Wohnsitz von Thomas Jefferson, nach seinen Plänen 1768–82 erbaut.
Foto: AKG.

schen Empire zwischen Mississippi und Rocky Mountains verhindern könne. Napoleon hatte Spanien im Vertrag von San Ildefonso (Oktober 1800) zur Rückgabe Louisianas veranlasst. Da der 1802 geschlossene Frieden von Amiens eher einem Waffenstillstand glich, wollte Napoleon im Hinblick auf die neuen Auseinandersetzungen mit dem *British Empire* seine Ausgangslage verbessern. Warum also nicht Ansprüche auf Gebiete preisgeben, die man schon einmal, nämlich 1763, verloren hatte, wenn man dafür einen Preis erzielen könnte, aus dessen Erlös Waffen gekauft werden könnten? Nicht der Preis in Höhe von 15 Millionen Dollar bildete für Jefferson das Problem, sondern die Entscheidung, ob der Präsident gleichsam im Eilverfahren ein Gebiet kaufen dürfe, das an Größe (2,1 Millionen qkm) dem Gebiet bei der Gründung der USA (2,3 Millionen qkm) in etwa entsprach und hinsichtlich der Wirtschafts- und Bevölkerungsstruktur den Baumwollplantagen-Sklavenhalter-Staaten entgegenkam. Die Entscheidung für den Louisiana-Kaufvertrag am 24. Juli wurde nachträglich vom Senat gebilligt und durch die Wiederwahl des Präsidenten 1804 legitimiert. Protest kam aus den Neuenglandstaaten. Er zeigte vorerst wenig Wirkung, war aber ein erstes Signal, dass diese bei weiteren Verstößen gegen ihre politischen und ökonomischen Grundanliegen mit der Drohung des Austritts aus der Union Ernst machen könnten.

Mit den 1806–07 von Frankreich (Kontinentalsperre) und England (Gegenblockade) verhängten Schikanen gegen den amerikanischen Handel und die Schifffahrt sowie dem kontraproduktiven Versuch, diese beiden von amerikanischen Produkten vermeintlich abhängigen Weltmächte zur Respektierung amerikanischer Rechte zwingen zu können

(*Embargo Act*, Dezember 1807 bis Frühjahr 1809), verkehrte sich der Wirtschaftsboom ins Gegenteil. „Die Konsequenz war, dass Jefferson und sein Partner bzw. Nachfolger Madison innenpolitisch das Steuer herumrissen.“ Von den besten Absatzmärkten, aber auch von Kapitalimporten abgeschnitten, wurde die Förderung der industriellen Entwicklung in den USA unumgänglich. „Wenn die Vereinigten Staaten in Frieden leben sollen, dann müssen sie Selbstversorger sein und ihre Abhängigkeit von fremden Waren und Überseehandel beenden ... Gewerbetreibende und Industrielle sind auf Schutzzölle angewiesen ... 1816 verabschiedeten die Republikaner einen höheren Schutzzoll als Hamilton. Sie, nicht die Federalists, begannen den Protektionismus. Gegen Ende 1816 hatte Jeffersons Partei den gesamten Komplex der von den Federalists entwickelten Politik übernommen: Industrialisierung, Nationalbank, Schutzzölle, Heeres- und Flottenrüstung.“[16]

Die Erfahrungen des zweiten Krieges mit England hatten sie gelehrt, die Vorzüge einer *National Bank* zu schätzen. Calhoun und Madison schufen die gesetzlichen Grundlagen für die Eröffnung der *Bank of the United States*, die ihren Sitz in Philadelphia nahm. Die Embargopolitik hatte die innenpolitische Konstellation durcheinander gewirbelt: Die Stützgruppen der *Republicans*, Pflanzer und Farmer, blieben auf ihren Erzeugnissen sitzen. Die Kaufleute aus den Neuenglandstaaten hingegen suchten den Schaden durch Schmuggel von sich abzuwenden und stellten gleichzeitig die Autorität der republikanischen Administration in Frage. Eine Allianz aus Südstaatlern, die nach dem Louisiana-Coup nun das spanische Florida beanspruchten (Calhoun), und Nordwest-Staatlern (Henry Clay/Kentucky), die hinter den Indianeraufständen von 1811 eine von England-Kanada unterstützte Zwei-Fronten-Bildung witterte, drängte Präsident Madison dazu, England ein Ultimatum zu stellen. Falls England die amerikanische Souveränität in den Westgebieten und die Rechte der Neutralen nicht anerkennen würde, sollte die Kriegserklärung folgen. Eine Mehrheit von 79:49 stimmte im Repräsentantenhaus für den bewaffneten Kampf.

Auf den im Juni 1812 von Madison erklärten Krieg waren die USA denkbar schlecht vorbereitet. Die „Falken“ spekulierten darauf, dass die Spanier in Florida und die Briten in Kanada über noch schlechter ausgerüstete oder geringere Truppenpräsenz verfügten. Jefferson und Madison hatten die Rüstung zu Lande und zu Wasser bewusst heruntergefahren. Achtungserfolge hingen vom Geschick der eigenen Befehlshaber wie Commodore Perry ab. Die amerikanischen Milizen konnten zwar Gefechte gegen die Indianer und die Briten gewinnen oder ein Vorrücken der Briten aus Kanada aufhalten. Sie vermochten es ihrerseits aber nicht, die Offensive nach Florida oder Kanada hineinzutragen, wie es die *War-Hawks* verkündet hatten. Dass am Ende alles gut ging, lag an der Auflösung der Indianer-Allianz nach Tecumsehs Tod im Oktober 1813 und der Niederlage Napoleons. Nun zeigte sich, dass die englische Regierung primär an der Normalisierung der Handelsbeziehungen mit den USA interessiert war. Die in Ghent geführten Verhandlungen bescherten zu Weihnachten 1814 den Friedensvertrag. Der Kompromissfriede kam rechtzeitig genug, um den Radikalen auf dem in Hartford (Connecticut) um die Jahreswende 1814/15 tagenden Konvent von *Federalists* aus den Neuenglandstaaten den Wind aus den Segeln zu nehmen. Sie hatten *Mr. Madison's War* gegen England unter anderem durch Steuerverweigerung und Nicht-Befolgung der Einberufungsbefehle unterlaufen; in Hartford trat nur noch eine Minderheit für die Sezession ein.

## Die Republik „im Werden"

Nach dem britisch-amerikanischen Friedensschluss von Ghent bekamen die USA zu spüren, wie stark Großbritannien an der Wiedergewinnung der Märkte in Nord- und Südamerika gelegen war. Die Überschwemmung des US-Marktes mit englischen Gütern gab den letzten Anstoß für die Zollgesetzgebung von 1816. Um den großen Binnenmarkt vom Atlantik bis zu den Rocky Mountains und von den Großen Seen bis zur Mississippi-Mündung wirklich errichten zu können, waren Kanal- und Straßenbauten erforderlich. Der Unionsregierung, so erklärten Madison, Monroe und Jackson, fehle die verfassungsmäßige Grundlage für entsprechende Planungen und Durchführungen. Die Einzelstaaten betrachteten Landesentwicklung als ihr Hoheitsrecht, auch wenn es ökonomisch wenig sinnvoll schien, zum Beispiel beim Eisenbahnbau verschiedene Spurbreiten entstehen zu lassen.

Die Staaten- und Lokalregierungen entfalteten eine rege wirtschaftsfördernde Tätigkeit. Mit der Vergabe einer Charter an Unternehmer erhielten diese das Monopol für den Bau der jeweils ausgewiesenen Verkehrsstrecke. Gewinne waren selten, weil die fertig gestellten Straßen nur kurze Lebensdauer hatten, d.h. ständig erneuert und nachgebaut werden mussten. Traten Finanzierungsprobleme auf, schossen die öffentlichen Hände Kapital zu und erwarben im Gegenzug Geschäftsanteile (so genannter Staatenmerkantilismus). Bei Großvorhaben traten die Administrationen von Anbeginn als Unternehmer auf. Im Fall der technisch aufwendigen und kapitalintensiven Kanalbauten kamen ohnehin nur die Staaten als Bauherren in Betracht. Mit dem erfolgreichen Abschluss des 7 Millionen Dollar teuren, von 1817–25 dauernden Baus des Erie-Kanals löste New York einen Nachahmereffekt aus. Im Zeitraum von 1820 bis 1840 investierten die Staaten insgesamt durch Schuldverschreibungen über 60 Millionen Dollar in den Bau von Kanälen und Wasserstraßen, was der Hälfte ihrer Gesamtausgaben im gleichen Zeitraum entspricht. Um 1840 war ein Kanalnetz von fast 5000 Kilometern fertig gestellt. Obwohl im Eisenbahnbau private Gesellschaften gegen Vergünstigungen (Steuererlass, Überlassung von Gelände entlang den Bahnstrecken, das sich teilweise lukrativ vermarkten ließ) eine große Rolle spielten, waren die Staaten und Lokalbehörden auch hier bedeutende Akteure. Zwischen 1838 und 1860 nahmen die Staatenregierungen über 150 Millionen Dollar auf, um den Eisenbahnbau zu finanzieren. Die *Countys* und Städte setzen den gleichen Betrag ein und bis 1860 erreichte das Eisenbahnstreckennetz einen Umfang von 30 000 Meilen. Es verlief zum größten Teil in Ost-West-Richtung.

Die gleichen Praktiken verfolgte man bei der Versorgung mit Wasser, Gas, Eis (zur Kühlung von Lebensmitteltransporten in Eisenbahnzügen, für Kühlhäuser): Die Behörden erteilten gegen Gebühren Betriebslizenzen und legten die Richtlinien für die Tarifgestaltung, Sicherheits- und Dienstleistungsstandards fest. Besonders im Westen und Süden gründeten die Staaten ihre eigenen Banken, so die *Bank of South Carolina* (1812–1868), oder schufen durch Spezialgesetze *State Corporate Chartered Banks*. In einzelnen Staaten wie etwa Massachusetts entschied der Staatsgerichtshof, dass Arbeitnehmer das Recht hätten, eine Gewerkschaft zu organisieren, um Streiks führen zu können (*Commonwealth v. Hunt*, 1842). Da der Faktor Arbeit trotz der Einwanderungswellen und der Binnenwanderung – nach Westen, vom Land in die Städte – knapp blieb, lag das Lohnniveau in den USA höher als in Europa. Auf die Erfindung arbeitskräftesparender Maschinen zahlte das amerikanische Wirtschaftssystem gleichsam eine Prämie.

Technische Innovationen sorgten für vielfältige Fortschritte beim Auf- und Ausbau der Infrastruktur: Einsatz neuer Werkzeuge und Maschinen, Nutzung neuer Werkstoffe, Telegraphie (1844)[17] genauso wie neue Formen der Organisation und der Produktions- und Arbeitsprozessabläufe. Die gleichen Faktoren wirkten mit bei Veränderungen in der Landwirtschaft und der Erweiterung von Handwerk und Gewerbe zur Industrialisierung. Die landwirtschaftlichen Regionen waren, was die Einkommenssituation angeht, dadurch im Nachteil, dass ihre Einnahmen nicht nur entsprechend der Marktnachfrage variierten, sondern weiterhin von Gunst oder Ungunst der Wetterverhältnisse (Dürreperioden, Überflutungen im Gefolge von Wirbelstürmen etc.) abhingen. Die Fabrikarbeit setzte in der Textilindustrie in den 1820er-Jahren ein, hielt in der Schuh- und Lederwarenfertigung in den 1830er-Jahren Einzug und fand in der Eisenverarbeitung seit den 1840er-Jahren einen ersten Höhepunkt.

Aus der Verarbeitung landwirtschaftlicher Produkte entstanden ebenfalls eigene Industriezweige: Fleisch- und Holzverarbeitung, Brauereien, Brotfabriken und Milchprodukte. In der Landwirtschaft veränderte der Einsatz von Mäh- und Dreschmaschinen *(John Deere, Harvester)* und die von den Wissenschaften Agrochemie und Biologie zur Verfügung gestellten Informationen die An- und Ausbaumethoden ebenso wie die Kommerzialisierungsstrategien. Die Nutzung von Eis als Kühlmittel erlaubte lange Wege vom Schlachthof zu den Verbrauchern, wobei sich an beiden Enden Konzentrationsprozesse und Verflechtungen zwischen Schlachtbetriebshöfen und Restaurantketten, Verkaufszentralen etc. herausbildeten.

Durch die Westwanderung der Siedler und die Möglichkeiten zur Ertragssteigerung bei Massenprodukten bildeten sich auch bestimmte wirtschaftsgeographische Profile heraus: Im Nordwesten, von Iowa, Ohio bis Wisconsin, herrschte Mais-, Fleisch- und Milcherzeugung vor. Die Massenerzeugung fand in den Gewerbe- und Industriegebieten des Nordostens Absatz, aber natürlich auch in den Wachstumszentren vor Ort wie Chicago, St. Louis, Cincinnati und Minneapolis. Die Abschaffung der Kornzölle in England im Jahre 1846 und die Entwicklung hin zum Freihandel in Europa (Cobden-Chevalier-Vertrag, 1863) vermehrten schlagartig die Ausfuhrchancen für amerikanische Agrarprodukte und Rohstoffe. Das half wiederum, die Zinsdienste für den Kapital- und Technologieimport aus Europa zu finanzieren.

Der Nordosten mit den alten Zentren Boston, New York und Philadelphia wurde zum Kernland der Industrialisierung. Die dortige, seit je unter schwierigen Bedingungen tätige Landwirtschaft konnte sich gegen die aus dem mittleren Westen anrollenden Produkte nicht behaupten. Die freigesetzten Arbeitskräfte strömten in der Hoffnung auf kontinuierliche Beschäftigung in die Städte. Man investierte Bank- und Handelskapital in Fertigungsstätten, die durch nationalen Zollschutz und einzelstaatliche Steuervergünstigungen abgeschirmt und begünstigt wurden. Kapital floss ebenfalls in die Infrastruktur, beispielsweise in Kanalbauten, Eisenbahn- und Telegraphennetze, und/oder wurde als Kapitalbeteiligung angelegt. Das alte Interesse der Küstenregion an Überseehandel, Schifffahrt sowie an Versicherungen, Immobilienvermarktung und anderen lukrativen Einkunftsquellen wurde weiterhin gepflegt. Gesetzgebung und Rechtsprechung schützten das Recht auf persönliches Eigentum, auf Verbindlichkeit eingegangener Verträge etc. Staatliche Regulierung beschränkte sich in diesem Zeitraum auf Kontroll- und Aufsichtsfunktionen. Der Unternehmer oder Investor hatte gleichsam die freie Wahl des Risikos, mit allen Vor- und Nachteilen. Die öffentlichen Hände boten allerdings insofern Rückendeckung, als sie dem Unternehmer mit der Charter, der Lizenz und anderen Instrumenten ein Monopol oder Privileg zur Nutzung der gebauten Straßen, Fabriken, Versorgungsstätten einräumten. Auf der anderen Seite beanspruchten die Einzelstaaten, unter Berufung auf das Prinzip der sozialen Nützlichkeit und gedeckt durch die Rechtsprechung, das Recht, Landbesitz zu enteignen, um Straßen, Kanäle, Eisenbahnlinien und andere im öffentlichen Interesse liegende Güter vorhalten zu können. Im Süden, Südosten und Südwesten blieb es bei der auch politisch gewollten Vorherrschaft der für den Weltmarkt produzierenden Plantagenwirtschaft (Baumwolle, Reis, Indigo) einerseits und Subsistenzwirtschaft andererseits.

Die wirtschaftlichen und politischen Entwicklungen brachten jeweils zwei gegensätzliche Auswirkungen in den gesellschaftlichen Verhältnissen hervor:

1. Das Wirtschaftsgeschehen begünstigte einerseits einen breit gestreuten Besitzindividualismus, der reich werdende Pflanzer und Farmer vor allem in den Nordwestgebieten ebenso wie Handels- und Bankkapitalisten, aber auch Spekulationsgewinner umfasste. Auf der anderen Seite befanden sich die weißen Arbeitskräfte, für die zwar ausreichend Arbeitsplätze zur Verfügung standen, die aber im Status einer breiter werdenden Schicht abhängig Beschäftigter verblieben.
2. In einigen Einzelstaaten besaßen die abhängig Beschäftigten – Sklaven, Indianer jedoch stets ausgenommen, ebenso Frauen – zwar stimmenpolitische Gleichberechtigung, doch die politischen Leitungspositionen und Ämter blieben überwiegend bei den so genannten natürlichen Eliten, ergänzt oder verdrängt durch Neureiche. Daran änderte auch die in der Jackson-Ära (1828–36), einer ersten Phase des Populismus, zur Blüte gelangende Ämterpatronage wenig. Bei allen Unterschieden in Herkunft und Charakterprofil der Präsidenten ist die politische Karriere von Washington, Jackson (1828–1836), Harrison (1840–44), Taylor (1848–52) und Grant (1867–76) ein Zeichen dafür, dass Generäle, die sich mit Siegen über Engländer, Spanier, Indianer sowie im Bürgerkrieg einen Namen gemacht hatten, von einer territorialen Expansionsgesellschaft mit politischen Führungspositionen honoriert wurden.

Aufgrund der Ungewissheiten, ob die Politik die Spannungen zwischen nationalunionsdienlichen Erfordernissen und Verfechtern der Rechte der Einzelstaaten aushalten oder ob es zur Sezession kommen würde, und ob die Wirtschaft die Balance zwischen einem dem Wettbewerb vertrauendem Liberalismus und einem „Chancengleichheit für alle" herstellenden politischen Populismus austarieren könne, blieben die USA zwischen Kriegsende 1814/15 und Bürgerkrieg 1861–65 eine Republik „im Werden". Solange die europäischen Mächte in unmittelbarer Nachbarschaft der USA präsent blieben, konnten auch die USA nicht frei sein von der „großen Politik der europäischen Kabinette".[18] Die stärkste europäische Landmacht, das zaristische Russland, kam im fernen Westen des nordamerikanischen Kontinents durch Landnahme, Siedlungen und Handelsniederlassungen von Alaska bis Nordkalifornien als weiterer aktiver Akteur zu Spanien, England und Frankreich hinzu. Vor diesem Hintergrund ist das Bestreben von Präsident Monroe und vor allem seines Außenministers John Quincy Adams zu sehen, ein Übergreifen des von der Heiligen Allianz proklamierten und in Spanien exekutierten Interventionsrechts in die freie Wahl des inneren Regimes und der äußeren Bündnisbeziehungen auf die *Western Hemisphere* zu verhindern. Monroe und Adams untermauerten den Anspruch, für die lateinamerikanischen Befreiungsbewegungen, die sich aus dem spanischen Weltreich lösten, als Vertreter des Rechts neuer republikanischer Staaten zu sprechen. Das war zugleich ein Warnsignal an Frankreich und Russland, den Aufbau von Handelsbastionen entlang der Pazifikküste nicht als Etappe auf dem Weg zur Koloniegründung zu sehen.

„Der gesamte nordamerikanische Kontinent scheint durch göttliche Vorsehung *(destined by Divine Providence)* dazu auserwählt, von Menschen einer Nation bevölkert zu werden, die eine Sprache sprechen, sich zu einem allgemeinen System religiöser und politischer Prinzipien bekennen und auf einen allgemeinen Tenor sozialer Usancen und Gebräuche eingestimmt sind." Mit der Formulierung *destined by Divine Providence* nahm Adams bereits 1811 die dann in den 1840er-Jahren gegen England gerichtete *Manifest Destiny*-Ideologie vorweg. Die Monroe-Doktrin, so begrenzt ihre Wirkung vorerst blieb, etablierte den Grundsatz, dass die europäischen Mächte in der *Western Hemisphere* keine neuen Kolonien gründen dürften. Den USA war klar, dass das mächtigere *British Empire* aufgrund eigener Handelsinteressen in Mittel- und Südamerika den gleichen politischen Kurs eines *Informal Empire* steuern würde wie die USA. Außenminister Adams wirkte daher auf Präsident Monroe ein, die vom britischen Außenminister Canning angebotene gemeinsame Erklärung nicht aufzugreifen. Vielmehr sollte Monroe in seiner Abschiedsbotschaft vom 2. Dezember 1823 durch eine eigenständige Grundsatzerklärung ein Zeichen setzen, dass die USA willens und fähig seien, allein zu handeln statt im Schlepptau der englischen Krone aufzutreten: „Die amerikanischen Kontinente sind, dank des freien und unabhängigen Zustands, den sie erreicht haben und behaupten wollen, fortan nicht länger als Objekt künftiger Kolonialisierung durch europäische Mächte anzusehen ... Das politische System der europäischen Mächte ist gänzlich verschieden von dem in Amerika ... Wir müssen jeden Versuch von Seiten jener Staaten, ihr System in irgendeinen Winkel unserer Hemisphäre auszudehnen, als Gefahr für Frieden und Sicherheit bewerten ... Unsere Politik gegenüber Europa ist es, uns nicht in die inneren Angelegenheiten irgendeines Mitgliedes des europäischen Systems einzumischen." „Es waren große Worte, die das schwache Amerika hier sprach ... (es hatte sich) ein Staat gebildet, der sich anheischig machte, den Mächten Europas Verhaltensregeln zu diktieren."[19] Die europäischen Großmächte waren zu stark mit der Wahrung des Gleichgewichts untereinander und den Auswirkungen ihrer Parteinahmen in den Unabhängigkeitskriegen auf dem unruhigen europäischen Kontinent (Griechenland, Belgien) und im Mittelmeerraum (Ägypten, Nordafrika) beschäftigt, als dass die USA, wie es Adams in sein Kalkül einbezogen hatte, hätten befürchten müssen, dass ihr Anspruch auf die Probe gestellt würde. Gegenüber den Befreiungsbewegungen in der *Western Hemisphere*, vor allem Mexiko, stellten die USA von Anbeginn an (1824/25) klar, dass die Anerkennung neuer Republiken auf dem amerikanischen Kontinent nicht mit der Verpflichtung verbunden sei, ihnen Beistand zu leisten. Der Kongress setzte ein Zeichen, als er die Nichtteilnahme an einer interamerikanischen Konferenz 1826 beschloss.

Innenpolitisch bewiesen die Amerikaner eine gewisse politische Reife, als sie den Konflikt um die Aufnahme neuer Staaten mit dem von Henry Clay ausgehandelten Missouri-Kompromiss (1819–20) für einige Zeit entschärften. Die Südstaaten wollten nicht zulassen, dass der Norden durch den Beitritt Maines, unter Trennung von Massachusetts, ein Übergewicht im Senat erlangen würde. Das Aufnahmegesuch der Siedler von Missouri war mit dem Makel behaftet, dass unter den erforderlichen 60 000 Einwohnern 10 000 schwarze Sklaven waren. Da die Vertreter des Südens sich nicht auf eine Klausel einlassen wollten, die eine schrittweise Emanzipation der Sklaven vorsah, fand das Aufnahmegesuch Missouris im *House of Representatives* keine Mehrheit. Der Senat stimmte gegen Maines Beitritt. Der Kompromissvorschlag Clays sah vor, dass Maine 1820 zuerst beitreten könne, Missouri sollte als Sklavenstaat ein Jahr später Mitglied werden. Damit sich „Missouri" nicht wiederhole, wurde festgelegt, dass in dem verbleibenden Teil Louisianas oberhalb des 36°30'-Breitengrads die Sklaverei verboten sein sollte.

Ähnlich wie der *Republican Revolution* unter Jefferson im Jahre 1800 die Zersplitterung der gegnerischen Partei *(Federalists)* zugute gekommen war, so profitierte Andrew Jackson 1828 bei seinem zweiten Anlauf zur Präsidentenwahl von der Spaltung der *Republicans* in einen nationalen *(Whigs)* und einen linken Flügel (Demokratische Partei). Jackson brachte eine neue Kräftekoalition zustande. Seine Wahlkampfmaschine, von seinem Nachfolger van Buren (1837–1841) organisiert, stilisierte die Wahlentscheidung zum Konflikt zwischen „Aristokratie", vertreten durch den amtierenden Präsidenten John Quincy Adams, und „Demokratie" hoch. Der Rückhalt für Adams schrumpfte auf die nördlichen Ostküstenstaaten zusammen, nachdem er sich 1826 hinter die vom *Supreme Court* 1823 (Johnson v. McIntosh) festgestellten Rechtsansprüche der Indianer auf ihr Stammland in Georgia stellte.

Auch im Norden gewann Jackson Stimmen für sich, indem er im Konflikt um den 1828-Zolltarif für den Protektionismus eintrat. Das brachte ihn zwar in Gegensatz zu den exportorientierten Südstaaten, doch deren Wortführer J. C. Calhoun verbündete sich mit Jackson – als dessen Vizepräsident und späterer Kriegsminister – aus einem anderen Grunde. Die Südstaatler, die eine Arrondierung des Staatsgebietes im Süden anstrebten,[20] um mit den Staatengründungen im Nordwesten und Westen Schritt zu halten,[21] begründeten ihre Annexionsabsichten damit, dass Spanien seine Herrschaftsrechte verwirkt habe. Spanien könne die in Florida lebenden Indianer, die Semiolen, nicht im Zaum halten. Spanien hatte Florida 1819 für 5 Millionen Dollar an die USA verkauft *(Adams-Onis-Vertrag)*, sich dafür aber Texas gesichert. Im Westen hatte Jackson bereits bei seiner Präsidentschaftskandidatur 1824 großen Rückhalt gefunden, der Sieg über britische Landungstruppen bei New Orleans – im Januar 1815, nach dem Friedensschluss von Ghent – kürte Jackson im Westen zum unantastbaren Helden. Wie sein Feldzug gegen die Semiolen 1818 gezeigt habe, so die Argumentation, würde er den weißen Siedlern in den Auseinandersetzungen mit den Indianern keinen Stein in den Weg legen. „Für Jackson standen die Indianer ebenso außerhalb der republikanisch-demokratischen Ordnung wie die Sklaven der Südstaaten.“[22] Das von *Chief Justice* Marshall 1832 formulierte Urteil (Worcester v. Georgia), welches den Indianerstämmen kraft angestammter eigener Institutionen und Gebiete *(Distinct People)* einen den Einzelstaaten vergleichbaren Status zubilligte, wurde von Jackson und den Einzelstaaten als unverbindliche Meinungsäußerung übergangen. Das Urteil des *Supreme Court* schützte die Indianerstämme nicht vor der Vertreibung und erzwungenen Umsiedlung in ein durch den *Indian Intercourse Act* 1834 errichtetes Territorium im Staat Oklahoma.

Jackson missachtete nicht nur den Obersten Gerichtshof, der föderativen Prinzipien verpflichtet blieb, sondern setzte sich auch an die Spitze der Gegner der *Bank of the United States,* der zweiten Nationalbank. Obwohl die vom Kongress 1816 verabschiedete Charter ohnehin nur bis 1836 Gültigkeit hatte, wollte Jackson das natürliche Ende der missliebigen Institution nicht abwarten, denn seine eigene zweite Amtszeit lief gleichzeitig aus. Stein des Anstoßes war, dass die *Bank of the United States (BUS)* unter Nicholas Biddle den Inflationsgewinnlern das Handwerk legen wollte. Die Bank machte von ihrem Recht Gebrauch, den kleineren Banken Auflagen hinsichtlich der Papiergeldausgabe und Kreditvergabe zu erteilen sowie den Banken der Einzelstaaten vorzuschreiben, ausreichende Hartgeldreserven zu unterhalten. Da die BUS ca. 25% des amerikanischen Bankgeldes *(Bank paper)* auflegte, besaß sie die Kontrolle über die Kreditspielräume der unzähligen kleinen Banken im Westen und Süden. Die Signalwirkung zu ihrer Abschaffung ging von der Krise 1819 aus. In der von einer Bodenspekulation angetriebenen Finanzpanik 1819 zwang die BUS die Banken dazu, Schulden einzutreiben. Die Nationalbank wurde aufgrund der Zwangsvollstreckungen *(foreclosures)* Eigentümer von Grund und Boden, vor allem im Westen und Süden der USA. Die Verschuldeten übten Druck auf die Parlamente in ihren Staaten aus, Moratorien und gesetzlich verankerte Hilfsmaßnahmen zu beschließen. Unter dem Druck der örtlichen Banken entschlossen sich die Kongresse einzelner Staaten, Steuerzahlungen zur Bedienung der Forderungen der BUS zu verweigern.

Jackson unterstellte, dass die von der BUS betriebene Disziplinierung der vielen kleinen, als Kreditgeber agierenden Banken den Siedlern schade, die sich gegen die Wechselfälle des Wetters und der Marktlage nur durch Verschuldung retten könnten, hingegen den Interessen der vermögenden Kreise zuarbeite. Der populistische Feldzug gegen die BUS bediente sich eines weiteren populistischen Arguments, dass nämlich Ausländer, vor allem Briten einen hohen Anteil von 25% am Kapitalstock der BUS hielten, daher diene die Zweite *National Bank* gerade nicht den Interessen der Amerikaner. Jackson betrachtete seine Wiederwahl als Mandat, umzusetzen, dass eine von den Reichen und Mächtigen besetzte *Private Corporation*, d.h. die BUS, nicht die Macht haben dürfe, den Willen der Regierung zugunsten ihrer selbstsüchtigen Zwecke zu beugen. Die BUS verlor durch den Abzug der Regierungsguthaben im Jahre 1833 ihren Status als Zentralbank. Die Funktion als Depositenkasse der Regierung wurde dem Finanzministerium übertragen und die *Treasury Deposits* platzierte man bei einem Dutzend favorisierter Staatsbanken. Auf Grund dieser Entmachtung und weil Präsident Tyler (1841–1845) sein Veto gegen die vom Kongress gebilligten Charters für eine neue Notenbank einlegte, musste das amerikanische Wirtschafts- und Finanzsystem zwischen 1833 und 1913 *(Owen-Glass-Federal Reserve Act)* ohne eine „Bundesbank"/*Central Bank* auskommen. Wichtige Funktionen einer Zentralbank wurden vom Schatzamt ausgeübt.

Die Einführung hoher Importzölle 1828 (50% ad valorem) führte nicht nur zum Bruch zwischen Jackson und Calhoun, sondern warf auch erneut die grundsätzliche Frage auf, wer der wahre Souverän sei, die Union oder die Einzelstaaten. Calhoun argumentierte, dass die Union nur delegierte Macht von den Einzelstaaten, den wahren Souveränen, besitze. Für ihn kam es darauf an, dass die Einzelstaaten das Recht haben sollten, die Gültigkeit und Anwendung eines Gesetzes auf ihrem Gebiet für null und nichtig erklären zu können. Die *Nullification* binde nicht nur die Bürger des Einzelstaates, sondern auch die Unionsregierung. Auf diese Anmaßung reagierte Jackson mit der Drohung, Calhoun mit dem Tod zu bestrafen. Er warnte South Carolina, dessen Konvent im Sinne Calhouns stimmte und Gelder für eine Streitmacht zur Abwehr der Bundesexekution bewilligte, dass er die Verfassung der Union notfalls mit Waffengewalt schützen werde. South Carolina stellte sich hinter Calhoun, der zum Senator gewählt wurde. Um die Eskalation zu stoppen, entschärfte der Kongress unter Vermittlung von Henry Clay den Zolltarif und South Carolina widerrief das Waffengewaltgesetz und die Nullifikation der Zollgesetzgebung.

## Expansionismus und Sklavereifrage

Zwei Fragen, die die ungelösten Probleme der USA kennzeichneten, aber bislang nicht gleichzeitig akut geworden waren, prallten in den 1840er-Jahren aufeinander: zum einen die Frage des geregelten Nebeneinanders von Sklaven-haltenden und sklavenfreien Staaten; zum anderen die Frage, ob die Union sich durch die Festsetzung europäischer Mächte an den Grenzen der USA davon abschrecken lassen sollte, ihre Vision vom „Reich der Freiheit" von der Atlantik- bis zur Pazifikküste und von der kanadischen Grenze bis zum Golf von Mexiko zu verwirklichen. Die Rede von der Landnahme nach Westen als Aufgabe der Vorsehung und die eventuelle Expansion der Austauschbeziehungen über die Pazifikküste hinaus nach Japan und China klang expansiv, enthielt aber auch Elemente der Selbstbeschränkung. *Manifest Destiny* meinte zunächst „nur" die Berufung der Amerikaner, das Gebiet zwischen den beiden Ozeanen zu beherrschen und zu diesem Zweck britischen, französischen, russischen und spanischen Besitz sowie Indianergebiete durch

Kauf oder Krieg für sich zu gewinnen. Durch Niederlassung sollten die Amerikaner – so propagierten es die Jefferson-Republikaner und nachfolgend die Jackson-Demokraten gegen die Vorbehalte der Geschäftswelt und der *Whig Party* als Nachfahren der Hamilton-*Federalists* – in Nachbargebiete eindringen. Die Westwanderung hatte das Ziel, die von europäischen Mächten gehaltenen Gebiete gleichsam zu amerikanisieren, um sie europäischem Einfluss zu entziehen und zu einer größeren Prosperitätszone auszubauen.

Zwei politische Strömungen arbeiteten auf der Basis anti-englischer Tendenzen auf die Verknüpfung beider Fragen hin. Für O'Sullivan, den Urheber des Schlagwortes *Manifest Destiny*, stellte das englisch-mexikanische Zusammenwirken in der Texas-Frage einen Versuch dar, „uns an der Erfüllung unserer Bestimmung zu hindern, den uns von der Vorsehung zugeteilten Kontinent zur freien Entfaltung unserer jährlich um Millionen zunehmenden Bevölkerung zu nutzen". In einem zweiten, auf die Debatte über die Annexion des *Oregon Territory* Bezug nehmenden Leitartikel sprach O'Sullivan davon, dass „die Vorsehung ... uns diesen Kontinent zur Entwicklung des großen Experiments von Freiheit und föderaler Selbstregierung anvertraut (hat)". Mit der Kündigung des Oregon-Vertrages von 1827 versuchte Präsident Polk eine Teilung des *Oregon Territory* entlang dem 49. Breitengrad unter Verzicht auf Vancouver und Vancouver Island durchzusetzen. Beide Regierungen – die amerikanische wegen des bevorstehenden Krieges mit Mexiko, die britische wegen der Aussichtslosigkeit, das Gesamtgebiet auf Dauer verteidigen zu können, und aufgrund höherwertiger Interessen in Ägypten und Indien – wollten es nicht zum dritten anglo-amerikanischen Krieg kommen lassen. Polk stellte die weiter reichende Forderung, den Nordwest-Pazifik bis zum 54. Grad 40' N einzunehmen, hintan. Eine Einigung im Juni 1846 gab beiden Ländern freie Hand für prioritäre Interessen.

Während O'Sullivan in England den äußeren Feind erkannte, geißelte Calhoun in einer zweiten Frontstellung England als Verkörperung einer durch den Konflikt zwischen Kapital und Arbeit bedrohten Gesellschaftsordnung, in der freie Institutionen nicht gedeihen könnten. Dieses England trete für die Abschaffung der Sklaverei ein, dem „Unterpfand" einer stabilen Ordnung in den USA; beginnend in Texas, wolle England die Beseitigung der *besonderen Einrichtung* in Nordamerika durchsetzen. Calhoun agitierte für den Anschluss von Texas an die Union, weil die weißen Siedler, die auf Einladung der unabhängig gewordenen mexikanischen Regierung nach Texas gekommen waren, ihre Sklaven mitbrachten und die Sklavenhaltung weiterführten. Die Frage wurde 1836 akut, nachdem die Siedler auf das Verbot der Sklaverei (1829) und den Einwanderungsstop (1830) durch Mexiko mit Gewaltaktionen und schließlich der Erklärung ihrer Unabhängigkeit von Mexiko (1836) reagierten. In der Verfassung ihrer Republik Texas verankerten sie das Recht auf Sklavenhaltung. Die mexikanische Regierung Santa Ana wollte die abtrünnige Provinz zurückgewinnen, erlitt nach ersten Erfolgen jedoch im April 1836 in der Schlacht bei San Jacinto durch General Sam Houston eine entscheidende Niederlage.

Für Jackson hatte sich gegen Ende seiner Amtszeit 1836 erneut die Frage gestellt, ob jetzt der Zeitpunkt gekommen sei, Texas in die Union aufzunehmen und mit Mexiko über einen Preis für die Abtretung des Gebietes von Texas bis Kalifornien zu verhandeln. Er zögerte, weil er in Kenntnis des englischen Interesses an Texas keine internationale Verwicklung und keinen Konflikt zwischen Nord- und Südstaaten auslösen wollte. Die englischen Finanzhilfen an Texas veranlassten Calhoun, die Entwicklung in seinem Sinne zu präjudizieren. Als Außenminister unter Präsident Tyler handelte er einen Anschlussvertrag mit der Republik Texas aus. Die erforderliche Zweidrittelmehrheit im Senat erreichte er 1844 allerdings nicht, weil er zu unverblümt für die Verfassungsmäßigkeit der Sklaverei eingetreten war. Calhoun nutzte den Wahlkampf 1844, um eine große Koalition zwischen den Befürwortern der über Texas hinausgehenden Südwest-Expansion und den vom *Oregon Trail* (1843) stimulierten Wortführern des Drangs nach Westen zu schmieden.

Mit dem Sieg des demokratischen Bewerbers, James K. Polk, über den Repräsentanten der Gemäßigten, Henry Clay, verschafften sich die Annexionisten das Mandat zum Handeln. Texas wurde Ende 1845 in die Union aufgenommen, obwohl die Grenzfragen mit Mexiko nicht geklärt waren. Darüber und wegen der Aufwiegelung kalifornischer Siedler durch Außenminister Buchanan kam es zum Amerikanisch-Mexikanischen Krieg. Da die USA und Großbritannien sich rechtzeitig über die Gebietsfragen im Nordosten (Maine) und Nordwesten (Oregon) geeinigt hatten, konnte sich die Polk-Administration auf ihr Ziel konzentrieren, New Mexico und Kalifornien zu erwerben. Nachdem Mexiko Ende 1845 ein amerikanisches Kaufangebot für New Mexico und Kalifornien abgelehnt hatte, reichten Zwischenfälle aus, um amerikanische Truppen einzusetzen. Sie eroberten schließlich im September 1847 die mexikanische Hauptstadt. Im Frieden von Guadalupe Hidalgo 1848 gewannen die USA ein Gebiet von 1 370 153 qkm hinzu (New Mexico, Arizona, Kalifornien, Utah, Nevada, Colorado). Sie zahlten dafür 15 Millionen Dollar und übernahmen außerdem die Forderungen amerikanischer Bürger an den mexikanischen Staat.

Die USA hatten Druck gemacht und gegenüber Großbritannien und Mexiko durchgesetzt, was realistischerweise erwartet werden konnte. Der Kontinent war gewonnen, die Koalition der Annexionisten zerbrach. Das politische System hatte sich infolge der von Jackson geschaffenen Verbindung zwischen Parteiapparaten, Populismus und Verteufelung der Gegenspieler grundlegend verändert. „Sowohl im Norden als auch im Süden entstanden ideologische Koalitionen, die die Idee der nationalen Einheit und Integration zu keinen anderen Bedingungen als ihren eigenen akzeptieren wollten.“[23]

Der erste, durch das *Wilmot Proviso* entzündete Konflikt konnte durch einen von Clay und vor allem Stephen Douglas (Illinois) gefundenen Kompromiss beigelegt werden. Das *House of Representatives* hatte den Vorschlag Wilmots (*Democrat*, Pennsylvania) unterstützt, demzufolge die Sklaverei in allen von Mexiko an die USA abgetretenen Gebieten verboten sein sollte. Doch lehnte der Senat dies ab. Als Kalifornien, das in seine Verfassung ein Sklavereiverbot aufgenommen hatte, 1850 den Antrag auf Aufnahme in die Union stellte, befürchteten die Südstaaten, dass weitere Staaten dem Beispiel folgen und dadurch der 1820 vom Missouri-Kompromiss ermöglichte Gleichstand zwischen sklavenhaltenden und sklavenfreien Staaten verändert würde. Um die Gefahr eines Rückgriffs der Südstaatler auf die Nullifikationstheorie abzuwenden, brachte Douglas eine neue Koalition aus Nordstaaten-Demokraten und Südstaaten-Whigs zustande. Im Unterschied zu Calhouns ideologisch inspiriertem und zum Scheitern verurteilten Brückenschlag zwischen Südstaaten-Aristokratie und nordstaatlichen Besitzinteressen orientierte sich der

Douglas-Kompromiss an den Gegebenheiten. Konsequenter als Calhoun gestand Douglas sich ein, dass in Kalifornien und im *Oregon Territory* die Voraussetzungen für die Sklavereiwirtschaft fehlten, die Südstaatler durften hoffen, dass einige neue Territorien wie Utah und New Mexico zur Wahrung der Stimmenbalance zwischen den Staaten beitragen könnten, wenn deren Einwohner die Möglichkeit hätten, über Verbot oder Zulassung der Sklaverei selbst zu entscheiden. Damit kam zugleich der von den Südstaaten verfochtene Grundsatz zur Geltung, dass nicht die Mehrheitsverhältnisse auf Unionsebene in dieser Frage den Ausschlag geben dürften, sondern die Entscheidung bei den Einzelstaaten liege. Der Kompromiss sicherte den Südstaatlern außerdem die lang ersehnte gesetzliche Regelung der Rückgabe flüchtiger Sklaven an deren Besitzer zu *(Fugitive Slave Act).*

Das gleiche Verfahren, nämlich die Entscheidung über die Sklavereifrage an die Einwohner der Regionen zu delegieren, wandte Douglas erneut beim Aushandeln des Kompromisses in der Frage an, was aus der nördlichen Region des Louisiana-Kaufgebiets werden solle. Die Aufspaltung des Nebraska-Territoriums 1854 in Kansas und Nebraska in Verbindung mit der Referendums-Lösung erwies sich jedoch als Bumerang. Der gezielte Zustrom sklavenhaltender Siedler vor allem nach Kansas eskalierte in Gewalttätigkeiten und konnte erst durch den Einsatz von Bundestruppen 1856 beendet werden.

Das Parteiengefüge brach auseinander. Es hatte ohnedies Risse bekommen, weil dritte Parteien, die so genannten *Nativists* oder *Know-Nothings*[24] und die *Free Soil*-Partei den Demokraten und den Whigs bei den Gouverneurs- und Staatenparlamentswahlen Konkurrenz machten. Als *American Party* bundesweit agitierend, forderten die *Nativists*, dass die katholischen Einwanderer aus Irland, Deutschland und anderen Ländern sich nicht politisch betätigen dürften, was man von Asylsuchenden ohnehin erwarten müsse. In den Neuenglandstaaten gaben sich die *Nativists* als Reformer aus und unterstützten die Anti-Sklaverei-Bewegung. Die *Free-Soilers*, die die Reichtümer der neuen Westgebiete für sich beanspruchten, agitierten gegen die Ausdehnung der Sklaverei in den neuen Siedlungsgebieten. Aus ihrer Verbindung mit nordstaatlichen *Whigs* und Demokraten ging die Republikanische Partei hervor. Abraham Lincoln, wie viele andere *Whigs* aus dem Norden, stieß 1856 zu ihr. Die *American Party* zerfiel, weil ihr Präsidentschaftskandidat Millard Fillmore zu offensichtlich mit den Südstaaten sympathisierte, ein Teil von ihnen stimmte schon im Wahlkampf 1856 für den Republikaner Fremont. Auf der Gegenseite schlossen sich die so genannten *Cotton-Whigs*, die vorübergehend zur *American Party* übergelaufenen konservativen Demokraten und die Südstaaten-Demokraten zusammen. Ihrem Kandidaten James Buchanan (Pennsylvania) gelang 1856 der vorerst letzte – und knappe – Wahlsieg eines demokratischen Präsidentschaftsbewerbers.

Die Republikanische Partei strebte nunmehr den Sieg bei den nächsten Wahlen 1860 an. Sie legte sich in der Sklavereifrage lediglich auf die Formel fest, dass diese auf die bereits bestehenden Sklavenstaaten beschränkt bleiben, d.h. nicht abgeschafft werden müsse. Diese Formel war die strategische Antwort auf einen Zielkonflikt: Erstens waren die Befürworter der Abschaffung der Sklaverei *(Abolitionists)* im Norden nicht so stark, dass die Republikanische Partei unter deren Banner die Präsidentschaftswahlen hätte gewinnen können. Zudem waren viele im Norden lebende Weiße zwar gegen die Sklaverei, aber nicht darauf erpicht, dass befreite Sklaven in ihre Gebiete zuwanderten und dort zu Mitbewerbern um Arbeitsplätze, Wohnungen etc. werden würden. Zweitens sollte das Verbot der Ausdehnung der Sklaverei, so argumentierte Lincoln, die Befürchtungen zerstreuen, dass auch Weiße in ähnliche Arbeits- und Rechtsverhältnisse abrutschen könnten. Außerdem versprach die Republikanische Partei den Auf- und Ausbau eines transkontinentalen Verkehrsnetzes (Eisenbahn, Telegraphen). Dem industriellen Nordosten offerierte man Schutzzölle, den Siedlern im Westen den Verkauf von landwirtschaftlicher Nutzfläche zu Niedrigpreisen (späterer *Homestead Act*). Schließlich boten die Republikaner den Einwanderern, jedoch erst im Wahlkampf 1860, die rasche Einbürgerung an.

In den Südstaaten waren die Republikaner allerdings überhaupt nicht präsent, zehn Südstaaten schlossen Lincoln als Präsidentschaftsbewerber von der Wahl aus. Den Wahlsieg – mit 40% der Wählerstimmen und 180 Wahlmännerstimmen – gegenüber 123 für die drei Mitbewerber zusammengenommen – verdankte Lincoln der Interessenbündelung im Norden und der Stimmenaufsplitterung des demokratischen Lagers auf zwei Kandidaten, den amtierenden Vizepräsidenten J. L. Breckinridge (Kentucky) mit 79 Wahlmännerstimmen und Douglas mit 12 Wahlmännerstimmen (aber 21% der Wählerstimmen). Ein vierter Bewerber, J. Bell, schnitt mit 39 Wahlmännerstimmen besser ab als Douglas. Den Wahlsieg schrieb Lincoln seiner Entschlossenheit zu, die Einheit der Union gegen die zweifelhaften Versuche zu verteidigen, aus dem Votum des Kongresses gegen die Aufnahme des Sklavenstaates Kansas das Recht auf Gründung einer eigenen Südstaatenkonföderation (Sezession) abzuleiten.

Der Spielraum für Kompromisse in der Frage der Aufnahme neuer Sklavenhalterstaaten war durch drei gravierende Vorgänge bereits ausgereizt: 1. In Kansas erhielten die Konfliktparteien Waffenhilfe aus den angrenzenden Staaten. Das Eingreifen der Stoßtrupps förderte die Gewaltbereitschaft. Präsident Buchanan sah das Recht auf Seiten der Befürworter der Sklaverei. 2. Im Fall eines schwarzen Klägers aus dem sklavenfreien Wisconsin *(Dred Scott v. Sanford)* fällte *Chief Justice* Roger Taney ein Grundsatzurteil. Darin bezeichnete er Schwarze, egal ob frei oder Sklave, als minderwertige Wesen *(beings of an inferior order)*, Weiße bräuchten daher die Rechte der Schwarzen nicht zu respektieren. Die Schwarzen seien keine amerikanischen Staatsbürger, also dürften sie den Obersten Gerichtshof gar nicht anrufen. Unter Berufung auf das im 5. *Amendment* anerkannte, jedoch zeitlich befristete Besitzrecht an Sklaven stellte Taney die Behauptung auf, dass dieses Recht auch für die später hinzugekommenen Territorien gelte. Der Kongress hatte dies in der *Northwest Ordinance* 1787, im Missouri-Kompromiss von 1820 und zuletzt im Kompromiss von 1850 ausdrücklich anders entschieden. Taney sprach dem Kongress die Berechtigung ab, die Mitnahme von Sklaven in die neuen Territorien zu untersagen. Damit erklärte er die Wahlkampfplattform der Republikanischen Partei für verfassungswidrig. Präsident Buchanan hatte die südstaatliche Mehrheit im *Supreme Court* zu diesem Schritt ermutigt, in der – unzutreffenden – Annahme, dass die Autorität des *Supreme Court* auch von den Gegnern in der Sache nicht bezweifelt werden würde. Als Mehrheitsentscheidung goss das Urteil und erst recht seine Begründung eher Öl ins Feuer als dass es den Verfassungskonflikt eindämmte. 3. Eine ähnliche Fehlkalkulation lag der Strategie der

Südstaatler zugrunde, dass eine ausschließlich im Interesse der Sklavenhalter-Staaten liegende Gebietserweiterung um Karibikinseln (Kuba, Puerto Rico) das Zweckbündnis mit den Finanz-, Handels- und Schifffahrtsinteressen in den Nordstaaten (New York) wieder beleben werde. Außenpolitische Ablenkungsmanöver mit dem Ziel der Zurückdrängung europäischer Mächte aus dem amerikanischen Hinterland hatten schon Anfang der 1850er-Jahre nicht länger als Koalitionsstifter gewirkt.

## Der amerikanische Bürgerkrieg

Bevor Lincoln im März 1861 das Präsidentenamt antrat, hatten die Südstaaten Fakten geschaffen. Sie konnten sicher sein, dass Präsident Buchanan, dessen Verhalten Douglas um jede Siegeschance gebracht hatte, ihnen nicht in den Arm fallen würde. Da sie Lincoln zum *black Republican* abgestempelt hatten, war nicht zu erwarten, dass sie mit dem endgültigen Wahlergebnis leben wollten. Ein auf die Schnelle gewählter Konvent erklärte South Carolina noch vor Weihnachten 1860 zum souveränen Staat. Sechs weitere Staaten, Georgia, Florida, Alabama, Texas, Mississippi und Louisiana, folgten bis Februar 1861. Die „unabhängigen Sieben“ schlossen sich zu den *Confederate States of America* zusammen, gaben sich eine eigene Verfassung, wählten Jefferson Davis, einen früheren Kriegsminister (unter Pierce), auf sechs Jahre zum Präsidenten, und vertrauten darauf, dass andere Staaten der Konföderation beitreten und dass die europäischen Mächte, insbesondere Großbritannien und Frankreich aufgrund ihrer Abhängigkeit von Baumwollexporten aus den Südstaaten, das neue Gebilde schnell völkerrechtlich anerkennen würden.

Das Verhalten der anderen Staaten der Union war nicht von vornherein klar und ob die europäischen Mächte in diesem Konflikt neutral bleiben oder Partei ergreifen würden, musste sich noch erweisen. Lincoln bestand darauf, dass er als gewählter Präsident über das in den Südstaaten gelegene Eigentum der USA verfügen dürfe, und machte daraus einen Stärketest. Praktisch ging es nur noch um Fort Sumter im Hafen von Charleston, der Hauptstadt von South Carolina, das die Übergabe an die Sezessionisten verweigert hatte. Die Südstaatler erzwangen am 14. April 1861 die Kapitulation der Besatzung von Fort Sumter. Getreu der Devise, dass er als Präsident und Oberbefehlshaber der Streitkräfte die Rebellion nicht ungestraft hinnehmen dürfe, rief Lincoln am 15. April 1861 die Unionsstaaten zur Bereitstellung von 75 000 Milizen auf und verhängte am 19. April des Jahres über die Häfen der Südstaaten eine Seeblockade. Da die Konföderation der Südstaaten entschlossen war, ihre Rechte mit Waffengewalt zu verteidigen, bedeutete Lincolns Gegenwehr den Auftakt zum Bürgerkrieg.

Allerdings erklärte die Union der Konföderation nicht den Krieg und gewährte dem Süden auch nicht den Status als kriegsführende Partei, die militärischen Operationen galten als Polizeiaktion gegen rebellierende Staatsangehörige. Die Blockade der Häfen der Konföderation sah Lincoln gleichfalls als innerstaatlichen Akt an. Dadurch brauchte er nicht der von den amerikanischen Regierungen stets proklamierten Bedingung zu genügen, dass die eine Blockade ausrufende Partei für deren Effektivität sorgen müsse, sonst sei die Blockade illegal. Die Südstaaten konnten es als ersten Erfolg verbuchen, dass Großbritannien am 13. Mai 1861 seine Neutralität erklärte, ohne allerdings die Konföderation direkt als kriegsführende Partei anzuerkennen. Der Union drohten Konflikte mit Großbritannien, weil London ankündigte, dass es die Respektierung der Rechte eines Neutralen erwarte, also z. B. das gesicherte Anlaufen von Häfen der Konföderation. Primär ging es dabei um die Übergabe der im Auftrag der Konföderation gebauten Schiffe, die so konstruiert waren, dass sie leicht in Kriegsschiffe umgewandelt werden konnten. Wie sich im zweiten Kriegsjahr herausstellte, war Großbritannien nicht an einer Verschärfung blockadebedingter Streitigkeiten gelegen.

Innenpolitik und auswärtige Angelegenheiten verschränkten sich auf doppelte Weise: Da die Union von außen nicht daran gehindert wurde, ihre wirtschaftlichen Sanktionen als notwendige Maßnahme zur Wiederherstellung der Einheit durchzuführen, konnte Lincoln es riskieren, an der Binnenfront den Bürgerkrieg zum Kampf für die Befreiung der Sklaven zu stilisieren. In der provisorischen Emanzipationserklärung vom 22. September 1862, nach dem Sieg bei Antietam, erklärte er die in den Rebellenstaaten lebenden Sklaven für frei. Des Weiteren reduzierten die Erfolge der Streitkräfte der Union auf den Schlachtfeldern den Druck auf Lincoln, den Interessen der sklavenhaltenden Staaten im eigenen Lager, z. B. Maryland, entgegenzukommen. Der schrittweise Übergang in der Kriegsrhetorik von der „Verteidigung der Einheit“ zur „Emanzipation der Sklaven“ erschwerte es umgekehrt Frankreich und Großbritannien, offen für die Südstaaten Partei zu ergreifen. Da die Konföderation ohne Hilfe von außen und ohne eine offene Spaltung auf Unionsseite zwischen Siegfriedens- und Verständigungspartei auf verlorenem Posten stand, waren siegreiche Schlachten für Lincoln der Transmissionsriemen, um im Innern neue Kräfte zu gewinnen, beispielsweise durch die Rekrutierung von Schwarzen als Soldaten, und eine Intervention auswärtiger Mächte zugunsten des geschwächten Feindes im Bürgerkrieg unwahrscheinlich zu machen.

Bei Ausbruch des Bürgerkrieges waren der Norden und der Süden in wirtschaftlicher Hinsicht in etwa gleich stark. Beide führten 1861 die direkte Einkommenssteuer ein, um ihre jeweilige Kriegskasse zu füllen. Dank des höheren Ertrags aus dieser Quelle und der problemlosen Platzierung von Staatsanleihen gewann der Norden jedoch schnell einen erheblichen Vorsprung. Er verfügte über eine bessere Infrastruktur – transkontinentale Eisenbahn- und Wasserstraßen, Telegraphenkabelnetze – und die Voraussetzungen, industrielle Kapazitäten hochzufahren, um Ausrüstung und Versorgung der Land- und Seestreitkräfte quantitativ und qualitativ zu verbessern (Zielgenauigkeit, Feuerkraft, Beweglichkeit der Artillerie).

Die Republikaner waren bestrebt, die Wirtschaftsleistung der Union nicht nur kurzfristig zu steigern, sondern auch langfristig abzusichern und dadurch ihre politische Machtbasis zu vergrößern. Dieses waren die wichtigsten Maßnahmen:

1. Der *Homestead Act* (1862) gab staatlichen Landbesitz im Westen für private Nutzung und Kultivierung frei, das Anbaugebiet wurde zwischen 1860 und 1890 verdoppelt. Eine Besonderheit war, dass die Eisenbahnbaugesellschaften als Anreiz etwa 10% des Landes übereignet bekamen, durch das die Linien führten.

2. Die Erhöhung der Schutzzölle sicherte längerfristig den Kapazitätsausbau, der durch die kriegsbedingte Produktionserweiterung ohnehin beschleunigt wurde. Zuvor hatte der Widerstand der Südstaaten im Kongress Zollerhöhungen verhindert.
3. Der von den Südstaaten bislang behinderte Bau transkontinentaler Eisenbahnlinien wurde im großen Stil vorangetrieben.
4. Die vorübergehende Einrichtung einer Zentralbank (*National Bank Act*, 1863/64) brachte einerseits Ordnung in den Wildwuchs der Bankenlandschaft und stärkte andererseits das Vertrauen in die Dollarnoten *(greenbacks)* als Zahlungsmittel.
5. Der *Immigration Act* von 1864 legalisierte den Zustrom billiger Kontrakt-Arbeitskräfte aus China und aus Europa und befriedigte, allerdings zu unsäglichen Bedingungen, den für den Eisenbahnbau und die Industrieproduktion gesteigerten Arbeitskräftebedarf.
6. Die von der Union erklärte Freiheit der unter Rebellenherrschaft lebenden Sklaven ab 1. Januar 1863 führte den Streitkräften der Unionsstaaten ca. 200 000 schwarze Soldaten zu. Die Spannung zwischen Arbeitskräfte- und Streitkräftebedarf wurde dadurch einigermaßen gemildert.

Die politische Ausgangslage im Bürgerkrieg war unterschiedlich. Die *Confederates* vertrauten auf die Überlegenheit ihrer entschlosseneren und geschlosseneren, gut geführten Kampfverbände gegenüber den „Geld- und Pfeffersäcken" des Nordens. Die Union glaubte die höhere Moral auf ihrer Seite, ohne durch einen verfrühten Aufruf zur Sklavenemanzipation die Chancen für eine Verständigung mit gemäßigten Kräften in den Südstaaten zu verspielen. Das hohe Kriegsziel, die Union zu erhalten oder wiederherzustellen, erforderte die Eroberung des Südens. Das brachte Spannung ins nördliche Lager, denn einige, um die gesellschaftliche Stabilität besorgte Republikaner zogen Friedensgespräche mit dem Gegner vor, während die Forderung der Radikalen nach Emanzipation der ca. 4 Millionen schwarzen Sklaven auf die bedingungslose Kapitulation und implizit auf eine Besatzungsherrschaft nach Kriegsende hinauslief.

Lincoln suchte die Mitte zu halten, wofür zwei Adressen stehen: Nach dem teuer erkauften vorentscheidenden Sieg in der Schlacht von Gettysburg vom 1. bis 3. Juli 1863 formulierte er zunächst den Gedanken einer weltweit Maßstäbe setzenden politischen Union freier Menschen anlässlich der Einweihung des Soldatenfriedhofes am 19. November 1863. In der Emanzipationserklärung vom 22. September 1862 jedoch forderte Lincoln die sklavenhaltenden Mitgliedstaaten der Union *nicht* dazu auf, die politisch-rechtliche Gleichheit aller Menschen herzustellen. Er wollte weder einen Konflikt mit Maryland schüren noch den Graben zwischen Nord und Süd verbreitern. Die Ersetzung des offiziellen, unter Berufung auf den Amtseid erklärten Ziels der Erhaltung der Union durch die Proklamation eines Krieges zur Befreiung der Sklaven hätte bedeutet, dass alle anderen Optionen für die Gestaltung der Nachkriegsordnung hinfällig geworden wären. Solange der militärische Sieg nicht feststand und die *Peace Democrats (Copperheads)* vor allem im Nordwesten der Gründerstaaten bei den Zwischenwahlen 1862 Zulauf erhielten, gab es für Lincoln auch konkrete Gründe, nach Lösungen Ausschau zu halten, die eine Wiederannäherung zwischen Nord und Süd begünstigten.

Lincoln wollte sich mehrere Optionen offen halten. Dazu gehörte, dass die Sklavenhalter für den Eigentumsverlust gegebenenfalls entschädigt würden. Im Gegensatz dazu hatte der Kongress mit dem *Confiscation Act* (1862) die Beschlagnahme des Vermögens der Rebellen, insbesondere den Besitz an Sklaven, legalisiert und den Vereinigten Staaten zugesprochen. Auch sollte die Schwelle für die Wiederaufnahme einzelner Südstaaten nicht zu hoch angesetzt werden. Lincolns *Ten Percent Plan* vom Dezember 1863 sah vor, dass in den Südstaaten eigene Regierungen gebildet werden dürften, sobald 10% der Wähler den Loyalitätseid auf die Union und die Sklavenemanzipation geleistet hätten. Auch in diesem Punkt verlangte der Kongress schärfere Bedingungen – mindestens die Hälfte sollte den entsprechenden Eid abgelegt haben. Gegen die *Wade-Davis Bill* legte Lincoln sein Veto ein. In seiner letzten Rede im April 1865 sprach sich allerdings jetzt auch Lincoln dafür aus, dass Schwarze in den Südstaaten das Stimmrecht erhalten haben müssten, bevor der betreffende Staat in die Union zurückkehren dürfe. Radikale Maßnahmen wie eine Bodenreform wollte er nicht zur Schlüsselfrage machen, dafür aber die Schwarzen über den Auf- und Ausbau des Erziehungswesens in den Südstaaten fördern. Es lag ihm daran, den Problemdruck der Zuwanderung nach Norden aufzufangen, wobei auch Pläne zur Rückführung der Schwarzen in die Karibik oder nach Afrika wieder ins Gespräch kamen.

Die Zwischentöne verloren an Bedeutung, je mehr die Verständigungspartei im republikanischen Lager durch die Ereignisse auf den Kriegsschauplätzen überrollt wurde. Die Strategie der verbrannten Erde demoralisierte die Südstaatler. Mit der Eroberung und Verwüstung Atlantas durch General Sherman rückte die Niederlage der Konföderierten näher. Dies untergrub die Aussichten George McClellans, seiner Forderung nach einem Waffenstillstand und Friedensverhandlungen Nachdruck zu verleihen. Der bevorstehende Triumph auf dem Schlachtfeld leitete Wasser auf die Mühlen der *Radicals*, die im Kongress den Ton angaben und neben der Abschaffung der Sklaverei in der gesamten Union auch Strafmaßnahmen gegen den Süden anstrengten. Die *Wade-Davis Bill* vom Juli 1864 sah den Ausschluss jener Südstaatler von den Wahlen zu verfassungsgebenden Versammlungen vor, die gegen die Union gekämpft hatten.

Wenige Tage nach der Kapitulation des Oberkommandierenden der Südstaatenarmee, General Lee, vor dem Oberbefehlshaber der Unionsarmeen, General Grant (Appomattox Court House, 9. April 1865), erlag Lincoln am 14. April den Folgen eines von einer südstaatlichen Verschwörergruppe vorbereiteten Attentats. Damit bleibt ungeklärt, ob Lincoln seinen in der Antrittsrede im März 1865 angekündigten Doppelkurs – Verbot der Sklaverei im gesamten Geltungsbereich der Unionsverfassung, wie es das 13. *Amendment* verankerte, bei gleichzeitiger Bereitschaft zum Entgegenkommen an die Südstaaten – ohne Konflikt mit dem Kongress hätte durchhalten können. Das leitet zur zweiten Frage über, ob seine Nachfolger, Vizepräsident Andrew Johnson und General Grant (1869–1876), gleichsam Lincolns stilles Vermächtnis verwalteten oder aus eigenem Antrieb den Südstaaten – unterschiedlich weit reichend – entgegenkommen wollten.

# II. Von der Kontinentalmacht zur Weltmacht

| | |
|---|---|
| 1866 | Civil Rights Act gibt Schwarzen die Staatsbürgerschaft |
| 1873–1879 | Wirtschaftskrise |
| 1877 | Kompromiss von 1877: Ende der Reconstruction-Ära |
| 1882 | Beginn der großen Einwanderungswelle vor allem aus Ost- und Südeuropa |
| 1890 | Sherman Anti-Trust Act; McKinley-Zolltarif |
| 1893–1897 | Depression |
| 1898 | Spanisch-Amerikanischer Krieg: Die USA erhalten die Philippinen, Guam, Kuba, Puerto Rico; Annexion Hawaiis |
| 1899 | Erste Note Hays: Politik der Offenen Tür |
| 1904 | Roosevelt-Ergänzung zur Monroe-Doktrin |
| 1913 | Reformgesetze Präsident Wilsons |
| 1914 | Eröffnung des Panama-Kanals; militärische Intervention in Mexiko |
| 1917 | Kriegserklärung an das Deutsche Reich |
| 1918 | Wilsons 14-Punkte-Programm: Völkerbundordnung |
| 1919 | Wilson wirkt als erster US-Präsident auf Friedenskonferenz im Ausland mit |
| 1920 | Senat lehnt Versailler Friedensvertrag ab; USA bleiben dem Völkerbund fern |
| 1921/22 | Washingtoner Konferenz: Flottenabkommen; Vertragsordnung für Ostasien |
| 1929 | Börsenkrach in New York; Beginn der Weltwirtschaftskrise |
| 1933–1945 | Präsidentschaft F. D. Roosevelts; drei Wellen des New Deal |
| 1935–1939 | Neutralitätsgesetze |
| 1941 | Lend-Lease-Gesetz ermöglicht Waffenlieferungen an befreundete Staaten; Atlantikcharta; japanischer Angriff auf Pearl Harbor und US-Kriegserklärung an Japan; Hitler und Mussolini erklären den USA den Krieg |
| 1943 | Konferenz von Casablanca fordert bedingungslose Kapitulation der Achsenmächte |
| 1944 | Landung amerikanischer Streitkräfte in der Normandie und Südfrankreich |
| 1945 | Konferenzen von Jalta; San Francisco (Gründung der UNO); Potsdam; Atombombenabwürfe auf Hiroshima und Nagasaki: Kapitulation Japans |

Drei Ereignisse ermöglichten es den USA, die Einheit des Kontinents herzustellen: erstens der Sieg der Union im Bürgerkrieg, zweitens das gleichzeitige Scheitern des Experiments Napoleons III., mittels der Inthronisierung des Habsburgers Erzherzog Maximilian als König von Mexiko ein mit Europa liiertes regional verankertes Gegengewicht zu den USA zu schaffen, und drittens der anschließende Kauf Alaskas von Russland. Darüber hinaus waren die USA von außen unangreifbar, vorausgesetzt, die britische Seemacht schätzte, wie im Bürgerkrieg demonstriert, den Schutz ihrer Handels- und Investitionsinteressen in Nordamerika höher ein als die Alternative, in den USA den neuen Rivalen im Kampf um die Hegemonie zu sehen und den Aufstieg der USA zur Weltmacht zu blockieren. Die Machtverschiebung im europäischen Staatensystem zu Gunsten Preußen-Deutschlands und Russlands und zum Nachteil der III. Französischen Republik und der Donaumonarchie beanspruchte die politische Aufmerksamkeit der britischen Seemacht.

Der steile wirtschaftliche Aufstieg der Kontinentalwirtschaft USA, deren Industrieproduktion die britische und die deutsche nach 1890 bei weitem übertraf, trug Amerika den Ruf als Land der unbegrenzten Möglichkeiten ein. Dieser Aufstieg erfolgte in der Epoche der großen Depression 1873–1895. Die Krisen in der amerikanischen Wirtschaft lähmten die Entwicklung der Weltwirtschaft, dennoch profitierte die US-Wirtschaft insgesamt von der Erschließung und Verdichtung der transkontinentalen Beziehungen zu einem riesigen Binnenmarkt.

Die USA hatten zum ersten Mal eine von außen unangreifbare Stellung gewonnen. Die Frage war, ob und wie die inneren Zerwürfnisse geheilt werden konnten. In politischer Hinsicht bestanden drei Optionen, die nacheinander in den Vordergrund rückten und insofern bestimmte Phasen voneinander abhoben: erstens das Abwarten der Entwicklung in den Südstaaten (1865–66), zweitens die Umgestaltung der Südstaaten nach dem Willen der Sieger (1866–71), drittens die Gleichgültigkeit des Nordens gegenüber Eigenentwicklungen in den Südstaten (nach 1872). Für die politische Stimmung ist bezeichnend, dass die konservativen Demokraten in den Südstaaten Schadenfreude über die wirtschaftlichen Pleiten im Norden empfanden und ihre Vorbehalte gegenüber dem ungezügelten Yankee-Kapitalismus bestätigt fanden, während die Republikaner ihre Vorurteile über die Monokultur-Wirtschaft in den Südstaaten pflegten.

## Die Phasen der Wiedereingliederung des Südens

In der ersten Phase konnte der Sieger, so „Übergangspräsident" Andrew Johnson, den Südstaaten zur Auflage machen, dass sie das 13. *Amendment* in ihre Verfassung übernahmen, einen Loyalitätseid auf die Union leisteten oder zumindest die Sezession widerriefen und die Amtsträger der Konföderation von den Wahlen zu den neuen verfassungsgebenden Versammlungen und Parlamenten ausschlossen. Im Gegenzug sollte auf einschneidende wirtschaftliche Maßnahmen wie Bodenreform, Aufteilung der Plantagen und Domänen verzichtet und den Südstaaten selbst Gelegenheit gegeben werden, ihre innenpolitischen Verhältnisse zu reformieren. Präsident Johnson nutzte die Gelegenheit, dass der Kongress vom April bis Dezember 1865 nicht tagte. Auf Grund der Auffassung, dass Schwarze keinen Beitrag zu Regierung und Administration leisten könnten, lag ihm der Gedanke fern, Schwarzen entsprechend ihrer Mehrheit unter den Einwohnern, etwa in South Carolina und Louisiana, die Regierungsgeschäfte zu überantworten. Stattdessen zog er es vor, ein Arrangement mit verständigungswilligen Politikern im Süden zu treffen, er dachte dabei an die weißen *yeomen* (unabhängige Farmer) sowie die *Old Whigs*. Sein Ziel war, eine große Koalition aus Gemäßigten des Nordens und kooperationswilligen

Südstaatlern zu schmieden, um die Wirtschafts- und Sozialordnung möglichst wenig zu verändern.

Da schnell deutlich wurde, dass Johnsons Rücksichtnahme auf die Südstaatler nur dazu führte, dass dort die alten Eliten über die Wahlen an die Macht zurückkehrten, während die Schwarzen weder ihre politischen (Wahl-)Rechte ausüben noch den Status als freie Arbeitskräfte erreichen oder eigenes Farmland erwerben konnten, nahm der Kongress in einer zweiten Phase das Gesetz des Handelns in die Hand. Die republikanische Mehrheit verweigerte nach dem Wiederzusammentritt im Dezember 1865 den gewählten Abgeordneten und Senatoren der Südstaaten die Anerkennung und verlangte die Absetzung der dortigen Regierungen sowie die Aufhebung der von den Südstaatenparlamenten verabschiedeten *Black Codes.* Im 14. *Amendment* vom April 1866 legte der Kongress verbindlich für den Bund und alle Einzelstaaten die neuen Bürgerrechte fest *(Civil Rights Bill).* Darüber kam es zum Verfassungskonflikt. Präsident Johnson provozierte die Kongressmehrheit, indem er die Südstaatenparlamente ermutigte, das 14. und 15. *Amendment* nicht zu ratifizieren. Unter Führung von Charles Sumner und Thaddeus Stevens beschränkte der Kongress Johnsons Handlungsspielräume und verfügte durch den *Tenure of Office Act,* dass der Präsident keine Amtsträger ohne Zustimmung des Kongresses entlassen dürfe. Da Johnson die Verfassungsmäßigkeit des Eingriffs in die Exekutivgewalt anzweifelte und sich in seinem Verhalten nicht beeinflussbar zeigte – zum Beispiel entließ er Kriegsminister Stanton und Oberbefehlshaber Grant –, strengten die *Radicals* im Februar 1868 ein Impeachmentverfahren gegen ihn an. Es wurde nicht zum Abschluss gebracht, weil zur erforderlichen Zweidrittelmehrheit eine Stimme im Senat fehlte. Ohne Aussicht auf Wiederwahl konnte Johnson zum Ende seiner Amtszeit nichts mehr ausrichten.

Der Kongress trieb den Machtkonflikt voran, indem er verstärkt nach dem Erfolg der Radikalen bei den Zwischenwahlen 1866 eine Serie von Gesetzen verabschiedete, die den Süden nach dem Willen der Sieger umgestalten sollten. Die weitreichendsten wurden Anfang 1866 verabschiedet – *Freedmen's Bill, Civil Rights Bill* – und dem Präsidenten vorgelegt. Da die *Radicals* 143 von 196 Abgeordneten im Repräsentantenhaus stellten, konnten sie ab November 1866 jedes Veto des Präsidenten überstimmen. Zu den wichtigsten Maßnahmen gehörten die Aufhebung der in den Südstaaten während der kurzen Übergangsphase eingeführten Verwandlungsakte (*black codes* statt *slave codes*)[1] und die Aufteilung der zehn Südstaaten in fünf Besatzungsbezirke (*Reconstruction Act*, Februar 1867) als Reaktion darauf, dass alle Südstaaten außer Tennessee das 14. *Amendment* verworfen hatten. Die Militärgouverneure erhielten den Auftrag, freie, gleiche und direkte Wahlen durchzuführen und die Annahme neuer Staatsverfassungen zu erreichen, welche das Wahlrecht der Schwarzen und das 14. *Amendment* enthalten mussten.

Die Folge war, dass schwarze Repräsentanten in zwei Staatenparlamenten (South Carolina, Louisiana) die Mehrheit bildeten und Minister stellten, einem Schwarzen gelang sogar der Aufstieg zur Mitgliedschaft im Obersten Gerichtshof von South Carolina, einem anderen zum Sitz im Senat (Pfarrer Hiram R. Revels, Mississippi), aber keinem die Wahl zum Gouverneur eines Einzelstaates. Im *House of Representatives* in Washington waren im Zeitraum von 1867 bis 1872 dreizehn Schwarze vertreten. Die Schwarzen verlangten weder die Legalisierung von Mischehen noch gemischte Schulen, stattdessen forderten sie kostenlosen Schulbesuch, keine Inhaftierung wegen Zahlungsunfähigkeit und keine sonstigen sozialen Benachteiligungen. Das vom Kongress im März 1865 geschaffene und Anfang 1866 gesetzlich verankerte *Bureau of Refugees, Freedmen and Abandoned Lands* sollte den Schwarzen Rechtsschutz gewähren, kostenlosen Unterricht (in schwarzen Schulen) erteilen, die Kirchen der Schwarzen unterschiedlicher Denomination unterstützen und die Zuweisung von Grund und Boden an ehemalige Sklaven vornehmen. Das *Freedmen's Bureau* war die erste Wohlfahrtsorganisation auf Bundesebene, die allerdings 1872 wieder aufgelöst wurde. Die Neuverteilung von Land blieb jedoch die Ausnahme, da Präsident Johnson im Sommer 1865 die Rückgabe von konfisziertem Grund und Boden an frühere Besitzer verfügte. Die befreiten Sklaven im großen Stil zu Grundbesitzern zu machen, hätte eine von langjähriger Besatzungsherrschaft flankierte Bodenreform erfordert. Der Widerwille unter den Weißen gegen von den *Yankees* oktroyierte Änderungen hatte sich in der Bildung des *Ku Klux Klan* bereits Luft gemacht. Der im November 1868 gewählten Regierung unter Präsident Grant gelang es, durch gerichtliche und militärische Schritte den Klan 1871 schachmatt zu setzen.

Den großen Durchbruch der zweiten Phase stellte das 14. *Amendment* dar. Als neuer Verfassungsgrundsatz bedurfte es dazu neben der Zweidrittelmehrheit in beiden Häusern des Kongresses einer Ratifizierung durch drei Viertel der Einzelstaaten. Die unter dem Schutz der Militärgouverneure gewählten *Reconstruction Governments* setzten die Aufnahme des 14. *Amendment* in die revidierten Verfassungen durch. Das 15. *Amendment*, nach dem Wahlsieg ihres Kandidaten Grant im November 1868 von der weiterhin bestehenden republikanischen Mehrheit im Kongress verabschiedet, erreichte 1870 zwar noch die erforderliche Zustimmung der Einzelstaaten, doch zeichnete sich ein Stimmungsumschwung ab. Es sollte teils die Lücken schließen, die das 14. *Amendment* gelassen hatte, teils künftigen Einschränkungen des Wahlrechts, zum Beispiel auf Grund von Hautfarbe, Rasse oder früherem Status als Sklave, einen Riegel vorschieben.

Das 14. *Amendment* legte fest, dass jede in den USA geborene oder naturalisierte Person Staatsbürger sei, also auch „Neger". Die „Person" war Staatsbürger sowohl der Union als auch des Einzelstaates, in dem sie ihren Wohnsitz hatte. Es verbot jedem Mitgliedsstaat, „irgendein Gesetz zu schaffen, das die Privilegien oder Schutzrechte *(privileges or immunities)* der Bürger der Vereinigten Staaten beseitigen ... oder einer Person ihres Lebens, ihrer Freiheit oder ihres Besitzes und Vermögens ohne ordentliches Gerichtsverfahren *(due process of law)* berauben ... oder einer Person in ihrem Zuständigkeitsbereich *(jurisdiction)* den gleichen Schutz durch Gesetze *(equal protection of the laws)* vorenthalten sollte".

Das 14. *Amendment* setzte die beiden Auffassungen außer Kraft, die das Sonderbewusstsein der Südstaaten geprägt und von *Chief Justice* Taney Verfassungsrang erhalten hatten: die Kompetenz der als Souverän betrachteten Einzelstaaten, Bürger- und Menschenrechte abweichend von den auf Bundesebene geltenden Normen auszulegen, und die Diskriminierung der Schwarzen auf Grund der angeblich angeborenen Inferiorität der „Neger". Der Oberste Gerichtshof hatte fortan darauf zu achten, dass die Einzelstaaten die einzelnen Bürger nicht in den genannten Grundrechten verletzten. Die Mehrheit des Obersten Gerichtshofs fand allerdings schnell einen Weg (*Slaughterhouse*-Urteil), das 14. *Amendment* dahingehend auszulegen, dass die Einzelstaaten nicht verpflichtet seien, Bürger durch gesetzliche Bestimmungen in der Ausübung ihrer Rechte im Privatverkehr einzuschränken. Die Urteile in den Fällen *US v. Harris* 1883 und in den *Civil Rights Cases* 1883 liefen darauf hinaus, dass die *due process of law*- und die *equal protection*-Klauseln nur eingrenzten, was Staatenregierungen tun dürften. Die Bestimmungen des 14. *Amendment* betreffs der Durchsetzung *(enforcement)* gäben dem Kongress nicht die Vollmacht, Gesetze zu erlassen, welche die zwischenmenschlichen Beziehungen tangierten. Bürger dürften demnach in ihren privaten Beziehungen Rassendiskriminierungen vornehmen.

Die dritte Phase ist durch die erneute Sonderentwicklung zwischen Nord und Süd gekennzeichnet. Die 1872/73 einsetzende Depression bot dem Norden Anlass genug, die eigenen Wirtschaftsprobleme für wichtiger zu halten als den Wiederaufbau und politischen Neubeginn im Süden. Dort schwächte die Depression die Existenzbedingungen der unabhängigen weißen Farmer und der Schwarzen als Neubesitzer, Pächter oder Landarbeiter nachhaltig und begünstigte so gesehen die Restauration vormaliger Wirtschafts- und Machtstrukturen. Für viele kleine Farmer bot der Baumwollanbau die einzige Chance zum Überleben. Durch den Anschluss an das Eisenbahnnetz erhielten die Baumwollpflanzer zwar den Marktzugang zum Norden, doch wurde damit die Trostlosigkeit der Lage nur gemildert, die durch Einkommensverluste auf Grund des Preisverfalls auch für Baumwolle bei anhaltenden Kostenbelastungen durch Schuldendienste und Kreditaufnahme für die Beschaffung von Saatgut etc. bedingt war. Der Süden, durch die Menschenopfer im Bürgerkrieg ohnehin stärker belastet als der Norden, wurde sich selbst überlassen. Die weißen Demokraten feierten ihre Rückkehr an die Macht und gewannen Mitte der 1870er-Jahre die Mehrheit in den Staatenparlamenten außer in Florida, South Carolina und Louisiana, aber auch im *House of Representatives* in Washington (1874) – die Republikaner blieben im Süden nach 1877 auf Staatenebene ohne Einflusschancen.

Die Verhöhnung der Yankee-Herrschaft im Süden richtete sich nicht nur gegen die Militärgouverneure und die oktroyierten Einrichtungen wie das *Freedmen's Bureau*, sondern auch gegen die Lehrer, Geschäftsleute, Soldaten und Administratoren, die in den Süden zogen, um die Verhältnisse zu ändern *(carpetbagger)*, und gegen die *scalawags*. Diese in den Südstaaten geborenen oder residierenden nicht-sklavenhaltenden Farmer *(yeomen)* sowie die *Old Whig Planters*, die die bürgerlichen und politischen Rechte der Schwarzen anerkannten, hatten gehofft, auf politischem Wege die Regierungsgeschäfte in die Hand zu bekommen. Die Wirtschaftskrise untergrub jedoch ihren Kampf gegen die Arrondierungsgelüste der Südstaaten-Aristokratie und gegen die Kreditgeber aus dem Norden, die zugleich den Marktzugang durch ihre Kontrolle über das Eisenbahnnetz und den Verkauf der Baumwolle an Weiterverarbeiter dominierten.

Die Vorwürfe der Alt-Eliten, dass Inkompetenz und Korruption in den Südstaaten die Kehrseite des Beschlusses der *reconstruction governments* seien, sie als „natürliche" Führungseliten von den öffentlichen Ämtern auszuschließen, fanden immer mehr Anklang. Die Republikaner konnten sich den schnellen und weit reichenden Wiederaufstieg der vormaligen Machteliten im Süden nur damit erklären, dass die Weißen sich die Stimmen der Schwarzen gekauft *(captive Negro vote)* oder unter Ausnutzung sozialer und wirtschaftlicher Abhängigkeiten die Pächter-Farmer erpresst hätten. Die „konservativen" Weißen (Demokraten) konterten mit dem Vorwurf, dass die *reconstruction governments* ihre Macht dem Schutz der Besatzungstruppen und der Korrumpierung der Schwarzen verdankten. Zöge der Norden die Militärgouverneure zurück, würde der Süden zu echter Selbstregierung zurückfinden können. Dem Ruf nach *home rule* konnten sich viele liberale Republikaner im Norden ebenso wie Südstaatenbürger anschließen. Viele Südstaatler, etwa in Virginia, wollten aus Opportunitätsgründen so schnell wie möglich in die Union zurückkehren. Umgekehrt mussten Unionspolitiker mit den elf Südstaaten als Machtfaktor rechnen. Auch das verhalf den Alt-Eliten zum Ausbau ihrer ökonomischen und politischen Machtbasis. Da das allgemeine Interesse im Norden an den sozialen, wirtschaftlichen und alltagspolitischen Entwicklungen im Süden erlosch, kam es zu einer Wegegabelung: Der Norden zog seine Statthalter zurück, im Süden fand die Restauration auf breiter Front statt, allerdings ohne dass es zunächst zu einer erneuten Diskriminierung der Schwarzen kam. Maßnahmen wie beispielsweise die Manipulation der *poll tax* (Kopfsteuer) mit dem Ziel, Verarmten das Stimmrecht zu entziehen, machten in den späten 1880er- und frühen 1890er-Jahren Schule. Aus der Befürchtung heraus, dass es zu einem Aktionsbündnis zwischen Schwarzen und den von der lang anhaltenden landwirtschaftlichen Depression gebeutelten weißen Farmern, Pächtern, kleinen und mittleren Pflanzern kommen könnte, verfielen die Machteliten auf das alte Rezept, die Schwarzen als Bürger ohne Rechte oder Bürger zweiter Klasse auszugrenzen. Damit sollte suggeriert werden, dass die Differenzen innerhalb der weißen Bevölkerung zwischen Privilegierten und Minderberechtigten (Frauen, Arbeitern, Einwanderern) geringfügiger seien als die Statusunterschiede zwischen den beiden Rassen.

Der Oberste Gerichtshof leistete der Rassentrennung durch Grundsatzurteile Vorschub. In den *Civil Right Cases* von 1883 führte der Oberste Gerichtshof aus, dass das 14. *Amendment* nur die von den Staaten ausgeübte Diskriminierung *(state-enforced discrimination)* beschränke, jedoch nicht die Bundesregierung ermächtige, Diskriminierung seitens Einzelner zu verbieten. Diese Linie konsequent weiterführend, erklärte der Oberste Gerichtshof 1896 in *Plessy v. Ferguson*, dass die von einem Gesetz des Staates Louisiana gedeckte Segregation nicht im Widerspruch zum 14. *Amendment* stehe, solange die für Schwarze vorgesehenen Eisenbahnabteile denen der Weißen gleichartig seien: Dies ist die berühmt-berüchtigte *separate but equal*-Doktrin. Im privatwirtschaftlichen Bereich, d.h. in Gaststätten, Krankenhäusern, Friedhöfen, Wohnhäusern etc., war die Rassentrennung, gedeckt durch die Urteile in den *Civil Rights Cases*, ohnehin gängige Praxis. In bestimmten Bereichen legten die Schwarzen von sich aus Wert auf Abgeschlossenheit: *Black churches* und für Schwarze eingerichtete Schulen waren ein genuines Anliegen und Erbe der Schwarzen aus der Zeit des Bürgerkriegs. Ihr Hauptanliegen war die Konsolidierung der Familienbande. Sie kämpften deshalb, wenn auch oftmals vergeblich, darum, dass ihre Kinder nicht länger per gerichtlicher Anordnung zu weißen Pflanzern in die Lehre geschickt und deren sozialer Disziplinierung überantwortet wurden.

Neben den Schwarzen waren die Indianer die großen Verlierer im ausklingenden 19. Jahrhundert. Sie erhielten zwar das amerikanische Bürgerrecht, doch mit der Abschiebung in die Reservatgebiete büßten sie ihren Landbesitz ein. In den letzten Kriegen, die oftmals in Reaktion auf Vertragsbrüche der Weißen erfolgten, erlitten die Indianerstämme große Menschenverluste.

## Einwanderungsland, Aufstieg von *big business,* politische Reformen

Es war weniger die Binnenwanderung von Schwarzen in die Nordstaaten als die Masseneinwanderung aus Großbritannien, Irland, Deutschland, Skandinavien, nach 1890 zunehmend aus Süd- und Südosteuropa, aber auch aus Ostasien, die ein soziales Reizklima schuf. 1910 lag der Anteil der *foreign-born* an der Gesamtbevölkerung der USA bei 14,7%. Die *Nativists* sahen den Wall durchbrochen, der die amerikanische Gesellschaft vor dem Import europäischer Übel wie Klassenkampfgesinnung und Alkoholismus geschützt habe. Die Einwanderungsgesetzgebung blieb bis 1882 den Einzelstaaten vorbehalten. Nachdem der *Supreme Court* jedoch 1876 die von einzelnen Staaten eingeführte Kopfsteuer für Immigranten zum Vorrecht des Bundes erklärt hatte, griff der Kongress erstmals 1882 mit Bestimmungen ein, welche die Kopfsteuer von 50 Cent pro fremden Passagier übernahmen und Geistesgestörte, Verurteilte sowie Personen, die der öffentlichen Unterstützung (Armenfürsorge) zur Last fallen würden, von der Einwanderung ausschlossen. Im gleichen Jahr suspendierte der Kongress mit dem *Chinese Exclusion Act* für die nächsten zehn Jahre die Einwanderung billiger Arbeitskräfte. Der *Geary Act* von 1892 verlängerte die Geltungsdauer dieses Gesetzes und verschärfte dessen Anwendung. Die chinesische Regierung, die auf den Burlingame-Vertrag von 1868 und auf die Gefährdung der Beziehungen zwischen den USA und China verwies, konnte wenig ausrichten, da sie auf Vermittlungsdienste der USA in den Konflikten zwischen China und Japan angewiesen war. Im *Gresham-Yong-Treaty* von 1894 fand sich China mit dem 1882-*Exclusion*- und 1892-*Registration*-Gesetz ab.

Unter dem Druck der *Knights of Labor*-Gewerkschaft, die hinter dem Zustrom ungelernter Arbeitskräfte aus Süd- und Südosteuropa ein Manöver der Arbeitgeber witterte, Vertragsarbeiter als Lohndrücker und Streikbrecher ins Land zu holen, verbot der Kongress (*Foran Act*, 1885) die „Einfuhr" von *contract workers.* Mit der Schaffung des *Bureau of Immigration* 1890, das 1892 seine Tätigkeit auf Ellis Island für die Einwanderungskontrolle über den Hafen von New York aufnahm, übernahm der Bund die direkte Administration der Einwanderung.

Wie im Falle der chinesischen Einwanderung kam es 1905 auch wegen der Diskriminierung japanischer und koreanischer Bürger in San Francisco zu Protesten der Herkunftsländer und das Gerede von einer „gelben Gefahr" schuf ein gereiztes Klima. Japan, das ohnehin mit Theodore Roosevelts Vermittlertätigkeit beim Friedensschluss mit dem besiegten Zarenreich unzufrieden war, verlangte eine Regelung auf dem Verhandlungswege an Stelle administrierter Segregation japanischer Schüler. Gegen das Versprechen, die Weiterwanderung japanischer Arbeitskräfte aus dem Protektorat Hawaii zur Westküste der USA mit Japan vertraglich zu regeln, widerrief die Schulbehörde von San Francisco ihre Anordnung. Das von Roosevelt eingegangene *Gentlemen's Agreement* von 1907 beschränkte die japanische Zuwanderung aus und über Hawaii. Die Stimmung im Weltkrieg begünstigte die Begrenzung und Steuerung der Zuwanderung in die USA. Der *Immigration Act* von 1917 fasste die bisherigen Einzelmaßnahmen zusammen und fügte als neues Ausschlusskriterium den Lese- und Schreibfähigkeitstest *(literary test)* hinzu. Die wieder einsetzende Immigrationswelle nach dem Ende des Ersten Weltkriegs dämmte der Gesetzgeber ab 1921 rigoros ein.

Die Ursachen der Armut im reichen Amerika sahen die sozialen Reformbewegungen nicht nur in den Wirtschaftskrisen, sondern auch in Strukturdefekten der Wirtschaftsordnung und in Schwächen des politischen Systems. Auf Grund der verfassungsrechtlich verankerten Vorbehalte gegen bundesstaatliche Regelungen wurden regulierende Maßnahmen in erster Linie auf städtischer oder einzelstaatlicher Ebene in Angriff genommen. Dazu gehörten Wohnblockbauten für Arme, Ausweitung und Verbesserung der öffentlichen Gesundheitseinrichtungen sowie Kooperation mit den verschiedenen Wohlfahrtsverbänden *(charities)*, die sich auf Unterbringung, Verpflegung und ärztliche Untersuchungen spezialisierten. Einige Staaten verabschiedeten nach 1907[2] Gesetze, wonach Arbeitgeber Unfallgeschädigten einen Ausgleich zahlen mussten *(workmen compensation acts)*. Illinois und Missouri schufen 1911 die ersten Witwenrentengesetze. Die Unternehmerschaft, aber auch die größeren Gewerkschaften lehnten gesetzgeberische Vorschriften für den Arbeitsmarkt ab. Der Gewerkschaftsbund AFL befürchtete, dass der Gesetzgeber die Leistungssätze zu niedrig ansetzen und Kontrolle über die gewerkschaftseigenen Vorsorgefonds anstreben könnte.

Einen großen Bereich der Altersversorgung deckte die Kriegsveteranenversorgung ab. Sie betraf freilich nur die Veteranen, die auf Unionsseite gekämpft hatten. „Das Pensionssystem wurde von einer Versorgungsanstalt für Kriegsverwundete und -tote in ein funktionales Äquivalent zur Alters- und Arbeitsunfähigkeitsversorgung für ein politisch wichtiges Segment der amerikanischen Wählerschaft umgewandelt.“[3] 1890 beanspruchten die Ausgaben für *Veterans' Pensions* 34% des Bundeshaushaltes. Die vergleichsweise großzügigen Regelungen wurden 1906 auf alle Nordstaatenveteranen im Alter von 62 Jahren und älter ausgedehnt. Den Höhepunkt erreichten die Ausgaben für *Old-Age and Disability Benefits* im Jahre 1912/13, die Kosten für Altersversorgung der Bürgerkriegsveteranen beliefen sich auf mehr als 160 Millionen Dollar jährlich.

Zwischen Armenhilfe *(Poor Law)* auf Lokalebene und *Veterans' Pensions* auf Bundesebene blieb vor dem Ersten Weltkrieg kaum Spielraum für praktische Sozialpolitik. Die Städte, in denen die sozialen Probleme am größten waren, blieben weitgehend auf sich gestellt. Man tröstete sich damit, dass engagierte Sozialarbeiter und private Hilfsorganisationen am Werke waren. Bundeshilfe zum Beispiel zur Reduzierung der Säuglings- und Müttersterblichkeit kam überwiegend ländlichen Gebieten zugute. Während die *National Labor Union* (1866–1873) politische Betätigung für erforderlich hielt und in ihrer Organisation offen war – sie kannte keine *color line* und machte *equal pay* für Frauen zum Programmpunkt – und die *Knights of Labor* (1876–1887) ihre allgemeinen Forderungen auf dem Gesetzgebungsweg verwirklichen wollten – Achtstundentag, Verbot der Kinderarbeit, gleicher Lohn für gleiche Arbeit (Frauen), Verstaatlichung der Eisenbahn- und Telegrafengesellschaften und Einschränkung der Immigration –, trat die 1881 von Samuel Gompers gegründete und jahrzehntelang geleitete *American Federation of Labor* (AFL) für „unpolitische" Aktivitäten ein. Als Dachverband verschiedener Facharbeiterorganisationen richtete sich ihr Augenmerk auf die Schaffung schlagkräftiger, finanzstarker Organisationen, die die Streikwaffe gezielt zur schrittweisen Verbesserung der Arbeitsbedingungen und materiellen Situation ihrer Mitglieder einsetzen sollten. Sie bemühte sich weder um Frauen noch um ungelernte und neu eingewanderte Arbeitskräfte oder Schwarze als Mitglieder. Die Textilarbeiterinnen gründeten ihre eigene Gewerkschaft, um gegen die Verhältnisse in den „Schwitzbuden" *(sweatshops)* anzukämpfen.

Die Verhandlungen zwischen dem republikanischen Präsidentschaftskandidaten Rutherford B. Hayes und der neuen Koalition zwischen Südstaaten-Demokraten und liberalen Nordstaaten-Republikanern unter Samuel J. Tilden markieren das Ende der *Reconstruction Era.* Hayes erkaufte sich die fehlenden Wahlmännerstimmen mit den Zusagen, die letzten noch bestehenden Besatzungstruppen aus South Carolina, Florida und Louisiana sofort abzuziehen und den Bau einer transkontinentalen Eisenbahnlinie über Texas nach Kalifornien zu unterstützen. Die Bedeutung dieses *Compromise of 1877* lag darin, dass er erstens den Weißen in den Südstaaten die politische Autonomie und die Nicht-Einmischung der Union in Rassenfragen sicherte sowie einen Anteil an den wirtschaftlichen Erfolgen der USA bescherte und zweitens den Schulterschluss zwischen den Machteliten und dem „kleinen weißen Mann", der den sozialen und wirtschaftlichen Aufstieg der Schwarzen fürchtete, besiegelte. Die Konsequenz des politischen Tauschgeschäftes war, dass fortan die Schwarzen weder in den Südstaaten einen Verbündeten fanden noch in den Nordstaaten Fürsprecher antrafen, die zu einer Intervention im Süden bereit waren. Zur Verschlechterung der politischen Situation der Schwarzen kam die ökonomische und soziale Misere hinzu. Der Preisverfall für Baumwolle auf den Weltmärkten traf die Schwarzen besonders hart, weil sie von der Erntearbeit, die sie auf dem Boden der Pflanzer verrichteten, nur einen Anteil erhielten *(sharecroppers)*. Davon konnten ihre Familien nicht leben, sodass sie Schulden machen mussten. Aus dem Kreislauf der Abhängigkeit von Pflanzern, Kreditgebern und Kaufleuten kamen sie nicht wieder heraus.

Die Wirtschaftskrise, die „lange Depression" von 1873 bis 1895, brachte nicht nur eine Verschlechterung der wirtschaftlichen Situation mit sich, sondern veränderte auch die politische Landschaft und die Form der organisierten Interessenvermittlung. Die Farmer machten für ihr Schicksal nach populistischer Tradition auch und gerade *big business* verantwortlich, vor allem die Getreidespeicherbesitzer, weil sie überhöhte Gebühren verlangten, und die Eisenbahngesellschaften, weil sie für Massengut- und Ferntransporte unbillige Tarife ansetzten. Das Problem der Überproduktion schoben die Farmer jedoch beiseite. Einige Farmer-Organisationen *(Agricultural Wheel)* forderten Parlamente und Regierungen auf, das Eisenbahnwesen und die Getreidespeicher zu regulieren. Zur Durchsetzung ihrer Anliegen gründeten die Farmer-Allianzen 1892 die *People's Party.* Bei den Wahlen gewann diese auf Anhieb fünf Sitze im US-Senat und zehn im Repräsentantenhaus sowie drei Gouverneursposten, ihr Präsidentschaftskandidat James Weaver erzielte mehr als eine Million Stimmen. Ihr Wahlprogramm bündelte übergreifende Forderungen nach Arbeitslosenunterstützung, öffentlichen Aufträgen und Überführung in Staatsbesitz mit spezifischen Maßnahmen für die Not leidende Landwirtschaft. Die Wahlplattform trat für regulierte (niedrige) Eisenbahnstreckentarife und Lagerhaltungsgebühren ein, vor allem jedoch für eine Entschärfung des Verschuldungsproblems. „Weiches" Papiergeld und die Silberwährung statt der 1873 eingeführten „harten" Goldstandardwährung waren dazu gedacht, die Geldversorgung anzureichern. Außerdem sollte das Schatzamt einen Spezialfonds vorhalten, aus dem die Landwirte Kredite zu niedrigen Zinsen beziehen könnten. Als Sicherheit könnte die vom Farmer aufbewahrte Ernte dienen. Ähnlich betroffen waren die Baumwolle produzierenden Staaten: In Georgia, Alabama, Mississippi und Texas erzielte die *People's Party* ihren größten Stimmenanteil. Die Milchwirtschaft und Viehzucht betreibenden Regionen Illinois, Iowa und Wisconsin waren von der Krise weniger betroffen als die Getreidebauern in Dakota, Kansas und Nebraska. Mit der Steigerung der Weltmarktnachfrage und Weltmarktpreise um die Jahrhundertwende erledigte sich vorübergehend das Problem der Überproduktion, das durch die Expansion während des Ersten Weltkriegs zum Strukturproblem wurde.

Der Aufstieg der *People's Party* veranlasste die Demokratische Partei zu einer riskanten Neuorientierung. Sie sah in einer Verbindung mit dem vor allem in den genannten Süd- und Mittelweststaaten einflussreichen Konkurrenten die einzige Chance, die Rückkehr der Republikaner unter ihrem Kandidaten McKinley an die Macht zu verhindern. In der entscheidenden Wahl von 1896 traten die Demokraten statt mit dem amtierenden Präsidenten Cleveland mit dem Populisten William Jennings Bryan an. Cleveland erlangte Berühmtheit mit seinem „altliberalen" Motto, dass die Lektion immer wieder erlernt werden müsse, derzufolge die Regierten die Regierung unterstützen, die Regierung aber nicht die Regierten unterstützt, d.h. subventioniert. Trotz der Niederlage 1896 mit 176 zu 271 Wahlmännerstimmen trat Bryan 1900 ein zweites Mal gegen McKinley an und verlor haushoch. Ursache dafür waren die Auswirkungen des 1899 beginnenden, von den Funden in Alaska ausgehenden Goldrausches und die dank steigender Agrarexporte entspannte Einkommenslage in den von der Landwirtschaft geprägten Staaten.

Artikulierte Cleveland die eine Linie der von Jefferson und Jackson begründeten liberal-demokratischen Tradition, so knüpfte Bryan an die zweite Traditionslinie an. Gegenüber dem als Agenten des Wall-Street-Kapitals und der Wirtschaftsmagnaten *(business tycoons)* hingestellten Republikaner McKinley entwickelte Bryan, vor allem in der *Cross of Gold*-Rede, den Mythos der gemeinsamen Interessen von Farmern und städtischen Arbeitern, *rural and urban labor.*[4] Die *American Federation of Labor* unter Führung von Samuel Gompers bestritt, dass die *People's Party* jemals die politische Heimat für Lohnarbeiter sein könne, weil in ihr die Farmer-(Arbeitgeber-)Interessen dominierten. Für die von der AFL organisierten Facharbeiter waren Niedrigpreise für Nahrungsmittel sowie hartes Geld für „gute Arbeit" und durch Schutzzölle gesicherte Arbeitsplätze vorrangig. Die Demokratische Partei konnte das *labor*-Votum nicht an sich binden, dies geschah erst nach der Weltwirtschaftskrise in der F.-D.-Roosevelt-Ära. In den industriellen Gebieten wie Ohio und Illinois schnitten die Republikaner gut ab. Ihre Wählerschaft rekrutierte sie aus *business and labor*, auch die großen kommerzialisierten Landwirte gehörten dazu. Ihre Hochburgen lagen in den bevölkerungsreichen städtischen Gebieten der Mittelwest- und Nordost-Staaten.

Auf Grund der Allianz mit der *People's Party* übernahm die Demokratische Partei Eckpunkte der Wahlplattform der Populisten: Gestufte Einkommenssteuer, Übernahme der *public services* (Telefon, Telegraf, Eisenbahn) in öffentliche Hände, Direktwahl der Senatoren (statt durch die Staatenparlamente) und Einführung von Volksbegehren und Referenden. Die Demokratische Partei beerbte die *People's Party*, die ihrerseits über die Zusammenarbeit mit den Demokraten zerstritten war. Die einseitige Ausrichtung an der Silbergeld-Frage verhinderte jedoch, dass die Demokraten die vielen anderen Reformbewegungen, wie die *Temperance Movement* (Alkoholverbot) oder die Frauenbewegungen, für sich gewinnen konnten.

Der Ruf nach der sichtbaren Hand der Bundes- bzw. Zentralgewalt war eine Reaktion auf drei miteinander verknüpfte, den Konzentrationsprozess beschleunigende Entwicklungen:

1. Die industrie-technologischen Erneuerungen erhöhten die Fixkosten für Industrie-Anlagen, zum Beispiel Bessemer-Converter, so sehr, dass nur die stärksten Betriebe überlebten. Wettbewerb am Markt war nicht mehr Wettbewerb unter Gleichen. Das vergleichsweise höhere Lohnniveau in den USA bot einen ständigen Anreiz, die Erfindung neuer Technologien zu prämieren. Dank des Anstiegs des Sparvolumens von einer Milliarde 1860 auf zwölf Milliarden Dollar 1890, der Verbesserung der Finanzdienstleistungen der Banken und des Zustromes von Auslandskapital standen Investitionsmittel zur Verfügung. Nach dem 1897 einsetzenden Konjunkturaufschwung trugen diese Faktoren dazu bei, dass Fusionen in fast allen Branchen zunahmen. Die Folge war, dass in wichtigen Sektoren zwei bis fünf Riesenunternehmen 55 bis 90% des Marktanteils auf sich vereinten.
2. Die von Jefferson und Jackson begründete Tradition *that government is best which governs least* schien den Markt in ein Tummelfeld für Firmenaufkäufer, Immobilien- und Kapitalmarktspekulanten zu verwandeln, die einander aus dem Wettbewerb drängten, ohne die Wachstumskräfte ertragsteigernd zu lenken. Gegen fallende Preise, geringe Kapazitätsauslastung und ausbleibende Profite wurden zunächst Kartelle, Verkaufssyndikate und ähnliche marktaufteilende Arrangements gebildet, die das ökonomische Leitbild einer freien Marktwirtschaft unterliefen. Da es sich um freiwillige Verabredungen handelte, konnten Mitglieder oder Außenseiter die Marktaufteilung aushebeln, indem sie ihr Geschäft durch Preisunterbietung, Mengenüberschreitung u.a. zulasten der Vertragstreuen verbesserten.
3. Die Einzelstaaten hatten zwar damit begonnen, die *chartered corporations* zu rechenschaftspflichtigen Anbietern öffentlicher Güter wie Verkehrsstrecken, Schlachthöfen und Wasserwerken zu machen. Sie konnten aber unlauteren Wettbewerb mit ihren Mitteln nur unzulänglich beschränken. Der Bund übernahm die Federführung und

verbot Kartelle und Trusts. Die von der Erschließung eines riesigen Binnenmarktes gebotenen Chancen der *economy of scale* riefen jedoch andere Akteure auf den Plan, die vorgaben, Stabilität und langfristige Gewinnperspektiven ins Wirtschaftsgeschehen einzuführen.

Die Konzentration von Finanzkraft und Produktionskapazitäten zu *Holdings* oder *Trusts*, insbesondere im Zeitraum von 1897 bis 1905, weckte die Befürchtung, dass *big business* nicht nur die wirtschaftlichen Märkte beherrschen, sondern auch der Politik die Hand führen würde. Der Senat galt um 1890 als Klub der Millionäre. Der Ruf nach *big government* als einziges gegen das Oligopol der Konzerne wirksames Gegengewicht wurde laut. Den Anfang hatten die Getreide- und Baumwollfarmer, die Klein- und Mittelbetriebe, der Einzelhandel und die Gewerkschaften gemacht. Die freien Berufe, die Presse und die wachsende neue Schicht der *professionals* in den staatlichen und Bundesbürokratien traten an die Spitze einer Sammlungsbewegung, die in den Ruf nach *New Freedom* einstimmte. Woodrow Wilson erhob die Reformvorschläge zu seinem Regierungsprogramm. Statistiken bildeten die Waffe in der Hand der Experten, mit der sie Marktmissbrauch und Finanzierungsskandale, vor allem aber sklavenähnliche Arbeitsplatzbedingungen und andere unhaltbare Zustände in den Industriebetrieben öffentlich bloßstellten. Gut recherchierte Berichte, Anhörungsverfahren vor Gericht und von Parlamenten und Regierungen eingesetzte Untersuchungskommissionen galten als das wirksamste Mittel, den Missbrauch von „Marktmacht" zu bekämpfen, denn schlechter Ruf, so hieß es, schädige das Geschäft. Welchem Großkonzern es nicht gelang, die Anklagen zu entkräften, oder umgekehrt die Regierungen und Gerichte von ihren im öffentlichen Interesse liegenden Leistungen zu überzeugen, musste mit der Entflechtung (*Rockefellers Standard Oil Company*, 1904–11) oder Unternehmensauflösung (*National Securities Company*, 1902–04) rechnen. *AT&T* gelang es, die bundesweite Versorgung mit Telefonanschlüssen und mit gestaffelten Tarifen als konsumentenfreundliche Wohlfahrtsleistung auszugeben; *AT&T* akzeptierte die Gebührenregelung durch die Behörden. Dass die Bundesregierung an Kooperation mit technologischen Spitzenreitern ein Interesse sui generis hatte, zeigte sich erstmals im Ersten Weltkrieg. Präsident Wilson, 1912 als *trust-buster* ins Amt gewählt, sicherte *General Electric* außer Regierungsaufträgen für die Ausstattung der Kriegsschiffe und Streitkräfte mit Radio- und Funkgeräten *(High Pressure Vacuum Tube Electronics)* auch die Freistellung vom Anti-Trust-Gesetz *(Clayton Act)* zu, damit das Unternehmen die Forschungs- und Entwicklungsleistungen von US-*Marconi* einkaufen und für die neuen Technologien über die *Radio Corporation of America* einen gesicherten und obendrein durch Absprachen mit den beiden Konkurrenten *Westinghouse* und *AT&T* aufgeteilten Markt reservieren konnte.

In den verfassungsrechtlichen Auseinandersetzungen, die im Zuge der Konzentrationsbewegung zwangsläufig entstanden, begriff sich die Mehrheit des Obersten Gerichts als Anwalt der *private property*-Rechte gegenüber den von Populisten und Reformbewegungen für nötig erachteten staatlichen Interventions- und Kontrollrechten sowie sozialen Geboten der Umverteilung. „Indem (die Richter des Supreme Court) auch Aktiengesellschaften den Status von 'Personen' zuerkannten, die Grundrechtsschutz (5. und

14. *Amendment*) beanspruchen durften, förderten sie die Tendenz zum laissez faire-Kapitalismus."[5]

Produktionsbeschränkungen, die in Krisenzeiten in der Landwirtschaft auf Grund andauernder Überproduktion sinnvoll gewesen wären, stießen bei den Farmern auf keine Gegenliebe. In der Industrie hingegen waren sie das von den Herstellern als Erstes erprobte Instrument zur Preisstabilisierung durch Absprachen. Gegen diesen Missbrauch schritt der Gesetzgeber auf öffentlichen Druck hin ein. Der Bundesgesetzgeber nutzte 1887 die Vollmacht, Kartellabsprachen zu verbieten und Trust-Bildungen zu verfolgen (*Sherman Act,* 1890). Die Gesetzgebung traf jedoch lediglich ein Instrument (Kartell), das sich bereits aus ökonomischen Gründen als untaugliches Lenkungsorgan erwiesen hatte. Die Alternative, vertikal oder horizontal integrierte Gesellschaften zu bilden, erwies sich dagegen in Krisen- ebenso wie in Boomphasen als gleichermaßen geeignete Unternehmensstruktur. Einheitlich verwaltete konsolidierte Firmen wurden vom Gesetzgeber und der Rechtsprechung toleriert, Holding-Gesellschaften verwandelten sich in *single operating firms.*

Als großer Sanierer, der Zusammenbrüche wie den der Eisenbahngesellschaften in den frühen 1890er-Jahren abgewendet, aber auch Kombinate geschmiedet hatte *(AT&T, General Electric, International Harvester),* rückte John Pierpont Morgan in die Stellung des anerkannten Lenkers der amerikanischen Industrie. Mit dem Coup, dem Stahlmagnaten Carnegie sein Unternehmen für den unerhört hohen Preis von 492 Millionen Dollar abzukaufen, es anschließend im Februar 1901 mit den nächstgrößten acht Stahlerzeugern zur *US Steel Corporation* zu verschmelzen und dann das vertikal integrierte Unternehmen über ein Syndikat zum Preis von 1,4 Milliarden Dollar an der Börse zu verkaufen,[6] sicherte Morgan seinem Bankhaus den Ruf eines Unternehmens, dem alles gelingt. Im Ersten Weltkrieg und auch danach vertrauten die amerikanische Regierung, aber auch Großbritannien und Frankreich auf die Magie des Namens Morgan, um für ihre Anleihen große Nachfrage zu generieren.

Fast ausnahmslos gehören die Unternehmen, die sich um 1900 einen Namen machten – *Standard Oil* (John D. Rockefeller), *General Electric, AT&T, Du Pont, Ford, Westinghouse, US Steel, United Fruit Compmany, Anheuser-Bush, International Harvester, Remington, Singer, Imperial Tobacco* (J. B. Duke) –, noch in den 1990er-Jahren trotz aller Strukturänderungen und Restrukturierungen der Geschäftsbereiche weltweit zu den führenden Unternehmen in ihrer Branche. Nur in der Bankwelt sind die Namen entweder verblasst oder erloschen *(Vanderbilt)* oder durch Aufspaltungen und Neuausrichtungen *(Morgan-Chase Manhattan)* in anderen Zusammenschlüssen aufgegangen. In Gestalt reicher Stiftungen prägten und pflegten die *Carnegie Endowment, Rockefeller Foundation* und *Mellon Foundation* ihr Image von Amerika und „Amerika in der Welt".

Die Verfassungsinterpretationen des Obersten Gerichtshofs zu Gunsten eines ungehinderten Kapitalismus provozierten zwei Fragen: erstens ob die Gewaltenteilung die Volkssouveränität aushöhle, und zweitens wer die Reformfähigkeit des politischen Systems garantieren könne – der Kongress oder eine mit geschulten Experten ausgestattete starke Präsidialregierung.

Das Rockefeller-Center wurde als Stadt in der Stadt unmittelbar nach der Weltwirtschaftskrise von 1932–1940 errichtet. Foto: AKG.

Dem Kongress lagen Gesetzentwürfe vor, die die Allmacht des *Supreme Court* beschneiden sollten, damit der Gesetzgeber nicht jedes Mal gezwungen wäre, die Verfassung zu ergänzen, wenn er ein Reformgesetz verabschieden wolle. Ein von Senator Robert M. La Follette vorgeschlagenes *Amendment* hätte dem Kongress die Möglichkeit verschafft, eine Entscheidung des *Supreme Court* mit Zweidrittelmehrheit zu überstimmen und erneut zu verabschieden. Das 16. *Amendment* führte 1913 die direkte Einkommenssteuer wieder ein, wobei die 1895 vom Obersten Gerichtshof vorgegebenen Kriterien übergangen wurden, ein weiteres *Amendment* legte die Direktwahl der Senatoren fest. Damit wurden zwei Eckpunkte der Wahlprogramme der *People's Party* verfassungsgeschützte Bestandteile der amerikanischen Politik. Der Oberste Gerichtshof veränderte sein Profil und gab den Weg dafür frei, dass der Bundesgesetzgeber Reformen zur Beförderung öffentlicher Dienstleistungen und zum Gesundheitsschutz verabschieden konnte.

Liberal-konservative Reformer (Th. Roosevelt, R. Taft) ebenso wie Wortführer der „Neuen Freiheit“ (W. Wilson, Herbert Croly) hielten eine starke Exekutive für die einzige Instanz, die zwischen den großen organisierten Interessen – Korporationen, Farmerverbände, Gewerkschaften – vermitteln und sie auf das Allgemeinwohl verpflichten könne. „Gute“ Politik im Sinne von ausgleichender Gerechtigkeit und Kompetenz könne man am ehesten von einer direkt vom Volk gewählten Präsidialregierung erwarten, künftige

Amtsinhaber sollten dem Volk durchdachte Programme zur Wahl anbieten. Woodrow Wilson, bekannt geworden als Kritiker der Gewaltenteilung und der Vorherrschaft des Kongresses, trat damit zur Gouverneurswahl in New Jersey und 1912 zur Präsidentenwahl an.

Als Präsident konnte der aus Virginia gebürtige Südstaatler mit den Demokraten als Mehrheitspartei im Kongress wichtige Reformversprechen einlösen. Neben der direkten Einkommenssteuer und der Direktwahl der Senatoren gehören zu den wichtigsten Gesetzesmaßnahmen:

*Clayton Anti-Trust Act* von 1914: Die *Federal Trade Commission* sollte bei Missbrauch wirtschaftlicher Macht einschreiten und Beweismaterial für ein Klageverfahren erheben dürfen. Gewerkschaftliche Streikorganisationen sollten nicht länger als illegale Handlungen verfolgt werden.

(Underwood) *Tariff Act* von 1913: Dieses Gesetz führte Niedrigzölle ein und etablierte mit der Körperschaftssteuer zugleich den Grundsatz, dass Einkommen gemäß der *ability to pay* besteuert werden sollten. Der Einnahmeverlust auf Grund der Zollsenkungen sollte durch die Erträge aus der progressiven Einkommenssteuer mehr als ausgeglichen werden.

*Federal Farm Loan Act:* Das Gesetz bescherte den Farmern die seit den 1870er-Jahren angestrebte Erleichterung bei der Kreditaufnahme und bei den Modalitäten des Schuldendienstes.

*Federal Reserve Act* (1913): Das unter dem Eindruck der Bankenkrise und Rezession 1907 vorbereitete Gesetz schuf eine Zentralbank als *Bankers' Bank,* d.h., sie unterhielt keine direkten Geschäftsbeziehungen mit Privatkunden. Die Prüfung der Seriosität der Mitgliedsbanken oblag den regionalen *Reserve Banks.* Das Staatsgebiet der USA wurde zu diesem Zweck in 12 Distrikte unterteilt, die in etwa den Wirtschaftsräumen entsprachen, aber nicht deckungsgleich waren mit den jeweils tangierten Staatsgebieten. Jede Mitgliedsbank war Miteigner ihrer *Federal Reserve Bank*, dafür musste sie einen bestimmten Prozentsatz ihres Kapitals zeichnen und ca. die Hälfte davon hinterlegen. Die an der Wall Street tätigen Banken, die die *deposit reserves* vieler kleiner Banken hielten, wurden Mitglied der *New York Federal Reserve Bank.* Sie war reicher und unter starken Chairmen einflussreicher als das vom Hauptsitz in Washington aus operierende *Federal Reserve Board.* Dieses siebenköpfige Gremium – mit dem *Secretary of the Treasury* und dem *Comptroller of the Currency* von Amts wegen und fünf vom Präsidenten ausgewählten, vom Senat zu bestätigenden Mitgliedern – legte die gesetzlich vorgeschriebene Mindestreserve für alle Mitgliedsbanken fest. Als *lender of last resort* sollte die *Federal Reserve Bank* stets einen ausreichenden Fond zur Verfügung haben, um den Refinanzierungsbedarf der Banken befriedigen zu können.

Der von Wilson ausgehende Impuls für den amerikanischen Internationalismus im 20. Jahrhundert wurzelte in der Überzeugung, dass die USA längst zur stärksten Wirtschaftskraft in der Welt geworden waren und damit verpflichtet, aber auch berechtigt wären, Einfluss auf die Regelwerke internationaler Transaktionen zu nehmen. Um 1910 hatte der amerikanische Binnenhandel eine Größenordnung von 30 Milliarden Dollar erreicht, was dem Zehnfachen des US-Außenhandels entsprach, und war dem Welthandelsaufkommen vergleichbar. Von den ökonomischen Daten her betrachtet, bildeten die USA gleichsam eine Weltwirtschaft für sich. „Die USA hatten sich zu einer riesigen Freihandelszone entwickelt. Amerika war nahezu Selbstversorger, denn es besaß fast alle wichtigen Rohstoffe und verbrauchte den überwiegenden Teil seiner Güterproduktion selbst ... Die rasante Ausdehnung des Binnenhandels fiel mit einer Konvergenz der Pro-Kopf-Einkommen in den Regionen zusammen. Um 1900 erfreuten sich die Staaten des Fernen Westens und der Gebirgskette des höchsten Pro-Kopf-Einkommens, während in den Staaten im Mittleren Westen *(Great Plains)* die Einkommen am schnellsten stiegen. Nur der Südosten, der immer noch von ausländischen Märkten abhing, blieb zurück ... Das 'Herzland' im Nordosten profitierte weniger direkt von der Binnenmarktexpansion ... Die amerikanische Industrie verließ sich auf Niedrigpreis-Ressourcen als Gegengewicht zu den hohen Lohnkosten. In einer Welt, die dem Freihandel den Rücken kehrte, blieben die amerikanischen Hersteller dank der Rohstoffe im eigenen Land von den Schwankungen der internationalen Preise und Angebotslage verschont. Die ressourcenreiche Peripherie bildete den Massenmarkt und die über das weite Land verstreute Bevölkerung mit ihrem relativ hohen und gleichen Einkommen kaufte die massengefertigten Verbrauchsgüter."[7]

Der Anteil des Außenhandels von ca. 5% am amerikanischen Sozialprodukt war im Vergleich zu anderen großen Industrieländern gering. Bis Mitte der 1960er-Jahre war der Außenhandel mit den USA für die anderen Staaten bedeutsamer als dies für die USA selbst der Fall war. Der größte Austauschpartner (Importe und Exporte) war Großbritannien, das bis 1945 der größte Abnehmer amerikanischer Exporte blieb. Ab 1917 war Kanada das Land, aus dem die USA am meisten importierten. An der Vollendung des riesigen Binnenmarktes hatten Kanal- und insbesondere Eisenbahnbauten, neue Formen der Vermarktung, inländisches und importiertes Kapital entscheidenden Anteil. Von den insgesamt 7,2 Milliarden Dollar Auslandskapital, die bis 1914 in den USA angelegt worden waren, entfielen 4,2 Milliarden auf Großbritannien, 965 Millionen auf Deutschland, 636 Millionen auf die Niederlande und 410 Millionen auf Frankreich.

Die USA waren das Land mit der höchsten Verschuldung gegenüber dem Ausland, aber ihrerseits auch einer der größten Kapitalexporteure. Unter den Kapitalimporten dominierten Portfolio-Investitionen, davon 4,2 Milliarden Dollar in Eisenbahngesellschaften. Bei den eigenen Kapitalexporten entfiel der größere Anteil auf Direktinvestitionen amerikanischer transnationaler Unternehmen. Für die traditionellen Exportprodukte wie Baumwolle, Weizen, Reis und industrielle Rohstoffe bestand ein Weltmarkt. Auch die Hightechprodukte, die von den neuen Industriezweigen Maschinenbau, Elektro-, chemische Produkte und Automobilbau auf den Markt gebracht wurden, drängten über den Inlandsmarkt hinaus und stellten 1913 bereits einen höheren Anteil an den US-Gesamtexporten (48%) als die Primärgüter (41%). Um die Jahrhundertwende begann die Zeit, in der die in den USA erzielten Daten Weltrekordmarken setzten: Die amerikanische Industrieproduktion war 1913 mit einem Anteil von 35,8% so groß wie die Summe des deutschen (15,7%), britischen (14%) und französischen (6,4%) Anteils an der weltweiten

Industrieproduktion; Ähnliches gilt für den Ausstoß an Tonnen Roheisen. Die USA verzeichneten von 1900 bis 1970 jährlich (mit zwei Ausnahmen) einen Handelsbilanzüberschuss. Der Pro-Kopf-Verbrauch an Fertigwaren lag in den USA nach Schätzungen von Samuel Rezneck um 50% über dem in Großbritannien und war doppelt so hoch wie im Deutschen Reich.

## Vormacht des Kontinents, neue Weltmacht, Weltwirtschaftskraft

Die Ränkeschmiede der europäischen Diplomatie griff während des Bürgerkriegs noch einmal auf die *Western Hemisphere* über. Frankreich, das 1845–46 den Geltungsanspruch der Monroe-Doktrin bestritten hatte, errichtete eine katholische Monarchie in Mexiko, mit dem Habsburger-Erzherzog Maximilian als Symbol der französisch-spanisch-österreichischen Allianz. Damit sollte ein Gegengewicht zur protestantischen Republik USA geschaffen werden, und zwar ebenso in geostrategischer wie in ideologischer Hinsicht. Die britische Regierung beteiligte sich zwar nicht an den Plänen und Machenschaften Napoleons III., erkannte Maximilian jedoch nach ersten Erfolgen der französischen Truppen im Oktober 1864 als Herrscher Mexikos an. Premierminister Palmerston begrüßte es, dass der französische Rivale auf Grund des Mexiko-Abenteuers seine Ambitionen in Europa werde zügeln müssen. Die Einigungskriege in Europa lenkten Napoleons III. Aufmerksamkeit auf die Revolution der politisch-strategischen Landkarte Europas zurück. Die Misserfolge in Mexiko taten ein Übriges zur Beendigung des letzten militärischen Übergriffs Frankreichs in Nordamerika. Nach dem Abzug der französischen Streitkräfte 1866 richtete sich das amerikanische Interesse darauf, den Handelsaustausch mit dem südlichen Nachbarland zu erweitern und Investitionen, vor allem im Eisenbahnbau, vorzunehmen. Unter Porfirio Díaz, der 1876 durch einen Putsch an die Macht kam und bis 1911 im Amt blieb, erreichte Mexiko die von den USA gewünschte langfristige Stabilität.

Die Vision einer nordamerikanischen Union weißer Völker ging nicht vollends auf, auch nachdem das russische Zarenreich sich 1867 Alaska, das Gebiet nördlich des 54. Breitengrades, abkaufen ließ. Das Zwischenstück *British Columbia* schloss sich dem in ein Dominion umgewandelten Bundesstaat Kanada an (*British-North America Act*, 1867). Ein weiteres begehrtes Gebiet, Manitoba, gehörte ebenfalls zu Kanada. Die vor allem von Senator Charles Sumner erhobene Forderung, Großbritannien solle Kanada als Entschädigung für die Versenkung der „Alabama" und weitere den USA zur Zeit des Bürgerkriegs zugefügte Schäden abtreten, wurde Ende 1870 in Erwartung einer vertraglichen Einigung fallen gelassen (*Washington Treaty*, 1871). Unter dem Schutz der britischen Krone, die für die Verteidigung, Außen- und Außenwirtschaftspolitik Kanadas federführend blieb, wurde das Verhältnis zwischen dem kanadischen Bundesstaat und den USA einer der Gradmesser der Beziehungen zwischen Großbritannien als *First Industrial Nation* und der amerikanischen „Weltwirtschaft im Werden". Außenminister William H. Seward betrachtete den Alaska-Vertrag als Etappe auf dem Weg zu festen Handelsbeziehungen mit dem Fernen Osten. Commodore Perry hatte den ersten Schritt 1854 mit der Öffnung Japans getan. Der Erwerb einiger der dänischen Westindien-Inseln fügte Zwischenstationen auf dem Weg nach Südamerika und die pazifischen Küsten hinzu. Vom lähmenden Konflikt mit den Südstaaten entlastet, sollte die Union dem hinzugewonnenen Westen die Perspektive einer wirtschaftlichen Expansion in den Pazifikraum vermitteln.

China schien den Missionaren, aber auch den Eisenbahngesellschaften ein Expansionsfeld zu bieten. Andere Kräfte, darunter Außenminister Blaine, setzten auf Japan als Reformland. Die Austauschbeziehungen mit Japan übertrafen den amerikanischen Chinahandel bei weitem. In den 1870er–80er-Jahren kamen die USA Japans Wunsch nach autonomer Zolltarifpolitik entgegen und unterstützten Japans Bestreben, Korea aus der Oberhoheit Chinas zu lösen (1876–1882). Korea wurde einer der Reibungspunkte, die 1894–95 zum Krieg zwischen Japan und China führten. In der Sicht der Außenminister Gresham und Olney war Japan eine Stützkraft der *open door*-Politik und unterschied sich dadurch vorteilhaft von Russland, Frankreich und Deutschland, die nach der Schaffung exklusiver Einflusszonen in China trachteten. Die USA und Großbritannien konnten nicht verhindern, dass die kontinentaleuropäischen Weltmächte Japan als Sieger des Chinesisch-Japanischen Krieges zum Verzicht auf einen Teil der Siegesbeute zwangen. Die amerikanischen Sympathien für Japan hatten konkrete Gründe: Japan vergab Aufträge für Kriegsschiffbauten an amerikanische Werften, steigerte die Baumwollimporte aus den USA und milderte damit den Druck amerikanischer Überproduktion.

Mit einer Politik der guten Nachbarschaft, mit Handelsverträgen auf der Basis des Reziprozitäts-Prinzips als Kernstück, wollten die USA, so die Außenminister Blaine und Bayard, ihre Rolle als Streitschlichter legitimieren. Kriege auf dem amerikanischen Kontinent wie der zwischen Chile und Peru 1879–1883 sollten den europäischen Mächten keine Gelegenheit bieten, in Mittel- und Südamerika das große Wort zu führen. Die USA setzten ihrerseits Kolumbien, zu dem Panama gehörte, wiederholt unter Druck, um das eigene Interesse am Bau eines Isthmus-Kanals durchzusetzen. Weiter gehende Vorschläge einer pan-amerikanischen Münz- (Silber-) oder gar Zollunion (1889) stießen auf Vorbehalte der „Lateinamerikaner“ gegen die Vereinnahmung durch den „großen Bruder“. Gegenüber Großbritannien, das etwa in Brasilien, Nicaragua und Venezuela solche Gegenkräfte als Stütze eigener Handels- und Investitionsinteressen zu instrumentieren versuchte, handelten Präsident Cleveland und die Außenminister Gresham und Olney nach dem Motto, dass nunmehr die USA praktisch auf diesem Kontinent souverän seien, also ihr Gebot *(fiat)* das Recht für die Menschen setze, für deren Gebiet die USA das Schutzrecht besäßen. Die Regierung Salisbury erkannte den Anspruch nicht an, folgte jedoch der Einsicht, dass Kooperation mit den USA angesichts der heftigen Konflikte mit den europäischen Imperialmächten um die „Aufteilung der Welt“ den Preis des Entgegenkommens an den Aufsteiger USA wert sei. Die USA schlossen sich britischen Demarchen in der Chinapolitik gegenüber Russland, Frankreich und/oder Deutschland an. Großbritannien weigerte sich, an französisch-deutschen Interventionen zu Gunsten Spaniens (1898) teilzunehmen, und stoppte so eine europäische Einmischung in die Auseinandersetzung der amerikanischen Imperialisten mit Spanien um die letzten Bastionen spanischer Herrschaft in Mittelamerika.

Im Vertrauen auf die eigene industrielle Wettbewerbsfähigkeit gingen maßgebliche Kräfte wie Gresham oder Olney sowie die *National Union of Manufacturers* Ende der 1880er-, Anfang der 1890er-Jahre dazu über, die Philosophie eines weltweiten offenen Marktplatzes zu verfechten. Die eigene Vorleistung war die Hinwendung zu Niedrigzöllen. Zollsenkungen sollten dreierlei bewirken: steigende Einfuhr billiger Rohstoffe, steigende Wettbewerbsfähigkeit amerikanischer Erzeugnisse und Öffnung der Märkte Dritter, wovon amerikanische Exporteure profitieren würden.

So gesehen brauchten die USA keine Kolonien, wohl aber eine starke Kriegsmarine zum Schutz der Seewege für amerikanische Exporte und Importe. Die Wichtigkeit der Seemacht für den Aufstieg zur Weltmacht hatte Alfred Thayer Mahan in einem gleichnamigen einflussreichen, 1890 erstmals aufgelegten Buch ins Bewusstsein gebracht. Generell wurde Militärmacht von der amerikanischen Politik wieder hoch geschätzt. Der Kongress hatte die Armee nach dem Bürgerkrieg auf eine Friedenspräsenzstärke von 25 000 Mann begrenzt. Zum Einsatz kam sie bei der Bekämpfung der Indianerstämme, die sich gegen die Vertreibung aus ihren Stammesgebieten zur Wehr setzten. Der Flottenbau war nach dem Ende des Bürgerkrieges gleichfalls wieder zurückgegangen, doch stieg die amerikanische Kriegsmarine, durch einzelne Bauprogramme seit 1881 gefördert und angespornt durch Mahans Apotheose der Rolle der Seemacht in der Geschichte, im Windschatten des Handels- und Dollar-Imperialismus bis 1907 zur zweitstärksten Kriegsmarine der Welt auf.[8] Es gelte, so Präsident Theodore Roosevelt, sich auf die Zeit vorzubereiten, in der Großbritannien nicht länger die „Freiheit der Meere“ und den Geltungsanspruch der amerikanischen Monroe-Doktrin gegenüber Dritten Gewähr leisten könnte.[9]

Der kurze Krieg mit Spanien um Kuba[10] erfolgte im Stil der offensiven Seekriegsführung, wie sie Roosevelt als stellvertretender Marineminister verfochten hatte. Konform mit dem imperialistischen Zeitgeist propagierte Roosevelt die Vorstellung, dass Krieg Tugenden freisetze, die eine zu „Großem“ bestimmte Nation vor der Verweichlichung und Vernachlässigung ihrer Interessen schützen helfe. Eine Nation, die ausschließlich materiellen Werten nachjage, würde die Kraft zur Selbstbehauptung verlieren.

Unter dem Vorwand, den von Zwangsumsiedlungen betroffenen Kreolen, aber auch den US-Investoren auf Kuba helfen zu müssen, nutzte Präsident McKinley die durch den *Maine*-Zwischenfall[11] aufgeputschte Stimmung für einen Kriegsgang gegen Spanien. Amerikas Hinterland sollte von den Resten europäischer Dominanz befreit werden. Die siegreichen USA zahlten dem Gegner nach alter Tradition eine Abfindung für die Gebietsverluste: Spanien erhielt 20 Millionen Dollar für Kuba und die Philippinen. Die Siegesbeute umfasste ferner die im Zweiten Weltkrieg bedeutsamen Midway-Inseln und Guam sowie die Johnston- und Palmira-Inseln.

Die Expansion in ehemaliges spanisches Kolonialgebiet war innenpolitisch mit der Frage verbunden, wie sich die USA zu dem Ersuchen verhalten sollten, die betreffenden Gebiete in die Union aufzunehmen. Sollten die USA Auseinandersetzungen mit den anderen Weltmächten riskieren, die eine Präsenz der USA als Nachbar ihres Kolonialreiches mit Misstrauen beobachteten? Entsprach die Gesellschaftsordnung in den Philippinen, auf Kuba und Puerto Rico den Maßstäben, welche die USA seit der *North-West Ordinance*

1787 für die Qualifizierung zur automatischen Aufnahme in die Union gesetzt hatten? Das zweite Kriterium hatte dadurch verloren, dass die USA durch die Kompromisse von 1820, 1850 und 1854 die Bestimmungen verwässert hatten, zu denen Gebiete aufgenommen werden durften. Im Einklang mit dem ersten Kriterium mahnten die Gegner des Annexionismus, dass die USA ihre starke moralische Stellung als erste unabhängig gewordene Kolonie nicht durch Beteiligung am Wettlauf um Herrschaft über Gebiete anderer Rasse, Kultur, Sprache und Religion unterminieren dürften. Präsident Cleveland hatte sich daran gehalten und 1893 die Annexion Hawaiis abgelehnt. Im Falle Kubas suchte Senator Henry M. Teller diese Linie fortzuführen. Eine Mehrheit im Senat stimmte seinen Resolutionen zu, die eine Annexion ausschließen und stattdessen den befreiten Gebieten Selbstregierung garantieren sollten. Doch boten die konfliktreichen Verhältnisse vor Ort den „Imperialisten" einen willkommenen Anlass, amerikanische Truppen in Kuba (bis 1902) sowie auf den Philippinen zu stationieren und sich Sonderrechte verbürgen zu lassen. Im Falle Kubas nahmen die USA Guantánamo als Flottenstützpunkt und beanspruchten das Recht zur militärischen Intervention, falls Leben und Eigentum amerikanischer Bürger bedroht wären. Kubas Staatsverschuldung wurde begrenzt, um zu verhindern, dass europäische Gläubiger auf der Zuckerrohr- und Tabakanbau-Insel Fuß fassen könnten.

Puerto Rico, das unter spanischer Herrschaft Autonomie genossen hatte, erhielt nach der Annexion gemäß dem *Foraker Act* 1900 den Status als *unincorporated territory*. Die als Flottenstützpunkt strategisch wichtige Insel wurde von einem vom Präsidenten ernannten Gouverneur regiert. Für Importe aus Puerto Rico gewährten die USA einen Vorzugstarif. Die US-Staatsbürgerschaft wurde den Puertorikanern 1917 verliehen. Zwischen 1900 und 1917 hatte die Kongressmehrheit, bestätigt durch den Obersten Gerichtshof, den Völkern eroberter Gebiete volle *citizenship rights* vorenthalten.

Gegen die Annexion der Philippinen brachte das weit gestreute Lager der Anti-Imperialisten, das Gewerkschaften und die gemäßigt integrationswilligen Schwarzen unter Booker T. Washington, aber auch Industrielle wie den Stahlmagnaten Andrew Carnegie und weiße angelsächsische Protestanten (WASP) umfasste, zahlreiche Einwände vor. Doch verspielten die Demokraten die Chance, zum Sammelbecken der Anti-Annexionisten zu werden, als ihr Präsidentschaftskandidat W. J. Bryan den Friedensschluss mit Spanien abwarten wollte, um dann in der Ratifikationsdebatte die Annexion der Philippinen ablehnen zu können. Die Rechnung ging nicht auf, weil parallel zur Auseinandersetzung um Zustimmung oder Ablehnung des Friedensvertrags im Januar/Februar 1899 die US-Truppen in Kämpfe mit den Aufständischen verwickelt waren, die die spanische Vorherrschaft nicht gegen eine amerikanische eintauschen wollten. Unter der patriotischen Stimmung kam im Senat mit 57:27 Stimmen die erforderliche Zweidrittelmehrheit zu Stande. Die Philippinen wurden Amerikas erste und einzige Kolonie. Die amerikanischen Annexionisten rechtfertigten ihre Koloniallandnahme mit der These, dass andernfalls europäische Weltmächte zugreifen würden, wie die deutschen Ambitionen gegenüber den Philippinen und Hawaii nahe legten. Die Teilung der Herrschaft über Samoa zwischen den USA und dem Deutschen Reich galt als abschreckendes Beispiel.

McKinley verstand die Bestätigung im Amt gegen den demokratischen Kandidaten

Bryan im November 1900 mit 292:155 Wahlmännerstimmen als Votum für die Politik, dass die USA ihre Interessen im Kampf um die Aufteilung der Welt aktiv wahrnehmen müssten, um den Zugang zu den großen Märkten wie China zu sichern. Dazu bedurfte es allerdings freundlicher Unterstützung Dritter. Außenminister Hay, zuvor langjähriger Botschafter in London, und Theodore Roosevelt vertrauten auf Großbritannien sowie Japan. Sie schwankten im Urteil, ob das Deutsche Reich, das als Handelsmacht nach Mittel- und Südamerika vordrang und als Rivale im Pazifik auftrat, oder das russische Zarenreich, das Chinas territoriale Integrität aushöhlte, der Hauptwidersacher sei.

Nach der Ermordung McKinleys 1901 durch einen anarchistischen Attentäter übernahm Vizepräsident Theodore Roosevelt die Regierungsgeschäfte. Er bekannte sich eindeutig zu Machtpolitik und Imperialismus und setzte sich gleich mehrere Denkmäler:

Da war zunächst der Bau des Panama-(Isthmus-)Kanals 1906–1914: Roosevelt nutzte zunächst Großbritanniens Beanspruchung durch den Burenkrieg (1899–1902) aus, um den USA das alleinige Recht zum Bau und zur Herrschaft über die Panamakanalzone gegen die Zusage der freien Durchfahrt zu sichern (Hay-Pauncefote-Vertrag vom Februar 1900, vom Senat im November 1901 ratifiziert). Ende 1903 half er der Bildung einer Bewegung für die Unabhängigkeit Panamas von Kolumbien nach, als dessen Regierung ihre Vorstellungen über den Preis für die Abtretung des Gebiets an die USA nach oben schraubte. Der kurz vor Kriegsausbruch 1914 eingeweihte 82 Kilometer lange Kanal verkürzte den Seeweg von New York nach San Francisco von 13600 auf 5300 Seemeilen. Die militärstrategische Bedeutung war enorm. Der Panamakanal erleichterte die Aufgabe, Flottenverbände aus dem Atlantik zu verlegen, um die im Pazifik stationierten Verbände zu verstärken und umgekehrt.

Auch die wiederholten militärischen Interventionen in Kuba sind Teil einer weiter reichenden amerikanischen Strategie. Mit der Intervention in den Venezuela-Krisen 1902–1905 gegen die Kanonenboot-Diplomatie der europäischen Mächte Deutschland, Großbritannien und Italien verlieh Roosevelt der Monroe-Doktrin einen militärischen Unterton: Er legitimierte den Einsatz der US-Kriegsmarine zum Schutz amerikanischer Interessen. Durch Ausübung einer „Polizeigewalt“ entzöge der US-Präsident den Europäern den Anlass zur Intervention. Roosevelts Ergänzung *(Corollary)* zur Monroe-Doktrin in der Jahresbotschaft für 1905 ermahnte die lateinamerikanischen Regierungen, den europäischen Mächten keinen Vorwand zu liefern, um Faustpfänder (Flottenstützpunkte, Gebietsabtretung) zu nehmen. Für den Fall, dass eine Regierung dennoch eine unverantwortliche Verschuldung riskiere oder sich fehlverhalte, sprach Roosevelt den USA die Berechtigung zu, als *international police force* einzugreifen und Frieden sowie geordnete Verhältnisse in dem betreffenden Gebiet zu schaffen. Die Selbstmandatierung zur moralischen Leitinstanz und Schutzmacht schreckte die Europäer in der Tat davon ab, nach der zweiten Venezuela-Krise einzeln oder im Verbund mittel- und südamerikanische Regierungen durch Gewaltandrohung zu zwingen, Schulden einzutreiben, bildete andererseits aber auch den Nährboden für Protestbewegungen gegen den *Yankee*-Imperialismus. Als Ausbilder von Militär- und Polizeieinheiten lieferten die USA den Machthabern ein Instrument, mit dem diese Regimegegner niederhielten. Unabhängig davon, ob Washington dem Drängen amerikanischer Gesellschaften auf ein Eingreifen nachgab oder lieber die Reformkräfte als Gewinner gesehen hätte, gerieten die USA in den Verdacht, die indigenen Eliten zu schützen.

Im Falle Mexikos änderten die von den USA unterstützten Reformer mehrfach ihren Kurs. Porfirio Díaz ging gegen Ende seiner Amtszeit dazu über, die von US-Kapital kontrollierten Eisenbahnen zu verstaatlichen, *Standard Oil* eine Reduzierung der Fördermenge vorzuschreiben und den Konzern vom Erwerb neuer Ölfelder auszuschließen. Dagegen wurden britische Ölmagnate und Finanzhäuser begünstigt. Die von einer Finanzkrise ausgehende US-Rezession 1907 hatte die ökonomischen Nachteile der Abhängigkeit der Entwicklung Mexikos vom US-Kapital überdeutlich gemacht. Die mit insgesamt 2 Milliarden Dollar in Mexiko engagierten amerikanischen Investoren wandten sich Díaz' Herausforderer, Francisco Madera, zu, der nach seiner Machtergreifung im Juni 1911 jedoch auf Díaz' nationalistischen Kurs einschwenkte. Die über das Ausbleiben der Landreform enttäuschten Anhänger Maderas fanden in Zapata ihren Hoffnungsträger, Amerikaner gehörten zu den größten Landbesitzern. In den nachfolgenden Unruhen und Machtwechseln versuchte Washington die Rechte und den Besitz amerikanischer Firmen, wie etwa die Guggenheim-Minen, zu schützen, konnte aber nicht verhindern, dass die jeweiligen Nachfolge-Regime ihre Macht mit Anti-*Yankee*-Parolen zu festigen versuchten. Unter Venustino Carrenza, einem Anhänger Maderas, setzte 1914 eine Welle von Enteignungen amerikanischer Öl- und Minen-Konzerne ein. Er war unter dem Druck Präsident Wilsons, der amerikanische Streitkräfte nach Vera Cruz entsandt hatte, an die Macht gelangt.

In der internationalen Politik versuchte sich Roosevelt als Friedensvermittler. Für den Frieden von Portsmouth zwischen Japan und Russland Mitte 1905 erhielt er 1906 den Friedensnobelpreis. Er wollte sicherstellen, dass Japan nicht um die Früchte seiner militärischen Siege gebracht wurde, konnte dies aber nur teilweise erreichen, weil Frankreich und Großbritannien das Zarenreich nicht weiter geschwächt oder gar gedemütigt sehen wollten. Russland war durch die Anfang 1905 ausbrechende Revolution vorübergehend entkräftet, Japan durch die Kriegsanstrengungen erschöpft. Japan erzielte territoriale Gewinne (Korea, Südmandschurische Eisenbahn, südliche Sachalin-Inseln), bekam jedoch nicht die aus innenpolitischen Gründen wichtigen Entschädigungszahlungen *(Indemnity)*. Roosevelts Sympathien für Japan verflüchtigten sich allmählich. Japan erneuerte weder die Anerkennung des *open-door*-Prinzips noch den von 1876 bis 1882 bestehenden amerikanischen Zugang zum koreanischen Markt. Die USA hatten zwar Japans Annexion der Inseln Taiwan und Korea toleriert, wollten aber Festlandchinas Unversehrtheit gegen die japanische Expansion in die Mandschurei eindämmen. Roosevelt musste berücksichtigen, dass Japan dank seiner sieggewohnten Kriegsmarine ein Druckmittel gegenüber den USA in der Hand hatte; die USA würden ihre philippinische Kolonie sowie Hawaii, Guam und die Midway-Inseln nur schwerlich verteidigen können. Außerdem bedingte das Interesse Roosevelts an der Stärkung der britischen Position in Europa gegen das deutsche Auftrumpfen gegenüber Frankreich (1905) und Russland (1905, 1909), dass er um einen Ausgleich mit Großbritanniens asiatischem Bündnispartner Japan bemüht blieb. Die japanische Zusage, die amerikanischen Besitzungen in Asien zu respektieren, war Roosevelt die Anerkennung der japanischen Annexion Koreas und der Einflussnahme in der Mandschurei wert (Taft-Katsura-Abkommen, 1905; Root-Takahira-Abkommen, 1907). Im Hinblick auf die Algeciras-Konferenz zur Lösung der ersten Marokko-Krise 1905 schränkte der Senat Roosevelts Einwirkungsmöglichkeiten aus der Besorgnis heraus ein, dass die USA in europäische Konflikte verstrickt werden könnten. Entgegen dem Kalkül der Reichsregierung unter von Bülow nahm Roosevelt Partei für das von Großbritannien gelenkte Manöver zur Rettung der Großmachtstellung des *Entente Cordiale*-Partners Frankreich.

Schließlich entwickelten die USA das Instrument der *Schiedsgerichtsbarkeit* und bauten es in eine Reihe von Verträgen ein, vor allem mit Großbritannien. Bedingt durch ihr Misstrauen gegenüber dem Zarenreich, auf dessen Initiative die erste Haager Konferenz für Abrüstung und friedliche Streitbeilegung 1899 einberufen worden war, sperrte sich die amerikanische Delegation jedoch gegen Rüstungsbeschränkungen zur See und gegen obligatorische Schiedsverfahren. Sie fühlten sich stark genug, in bilateralen Auseinandersetzungen die eigenen Anliegen durchzusetzen.

Noch stärker als durch die Gebietsgewinne in Asien – Hawaii, Philippinen, Samoa, Guam – und durch die Protektorate in Mittelamerika waren die USA auf Grund ihrer Güter- und Kapitaltransfers in die Weltwirtschaft verflochten. Um dies abzusichern und auszubauen, erschien es notwendig, die Zolltarife nach unten zu revidieren und die Zahl der Güter auf der „freien" Liste zu erhöhen. Doch musste der von Roosevelts Nachfolger Taft eingebrachte *Payne Tariff* auf Grund des mächtigen Einflusses der Protektionisten im Senat abgeschwächt werden (*Payne-Aldrich Tariff*, 1909). Gegenüber Kanada, wohin die USA 1909 doppelt so viel exportierten wie nach ihrem zweitgrößten Absatzmarkt Großbritannien, machte Washington den Fehler, die Aufhebung der auf Vorzugstarifen basierenden Bindungen zwischen dem Mutterland und dem Dominion lauthals zu verkünden. Obwohl Kanada grundsätzlich nach Freiheit in der Außenhandelspolitik strebte, beschworen die kanadischen Konservativen ihre Treue zum Empire, um die Schutzzollpolitik gegen den mächtigen Nachbarn im Süden zu rechtfertigen. Ein Reziprozitätsabkommen, wie es die kanadischen Liberalen ventilierten, bildete nach Ansicht der Konservativen den Einstieg in das Projekt einer *continental economy*. Von der „Zollunion" wäre es nicht weit zur politischen Union, d. h. der Angliederung der kanadischen Provinzen als Staaten im US-Bundesstaat statt in der kanadischen Föderation. Die liberale Regierung in Ottawa stürzte über den Reziprozitätsvertrag. Das Projekt kam dann erst 1935 durch das Zusammenwirken zwischen dem von Außenminister Cordel Hull repräsentierten amerikanischen Liberalismus und dem kanadischem Liberalismus unter Mackenzie King zu Stande.

Der in der Aufschwungphase 1897 bis 1905 erfolgende *merger-boom* wies auf die Expansion von Direktinvestitionen im Ausland voraus. Setzte ein Unternehmen wie *Singer* die Hälfte seiner Produktion in Übersee ab oder suchte es wie *Standard Oil* Ölquellen im Ausland oder wie die *United Fruit Company* Bananenmonopole in Nicaragua, Honduras und anderswo zu errichten, dann ließ der Schritt zur Gründung von Tochterunternehmen nicht auf sich warten. Direktinvestitionen sollten vor allem die Komplementarität der Wirtschaftsräume in Nord- und Südamerika fördern und damit gemeinsame Prosperität in der westlichen Hemisphäre ermöglichen. 1897 hatten amerikanische Unternehmen 635 Millionen Dollar im Ausland investiert, bis 1913 erreichten die Direktinvestitionen im Ausland einen Gesamtwert von 3,5 Milliarden Dollar. Mehr als die Hälfte davon entfiel auf Mexiko sowie Kuba, Nicaragua und Honduras.

Roosevelt und sein Nachfolger Taft machten es sich zum Anliegen, die amerikanischen Handels- und Produktionsinteressen im Ausland zu fördern. In seiner Abschiedsbotschaft vom 3. Dezember 1912 bekannte sich Präsident Taft offen zur *dollar diplomacy*. Der Begriff war zunächst in kritischer Absicht in die Debatte geworfen worden. Taft verwahrte sich gegen das doppelte Missverständnis, dass erstens Ausweitung des außenwirtschaftlichen Engagements heiße, die amerikanische Außenpolitik den *bankers* zu überantworten, oder dass zweitens das Bekenntnis, „Kugeln durch Dollars zu ersetzen", den völligen Verzicht auf den Einsatz von Militärmacht in der Außenpolitik bedeute. Vielmehr bringe der Begriff zum Ausdruck, dass die amerikanische Regierung den US-Unternehmen ihre guten Dienste im Umgang mit Regierungen anderer Staaten anbiete. Damit hole sie nach, was andere Staaten zur Förderung der Wettbewerbschancen ihrer Wirtschaftsinteressen bereits auf fremden Märkten leisteten.

Taft ging einen Schritt weiter als seine Vorgänger. Mit den Hay-Noten vom September 1899 und vom 3. Juli 1900 hatte die Regierung McKinley die anderen Großmächte dazu aufgefordert, das Prinzip der offenen Tür zu befolgen. Der vorausgehende Versuch, die USA am Wettlauf um die Aufteilung Chinas zu beteiligen, war im Kongress nicht unterstützt worden. Die USA forderten Russland, Großbritannien, Deutschland, Frankreich und Japan auf, die territoriale Unversehrtheit Chinas zu respektieren und damit das Kaiserreich als eine Art Lehnsherr zu behandeln sowie ihre jeweilige Einflusszone nicht nur für eigene Landsleute zu reservieren, sondern den Geschäftsinteressen der anderen Staaten gleichberechtigte Eintrittschancen auf den Märkten zuzugestehen. Die USA pflegten, wie die anderen Weltmächte auch, ihren Traum vom riesigen *China Market*, doch nach dem Höhepunkt der industriellen Exporte 1905 war die Entwicklung rückläufig.

Die USA hatten sich mit 5000 vom Stützpunkt Manila aus entsandten Soldaten an der vom Deutschen Reich unter Graf Waldersee geleiteten Niederschlagung des Boxer-Aufstandes 1900 beteiligt. In den anschließenden Konflikten um die Vergabe von Lizenzen für den Bau von Eisenbahnen und Wasserstraßen, Bankgründungen etc. exponierten sie sich jedoch als Gegenspieler der europäischen Kolonialmächte. Die Politik von Präsident Taft und Außenminister Knox, der chinesischen Regierung zur Kontrolle über eigenes Staatsgebiet zurückzuverhelfen, basierte auf der Erwartung, dass die pro-amerikanischen Kräfte im innerchinesischen Kräftespiel durchsetzungsfähig genug wären, um einer New Yorker Bankengruppe die Lizenz zum Bau der transmandschurischen Eisenbahn zu erteilen. Um das zu erreichen, hätten Japan und Russland ihre Anrechte aufgeben oder verkaufen und die kaiserliche Regierung (Qing-, Manchu-Dynastie) Herr der Lage in China sein müssen. Ohne britisches Einwirken auf Tokio war mit Japans Nachgiebigkeit jedoch nicht zu rechnen. Wegen der seit 1905 schwierigen Verhältnisse in Indien war London mehr denn je auf Japans bündnisfreundliches Verhalten angewiesen und daher nicht geneigt, den Kurswechsel in der amerikanischen Japanpolitik von Roosevelts Verständigungspolitik zu Tafts und Knox' Auftrumpfen mitzumachen. Russland und Japan, die durch das Manöver eingedämmt werden sollten, einigten sich im Vertrag vom 4. Juli 1910 untereinander und versperrten den USA jeden Einfluss auf die Mandschurei.

Der anschließende Versuch Knox', mit den europäischen Weltmächten und Japan ein China-Konsortium zum Bau der Eisenbahnlinien Wuhan–Kanton und Wuhan–Chengdu zu bilden, stieß auf den Widerstand nationalistischer Kräfte in der Provinz Wuhan sowie in Militärkreisen. Die Manchu-(Qing-)Dynastie berief Yuan Shih-kai zurück, um die Rebellen zu stoppen. Yuan stürzte jedoch zuerst die Manchu und rief im Einvernehmen mit den Rebellen die Republik aus, anschließend bekämpfte er sie und etablierte seine Herrschaft. Taft und sein Nachfolger W. Wilson erkannten ebenso wie die europäischen Regierungen das Yuan-Regime an, er regierte bis zu seinem Tod 1916. Sun Yat-sen, der Führer der Reformbewegung und Gründer der Kuomintang (1912), hoffte vergeblich, dass die größte Republik der Welt die Republikgründung in China auf Grund seines Bekenntnisses zum amerikanischen Vorbild unterstützen würde. Diese Hoffnung zerschellte an den Vorbehalten auf amerikanischer Seite gegenüber dem mit einem fremdenfeindlichen Umfeld verbundenen Revolutionsführer. Yuan erhielt den Vorzug, weil man erwartete, dass er auf das erprobte chinesische Ausspielen der europäischen Großmächte gegeneinander und der USA gegen Europäer verzichten würde. Umgekehrt erwartete Washington vom China-Konsortium, dass es die Schritte der Mitglieder koordinierte statt sich in „Hofintrigen" einzumischen, um Vorteile für sich zu ergattern. Auch wenn kein anderer Beteiligter auf das amerikanische Patentrezept einging, mussten die europäischen Imperialmächte und Japan damit rechnen, dass die USA ihre Ansprüche als Ordnungsmacht in *Asia-Pacific* geltend machen würden. „Mit der Teilnahme am Wettrüsten und der Kontrolle über Kolonien bekundeten die USA ihre Bereitschaft, auf der Bühne der Weltpolitik präsent zu sein ... Die Globalisierung Amerikas hatte begonnen."[12]

## Die USA im Ersten Weltkrieg

Bei Kriegsausbruch im August 1914 verhielten sich die USA formal neutral. Insbesondere in Fragen der wirtschaftlichen Kriegsführung beharrten sie auf den Rechten der Neutralen. Dies geschah gleichermaßen gegenüber Großbritannien, das im März 1915 die Blockade verhängte, und gegenüber dem Deutschen Reich, das mit dem U-Boot-Krieg antwortete. Die deutschen Maßnahmen waren für die USA gravierender, weil sie das Leben amerikanischer Schiffsreisender gefährdeten. So befanden sich unter den 1298 Opfern 112 Amerikaner, die bei der Versenkung des britischen Ozeandampfers *Lusitania* im Mai 1915 ebenfalls ums Leben kamen. Zeitgleich konfrontierte Japan, das bereits die deutschen Besitzungen in China annektiert hatte, die Republik China mit einem 21 Forderungen umfassenden Ultimatum. Yuan Shih-kai erwartete von den USA den Schutz Chinas. Präsident Wilson sah den Ausweg darin, dass China selbst in den Weltkrieg eintrat, um seinen Status zu verbessern. In einem Geheimprotokoll zum Lansing-Ishii-Abkommen vom Oktober 1917 vereinbarten Japan und die USA die Weltkriegssituation nicht zu nutzen, um für sich Sonderrechte in China zulasten Dritter zu erwirken.

Schon während der Neutralitätsphase 1914–1917 unterstützten die USA Frankreich und Großbritannien durch Waffenlieferungen im Wert von 2,2 Milliarden Dollar und Kredithilfen zur Kriegsfinanzierung. Auch bei den Friedenssondierungen Anfang 1915 und im Spätherbst 1916 konnte und wollte Wilsons Beauftragter Colonel House sich nicht von Rücksichtnahmen auf den britischen Standpunkt frei machen. Außenminister Grey bekundete als Einziger Sympathien für Wilsons Vorschlag, einen Völkerbund zu gründen. Dank der Zusage, eventuell an der Seite der Alliierten in den Krieg einzutreten, falls die Mittelmächte die von Wilson und House angeregte Friedenskonferenz ablehnten, stimmten London und Paris einer amerikanischen Friedensvermittlung zu.

Mit dem Vorschlag eines Völkerbunds und dem Ruf nach *new diplomacy* meldete Wilson den amerikanischen Anspruch an, das kriegstreibende System der eurozentrierten Weltgleichgewichtspolitik durch eine Völkerrechtsordnung abzulösen, die durch die prinzipielle Gleichwertigkeit souveräner Demokratien gekennzeichnet war. Die Staaten sollten innenpolitisch ihrer Verpflichtung nachkommen, demokratische Verfassungsgrundsätze anzuwenden, und sich außenpolitisch an die vereinbarten Normen, Regeln und Verfahrensgrundsätze halten. Flankiert von Abrüstungsabkommen wollte man den Verzicht auf Gewaltandrohung und -einsatz als neue Norm in den internationalen Beziehungen etablieren. „Wenn Amerika in Europa Krieg führen muss, um die Alte Welt von ihren Übeln zu erlösen, dann musste umgekehrt Europa am amerikanischen Wesen genesen. Die konkreten Interessen der USA verschmolzen deshalb 1917 zum ersten Mal mit der tatsächlichen Globalisierung der amerikanischen Sendungsidee.“[13]

In diesem Sinne forderte Wilson Anfang 1917 nach seiner Wiederwahl einen Verständigungsfrieden *(War without Victory)*, doch beide Kriegslager, die Mittelmächte ebenso wie der Dreibund, strebten einen Siegfrieden an, der die Machtverhältnisse klar zu ihren Gunsten verschieben sollte. Am 6. April 1918, ein Jahr nach dem Kriegseintritt, befürwortete auch Wilson einen eindeutigen Sieg über den deutschen Militarismus, hoffte aber weiterhin darauf, dass die USA dank ihrer Sonderstellung als assoziierte Macht und als Finanzier und Versorger der Westmächte einen „Straffrieden“, der den Gedanken an einen „Revanchekrieg“ provozieren würde, verhüten könnten.

Der vom Kaiserreich im Januar 1917 nach dem Scheitern der Friedensmission von House erklärte uneingeschränkte U-Boot-Krieg und der Zwischenfall der Zimmermann-Depesche, die wie eine deutsche Einmischung in den amerikanisch-mexikanischen Konflikt wirkte, besiegelten den Kriegseintritt der USA im April 1917. Der Kongress stimmte am 6. April der Erklärung des Präsidenten vom 2. April zu. Wilsons Haltung blieb ambivalent: Einerseits begründete der Präsident in seiner Botschaft an den Kongress die Entscheidung für den Kriegseintritt damit, dass der deutsche Militarismus eine Gefahr für den Weltfrieden und die Zivilisation darstelle. Das autokratische Regime unterdrücke die demokratischen Grundrechte an sich friedfertiger Menschen. Um dies in Zukunft zu verhindern, bedürfe es einer „Partnerschaft demokratischer Nationen, die (ein) beständiges Zusammenspiel für den Frieden“ gewährleisten solle. In der Kriegsführung hingegen legten die USA Wert auf ihren Status als assoziierte Macht. Die US-Streitkräfte wurden von eigenen Kommandostrukturen geführt und nicht dem Oberbefehl des alliierten Kriegsrates unterstellt. Das sollte den USA die Option sichern, bei Friedensvertragsverhandlungen auch gegenüber den Westmächten die eigenen Friedensziele zu verfechten und sich von den expansiven Kriegszielen zu distanzieren, welche die Alliierten teils in Geheimabkommen niedergelegt, teils auf Konferenzen wie der Pariser Wirtschaftskonferenz im Juni 1916, dem Gegenpart zu deutschen Mitteleuropa-Ambitionen, verkündet hatten. Wilson rechnete sich Chancen aus, maßgeblichen Einfluss auf die europäische Nachkriegsordnung nehmen zu können, weil Großbritannien und Frankreich auf Grund ihrer Kriegsschulden und ihres Bedarfs an Wiederaufbauhilfe „finanziell in unserer Hand sind".

Der amerikanische Kriegseintritt wirkte sich auf den Kriegsverlauf vorerst nicht aus. Bis zum Herbst 1917 war der deutsche U-Boot-Krieg so erfolgreich, dass in Großbritannien die *knock-out*-Sieg-Philosophie der Regierung Lloyd George auf Widerspruch stieß und ein Verhandlungsfriede offen zur Diskussion gestellt wurde. Die Ende Juni 1918 einsetzende Landung amerikanischer Truppen an Frankreichs Küsten, die schnell auf zwei Millionen anwuchsen, hatte dann allerdings einen entscheidenden Einfluss auf das Kriegsgeschehen. Die amerikanischen Truppen kompensierten nicht nur das Ausscheiden Russlands und Rumäniens aus dem Krieg, sondern stellten die deutsche Oberste Heeresleitung (OHL) vor die Alternative, entweder durch eine weitere Offensive den Erfolg zu erzwingen, bevor die US-Verbände effektiv eingreifen könnten, oder einen Friedensschluss auf der Basis der 14 Punkte Wilsons (Botschaft vom 8. Januar 1918)[14] anzustreben. Die alliierte Gegenoffensive, an der amerikanische Verbände teilnahmen, brachte ab Mitte August 1918 die Wende auf dem Kriegsschauplatz, wobei die Desintegration des Habsburger-Reiches den Westmächten die Konzentration auf den militärischen Triumph über die deutsche Militärmacht ermöglichte. Die voraussehbare Nebenfolge war, dass die Nachfolgestaaten des Habsburger-Reiches, des Zarenreiches und des Osmanischen Reiches die Grenzziehungen so weit wie möglich präjudizierten. „Der von amerikanischen Erfahrungen getragene Glaube Wilsons, dass Mittel- und Osteuropäer das Recht auf Selbstbestimmung zur Bildung ethnisch toleranter, integrativer Demokratien im französisch-amerikanischen Sinne des Nationalstaates nutzen würden, erwies sich nicht nur als naiv, sondern als Katastrophe."[15]

Der französische Oberbefehlshaber Foch und Staatspräsident Poincaré gedachten die Position des Siegers zu nutzen. Sie wollten verhindern, dass Deutschland einen Wilson-Frieden aushandeln könnte. Wilson war ohnehin nicht bereit, die Besiegten davor zu schützen, dass Clemenceau und Lloyd George auf einen Siegfrieden abzielten: hohe Kriegsentschädigungen (20 Mrd. Reichsmark), gekoppelt an Rheinland-Ruhrgebiet-Besetzungen, einseitige deutsche Abrüstung zu Wasser und zu Lande, demilitarisierte Zonen auf deutschem Grenzgebiet, Abtretung des Saargebiets an Frankreich und der Ostgebiete an Polen, Tschechien-Slowakien, einseitige Handelsbeschränkungen. Zwar nahm Wilson die Gefahr ernst, dass die bolschewistische Revolution auf die besiegten Mittelmächte übergreifen und die dortige Demokratisierung links überholen könnte, ließ sich aber nicht auf die Argumentation ein, dass gerecht-harte Friedensvertragsbestimmungen den demokratischen Kräften in Deutschland, Österreich und Ungarn das Wasser abgraben und die innenpolitische Lage destabilisieren würden.

Nur im Fernen Osten, wo Japan Anstalten machte, den russischen Bürgerkrieg zu nutzen, um Ostsibirien für sich zu gewinnen, beteiligte Wilson seit Frühjahr 1918 amerikanische Truppen an den Kämpfen gegen die „rote Gefahr". Mit der Präsenz eigenen Militärs wollte Wilson den USA zugleich ein Mitspracherecht bei der Gestaltung der Nachkriegsordnung in Nordostasien (Mandschurei, Nordchina, Ostsibirien) sichern. Da Japan das alliierte Mandat, sich an einem Expeditionskorps zur Rettung der in Bedrängnis geratenen tschechischen Legion zu beteiligen, missbrauchte und mit seinen 80 000 Mann statt der vereinbarten je 8000 amerikanischen und japanischen Soldaten Eroberungen betrieb, wurde das Sibirien-Abenteuer für die USA zu einer doppelten Belastung: Die Sowjetunion lastete den USA an, in der Intervention ihr wahres, brutales Gesicht als kapitalistisch-imperialistische Macht zu zeigen. Japan misstraute den USA ohnehin.

Innenpolitisch wurden die USA nach Kriegseintritt zur entschlossenen Kriegspartei. Die von George Creel, einem Journalisten aus Colorado, geleitete staatliche Propagandamaschine *(Committee on Public Information)* trug erheblich dazu bei, dass Deutsch-Amerikaner unter dem Verdacht unamerikanischer oder gar verschwörerischer Aktivitäten aus dem öffentlichen Leben verdrängt wurden oder zumindest ihren Namen wechselten, um von Diskriminierungen verschont zu bleiben. Die Iren sahen sich ebenfalls als innerer Feind angeprangert. Ihr Osteraufstand 1916 gegen die „englischen Eroberer" wurde als Akt der Kollaboration mit dem deutschen Feind hingestellt, wofür auch einige Indizien sprachen.

Hatte Wilson vor Kriegsausbruch noch erklärt, dass die Machtfülle des Staates zur Wiederherstellung der hehren amerikanischen Ideale und zur „Bewahrung der Grundlagen unserer Institutionen" genutzt werden müsse, so diente ihm mit voller Zustimmung des Obersten Gerichtshofes (*Selective Draft Law Cases,* 1918) die *War power of the United States*-Doktrin dazu, vom Kongress die gesetzlichen Vollmachten zu erhalten, um die Eisenbahnen zu beschlagnahmen (*Adamson Act,* 1916) und unter staatlicher Betriebsregie zu führen, Regierungsbehörden zu restrukturieren, Kriegsfreiwillige zu registrieren und für den Einsatz in Europa auszubilden (*Selective Service Act,* Mai 1917), Preise z. B. für Treibstoff festzusetzen, die Briefpost zu zensieren, gegen die Behinderung der Rekrutenaushebung und der Rüstungsproduktion einzuschreiten (*Espionage Act,* 1917) und die Urheber öffentlicher Verächtlichmachung der Flagge und des Uniformtragens (*Sedition Act,* 1918) strafrechtlich zu verfolgen. So gesehen verhielt sich die Wilson Administration nicht anders als die *Federalists* während des europäischen Kriegs 1796–1801 und Lincoln während des Bürgerkriegs.

Die wirtschaftlichen Kriegsleistungen der USA waren enorm. Die Regierung erhöhte den Verteidigungshaushalt für 1919 auf 13,5 Milliarden Dollar, gegenüber 305 Millionen Dollar im letzten Friedensjahr 1916. Dies diente dem Ausbau der Kriegsmarine (16 neue Schlachtschiffe) und der Handelsflotte sowie der Waffenproduktion, die auch die Versorgung der Alliierten einschloss. Die USA leisteten einen erheblichen Beitrag zur Kriegsfinanzierung der Alliierten (7,7 Milliarden Dollar Kriegskredite). Ihre eigenen Kriegsausgaben finanzierten sie zu zwei Dritteln aus Steuern, wobei, ähnlich wie im englischen Fall, die direkte, 1913 wieder eingeführte Einkommenssteuer eine mit dem Wachstumsschub expandierende Einnahmequelle bescherte. Das Bruttosozialprodukt verdoppelte sich von 40 Milliarden Dollar (1914) auf 90 Milliarden Dollar (1920). *Liberty Bonds* (Kriegsanleihen) deckten das restliche Drittel der Kriegskosten ab. Die fälligen Zins- und Tilgungsdienste belasteten die USA in der Folgezeit vergleichsweise weniger als die europäischen Alliierten, die zur Finanzierung der Kriegsausgaben in stärkerem Maße auf Anleihen zurückgriffen. Die Kriegswirtschaft brachte eine Erhöhung der Lebenshaltungskosten mit sich, die Inflationsrate stieg zwischen 1914 und 1918 um 62%. Dank der Anhebung der Löhne und der Erwerbsarbeit von Frauen verbesserte sich jedoch das reale Familieneinkommen.

Die wichtigste Auswirkung des Krieges auf die US-Wirtschaft betraf die Außenwirtschaft: 1. Die USA wurden vom Schuldner zum Gläubiger, das Finanzzentrum verlagerte sich von London nach New York und die britische Währung musste sich um Parität mit dem Dollar bemühen; 2. US-Unternehmen beerbten die europäischen Kriegsparteien vor allem in Südamerika; 3. Schifffahrtslinien, Kohlestationen, Kabelnetze u.a. Elemente der Weltverkehrswirtschaft gerieten in amerikanische Hände; 4. die Hauptkonkurrenten, Großbritannien und Deutschland, erlitten einen Aderlass, von dem sie sich in den 1920er-Jahren nicht erholten.

Die Auswirkungen der Kriegswirtschaft auf die verschiedenen Sektoren fielen unterschiedlich aus. Die Landwirtschaft erhöhte ihre Produktionskapazität erheblich. Überkapazitäten und Preisverfall waren die Folge, sobald die kriegsbedingte Versorgung des westeuropäischen Marktes entfiel und die Transportkapazitäten wieder für Lieferungen aus Südamerika, Australien und Neuseeland, Süd- und Südostasien nach Europa verfügbar waren. Die Exporte wirkten nicht länger als Ventil für die amerikanische Überproduktion im Agrarbereich.

Im Gegensatz zu den europäischen Alliierten bereiteten Mobilmachung und Kriegswirtschaft den USA keine größeren Probleme. Die Wilson-Administration bemühte sich darum, den sozialen Frieden zu wahren. Sie kam den Unternehmern bei den Kontraktbedingungen und hinsichtlich der Mitwirkung in der Organisation der wirtschaftlichen Mobilmachung entgegen, erwartete aber, dass die Unternehmen die Löhne anhoben und die AFL-Gewerkschaften als Tarifpartner anerkannten. Einschränkungen der Produktion für die Versorgung der Zivilbevölkerung und Rationierungen waren nicht erforderlich. Da die Kriegsproduktion einschließlich der Massenanfertigung von Uniformen, Schuhwerk usw. vorwiegend in den alten Zentren im Nordosten und Mittleren Westen konzentriert blieb, entstand dort ein riesiger Arbeitskräftebedarf. Der Frauenanteil an den in der Kriegsproduktion Beschäftigten stieg auf 20% an. In der zweiten großen Welle der Binnenwanderung nach dem Bürgerkrieg kamen ca. eine halbe Million Schwarze aus den Südstaaten in die industriellen Ballungsräume. Der Anteil der Schwarzen an der Bevölkerung in den Metropolen stieg erheblich. Im Gegensatz zum Nebeneinander am Arbeitsplatz spielte sich im Wohnverhalten eine Segregation ab: In den Stadtzentren entstanden schwarze Gettos, die Weißen wanderten verstärkt in neu gegründete Vorstädte ab.

## Die Zeit zwischen den Weltkriegen: Primat der Binnenorientierung

Die Ansichten darüber, ob der Erste Weltkrieg eine Wasserscheide in der Entwicklung der USA bedeutete, gehen auseinander. Zwei Trends sprechen dagegen, einen Strukturwandel zu konstatieren: Zum einen wurde der Staatsinterventionismus nicht fortgeführt. Zum anderen hieß der Tenor Rückkehr zur „Normalität" der Vorkriegszeit.

Die zur wirtschaftlich-militärischen Kriegsführung errichteten zentralen Ämter signalisierten keinen Marsch in Richtung bundesstaatlicher Bürokratien, stattdessen wurden die meisten Einrichtungen nach Kriegsende rasch abgebaut. Die US-Bundesregierung verfügte über keine institutionellen und personellen Kapazitäten, um Ende der 1920er-Jahre lenkend und gegensteuernd zum Marktversagen der Banken und Börsen eingreifen zu können.

Die USA wollten keine Lenkungsorgane für die Produktion, die Versorgung und den Vertrieb über die Phase der aktuellen Kriegsführung hinaus vorhalten. Dies hätte die Verpflichtung mit sich gebracht, die Unterstützungsleistungen an die Verbündeten zumindest in die Übergangsphase von der Kriegs- zur Friedenswirtschaft zu verlängern. Die von 1921 bis 1932 amtierenden republikanischen Präsidenten reduzierten die Staatsausgaben und -aufgaben. Die Ausgaben der US-Bundesregierung gingen von 3,8 Milliarden Dollar (1922) auf 2,5 Milliarden Dollar (1927) zurück. Die größten Anteile entfielen auf den Postdienst, gefolgt von Verteidigungsausgaben und Autobahnbauten (*Federal Highway Act*, 1921).[16] Die Automobilindustrie profitierte vom Ausbau des *Highway*-Systems und das Auto als langlebiges Konsumgut erleichterte die Auswanderung der Mittelklassen in die *suburbs*, wo sich wiederum Kaufhausketten, Kinos etc. niederließen.

Der vom Kongress 1921 verabschiedete *Budget and Accounting Act* überantwortete dem Präsidenten die Budgethoheit (*Bureau of the Budget* innerhalb des *Treasury Department*). Die Exekutive wurde zum ersten Mal in der Geschichte der USA verpflichtet, jährlich einen Haushaltsplan vorzulegen. Ein Rechnungshof sollte den Kongress in die Lage versetzen, das Ausgabengebaren der Regierung zu prüfen. Abgesehen von diesen Reformen setzte man auf die funktionale Entlastung des Staates in dem guten Glauben, dass die freie Wirtschaft, insbesondere der „organisierte Kapitalismus", es schon richten werde. Für die notwendige soziale Kompensation würden die zahlreichen privaten Wohltätigkeitsverbände sorgen.

Solange die Privatwirtschaft einen anscheinend unaufhörlich wachsenden Wohlstand generierte, fanden die Befürworter einer lenkenden Hand des Staates im Wirtschaftsablauf keine Resonanz. Die Wirtschaft stellte nicht nur preisgünstige, da in Riesenmengen gefertigte Haushaltsgüter her (elektrische Haushaltsgeräte, Kühlschränke, Autos, Radios, Telefon), sondern ermöglichte der Masse der Bevölkerung beispielsweise durch Ratenzahlungen und Kreditgewährung die Teilhabe an der Verbesserung des Lebensstandards. Die Verbraucherkredite stiegen von 2,7 Milliarden Dollar auf über 8 Milliarden Dollar. Kinobesuche galten als Luxus des „kleinen Mannes". Die Kehrseite war, dass die privaten Haushalte sich in Erwartung stetig steigender Einkommen verschuldeten, d.h. Massengüter kauften, die aus dem normalen Wochenlohn nicht hätten angeschafft werden können. In der großen Depression brach dieses Gebäude in sich zusammen. Dennoch konnte der traurige Witz kursieren, dass die USA das einzige Land in der Welt seien, wo die Arbeitslosen, Farmer und Landarbeiter die Unterstützungsleistungen mit dem Auto abholten.

Gegen die These eines umfassenden Strukturwandels spricht auch die übereinstimmende Feststellung, dass die USA in den 1920er-Jahren ihre Politik so fortsetzten, als habe sich nichts Wesentliches gegenüber der Vorkriegszeit geändert. Die USA, so das Kernargument, hätten sich den Verantwortlichkeiten einer Führungsmacht verweigert, in die sie als reichste Wirtschafts- und Finanzmacht der Welt hineingewachsen seien. In sechs wichtigen Bereichen – Einwanderung, Außenhandel und Zollpolitik, Fiskal-, Geld- und Währungspolitik, Einkommensverteilung und Landwirtschaftspolitik – hätten sie so gehandelt, als ob sie keine Verantwortung für die Folgewirkungen ihrer Maßnahmen auf den Rest der Welt trügen. Die Orientierung an den Geboten innerstaatlicher Machbarkeit war der Versuch, die USA von unerwünschten Außeneinflüssen zu isolieren. Diese Binnenmarktfokussierung der USA ist zu unterscheiden von der zweiten Frage, ob die Außenpolitik der USA vom Isolationismus geprägt war.

Wenden wir uns zunächst den Politikfeldern zu, die von der Parole beherrscht waren, dass die innere Stabilität das Einzige sei, was zähle. Gegen den Willen von Präsident Wilson verabschiedete die republikanische Mehrheit im Kongress unter Führung Albert Johnsons (Washington) ein Gesetz zur Beschränkung der Einwanderung *(Emergency Quota Act)*. Unter Berufung auf die „rote Gefahr“ und die Depression von 1920/21 wurde der Zustrom europäischer Einwanderer auf 357 000 pro Jahr begrenzt, die Einwanderung aus der *Western Hemisphere* blieb offen. Die Maßnahmen beschnitten die Möglichkeit europäischer Staaten, Arbeitslose nach Amerika zu exportieren. Der Nachteil für die USA war, dass in den 1920er-Jahren ein Mangel an Erwerbsfähigen im Alter zwischen 20 und 30 Jahren eintrat. Das Gesetz führte die neue Grundregel ein, dass die Zahl der Einwanderer aus einem Land pro Jahr nicht über 3% der bereits in den USA residierenden Nationalität *(foreign-born residents)* hinausgehen dürfe. Als Basisjahr wurde der Zensus von 1910 angesetzt, was die Einwanderer aus Süd- und Osteuropa begünstigte. Im *National Origins Act* von 1924 änderte der Kongress die Bestimmungen. Die Zahl der Einwanderer wurde auf 164 000 pro Jahr festgelegt, die Quote auf 2% gesenkt. Sie errechnete sich daraus, wie viele im Ausland geborene US-Bürger die einzelnen Nationalitäten 1890 gestellt hatten. Nach diesen Kriterien waren Einwanderer aus Nordwest- und Mitteleuropa begünstigt. Eine weitere Änderung des Quotensystems wurde 1927 verabschiedet, welche die jährliche Obergrenze für Einwanderer aus Europa auf 150 000 festlegte. Der Anteil bemaß sich nunmehr an der weißen Gesamtbevölkerung der USA im Basisjahr 1920, Zuwanderer mit den Kennzeichen *foreign-born* und *native-born* wurden gemeinsam erfasst.

Mit dem *Underwood-Simmons Tariff Act* von 1913 hatten die Demokraten die Zolltarife gesenkt und die Zahl der Güter auf der Freihandelsliste erhöht. Damit bewegten sich die USA auf eine Rolle zu, die ihrem Status als Land mit dem größten Anteil an den zukunftsträchtigen Industriezweigen und starkem Anteil von Primärgütern an den Exportartikeln angemessen war. Der Kriegsausbruch brachte den Kurswechsel vom Hochprotektionismus zum Niedrigzoll-Land um jegliche erzieherische Wirkung. Die amerikanische Wirtschaft war nicht nur vor deutscher und britischer Konkurrenz geschützt, sondern die Engpässe in der Versorgung der Alliierten steigerten die Nachfrage nach Lieferungen aus den USA. Die Ausweitung der Produktionskapazitäten im Krieg bedeutete u. a., dass die USA auch die Produktion bisher importierter Güter ohne Konkurrenzdruck aufbauen konnten. In den 1920er-Jahren wurde die Hälfte der Weltindustrieproduktion in den USA erzeugt.

Unter dem Eindruck der Rezession schien dem Gesetzgeber die Rückkehr zur Schutzzollpolitik dennoch geboten (*Emergency Tariff Act*, 1921; *Fordney-McCumber Tariff*, 1922). Die Güter, die die USA nicht selbst erzeugten – Kaffee, Rohseide, Kautschuk, Papier, bestimmte tropische Früchte –, wurden zollfrei oder zu niedrigen Tarifen ins Land gelassen. Die amerikanische Industrie entwickelte Techniken, um die Nachfrage zu expandieren und den so erzeugten Bedarf mit eigenen Erzeugnissen zu befriedigen. Hochwertige und spezialisierte europäische Produkte wie deutsche Werkzeugmaschinen und französische Luxusartikel fanden ohnehin ihren amerikanischen Absatzmarkt.

Vor dem Hintergrund der Selbstversorgungsfähigkeit der amerikanischen Wirtschaft sind die negativen Auswirkungen der Schutzzollpolitik eher psychologischer Natur. Die Importrestriktionen erfolgten 1921/22 und im Juni 1930 (*Smoot-Hartley Tariff*) zum ungünstigsten Zeitpunkt. Der *Smoot-Hartley Tariff* erhöhte das Niveau der US-Zölle um 30% zu einem Zeitpunkt, als Großbritannien und die Weimarer Republik versuchten, über einen Waffenstillstand im Zollkrieg den Handelsaustausch zum Auslöser eines Wachstumsschubs zu machen und aus der Politisierung von Währungs- und Handelskonflikten herauszunehmen.

Die amerikanische Weltwirtschaftsmacht, deren Außenhandel sich zwischen 1913 und 1929 verdoppelte – im Vergleich zum Anstieg des Welthandels um nur 13% –, rechtfertigte ihren Protektionismus unter ausdrücklichem Bezug auf ihre verantwortliche Position. Das eine Stützargument lautete, dass die Entwicklungschancen der Weltwirtschaft auf der Stärke des amerikanischen Weltmarktes beruhe. Hochschutzzoll bringe die US-Produktion auf Hochtouren, was wiederum die Steuereinnahmen steigere und den Dollar härte, wodurch Amerika als „Bank“ für den Rest der Welt dienen könne. Dafür ließe sich, so das zweite Stützargument, der empirische Beweis erbringen: Der Dollarkapitaltransfer ins Ausland, d. h. die Summe aus Direkt- und Portfolio-Investitionen, Ausgaben amerikanischer Touristen im Ausland und Überweisungen von Ersparnissen europäischer Immigranten in deren Heimatländer, übertraf im jährlichen Durchschnitt die Einnahmen aus Handelsüberschuss und Zins- und Dividendenzahlungen für amerikanische Anleihen und Investitionen. So gesehen, erfüllten die USA als Musterland der Schutzzollpolitik annähernd ähnliche *recycling*-Funktionen wie Großbritannien als Ursprungs- und Musterland des Freihandels (oder Niedrigzolls) vor 1914. Der Unterschied zum britischen System vor 1914 liegt darin, dass Großbritannien den Schuldnern ermöglichte, durch Exporte in das Gläubigerland Devisen in der Leitwährung zu erwirtschaften, um Zinsdienste und Dividendenverpflichtungen zu bedienen. Amerikas Abschottung des Binnenmarktes und aggressive Exportpolitik auf Drittmärkten gingen zulasten Großbritanniens und

Deutschlands, die an ihre Tradition als größte Importländer der Welt anknüpften, ohne ihre Stellung als größte Exportländer zurückzugewinnen.

Das Ziel Andrew W. Mellons, Finanzminister von 1921 bis 1932, hieß Steuersenkung, mit der Perspektive eines ausgeglichenen Staatshaushaltes. In der Tat erwirtschaftete das Finanzministerium jährlich einen Haushaltsüberschuss. Der kumulierte Überschuss der Jahre 1923 bis 1929 betrug 6,8 Milliarden Dollar. Die Bundesausgaben in der Größenordnung von 3–3,3 Milliarden Dollar pro Jahr entsprachen weniger als 2% des *Gross National Product* (1929). Die Staatsverschuldung konnte um 6 Milliarden Dollar reduziert werden. Dank der Bedienung der Kriegsanleihen floss Geld in die Taschen der Privathaushalte zurück. Die regelmäßige Unterschätzung der Einnahmen im Vergleich zu den scharf kalkulierten Ausgaben bedeutete, dass der Bund Kaufkraft abschöpfte, also zu Deflation tendierte. Ebenso fielen die Erträge der Einkommenssteuer und die Zolleinnahmen Jahr für Jahr günstiger aus als die Ansätze des Haushaltsvoranschlags. Die Überschüsse boten 1927 den Anlass, die Einkommenssteuersätze zu senken, Gewinner waren die Besser-Verdienenden. Es spricht einiges dafür, dass diese Schichten das erhöhte verfügbare Einkommen an den Börsen investierten und damit die Spekulationswelle 1928/29 verbreiterten. Der Bund nutzte die Überschüsse nicht, um angesichts erster Anzeichen eines Abebbens der Wirtschaftstätigkeit in wichtigen Branchen Techniken einer Konjunkturbelebung zu erproben.

Die enorme Verbreitung neuer Technologien und Management-Organisationsformen bewirkte einen Strukturwandel in der amerikanischen Wirtschaft, der für die Einkommensverteilung maßgeblich wurde. Die USA wurden zu einer Mittelstandsgesellschaft, in der der Anteil der Angestellten an den Arbeitskräften *(Labor Force)* 1929 die 25%-Marke erreichte. Außerdem erhöhte der Aufstieg der USA zur führenden Industrienation zwar die Zahl der Arbeitskräfte in diesen Sektoren auf 10,9 Millionen, doch war dies mit einem geringen prozentualen Anstieg gegenüber der gesamten Erwerbsbevölkerung verbunden (22,5% im Jahre 1929 gegenüber 18% im Jahre 1865). Die Mechanisierung und Motorisierung sorgte in der Landwirtschaft dafür, dass die Ernteerträge zwischen 1865 und 1929 um nahezu das Dreifache anstiegen, gleichzeitig jedoch der Arbeitskräftebedarf abnahm. Während die Preise für Agrarprodukte, vor allem Weizen und Baumwolle, sanken und damit als Stütze stabiler Einkommensverhältnisse für Landwirte versagten, stiegen die Gehälter der Angestellten und die Löhne der Industriearbeiter während der 20er-Jahre um ca. 45%.[17] Die Lohnsätze blieben dennoch hinter den Produktivitätssteigerungen zurück. Folglich kam die Produktivitätssteigerung um 62% zwischen 1923 und 1929 den Unternehmern als Profit zugute. Die Diskrepanz zwischen bescheidenem Anstieg der Kaufkraft der Arbeitskräfte und zunehmendem Produktionsausstoß durch verbesserte Nutzung und/oder Erneuerung der Anlageinvestitionen barg die Gefahr in sich, dass die Käuferschichten für die auf Massenfertigung ausgerichteten Industriezweige wegbrachen, sobald die Kreditfalle zuschnappte.

Das Einkommensgefälle innerhalb der Arbeiterschaft war beträchtlich. In den lohnintensiven Branchen Kohlebergbau, Textilindustrie, Eisenbahn und Lederindustrie, die hohe Beschäftigtenzahlen aufwiesen, schritt der Abbau von Arbeitsplätzen voran. Das

Lohnniveau und die Arbeitsbedingungen verschlechterten sich im Vergleich mit anderen Branchen. Die alten Industriesektoren litten unter neuer Konkurrenz: Der Kohlebergbau verlor an Bedeutung gegenüber der Energiequelle Erdöl, das Eisenbahnnetz trat gegenüber dem Straßenbau und der Automobilproduktion zurück, Autos verdrängten ebenfalls Fahrräder und Textilarbeiter konnten nur über Billiglöhne und hohe Wochenarbeitszeiten Beschäftigung finden. Die neuen Industrien profitierten einige Jahre lang davon, dass Ratenzahlung und Konsumentenkredite den Kunden halfen, Kaufwünsche und Konsum zeitlich vorzuziehen. Gesichert erscheinende Nachfrage machte es den neuen Industrien leichter, hohe Stundenlöhne zu zahlen und die Arbeitszeiten zu senken. Ford zahlte 1914 fünf Dollar für einen Acht-Stunden-Arbeitstag bei 6 Arbeitstagen pro Woche; 1926 erzielten Fordarbeiter nach Einführung der 40-Stunden-Woche ein Jahreseinkommen von 1627 Dollar. Maurer verdienten 1928 1,87 Dollar pro Stunde bei einer Wochenarbeitszeit von 43,5 Stunden, Textilarbeiter hingegen kamen auf ca. 65 Cents pro Stunde bei einer Wochenarbeitszeit von 70 Stunden.

Drei Fünftel der amerikanischen Familien bezogen 1929 weniger als 2000 Dollar Jahreseinkommen. Sie lagen damit unter dem Einkommen, das laut Untersuchungen der *Brookings Institution* für die Befriedigung der Grundbedürfnisse erforderlich gewesen wäre. Auf die reichsten 5% der US-Familien entfielen 1929 33,5% (1919: 24,3%) des Gesamteinkommens, der Anteil des den reichsten 1% verfügbaren Einkommens stieg von 13,1% (1923) auf 19,1% (1928). Dem Großteil der Bevölkerung fehlte hingegen die für den Absatz der *economy of scale* erforderliche steigende Kaufkraft: 22% der Familien hatten ein Einkommen von weniger als 1000 Dollar im Jahr, 44% lebten auf der Basis eines Jahreseinkommens von 1500 Dollar. Noch schlechter gestellt waren die Farmer. Auf Grund geringen Eigenkapitals und durch Überschuldung um ihr Eigentum gebracht, mussten 1929 40% der Farmer als Pächter-Landwirte arbeiten. Das Einkommensniveau der ca. 7 Millionen Familien, die von der Landwirtschaft lebten, lag weit unter dem der Angestellten und Arbeiterschaft. Sie verfügten über ein Einkommen, das 30% des Durchschnittseinkommens der in Städten wohnenden Arbeiter entsprach (1910: 40%). Obendrein blieben 90% der Farmen von den Errungenschaften der „goldenen 1920er-Jahre" ausgeschlossen: Sie hatten keine Elektrizität, sodass sie weder Kühlschränke noch Radio und andere Annehmlichkeiten des amerikanischen Alltags ihr Eigen nennen konnten.

Die amerikanische Geld- und Währungspolitik *(Monetary Policy)* wird zu einem erheblichen Teil für den Zusammenbruch der internationalen Finanzmärkte Ende der 1920er-Jahre verantwortlich gemacht. Amerika habe der Weltwirtschaft Liquidität entzogen statt aus der Wandlung vom Schuldner- zum Gläubigerland die Verpflichtung abzuleiten, dafür zu sorgen, dass die Überschüsse wieder in den Welthandel zurückflossen. Auf Grund ihrer Exportüberschüsse und der Forderung nach Rückzahlung der interalliierten Schulden erzielten die USA in den 1920er-Jahren einen Netto-Goldzufluss im Wert von knapp 1,5 Milliarden Dollar. Das Gold wurde allerdings in Fort Knox „sterilisiert", was nicht der Rolle des Dollar als Ersatz und Nachfolger des Pfund- bzw. Goldstandards entsprach.

Eine zweite Kritik zielt auf das Versäumnis der amerikanischen Wirtschaft, die sinkenden Kosten dank effizienter Herstellung der Massengüter nicht in höhere Löhne umgesetzt zu haben, um die Binnennachfrage zu verstetigen. Die US-Preise lagen höher als im Hinblick auf die interne Einkommensverteilung angebracht gewesen wäre, sie waren aber nicht hoch genug, um die Exporte zu reduzieren. Die Hauptkritik zielt auf eine institutionelle Schwäche: Den USA fehlte eine politische Instanz, um gegen die Auswüchse der *get rich quickly*-Philosophie an den Börsen einzuschreiten. Der Gesetzgeber hatte das *Federal Reserve Bank*-System weder mit zentralen Kontrollbefugnissen noch mit Instrumenten ausgestattet, z. B. Mindesteigenkapital bei Wertpapiergeschäften, um das Kreditgebaren aller Finanzinstitute beeinflussen zu können. Der *Federal Reserve Board* setzte außerdem falsche Signale: 1927 senkte er die Zinsen und stellte damit Mittel für kreditfinanzierte Aktienkäufe zur Verfügung. 1929, als die Spekulationsblase geplatzt war, stoppte der *Federal Reserve Board* den Kreditfluss und erhöhte damit im In- und im Ausland die Liquiditätsprobleme. Als die Zentralbank 1931 erneut auf erste Anzeichen eines Goldabflusses mit einer scharfen Heraufsetzung der *Prime Rate* reagierte, verstärkte sie die Depression. Angesichts des Versagens des *Federal Reserve Board* forderte Präsident Hoover den Kongress zur Einrichtung einer *Reconstruction Finance Corporation* auf, die das tun sollte, wozu die *Fed* laut eigener Charta geschaffen worden war, nämlich der Bereitstellung von Notstandskrediten an in Schwierigkeiten geratene Schuldner.

Der eigentliche Konstruktionsfehler der US-Wirtschaft der 1920er-Jahre, die Bildung undurchschaubarer *Holdings*, spielte sich außerhalb der Aufsichts- und Lenkungsfunktion der Zentralbank ab. Die Finanzjongleure, die die Verschachtelung der Korporationen betrieben, wie etwa Samuel Insull (Chicago), waren nicht auf die Beihilfe der Großbanken angewiesen. Sie organisierten Aktienpaket-Verschachtelungen zwischen *public utility holding companies*, vor allem im Elektrizitätsbereich. Freilich beteiligten sich die Geschäftsbanken am Wettlauf um die Akquisition von Anteilen an soliden Holdings ebenso wie an Kartenhausgebilden. Brach ein Kartenhaus zusammen, so verbreiteten die Banken den Schaden. Die Geprellten waren die Konteninhaber. Im Zuge der 1929 einsetzenden Bankpleiten gingen bis 1933 ca. 9 Millionen Sparkonteninhaber leer aus.

Die Bankenlandschaft änderte sich rapide. Die Banken konnten ihre Reserven aufblähen und ihrerseits die Kreditvergabe steigern, weil die Zentralbank die durch staatliche Sicherheiten gedeckten Kriegsanleihen zu niedrigen Zinssätzen an Banken vergeben hatte. Das *Federal Reserve*-System hielt nach Kriegsende an Niedrigzinsen fest, um dem Finanzministerium die Umschuldungsaktionen zu erleichtern. Die Geschäftsbanken, die eigentlich keine Wertpapiergeschäfte tätigen durften, erstreckten ihre Tätigkeit dennoch darauf. Über ihre *Bond*-Departments und Investment-Bank-Affiliationen speisten sie Geschäfts- und Individual-Guthaben in die Kapitalmärkte ein. Die Korporationen nutzten die Wertpapiermärkte, um dort statt bei den Hausbanken kurzfristige und langfristige Investitionsmittel aufzunehmen. Als umfassende Finanzdienstleister vereinten die aus den Geschäftsbanken hervorgegangenen Häuser, an der Spitze die *National City Bank of New York*, im Jahre 1930 fast die Hälfte der neu aufgelegten Wertpapiere auf sich.

Die Zinsleistungen der Regierung im Zusammenhang mit den im Ersten Weltkrieg aufgelegten Kriegsanleihen eröffneten auch für Kleinanleger die Möglichkeit, ihr Geld Gewinn bringend anlegen zu können. Die Banken, Finanzwarenhäusern *(financial department stores)* ähnelnd, buhlten um die Gunst der vielen kleinen Kapitalanleger mit Angeboten von Konsumentenkrediten, Aktien, Unternehmensanleihen und Wertpapieren. Der Gesamtbetrag der aufgelegten Unternehmensanleihen erreichte 1929 die Summe von 9,4 Milliarden Dollar. Der Gesamtumfang der Börsenwerte übertraf 1928 zum ersten Mal die Höhe der amerikanischen Staatsschulden.

Die Gefahr der Manipulation war wegen der Vermischung der Rollen der Finanzhäuser als Wertpapierhändler, Vertreiber von Investmentzertifikaten, Treuhand- und Vermögensverwalter, Vergeber kurzfristiger Kredite und Verkäufer von Wertpapieren an jedermann enorm hoch. Flog eines der Verschachtelungsmanöver auf, konnte eine Kettenreaktion einsetzen, zumal keine Instanz Anhaltspunkte hatte, wo die Schwachstellen im durchmischten Banken- und Finanzdienstleister-Sektor lagen.

Die Farmer hatten schon vor 1914 geklagt, dass sie vom allgemeinen Aufschwung ausgeschlossen blieben. Nach dem Krieg setzten sich die Einkommenseinbußen fort, und zwar bedingt durch die Überproduktion, die von der Mechanisierung der Landwirtschaft bewirkten Ertragssteigerungen, die der kommerzialisierten landwirtschaftlichen Produktion zugute kamen, sowie die Strategie der Zentralbank, die stärker auf die Goldreserven als auf die Geldwert- und Preisstabilisierung abzielte. Auf erste Anzeichen eines Rückgangs der Goldreserven Ende 1919 reagierte die *Fed* Anfang 1920 mit einer scharfen Anhebung des Re-Diskontsatzes. Das löste eine Rezession aus, die Agrarpreise stürzten ab. Da Letztere sich in der Boomphase nicht erholten, gingen zahlreiche der nach 1900 gegründeten Kleinbanken auf dem Lande Pleite und die große Masse der Farmerfamilien war auf sich gestellt.

Auf Grund der Zusammensetzung des Kongresses sicherte sich der so genannte Farmblock einige politische Aufmerksamkeit. Etwa 20 Senatoren von insgesamt 96 sowie 100 Abgeordnete agierten als interregionale, die Baumwollregionen und den *cornbelt* vereinende *Pressure Group.* Sie umfasste *Progressives* (G. W. Norris, Robert LaFollette) und Konservative. Der McNary-Haugen-Gesetzentwurf forderte den Industrieprodukten vergleichbare Preise für Agrarerzeugnisse. Dies sollte erreicht werden durch hohe Zollsätze auf alle Agrareinfuhrgüter, stabile, durch Subventionen gestützte Inlandspreise und Exporte zu Weltmarktpreisen. Die Vorlage scheiterte 1924 im *House of Representatives* und 1926 in beiden Häusern des Kongresses. 1927 und 1928 legte Präsident Coolidge ein Veto gegen die vom Kongress angenommene Vorlage ein. Der Senat verfehlte im Mai 1928 die zur Aufhebung des Vetos erforderliche Zweidrittelmehrheit um vier Stimmen (51:31).

Die Vorschläge waren unausgewogen und begünstigten die Anbauer von Weizen, Baumwolle und Tabak, die größtenteils für den Weltmarkt erzeugt wurden. Die Farmer, die ihre Warenangebote entsprechend den Nachfragen auf den Inlandsmärkten diversifizierten (Milchprodukte, Obst und Gemüse, Fleisch/Viehzucht), hatten wenig Sympathien für die Agitation der 1920 gegründeten *American Farm Bureau Federation*, die hinter dem Gesetzesvorhaben stand. Die *McNary-Haugen Bill* packte die beiden wichtigsten Probleme nicht an: die Verschuldung und die Überproduktion. Verführt durch den Anstieg der Weltmarktpreise im Jahrzehnt vor 1914 und die Ausweitung der Produktion zur Versorgung der Alliierten im Ersten Weltkrieg hatten die Farmer Kredite aufgenommen, um expandieren zu können. Bei sinkenden Preisen und reduziertem Einkommen wurden die Termine für Zinszahlungen und für die Einlösung der Schuldscheine Stichtage des Farm-Sterbens.

Erst Hoover entschloss sich, mit dem *Agricultural Marketing Act* von 1929 und der Errichtung eines *National Farm Board* das Problem der Überproduktion an der Wurzel zu packen. Da die Agrarpreise in den USA zwischen 1929 und 1932 um 50% fielen und die Zahl der Arbeitslosen auf 12,5 Millionen (25% der Erwerbsfähigen) anstieg, kamen die Lenkungsmaßnahmen allerdings zu spät. Unter Franklin Delano Roosevelt wurde die Idee in den ersten 100 Tagen der Amtszeit radikal umgesetzt: Es entstand eine Situation, in der auf die Vernichtung von Ernten eine Prämie gezahlt wurde, während gleichzeitig Hungermärsche den Blick auf die Unterversorgung und bundesweite Verteilungsprobleme lenkten.

In der Großen Depression zeigte sich, dass viele der insbesondere von den Republikanern verfochtenen Leitbilder keine lange Lebensdauer hatten. Der Glaube an die Selbstheilungskräfte von Wirtschaftskrisen hatte die Rezessionen von 1920/21 und 1926 überlebt, machte jedoch blind für das Ausmaß der 1928/29 hervortretenden Anzeichen einer großen Depression. Ebenso erwies sich die Vorstellung als Illusion, dass der Wirtschaftsaufschwung in den „goldenen“ 1920er-Jahren den Wohlstand aller so weit fördern würde, dass Amerikaner die Furcht vor dem Rückfall in Armut aus ihrem Leben verbannen könnten. Kein politisch Verantwortlicher rechnete damit, dass die Bankiers und Finanzjongleure auf der Jagd nach schnellen und hohen Profiten den Kapitalmarkt aufblähen und Börsenwerte manipulieren würden. Das war Betrug an den Investoren. Die Finanzdienstleister vernichteten die ihnen anvertrauten Vermögenswerte zu mehr als 60% und richteten die Gesamtwirtschaft zu Grunde. Mit gewisser Berechtigung stempelte Roosevelt die Bankiers zum Sündenbock. Der Schock reichte allerdings nicht so tief, dass er den Kapitalismus auf die Anklagebank setzte. Die Untersuchungen, vor allem die Gray-Pecora-Anhörungen im Senat, legten die Machenschaften offen. Die Untersuchungen waren noch von Hoover 1932 eingeleitet worden. Die Betrügereien und Unfähigkeiten der Hochfinanz, die in den *Hearings* publik wurden, lösten eine Rücktrittswelle unter den *Chairmen* der Wall-Street-Banken aus, voran Charles Mitchell, der Präsident der *National City Bank of New York.*

Am 24. Oktober 1929, dem Schwarzen Freitag, war es zum Zusammenbruch der Börsenkurse gekommen. Die Industriewerte wurden zwischen September und November 1929 halbiert (452 auf 224). Die Regierung Hoover vertraute zunächst darauf, dass die Unternehmen das ihm im November 1929 gegebene Versprechen einlösen würden, das Lohnniveau beizubehalten, Investitionen wie geplant durchzuführen und Entlassungen durch *work sharing* u. a. m. zu vermeiden, und dass außerdem die Großbanken zu einer gemeinsamen Sanierungsaktion fähig wären. Im Oktober 1931 überredete Hoover die Geschäftsbanken, eine *National Credit Corporation* zu gründen, die Eigenmittel in Höhe von 500 Millionen Dollar zur Stützungshilfe an gefährdete Banken einsetzen sollte.

Die Fiskalpolitik hielt am Prinzip des Budgetausgleichs fest. Das *Federal Reserve System* pumpte von Oktober 1929 bis Ende 1930 über Offenmarkt-Operationen zusätzliche Geldmittel in den Kreislauf. Die Maßnahmen hielten den Niedergang einstweilen auf. Die eigentliche Krise setzte Mitte 1931 ein: Die im April des Jahres sichtbar werdende Krise des britischen Pfund Sterling und die im September erfolgende Abkehr Großbritanniens vom Goldstandard brachten einen Goldabfluss aus den USA mit sich. Daraufhin zog das *Federal Reserve System* die Kreditschraube an. Die Folge war ein Ansturm auf die Banken. In dieser Phase (Oktober 1931) brachen die ersten Großunternehmen das Abkommen, das Lohnniveau aufrechtzuerhalten.

Die Ausrufung des Moratoriums für Internationale Schuldendienste – Reparationen und interalliierte Schulden – am 20. Juni 1931 kam zu spät, um den Zusammenbruch des internationalen Zahlungsverkehrs aufzuhalten. Den Rückschlag erkennend, ging Hoover dazu über, durch Arbeitsbeschaffungsprogramme, d.h. mit öffentlichen Mitteln finanzierte Notstandsprogramme auf Staaten- und Gemeindeebene, und durch die Gründung der *Reconstruction Finance Corporation* im Februar 1932 den Not leidenden Banken, Eisenbahngesellschaften und Versicherungen aus der Klemme zu helfen. Mit dem *Glass-Steagall Banking Act* vom Februar 1932 autorisierte der Gesetzgeber das *Federal Reserve System*, Staatspapiere als Absicherung zu hinterlegen, um, ähnlich wie im Ersten Weltkrieg, die Refinanzierungsspielräume des *Federal Reserve System* zu erweitern. Den von G. Swope *(General Electric Company)* empfohlenen Plan, die Industriezweige unter Außerkraftsetzung der Anti-Trust-Gesetze als *trade associations* zu organisieren, welche Produktionsquoten verteilen und im Gegenzug Arbeitsplatzsicherheit und Arbeitslosenversicherung gewähren sollten, lehnte Hoover mit der Bemerkung ab, dass Monopolbildungen und „faschistische" Experimente nicht das richtige Lösungskonzept seien.

Im Herbst 1931 hatten die privaten Wohltätigkeitsverbände ihre Mittel erschöpft, bevor die Krise 1932/33 ihrem Höhepunkt zusteuerte. Öffentlich finanzierte Fürsorge in Gestalt von Arbeitslosenunterstützung bestand nur in wenigen Gebieten. Der Eindruck sozialer Kälte und Härte, der den Republikanern anhaftete, fand eine schmerzliche Bestätigung, als Präsident Hoover im Juni 1932 Truppen gegen Kriegsveteranen einsetzte, die nach Washington gekommen waren, um den Kongress zu zwingen, ihre Ansprüche in Sofortzahlungen umzuwandeln. Die Depression erreichte ein derartiges Ausmaß, dass die Folgewirkungen bis in die Anfänge des Zweiten Weltkriegs andauerten. Die Zahl der Arbeitslosen blieb 1939 auf dem hohen Niveau von 9,5 Millionen (17%), ein Rückgang verglichen mit 13–15 Millionen im Jahre 1933 (25% der *labor force*), jedoch eine Steigerung im Hinblick auf die Vergleichsdaten für die Rezessionsjahre 1921/2 und 1926.

## Die Ära Roosevelt: Soforthilfen, soziale Reform, Kriegswirtschaft, Sozialstaat

Franklin Delano Roosevelt trat Ende Juli 1932 auf dem Nominierungskonvent der Demokraten in Chicago mit der für amerikanische Verhältnisse revolutionären Parole hervor, dass die Bundesregierung die Verantwortung für das Wohlergehen der US-Bürger übernehmen müsse. Die große Depression mit dem militärischen Ernstfall vergleichend, sagte Roosevelt dem „vergessenen kleinen Mann" zu, vom Kongress Notstandsbefugnisse zu fordern, um unverzüglich und durchgreifend ans Reformwerk zu gehen.

Die in den ersten 100 Tagen nach Roosevelts Amtsantritt getroffenen Maßnahmen sollten den Kontrast zu dem „zu wenig – zu spät"-Ruf der Hoover-Ära verdeutlichen und generell den Mut zum Handeln stimulieren. Mit dem *Tennessee Valley Authority Act* vom Mai 1933 setzte Roosevelt einen solchen Meilenstein. Senator Norris hatte das Projekt einer interregionalen, sieben Bundesstaaten einschließenden Behörde seit dem Ersten Weltkrieg betrieben. Unter Nutzung der Wasserkraft des Tennessee und des Mississippi sollte die TVA dem armen Umland Hoffnung auf eine gesicherte Zukunft verschaffen. Bodenerosionen, Flutkatastrophen und Raubbau an den Waldbeständen hatten dem Gebiet zugesetzt. Durch Staudämme und Wiederaufforstung wollte man dies aufhalten oder rückgängig machen. Gleichzeitig sollten Kraftwerke die Basis für die Ansiedlung von Industrien bilden und Schifffahrt und Landwirtschaft dank der Kontrolle der Wasserverläufe wieder im großen Stil möglich werden. Schwierige Verfassungsfragen und unzählige Kompetenzstreitigkeiten zwischen den Anrainerstaaten und Lokalbehörden hatten den Gesetzgebungsakt aufgehalten. Hoover verhinderte im März 1931 durch sein Veto die vom Kongress endlich bewilligte Bundesbehörde. Roosevelts Verdienst war nicht die Konzeption, sondern die entschlossene Umsetzung des Projektes. Entgegen den Hoffnungen vieler Wortführer des *New Deal* wurde die *Tennessee Valley Authority* allerdings nicht zum Vorreiter für öffentliche Daseinsvorsorge in anderen Regionen oder Wirtschaftsbranchen.

Mit dem Schlagwort, dass die Karten neu gemischt werden müssten, um durch umfangreiche Reformen die Wirtschaft wieder in Gang zu bringen, richtete Roosevelt zunächst eine Vielzahl oftmals kurzlebiger oder sich ändernder Exekutivbehörden ein. Ein Rezept zur Lösung der Probleme selbst war nicht vorhanden. Die Maßnahmen waren von den Kreisen, die Roosevelt in die Regierung berief, zwar vorgedacht, aber selten aufeinander abgestimmt worden. Die Palette der Vorschläge reichte von planwirtschaftlichen Ansätzen zu Überlegungen, die wirtschaftlichen Entscheidungen in die Zuständigkeit fachlich kompetenter staatlicher Administrationen unter der Verantwortung der präsidentiellen Exekutive zu stellen. Dabei galt es, auf die verfassungsmäßigen Zuständigkeiten von Bund und Staaten/Gemeinden Rücksicht zu nehmen.

Der *Supreme Court* bestritt die Grundauffassung der *New Deal*-Wortführer, dass die Große Depression eine dem Krieg von 1917/1918 entsprechende Notlage darstelle, in der der Kongress die Gesetzgebungshoheit in Steuer- und Wirtschaftsfragen haben müsse. Der Oberste Gerichtshof zog zusätzlich die *interstate commerce*-Klausel heran, um die Ausweitung der Zuständigkeit des Kongresses auf Arbeitsmarkt- und Produktionsfragen zu beschneiden. Der *National Industrial Recovery Act* (NIRA) und der *Agricultural Adjustment Act* (AAA) wurden aus diesen Gründen für verfassungswidrig erklärt (*Schechter v. U.S.*, 1935). Als sich abzeichnete, dass der Oberste Gerichtshof den *Bituminous Coal Conservation Act* 1935 für ungültig erklären könnte (*Carter v. Carter Coal*, 1936), weil er Preis- und Arbeitsbedingungen im Kohlebergbau regulierte, trat Roosevelt in Gewissheit seiner haushohen Wiederwahl (mit 60,8% der Stimmen gegenüber 36,5% für Landon) mit dem Plan an die Öffentlichkeit, die *federal courts* umzugestalten. In einer Botschaft an den Kongress vom 5. Februar 1937 regte er an, die über 70 Jahre alten Mitglieder des *Supreme Court*, die ihre Arbeit nicht bewältigen könnten, durch andere Richter zu ersetzen. Da einer der neun Obersten Richter, Owen J. Roberts, in einem die Mindestlohnfrage aufwerfenden Rechtsstreit (29. März 1937) seine Ansicht über die Zuständigkeit des Gesetzgebers änderte und somit eine 5:4-Mehrheit ermöglichte, wurde die Frage entschärft, ob der *Supreme Court* erneuert werden müsse, um die *New Deal*-Gesetzgebung zu ermöglichen. Der Kongress, besorgt über die diktatorischen Anwandlungen Roosevelts, lehnte dessen *Courtpacking Plan* im Juli 1937 ab.

Die Frage der Chancengleichheit bestimmter gesellschaftlicher Gruppen – Frauen, Schwarze, Indianer – spielte in den Überlegungen der *New Deal*-Vertreter zwar eine Rolle, doch wegen der erwarteten Widerstände gegen politische Gleichberechtigung und Gleichstellung beispielsweise in der Entlohnung von Frauenarbeit legten sie mehr Wert auf praktische Verbesserungen denn auf programmatische Gradlinigkeit. Dennoch bewirkten die Hilfsprogramme, dass diese Wählerschichten mehrheitlich ins Lager der Demokratischen Partei wechselten. Die Roosevelt-Koalition umfasste die von Al Smith 1928 gewonnene großstädtische Bevölkerung, Neu-Einwanderer und deren Kinder, die Farmer im mittleren und fernen Westen sowie die Südstaaten. Die Demokratische Partei verkraftete die Abspaltung der 1934 gebildeten *Liberty League*. Dafür schloss sich ein Teil der *Socialist Party* unter Hillman dem Roosevelt-Lager an. Der *Indian Re-Organisation Act* von 1934 verbesserte das Los der *native Americans*, denen die Selbstverwaltung in ihren Reservaten sowie die kulturelle Autonomie zugesichert wurde. Schlechter erging es den im Westen bzw. Südwesten der USA lebenden *Hispanics*. Sie durften nicht um Unterstützung im Rahmen der *New Deal*-Maßnahmen nachsuchen.

Die Debatte über die Reformfähigkeit des Kapitalismus und die Leistungsfähigkeit repräsentativ-demokratischer Systeme innerhalb der USA erfolgte unter Bezug auf die Entwicklungen in Europa. Für Roosevelt war der Erfolg des *New Deal* auch eine notwendige Antwort auf die Frage, ob liberale Demokratien ihre Position im Verdrängungswettbewerb zwischen Faschismus und Kommunismus behaupten könnten. Seine Gegner geißelten die Tendenz zur Stärkung der Exekutive und Ausweitung der Bundesaufgaben. Roosevelt wollte keine Angriffsfläche für Vorwürfe bieten, er strebe einen „Staatssozialismus" an. Daher stand eine „Sozialisierung" der öffentliche Versorgungsgüter (Wasser, Elektrizität) anbietenden Großunternehmen und Betriebe des öffentlichen Verkehrs nicht oben auf der Tagesordnung. Die Mehrheit im Kongress widersetzte sich der Entflechtung der großen Elektrizitätsholdings. Erst eine neue Welle von Untersuchungen des Kongresses über illegale Praktiken sicherte 1939 die Mehrheit für den *Public Utilities Holding Company Act*.

Es ging Roosevelt nicht darum, eine Umverteilungspolitik großen Stils einzuleiten oder durch *deficit spending* die Nachfrage und Massenkaufkraft zu erhöhen, um dadurch die Wirtschaft anzukurbeln. Stattdessen wollte er größere Haushaltsdefizite vermeiden. Die im Juni 1935 angekündigte Steuerreform wurde von ihm nicht mit Nachdruck betrieben. Sie sah vor, die hohen Einkommen durch eine Zusatzsteuer zur Einkommenssteuer, durch

Erbschafts-, Schenkungssteuern u.a. stärker zu belasten, Gewinnabgaben auf größere Profite einzuführen, hingegen kleinere Unternehmen zu entlasten. Die Finanzgesetze blieben hinter der von Robert LaFolette propagierten Reichtumssteuer zurück.

Roosevelts erste Amtshandlung galt dem Bankensektor. Obwohl die meisten Bundesstaaten bereits versucht hatten, durch Bankschließungen das Vertrauen der Anleger in die „sicheren" Banken zu retten, hielt die Serie der Zusammenbrüche in der Zeit zwischen der Wahlentscheidung im November 1932 und dem Amtsantritt Roosevelts im März 1933 an. Roosevelt ordnete am Tag der Amtseinführung (5. März 1933) die Schließung der Banken an und veranlasste den Kongress, auf einer Sondersitzung am 9. März 1933 den *Emergency Banking Act* zu beschließen. Mit der Einführung erheblich ausgeweiteter Aufsichtsfunktionen des Finanzministeriums wollte Roosevelt zeigen, dass staatliche Regulierung den Kapitalismus vor den Machenschaften der Kapitalisten retten könne. Dank der Maßnahme kehrte das Vertrauen der Sparer zurück, die den zugelassenen Banken zu erhöhten Einlagen verhalfen.

Die Einrichtung einer *Federal Deposit Insurance Corporation* (FDIC) sorgte dafür, dass private Bankguthaben bis zu 5000 Dollar versichert wurden. Nahezu alle Geschäftsbanken unterstanden der FDIC-Versicherung und -Kontrolle. Eine weitere Maßnahme war die Trennung zwischen Geschäftsbanken und Investment-Banken *(Glass-Steagall Act)* sowie die Einrichtung einer Regulierungsbehörde für Wertpapier- und Börsengeschäfte (*Securities and Exchange Commission*, 1934). Das *Glass Steagall*-Gesetz schrieb vor, dass neu angebotene und eingeführte Wertpapiere bei der *Federal Trade Commission*, ab 1934 bei der SEC registriert werden mussten. Das *Stock Exchange*-Gesetz 1934 erweiterte die Registrierungspflicht aller Korporationen, deren Aktien an der Börse gehandelt wurden, und schrieb vor, dass die Unternehmen Jahresbilanzen und vierteljährliche Erklärungen über die Entwicklung der Gewinnlage vorlegen mussten. Die Börse sollte keine Spielbank sein, bei der jeder sein Glück versuchen dürfe.

Da Roosevelt die Orientierung seiner Vorgänger am Goldstandard für die Deflation verantwortlich machte und die Ausmaße der amerikanischen Wirtschaftskrise für größer hielt als die der anderen Großmächte, zögerte er nicht, den Dollar abzuwerten. Dies sollte die Exporte erhöhen. Seine Regierung schaffte die Goldwährung ab und „nationalisierte" die privaten Goldbesitz-Bestände. Die Verfassungsbeschwerde gegen das Verbot, in Privatkontrakten Zahlungen in Gold zu verlangen, wurde vom *Supreme Court* abgelehnt. Der Gesetzgeber habe das Recht, entsprechende Bestimmungen zu erlassen. Die Bankeinlagen bestanden fortan aus Schatzbriefen und anderen Wertpapieren.

Mit dem *Silver Purchase Act* 1934 entsprach Roosevelt dem Verlangen einflussreicher Senatoren (Pitman/Nevada) und der Farm-Lobby nach Remonetarisierung des Silbers. Da das Finanzministerium auf Anordnung Roosevelts alles in den USA vorhandene Silber zu einem über dem Weltmarktniveau liegenden Preis, nämlich 50 Cents pro Unze, aufkaufte, verursachte es einen Sog auf Silberstandard-Länder wie China. Der Abfluss von Silber destabilisierte die Lage in China noch weiter, zumal die japanische Besatzungsmacht von der Mandschurei und Nordchina aus den „Silberfluss" manipulierte.

Der Goldpreis stieg von 20,67 Dollar pro Unze Gold im Jahre 1933 auf 35 Dollar pro

Unze im Jahre 1934. Dementsprechend floss Gold in die USA ab, wodurch die Geldmenge und die Bankreserven anstiegen. Die *Federal Reserve Bank* sah zu diesem Zeitpunkt keine Notwendigkeit, aktiv zu werden. Roosevelt hielt die Anhebung des inneren Preisniveaus zu diesem Zeitpunkt für wünschenswert, insofern dies die Einkommen der Produzenten verbesserte. Durch Importbeschränkungen, durch das *Buy American*-Gesetz und die Abschaffung der Goldwährung trübte Roosevelt die Aussichten auf internationales Krisenmanagement. Der Fehlschlag der Londoner Weltwirtschaftskonferenz (2.–27. Juni 1933), die dem Abwertungswettlauf und Währungs-Dumping entgegenwirken sollte, wird Roosevelts Alleingängen angelastet. Auf Grund der eigenen Notlage waren andere Regierungen vorangegangen. Großbritannien etwa wertete im September 1931 das Pfund massiv ab und führte im Februar 1932 Schutzzölle ein. Auf der Ottawa-Konferenz im August 1932 handelte die britische Regierung ein Bündel bilateraler *imperial preference*-Abkommen mit den Commonwealth-Staaten, Indien und den Kolonien aus. Beides sollte die Absatzchancen der britischen Industrie verbessern und die Importe aus Mitgliedsstaaten des Empire-Commonwealth gegenüber Drittländern begünstigen.

Auf Drängen Außenminister Cordell Hulls, der den Austausch zwischen den USA einerseits und Kanada sowie Lateinamerika/*Western Hemisphere* andererseits gleichsam im Sinne einer ökonomischen Monroe-Doktrin ankurbeln wollte, bewilligte der Kongress 1934 den *Reciprocal Trade Agreements Act* (RTAA). Gestützt auf eine möglichst genaue Aufschlüsselung der einzelnen Warenkategorien und der Ermittlung, für welche Importware das jeweilige Partnerland der Hauptlieferant war, wollten die USA durch Zollsenkungen ihren Markt öffnen. Im Gegenzug erwarteten sie, dass das jeweilige Partnerland eines oder mehrere der US-Ausfuhrgüter einführen würde. Der RTAA ermöglichte gleichsam einen Freihandel à la carte. Den Endpunkt bildete das nach harten Verhandlungen im November 1938 abgeschlossene britisch-amerikanische Abkommen, dessen politischer Stellenwert durch die Koinzidenz mit der München-Krise im September 1938 deutlich wird.

Die Soforthilfe-Programme wurden nicht übermäßig hoch dotiert, da Roosevelt größere Haushaltsdefizite vermeiden wollte. Die einander ablösenden *agencies* konkurrierten miteinander um Zuweisungen. Die Lage der Staatsfinanzen bei Roosevelts Regierungsübernahme war ohnehin prekär: Die Einnahmen aus der Einkommens- und der Körperschaftssteuer fielen krisenbedingt geringer aus. Die am 11. März 1933 verabschiedete *Economy Bill* sah Einsparungen vor, insbesondere bei den Kriegsveteranen-Renten und den Gehältern der Bundesangestellten.

Den vielen Hausbesitzern bot Roosevelt den Ausweg, über die *Home Owners Loan Corporation* (HOLC, 13. Juni 1933) einer Kündigung der Hypotheken und damit der Zwangsversteigerung zu entgehen; die HOLC übernahm die bis 1936 fälligen Hypotheken und Darlehen. Die 1934 eingerichtete *Federal Housing Administration* war der erste Schritt in Richtung öffentlicher Wohnungsbaufinanzierung.

Dem Agrarsektor sollten Beihilfen auf die Beine helfen (*Agricultural Adjustment Act*, 12. Mai 1933). Langfristig gesehen, machte das Gesetz die Regierung zum Geldverleiher an Farmer, zum Aufkäufer von Überschüssen und Lagerhalter sowie Preisregulierer von Agrarprodukten. Der durch Produktionsbeschränkungen ermöglichte Preisanstieg begünstigte allerdings die größeren Farmer, die zudem die Fördermittel nutzten, um neue Maschinen anzuschaffen und Arbeitskräfte zu entlassen. Die Reduzierung der Nutzfläche bedeutete oftmals, dass die Pächter-Farmer das Feld räumen mussten. Betroffen waren u. a. 350 000 *sharecroppers* in den Südstaaten, die Hälfte davon Schwarze. Die Unterstützungsleistungen kamen den Erzeugern von Grundnahrungsmitteln zugute, während die Erzeuger vieler anderer Landwirtschaftsprodukte leer ausgingen. Die Vergabe zinsgünstiger Kredite durch die Gebietskörperschaften implizierte, dass in den Südstaaten die schwarzen Pächter und Farmer kaum in den Genuss der Subventionen oder Zuschüsse gelangten. Andere Maßnahmen waren verteilungsgerechter. So zielten die 1935 vorgenommene Elektrifizierung ländlicher Gebiete und die Wiederansiedlungsmaßnahmen direkt auf die Verbesserung der Lebensbedingungen der armen Farmer und Arbeit suchenden Landarbeiter.

Dem Modell des Korporatismus kam der *National Industrial Recovery Act* (NIRA, 16. Juni 1933) am nächsten. Unter der Ägide des Leiters der Bundesbehörde, General Hugh S. Johnson, erwartete man, dass Kapital und Arbeit den wirtschaftlichen Aufschwung organisierten. Jeder Sektor sollte seinen Code fairer Geschäftspraktiken vereinbaren und damit Preisunterbietung verhüten. Ruinöser Wettbewerb, so die Annahme, bedeute Anstieg der Arbeitslosigkeit. Waren, die auf der Basis der zwischen Regierungsvertretern und Industriellen vereinbarten Preise in den Handel kamen, erhielten den *Blue Eagle*-Stempel. Die Suspendierung der Anti-Trust-Bestimmungen sollte den Tarifparteien einer Branche die Einigung über Produktionsmengen und Preise erleichtern. Die generelle Vorgabe war, dass die Unternehmen im Rahmen der Preisvereinbarungen Profite erzielen dürften, wenn sie Mindestlöhne, Höchstarbeitszeiten und andere Maßnahmen als Rechte der Arbeiterschaft anerkannten. Die Arbeitgeber wurden verpflichtet, die Gewerkschaften als Tarifpartner anzuerkennen und das Recht auf freie Tarifverhandlungen sollte Kernbestandteil jedes *code of fair business practise* sein (NIRA, Section 7 a).

Viele Unternehmen widersetzten sich dem Zwang, Gewerkschaften anzuerkennen und mit derjenigen Gewerkschaft Arbeitsentgelte und Arbeitszeiten zu vereinbaren, die von den Beschäftigten als Interessenvertretung gewählt worden war. Großunternehmen wie *General Motors* legten es in Erwartung, dass der Oberste Gerichtshof auch den *Wagner Act* für verfassungswidrig erklären würde, darauf an, stellvertretend für unternehmerische Freiheit zu kämpfen. Im Mai 1935 hatte der Oberste Gerichtshof geurteilt, dass NIRA, insbesondere Section 7a, verfassungswidrig sei. Der anschließende Konflikt konzentrierte sich auf die Frage, ob die von der Automobilarbeitergewerkschaft unter Walther Reuther erhobenen und durch neue friedliche Arbeitskampfmethoden (Sitzstreik bei *General Motors*, Februar 1937) begleiteten Forderungen berechtigt seien. In dieser Frage distanzierten sich der Gouverneur des betroffenen Staates Michigan, F. Murphy, und die Öffentlichkeit vom Standpunkt der Großkonzerne. *General Motors* beugte sich dem Stimmungsumschwung und verließ die harte Linie. Der Oberste Gerichtshof urteilte im Fall *Jones and Laughin Steel* 1937, dass das Wagner-Gesetz verfassungskonform sei.

Die Beschäftigungspolitik der ersten Phase ist mit dem Namen ihres Wegbereiters Harry Hopkins verbunden. Er leistete die konzeptionelle Vorarbeit und wurde von

Roosevelt zum Leiter der neu geschaffenen Einrichtungen berufen. Der erste Schritt kopierte, allerdings im großen Stil, frühere Beschäftigungsprogramme. Das im April 1933 geschaffene *Civilian Conservation Corps* (CCC) sollte männliche Jugendliche im Alter zwischen 18 und 25 Jahren für Wiederaufforstung, Bodenkonservierung und andere Bereiche der Landschaftspflege einsetzen. Bis zur Beendigung des Programms 1942 hatten ca. 2,5 Millionen Jugendliche im CCC gedient. Die freiwillig „Arbeitsdienst" Leistenden erhielten pro Monat 30 Dollar Taschengeld zusätzlich zur kostenlosen Unterkunft, Verpflegung, Kleidung, ärztlichen Betreuung etc. Die Jugendlichen schickten den größten Teil ihres Entgelts an ihre Familien nach Hause, insgesamt sollen 670 Millionen Dollar an Familienangehörige geflossen sein.

Umfangreicher war die im Sommer 1935 geschaffene *Works Progress Administration* (WPA). Bis zu ihrer Auflösung 1943 beschäftigte sie 8,5 Millionen Menschen und gab dafür 11 Milliarden Dollar aus. Der Vorrang der Bereitstellung von Arbeitsplätzen brachte es mit sich, dass die Arbeitslosenunterstützung von der WPA abgekoppelt wurde. Unter Beratung des *Social Security Board* führten alle Bundesstaaten bis Juli 1937 Arbeitslosenunterstützungsgesetze ein.

Zeitgleich mit dem Urteil des Obersten Gerichtshofes, dass der Schutz gegen *economic insecurity* (Arbeitslosigkeit) im *Social Security Act* verfassungskonform sei, griff Roosevelt die vom Obersten Gerichtshof verbotenen bundesstaatlichen Regulierungen des Arbeitsmarktes wieder auf. Der Mindestlohngesetzentwurf sollte die Arbeitszeit nach oben und die Entlohnung nach unten begrenzen. Der Kongress fügte 72 *Amendments* an, sodass der im Juni 1938 verabschiedete *Fair Labor Standards Act* hinter den Vorstellungen der Regierung zurückblieb. Der Mindestlohn von 25 Cents pro Stunde wurde mit sofortiger Wirkung auf 40 Cents künftig angesetzt, die Wochenarbeitszeit auf 44 Stunden, nach Ablauf von drei Jahren auf 40 Stunden herabgesetzt. Das Gesetz galt auf Grund verfassungsrechtlich gebotener Vorsicht nur für die Beschäftigten in Industrie und Gewerbe, die ihre Erzeugnisse in *interstate commerce* einbrachten. Ausgenommen waren Landarbeiter, Beschäftigte in *intrastate retail and servicing establishments*, Seeleute, Fischer u. a.

Der Nimbus Roosevelts als Sozialreformer ist eng verknüpft mit dem *Social Security Act*, der als Markstein der zweiten Phase des *New Deal* angesehen werden kann. Gemeinsam mit dem *National Labor Relations* (Wagner) *Act*, der die Tarif- und Organisations- bzw. Streikrechte der Gewerkschaften kodifizierte, gilt der *Social Security Act* als Beweis für den Linksruck Roosevelts in den Jahren 1935 bis 1937. Der Präsident berief im Frühsommer 1934 das *Committee on Economic Security*, das die Fragen der Altersrente und Arbeitslosenunterstützung klären sollte. Dem Ausschuss gehörten Kabinettsmitglieder und Regierungsberater an. Arbeitsministerin Frances Perkins als Vorsitzende des Ausschusses und Arthur Altmeyer als Leiter der Expertengruppen setzten sich dafür ein, dass die Einzelstaaten für die Durchführung der Unterstützungsprogramme für Arbeitslose verantwortlich zu sein hatten.[18] Für die Altersrente hingegen sollte die Bundesebene *(Social Security Board)* in Verbindung mit privaten Arbeitgebern federführend sein. Mit den im *Social Security Act* zusammengefassten Programmen wollte man schätzungsweise 30 Millionen Personen erreichen.

Das Sozialversicherungsgesetz umfasste in der verabschiedeten Fassung neben Arbeitslosenunterstützung und Altersrente auch Bundeszuschüsse, die von den Staaten und Lokalbehörden an Frauen mit abhängigen Kindern, Behinderte, Blinde, Gehörlose, Witwen und elternlose Kinder als Unterstützungsleistung ausgezahlt werden sollten. Für diese so genannten *deserving poor* waren die Unterstützungen gesetzlich vorgeschrieben *(categorical assistance programs).*

Die Reform knüpfte zwar an einzelstaatliche Vorbilder an und war insofern konzeptionell nicht neu, erschien vielen Konservativen jedoch als Bruch mit dem amerikanischen Ideal der Eigenverantwortung. Die eigentliche Befürchtung war, dass der regulierende Fürsorgestaat eine „unheimliche" Allianz zwischen Bundesbürokratie und privilegierten Sozialhilfeempfängern schmieden würde. Beide, Washington und die Empfängergruppen, würden ihre Ansprüche wechselseitig hochschaukeln, um den Umverteilungsprozess unumkehrbar zu machen. Die Sozialreformer hingegen monierten, dass wesentliche Bereiche der sozialen Sicherheit, insbesondere die nationale Gesundheitspolitik und Krankenversorgung *(Health Insurance)*, ausgeklammert und viele Gruppen von „Sozialschwachen", vor allem Landarbeiter und Seeleute, aber auch kleine und mittlere Gewerbetreibende, ausgeschlossen blieben. Das Problem der Asymmetrie der Einkommensverhältnisse bleibe ausgeblendet, da der Grundsatz der Sozialversicherung, also Anspruch auf Leistung gemäß eigenen Anzahlungen, gelten sollte. Sozialversicherung, finanziert aus einer *pay-roll tax* auf Löhne und Gehälter, galt als verfassungsmäßig zulässige Bundeskompetenz, im Unterschied zur progressiv höheren Besteuerung der Einkommensstarken als Einnahmequelle, aus der der Bund die Grundbedürfnisse der Einkommensschwachen befriedigen und deren Lebensstandard anheben können sollte. Die Sozialreformer erinnerten Roosevelt daran, dass er 1932 im Wahlkampf von einem neuen Gesellschaftsvertrag und einer *Economic Bill of Rights* gesprochen habe. Damit habe er dem „(Gesamt-) Staat" die Aufgabe zugewiesen, jedermann ein auskömmliches Leben zu garantieren und durch eigene Arbeit einen Anteil am wachsenden nationalen Reichtum zu erwerben.

Roosevelt konnte die Versprechungen nicht einlösen, da er in seiner zweiten Amtszeit einige innenpolitische Auseinandersetzungen verlor: Zunächst scheiterte sein Projekt, die Demokratische Partei von den konservativen Gegnern des *New Deal* zu befreien. Eine Koalition aus Republikanern und konservativen Demokraten aus den Südstaaten bildete die maßgebliche Mehrheitskonstellation im Kongress. Auf Grund des Senioritätsprinzips erhielten viele Südstaaten-Vertreter den Vorsitz in den einflussreichsten Ausschüssen. Sodann stellten die Gegner der *the state-can-do*-Philosophie mit dem Sieg über Roosevelts Plan für die Reorganisation der Administration (Brownlow-Reform) ihre Durchschlagskraft unter Beweis. Gleichzeitig eröffnete die *Liberty Union* unter der Parole, diktatorischen Gelüsten Einhalt gebieten zu müssen, eine Kampagne gegen „kommunistische" Einflüsse in der Roosevelt-Administration. Außerdem untergruben Fehlentscheidungen, die die Roosevelt-Rezession 1937/8 auslösten, den Anspruch des *New Deal*, dass eine fachkundige, universitär ausgebildete Bundesbürokratie sachlich-kompetente, legal-rechtmäßige und legitimierend-gerechte Politik betreiben könne und daher in die freie, zu Monopolbildung und asymmetrischen Einkommensverteilungen tendierende Marktwirtschaft korrigierend eingreifen dürfe. Die Gewerkschaften, insbesondere die sich 1938 zur CIO zusammenschließenden neuen, ungelernte Arbeiter aufnehmenden Industriegewerkschaften, wollten schließlich den Aufwind nutzen, den sie durch den *Wagner Act* erhalten hatten. Über die gesetzlichen Regelungen hinaus setzten sie alles daran, den Anspruch durchzufechten, dass alle Arbeiter im betreffenden Betrieb ihr angehören müssten *(closed shop)*. Im angestrebten Vertretungsmonopol der großen Gewerkschaften sahen viele Kongressmitglieder einen Angriff auf die Freiheitsrechte von Unternehmern, aber auch von Arbeitnehmern.

Die verschlechterte Situation im Kongress hatte Folgen. Sozial-liberale Vorhaben wie der *Works Financing Bill* von 1939 wurden gestoppt. Der Kongress beendete die Existenz vieler Einrichtungen wie das *Civilian Conservation Corps*, die *Home Owners' Loan Corporation* und *Works Progress Administration* und durchkreuzte *good will*-Aktionen der Exekutive, indem er Streikrechte und Beiträge der Gewerkschaften zu politischen Kampagnen begrenzte sowie die Finanzausstattung jener Behörden beschnitt, die als Hort sozial-liberaler Aktivitäten galten: *Office of Price Administration, Office of War Information, National Resources Planning Board.*

Die politische Not machte die *liberals* in der Roosevelt-Administration erfinderisch. Das, was den Nimbus der Roosevelt-Ära als Gründer des amerikanischen Wohlfahrtsstaates ausmachte und der Demokratischen Partei die Loyalität der Schwarzen, der Gewerkschaften und der Frauen sicherte, ist einer dritten Welle des *New Deal* im Zweiten Weltkrieg zuzurechnen. Sie umfasst a) entschlossene Einzelschritte, die Forderungen der Großgruppen erfüllten, b) die Entfaltung einer Sozialstaatsphilosophie.

a) Die *New Dealers* gingen davon aus, dass die Benachteiligung der Schwarzen kein Rassen-, sondern eher ein Klassenproblem sei. Weil die Schwarzen ähnlich wie die armen Weißen, wenn auch härter als diese, unter wirtschaftlichen Benachteiligungen litten, sollten sie auch dank der Unterstützungs- und Fürsorge-Programme ein menschenwürdiges Dasein führen können. Roosevelt hütete sich, die Rassenfrage direkt anzugehen, weil er u. a. die Zerwürfnisse in der Demokratischen Partei 1924 in Erinnerung behielt. Außerdem befürchtete er, dass Verbesserungen der Rechtslage das ohnehin gestiegene Selbstbewusstsein der schwarzen Führungsschichten steigern und somit die Militanz der Bewegung erhöhen könnten. Der Gewerkschaftsgesetzgebung 1935/37 wurde eine solche Kettenwirkung nachgesagt. Der 1942 gegründete *Congress of Racial Equality* (CORE) suchte seinen Emanzipationsforderungen zusätzliche Schubkraft zu verleihen, indem er die Einheit des Kampfes um Befreiung von *fascism and colonialism* und von Rassendiskriminierung in den USA verkündete. „Ich wäre doch blöd, wenn ich der Alabama-Version des Deutschen erlauben würde, mich herumzuschubsen.“[19] Nach Gandhis Vorbild praktizierte CORE gewaltlosen Widerstand (Sitzstreiks, ziviler Ungehorsam), um die Bürger- und Menschenrechte *(civil rights)* im Alltagsleben zur Geltung zu bringen. Der Präsident der *Brotherhood of Sleeping Car Porters*, A. Ph. Randolph, drohte Präsident Roosevelt mit einem Sternmarsch nach Washington, falls er die Rassendiskriminierung in den Streitkräften und in der Rüstungsindustrie nicht verbieten sollte. Roosevelt erteilte in der *Executive Order 8802* allen Bundesbehörden und den in kriegsbezogenen Arbeiten eingespannten Unternehmen und Gewerkschaften die Anweisung, diskriminierende Praktiken zu unterlassen. Die *Fair Employment Practices Commission* sollte die Befolgung der Verordnung überwachen. Mit der kriegswirtschaftbedingten Arbeitsmigration brachten die Schwarzen auch ihre politischen und *civil rights*-Forderungen in die nördlichen Industriestädte. Sie fanden dort bessere Chancen auf dem Arbeitsmarkt und im Bildungsbereich vor. Das Durchschnittseinkommen der Schwarzen stieg zwar um das Vierfache von 475 auf 1976 Dollar pro Jahr, blieb jedoch hinter dem durchschnittlichen Jahreseinkommen weißer Arbeiter zurück, das sich von 1064 auf 2600 Dollar erhöhte.

Nach dem Kriegseintritt der USA im Dezember 1941 erklärten die Gewerkschaften, während des Kriegs auf Streiks, die das öffentliche Leben lahm legten, zu verzichten. Als Gegenleistung setzte die Administration *(War Labor Board)* sich dafür ein, dass das Lohnniveau entsprechend der Inflationsrate angehoben wurde, und sagte im Juli 1942 zu, dass der Staat den Industriegewerkschaften ihre institutionelle Stabilität garantiere *(maintenance of membership)*. Die Forderung der Gewerkschaften nach Anerkennung des *closed shop*-Prinzips wurde de facto erfüllt. Arbeitnehmer sollten automatisch Mitglied der im Betrieb bestehenden Gewerkschaft werden, jedoch ein Austrittsrecht innerhalb von 15 Tagen Arbeitsplatzzugehörigkeit ausüben können. Weil vom *opt-out* so gut wie kein Gebrauch gemacht wurde, schnellte die Zahl beitragszahlender Gewerkschaftsmitglieder in die Höhe.

Größere Streiks z. B. im Kohlebergbau im Jahre 1941 und gravierender noch Mitte 1943 blieben allerdings nicht aus. Der Präsident besaß gemäß dem im Bürgerkrieg sowie im Ersten Weltkrieg geltenden „Notstandsrecht" bereits die Vollmacht, bei Gefährdung der nationalen Sicherheit ein bestreiktes Unternehmen unter staatliche Aufsicht zu stellen. Die von den Gewerkschaftsführungen ausgerufenen „offiziellen" Streiks veranlassten den Kongress ab 1941, Gesetzentwürfe vorzulegen. Sie wurden nach Kriegsende umgesetzt. Der 1947 von der republikanischen Mehrheit entgegen Trumans Veto verabschiedete *Taft-Hartley Act* verbot Sympathiestreiks, Streikpostenstehen u. a. wirksame Taktiken. Er gab den Arbeitgebern einen Rechtsanspruch, Gewerkschaften auf Schadensersatz zu verklagen. Der Präsident erhielt die Vollmacht, bundesweite paralysierende Streiks für 80 Tage auszusetzen. Langfristig bedeutsam war, dass das Gesetz den Einzelstaaten die Befugnis zugestand, *right-to-work*-Gesetze zu verabschieden, welche den *closed shop* verboten. 21 Staaten, vor allem im Süden und in der Prärie gelegen, beschlossen solche Gesetze und luden die neuen Industrien gleichsam ein, gewerkschaftsfreie Betriebsstätten zu errichten. Versuche der später amtierenden Präsidenten Carter und Clinton, den *Taft-Hartley Act* zu ändern, scheiterten 1977 und 1994 an der Filibuster[20]-Taktik im Senat.

b) Unter dem Einfluss überzeugter Keynesianer wie Alvin Hansen und der von Keynes ausgehenden Wirkungen entwickelte die Roosevelt-Administration eine neue Variante der *can-do*-Mission des Staates. Die bisherigen Varianten begriffen den Staat im Sinne der *Reform Movement* als Hüter fairen Wettbewerbs oder als Sozialhelfer der *deserving poor* (New Deal I und II). Der neue Auftrag lautete, dass der Staat Vollbeschäftigung garantieren sollte. Auf Grund bestimmter Annahmen galt diese *Full Employment*-Politik als realisierbar (New Deal III). Die Philosophie der Vollbeschäftigung setzte eine grundsätzlich veränderte Einstellung voraus. Es ging nicht allein darum, dem Faktor Arbeit rechtliche Gleichstellung zu verschaffen, wie durch *Section 7a* des *Wagner Act*, sondern *labor* und die Gewerkschaften als essenziellen Faktor wirtschaftlichen Wachstums und der demokratischen Grundordnung zu begreifen. Die Theorie der Vollbeschäftigungspolitik beruhte auf der Annahme, dass der Verbrauch und die Nachfrage und nicht die Produktion geplant werden müssten. Politisch gesehen brachte das den immensen Vorteil mit sich, dass Nachfragesteuerung weder einer aufgeblähten Bundesbürokratie bedurfte, noch eine Aufsicht-, Kontroll- und Lenkungspräsenz bedingte. Da die Entfaltung des Konzeptes der Vollbeschäftigungspolitik für die Nachkriegszeit auf die Leistungsexplosion der Kriegswirtschaft Bezug nahm, soll diese zuerst behandelt werden.

Die Kriegswirtschaft erweckte den Anschein, als ob die USA sich alles leisten könnten. Die vom *War Production Board* (WPA) gesteuerte Maschinerie vollbrachte Höchstleistungen. Da die USA nicht nur für den eigenen Bedarf produzierten, sondern auch für die Alliierten, einschließlich Großbritannien, Russland und China, erforderte die zentrale Koordinierung der Kriegswirtschaft den Aufbau einer Verwaltungs- und Militärbürokratie, die Einziehung und Verteilung von Arbeitskräften für militärische und vorrangige zivile Aufgaben sowie die Inanspruchnahme eines großen Teils der ins Unermessliche steigenden Haushaltsmittel für Verteidigungs-, insbesondere Rüstungsausgaben.

Gesetzliche Grundlage für die volle Mobilmachung nach *Pearl Harbor* war der *War Powers Act* (WPA), mit dem der Kongress den Präsidenten ermächtigte, die erforderlichen Ämter und Behörden zu schaffen sowie *manpower* zu rekrutieren.

Im Mai 1943 wurde das *Office of War Mobilization* zur Koordinierung der verschiedenen Behörden und Tätigkeitsfelder geschaffen. Es stand unter der Leitung von James F. Byrnes, den Roosevelt im Oktober 1942 vom Obersten Gerichtshof abgeworben hatte, Byrnes sollte als *assistant president* die heimatstaatlichen Kriegsanstrengungen lenken.

Die Erfolge waren enorm. Die Luftwaffe, auf der die Hoffnungen für erste und nachhaltige Siege ruhten, durfte die Kontrakte mit „ihren“ Produzenten in eigener Regie schließen. Das sollte die Liefermengen steigern und die Lieferzeiten verkürzen. Die USA bauten 86 000 Kriegsschiffe und 5000 Frachtschiffe, wobei es Henry J. Kaiser, dem Konstrukteur des Boulder-Staudammes, gelang, die Methode der Präfabrikation von Bauteilen vom Staudamm- und Kraftwerkbau auf den Schiffsbau zu übertragen. Die Produktion von 86 000 Panzern, 2,6 Millionen Maschinengewehren und 372 000 Artilleriegeschossen schloss die Lieferungen (nach dem *Lend-Lease*-Gesetz) für Verbündete ein. Die USA setzten 1,2 Millionen Soldaten im Krieg gegen Japan ein. Bis Kriegsende hatten sie 15 Millionen Mann für den Kriegseinsatz trainiert.

Die staatlich finanzierte Forschung und Entwicklung, darunter das *Manhattan Engineering District*-Projekt[21] zur Herstellung einer Atombombe, erhielt durch die schiere Wucht der Budgetexplosion eine neue Dimension. Das Bundesbudget erreichte 1945 ein

*Joint Chiefs of Staff (JCSt)*, unter Admiral Leahy, als militärische Schaltzentrale.

*Office of Strategic Services (OSS)* unter dem JCSt für die Auslandsspionage und zur Kontaktaufnahme mit Widerstandsgruppen sowie Nachfolgeregimen in den Feindstaaten und vom Feind besetzten Ländern.

*Pentagon* zur Lenkung der „Kriegsmaschine".

*War Production Board* zur Verteilung der knappen Materialien und zur Versorgung mit Gütern für den zivilen Bedarf.

*War Manpower Commission* zur Oberaufsicht über die Beschäftigung von Männern und Frauen im Militäreinsatz, in der Kriegsproduktion und in der Landwirtschaft.

*National Defense Research Committee* zur Anwerbung und Beschäftigung von Wissenschaftlern, um den Rüstungswettlauf zu gewinnen.

*Office of Scientific Research and Development* zur Finanzierung neuer Waffensysteme (Düsenjäger, Sonar, Raketen) und Verbesserung von Radar, Minen, Artilleriegeschützen etc., aber auch für neue Medikamente (Kortison) und pflanzliche Schutzmittel (DDT u. a. Insektizide).

*National Labor War Board* zur rechtzeitigen Schlichtung von Streitigkeiten zwischen Management und Gewerkschaften.

*Office of Price Administration* zur Inflationsbekämpfung.

*Office of Censorship* (Dezember 1941) und *Office of War Information* (Juni 1942) zur Lenkung der öffentlichen Meinung.

Volumen von 98 Milliarden Dollar, gegenüber 9 Milliarden Dollar 1940. Die Kriegsausgaben insgesamt (1941–1945) betrugen 320 Milliarden Dollar, das entspricht täglich durchschnittlich 250 Millionen Dollar; sie übertrafen die Kriegskosten des Ersten Weltkrieges um das Zehnfache. Die Verteidigungsausgaben stiegen von 9% des GNP im Jahre 1940 auf 46% bei Kriegsende 1945. Im Unterschied zum Ersten Weltkrieg erfolgte die Finanzierung je zur Hälfte aus Steuereinnahmen und über Kriegsanleihen. Roosevelts Versuch, den Anteil der steuerfinanzierten Kriegskosten mithilfe einer progressiven Steuer zu erhöhen, scheiterte am Widerstand des Kongresses. Abhilfe war nötig, weil die Ausgaben die Einnahmen 1942 und 1943 um 22 bzw. 57 Milliarden Dollar überstiegen. Der Kongress stimmte der Anhebung der höchsten Stufe der Einkommenssteuer von 60% auf 90% zu. Die unteren und mittleren Einkommensklassen wurden über die 1943 erstmals eingeführte und als vorläufig deklarierte *pay-roll tax* auf Löhne und Gehälter direkt besteuert. Die Gesamtzahl der Steuerpflichtigen erhöhte sich schlagartig um das Vierfache. Die Steuereinnahmen des Bundes lagen 1945 um das Zwanzigfache über den Einnahmen im Jahre 1940. Dass der Anstieg der Lebenshaltungskosten um 28% zwischen 1940 und 1945 weit hinter dem Anstieg der Inflationsrate im Ersten Weltkrieg (62%) zurückblieb, ist der effizienten Preiskontrolle zu verdanken, die das *Office of Price Administration* nach Verabschiedung entsprechender Vollmachten durch den Kongress Ende 1942 durchführen konnte.

Die Kriegswirtschaft bewirkte gleichsam von selbst, dass sowohl die Zahl der Beschäftigten – um 17 Millionen, darunter 6 Millionen neue weibliche Arbeitskräfte – als auch das Erwerbseinkommen anstiegen. Im Durchschnitt erhielten Frauen für die gleiche Arbeit allerdings nur 65% des Männern gezahlten Lohns bzw. Gehalts. Der Lohnzuwachs blieb zwar hinter den Unternehmensgewinnen zurück, doch nahm das Realeinkommen der Familien zwischen 1940 und 1945 um 135% zu, weil mehrere Familienmitglieder verdienten. „Die Kriegsjahre sind die einzigen im 20. Jahrhundert, in denen eine signifikante Änderung in der Einkommensverteilung erfolgte ... Der Anteil der reichsten 5% am BSP sank von 26% auf 20%, während der Anteil der 40% Einkommensschwachen von 13% auf 16% aller Einkommen zunahm."[22]

Das gigantische Zahlenwerk von Rüstungsausgaben, fertig gestellten Schiffen, Flugzeugen, Panzern etc. und die Veränderungen in den Lebensverhältnissen sind zugleich ein Indiz dafür, dass die USA sich im und durch den Zweiten Weltkrieg stärker veränderten als in vergleichbaren früheren Epochen. Da die Änderungen – höhere Staatsquote, starke Bundesbürokratie (3,4 Mill. Beschäftigte), enorme Binnenwanderung (7 Mill. Amerikaner, darunter 2 Mill. Schwarze), „Rüstungs-Keynesianismus" – nach Kriegsende nicht wieder beseitigt wurden, ist der Zweite Weltkrieg als Epocheneinschnitt zu begreifen.

Der Erfolg kriegswirtschaftlicher Maßnahmen suggerierte, dass man durch entsprechende Aktivitäten in der Nachkriegszeit eine Vollbeschäftigung induzieren könne. Die Strategie der Nachfragesteuerung beruhte auf der Prämisse, dass der Staat durch richtige Fiskalpolitik die Probleme bewältigen könne, welche Kapitalismus und unternehmerische Freiheit nicht zu lösen im Stande seien: unzulänglicher privater Verbrauch und Investitionen. Der Harvard-Ökonom Alvin Hansen lieferte das wissenschaftliche Konzept einer *high consumption*-Wirtschaft. Aufgabe der Regierung sei es, durch gezielte Maßnahmen die Kaufkraft der Verbraucher zu mehren. Die Bundesregierung könne, indem sie sich zu öffentlichen Investitionen und Sozialfürsorge verpflichte, ein adäquates Volumen an Kaufkraft und effektiver Nachfrage generieren. Um Vollbeschäftigung sicherzustellen, müsse der Staat einen Sockel sozialer Dienstleistungen vorhalten, öffentliche Arbeiten vergeben, regionale Ressourcen entwickeln, Stadterneuerung finanzieren helfen, öffentlichen Wohnungsbau fördern sowie Kredite an private Unternehmen und fremde Staaten vergeben. Die Staatsausgaben müssten immer dann erhöht werden, wenn die Einnahmen auf Grund nachlassender Wirtschaftstätigkeit und sinkenden Steueraufkommens zurückgingen. Das Argument, dass der Staat in diesem Falle über seine Verhältnisse lebe, wies Hansen mit der Begründung zurück, dass Staatsverschuldung mit privatem Schuldenmachen nichts gemeinsam habe. Staatsausgaben seien eher mit Investitionen zu vergleichen als mit Unkosten eines Privaten, die nicht beglichen werden könnten. Interne öffentliche Schulden müssten nicht reduziert werden, solange sie nicht derartige Ausmaße erreichten, dass die zu Zinsdienstleistungen erforderlichen Steuereinnahmen das Funktionieren der Wirtschaft gefährdeten. Die kompensatorische Fiskalpolitik sollte einerseits sicherstellen, dass der wirtschaftliche Aufschwung während der Kriegszeit in die Nachkriegswirtschaft verlängert werde, und andererseits signalisieren, dass die amerikanische Regierung aus den Fehlern der Depressionszeiten (1920/21, 1926, 1929–38) gelernt habe.

In seinem Bericht *Security, Work and Relief Politics* legte das *National Resources Planning Board* (NRPB) im März 1943 eine Art Blaupause für die Übergangs- und Nachkriegswirtschaft vor. Von der Vorstellung geleitet, dass die amerikanische Wirtschaft, wie die Kriegsproduktion zeige, über unbegrenzte Ressourcen verfüge, griff der Plan die Grundideen der *Public Works*-Projekte und der Sozialversicherungs- und Fürsorge-Maßnahmen des *New Deal* (Phase I und II) auf und erweiterte gleichzeitig deren Dimensionen. Es ginge darum, so die Berichterstatter, eine Wirtschaftsleistung *(National Income)* in der Größenordnung von 100–120 Milliarden Dollar zu generieren, um Vollbeschäftigung zu gewährleisten. Mit Blick auf die Daten schien die Zielgröße zu stimmen.

| | 1929 | 1932 | 1937 | 1939 | 1940 | 1941 | 1942 | 1943 | 1944 |
|---|---|---|---|---|---|---|---|---|---|
| **NI** | **86.8** | **43.9** | **74.0** | **72.9** | **81.1** | **104.3** | **137.6** | **171.4** | **184.3** |
| GNP | 104.5 | 59.2 | 92.3 | 92.5 | 101.7 | 127.2 | 162.2 | 198.8 | 220.1 |
| GDP | 103.7 | 58.8 | 91.9 | 92.0 | 101.3 | 126.7 | 161.8 | 198.4 | 219.7 |

NI = National Income; GNP = Gross National Product; GDP = Gross Domestic Product
Quelle: Bureau of Economic Analysis: National Income and Product Accounts Tables, http://www.bea.doc.gov/bea/dn/nipaweb/TableVIEWFixed.asp#Mid

Eine *Federal Works Agency* sollte Arbeitsplätze für alle vermitteln, die fähig und willens zu arbeiten wären. Die Sätze der Arbeitslosen-, Alters- und Behindertenversicherungen wollte man anheben und aus öffentlichen Mitteln diejenigen finanziell unterstützen, die in den *Social Security*-Gesetzen 1935 unberücksichtigt geblieben waren. Schließlich sollten die Lücken im sozialen Sicherungsnetz geschlossen, d.h. neue Programme im Gesundheits-, Krankenversicherungs- und Erziehungswesen aufgelegt werden. Eine Vollbeschäftigungs-*high-consumption*-Wirtschaft bedinge ferner eine Neugestaltung der Arbeitsbeziehungen, d.h. verantwortungsbewusste Mitwirkung der Unternehmens- und Gewerkschaftsführungen an der Durchführung der Politik. Monopolistische Strukturen, so die Warnung an die Unternehmerschaft, würden die Beschäftigungsmöglichkeiten reduzieren. Die Vorschläge des NRPB für die künftige Wirtschaftspolitik verschmolzen das Postulat der Vollbeschäftigung mit großzügiger Sozialhilfepolitik. Der von den Eckwerten der Wirtschaftsleistung im Zweiten Weltkrieg bestätigten Auffassung, den USA stünden grundsätzlich unbegrenzte nationale Ressourcen zur Verfügung, entsprach die Vision einer expandierenden Sozialversicherungs- und Sozialhilfeverpflichtung des Bundes.

Dieser von den *liberals* getragenen Auffassung widersetzten sich andere Kräfte in der Roosevelt-Administration, insbesondere die Lenker der Kriegswirtschaft – Johnson, Byrnes und Baruch – und der Kongress. Er bestand auf gesetzlicher Regelung der Maßnahmen, die nach Kriegsende in Kraft bleiben oder neu eingeführt werden sollten. Das anmaßende, den Kongress umgehende Verhalten der vom Präsidenten eingesetzten *agencies* hatte die Aversion gegen die präsidentielle Exekutive und darüber hinaus gegen Washington verstärkt.

Die Berichte des NRPB entfalteten die Vision der *social liberals*, die Versuche der *conservative liberals*, den NRPB zu entmachten, bildeten den Auftakt zur Entkopplung zwischen Beschäftigungs- und *welfare*-Politik. Der Kongress pickte sich die Maßnahmen heraus, die politisch konsensfähig waren, und verlieh ihnen Gesetzeskraft: *Servicemen Readjustment Act* (*Government Issue Bill*, Juni 1944) und *Employment Act* 1946. Die im Juni 1944 verabschiedete *G.I. Bill of Rights* gewährte den Kriegsheimkehrern finanzielle Unterstützung, sodass sie einen Abschluss an einer High School oder einem College anstreben konnten. Dies diente der Reintegration der Soldaten, doch kam die Kaufkraft der Studenten auch der lokalen Wirtschaft zugute.

Für Vollbeschäftigung engagierten sich verschiedene Kräfte. Präsident Roosevelt fasste 1944 in der *State of the Union Message* unter dem Etikett einer *Second Bill of Rights* die Stichworte wirkungsvoll zusammen: Vollbeschäftigung, Mindesteinkommen, Wohnungsversorgung für alle, Gesundheitsdienste für alle, Anti-Monopolgesetzgebung, Altersversicherung und Versicherung gegen Arbeitslosigkeit, Unfälle, Krankheitsfälle. Vizepräsident Truman, das *Political Action Committee* der Industriegewerkschaft CIO, die *Union of Democratic Action/Americans for Democratic Action*, die *National Farmers' Union* und Wissenschaftler wie Alvin Hansen, Gardiner Means, Mordecai Ezekiel entwickelten das Sozialstaatsvokabular weiter. Am 22. Januar 1945 ergriff James E. Murray (Montana) im Senat die Führung. Seine Vorlage verpflichtete den Präsidenten, jährlich ein *National Production and Employment Budget* vorzulegen. Die Regierung sollte Kredit-, Ausgaben- und Investitionsprogramme für den Fall vorhalten, dass die vorausgeschätzten Ausgaben und Investitionen des Privatsektors nicht ausreichen würden, um für Vollbeschäftigung zu sorgen.

Die Opposition im Kongress hielt an ihrer Auffassung fest, dass Vollbeschäftigung eine Ausweitung der Bundesbürokratie zur Folge habe, die aus dem Recht auf Arbeit einen Zwang zur Annahme einer offerierten Beschäftigung machen werde. Die Handelskammern, die *National Association of Manufactures* und die *American Farm Bureau Association* warnten, dass Vollbeschäftigung die Arbeitskosten in die Höhe treiben würde. Eine Koalition aus Republikanern und konservativen Südstaaten-Demokraten schwächte die Regierungsvorlagen ab. Das Wort *full* wurde aus dem Namen des *Employment Act* gestrichen, statt einer *Federal Works Agency* und der Aufstellung eines jährlichen *National Production and Employment Budget* begründete der *Employment Act* 1946 den *Council of Economic Advisors* (CEA). Der CEA sollte dem Präsidenten Empfehlungen für eine Förderung der Beschäftigung, Produktion und Kaufkraft im Rahmen der freien Wettbewerbswirtschaft geben. Präsident Truman legte gegen die Verwässerung des Vorhabens zunächst sein Veto ein, doch hatte er 1946 nur die Wahl, das Gesetz zu unterzeichnen oder die republikanische Mehrheit im Kongress zu weiteren *Amendments* zu provozieren.

Die (Sozial- und Links-) *liberals* hatten bereits gegen Ende des Zweiten Weltkriegs Rückschläge erlitten. Ihre Rechnung, die aus dem Staatshaushalt finanzierten Produktionsstätten in nationalisierte Betriebe zu überführen, ging nicht auf. Die „sozialisierten" Unternehmen, so ihre Erwartung, sollten am Markt als preisgünstige Anbieter auftreten und Monopolanwärter oder Oligopole privater Großkonzerne unter Wettbewerbsdruck setzen. Sie mussten stattdessen hinnehmen, dass Großunternehmen mit Unterstützung oder Duldung des *War Production Board* unter General Johnson und unter dem wachsenden Einfluss von Byrnes und seinem Berater (und Vorgänger im Ersten Weltkrieg) Baruch die Kriegsproduktionsstätten zu vereinbarten Bedingungen übernehmen und als Privatunternehmen weiterführen konnten. Unabhängig davon führte der Wettbewerb um Regierungsaufträge unter maßgeblicher Beteiligung einflussreicher Kongressmitglieder und Regierungsvertreter dazu, dass neben den Alt-Industriegebieten um Boston, Buffalo, New York, Chicago, Pittsburgh, Detroit nunmehr auch Standorte in Kalifornien, Texas, New Mexico, Arizona, Georgia, Florida lukrative Aufträge der Luft- und Raumfahrt, des Schiffbaus, des Panzerbaus sowie zur Herstellung neuer Werkstoffe und Rohstoffersatzmittel zugesprochen erhielten. Damit entstand neben dem über das Bundesgebiet verteilten Netz der Truppenstandorte ein zweites, am Wohlergehen des Militärs interessiertes Netz von Produktionsstätten.

Unter dem Stichwort *military-industrial complex* sind somit zwei Erscheinungen gebündelt: Zunächst der vom Pentagon,[23] der Atomenergie-, Luft- und Raumfahrtbehörde finanzierte und subventionierte Weg von der Forschung und Entwicklung bis zur Serienproduktion von Waffensystemen – mit der Herstellung von zivilen Verbrauchsgütern als Nebeneffekt (so genannter Rüstungs-Keynesianismus) sowie das Machtkartell aus Regierungsstellen, Parlamentariern, Führungscliquen der begünstigten Branchen und Unternehmen, Anwaltskanzleien und Finanzdienstleistern, Forschungs- und Bildungsstätten, Medien (Meinungsmachern) und Vertretern der Militär- und Rüstungsbetrieb-Standorte. Dem militärisch-industriellen Komplex wird vorgeworfen, dass er Krisenszenarien schürte, um das Wett- und Hochrüsten anzukurbeln, aber auch Verzerrungen in der Wirtschaftsstruktur und bei der Nutzung menschlicher Ressourcen hervorrief. Der zeitweilig starke Verlust der US-Wirtschaft an Wettbewerbsfähigkeit in den 1970er–80er-Jahren wird dem „Rüstungs-Keynesianismus" zur Last gelegt.

## Vom gescheiterten Wilson-Frieden zur Konfrontation mit Deutschland und Japan

Die amerikanische Außenpolitik in der Zeit zwischen den beiden Weltkriegen ist geprägt von den Erfahrungen in der Endphase des Ersten Weltkriegs und der Diskrepanz zwischen Wilson-Frieden[24] und den im Waffenstillstandsabkommen vorweggenommenen Eckwerten der Friedensverträge. In den Waffenstillstandsverträgen waren die Abrüstungs-, Demilitarisierungs- und territorialen Bestimmungen vorgezeichnet, die dann unter den Schutz der Versailler Friedensordnung und des Völkerbunds gestellt wurden. Der Sache nach sollten die rigorosen Waffenstillstandsbedingungen den gleichen Zweck erfüllen wie ein Siegfrieden, den man nach einem Vorstoß und einer Besetzung der Hauptstadt Berlin hätte diktieren können. Wilson ebenso wie Lloyd George hatten sich gegen eine Verlängerung der Kampfhandlungen bis zur Eroberung Berlins ausgesprochen. Foch und Clemenceau konnten durchsetzen, dass Deutschland die Wiederaufnahme von Feindseligkeiten „jetzt", aber auch späterhin unmöglich gemacht werden sollte.

Das Zugeständnis an Wilson, einen Völkerbund zu gründen, war unvermeidlich. Die Ausarbeitung einer Völkerbundsakte wurde frühzeitig auf den Weg gebracht, doch nahm Wilson zu diesem Zeitpunkt von der Idee Abstand, eine Garantiezusage in die Völkerbundsakte aufzunehmen.[25] Die Frage der direkten Beistandsgarantie an Frankreich, zu der die britische Regierung unter dem Vorbehalt bereit war, dass die USA sich beteiligten, wurde separat behandelt. Der amerikanische Senat lehnte den gleichzeitig mit der Unterzeichnung des Versailler Vertrags (28. Juni 1919) vereinbarten Defensivvertrag Ende Juli 1919 ab. Wilson verkoppelte dennoch die Ratifizierung des Versailler Vertrags mit dem Beitritt zum Völkerbund. Damit verband er eine Beistandsgarantie für die Versailler Friedensordnung durch den Völkerbundsrat, in dem die fünf großen Siegermächte Frankreich, Großbritannien, Italien, Japan und die USA vertreten sein sollten. Mit Nachdruck setzte sich Wilson für Artikel 10 (Achtung der Grenzen) und für Artikel 16 ein, der den Einsatz kollektiver Gewalt (Sanktionen, inklusive Militäreinsatz) unter Führung des Völkerbundsrates gegen Staaten vorsah, die die Souveränität und territoriale Integrität eines Mitglieds verletzten. Laut Artikel 13 verpflichteten sich die Mitglieder zur Schlichtung von Disputen durch den Ständigen Internationalen Gerichtshof. Ein schwaches Gegengewicht bildete Artikel 19, der die Nachprüfung von unanwendbar gewordenen Vertragsbestimmungen und von internationalen Verhältnissen regelte, deren Aufrechterhaltung den Weltfrieden gefährden könnte. Insofern versprach Artikel 19 die Möglichkeit einer friedlichen Revision der Friedensverträge.

Die inneramerikanischen Kritiker warfen dem Präsidenten vor, einer Fixierung des territorialen Status quo zugestimmt zu haben, mit der impliziten Verpflichtung über Artikel 16 für die USA, als Mitglied des Völkerbunds an der Verteidigung des territorialen Status quo mitwirken zu müssen. Die USA müssten also, so die Senatoren William Borah und Hiram Johnson, eventuell Kriege führen, die sie nichts angingen. Die Mehrheit im Senat lehnte im November 1919 die Sanktionsbestimmungen ab. Dennoch gab der Präsident den Kampf um die Ratifizierung des Friedensvertrags mit Deutschland und des Völkerbunds nicht auf. Wilson zeigte sich nicht bereit, den von seinem republikanischen Gegenspieler Henry Cabot Lodge, dem Vorsitzenden des Senatsausschusses für Auswärtige Angelegenheiten, geforderten Reservationen zuzustimmen. Die Annahme hätte bedeutet, dass die Entscheidung über die Bindewirkung von Artikel 10 dem US-Senat vorbehalten bliebe. Dieser war, so Lodge, laut Verfassung für die Fragen von „Krieg oder Frieden" zuständig. Da der Kampf im Senat um die Ratifizierung des Versailler Vertrages mit der Frage verquickt wurde, ob die USA dem Völkerbund angehören sollten, bedeutete die von Lodge betriebene Ablehnung des Beitritts zum Völkerbund am 19. März 1920 auch eine Entscheidung gegen den Versailler Vertrag. Neben der Sowjetunion, die den Völkerbund als Werkzeug des Kapitalismus diffamierte, und Deutschland, das frühestens nach einer fünfjährigen Umsetzungsphase des Friedensvertrags Beitrittskandidat werden konnte, blieben die USA als dritte Großmacht dem Völkerbund fern.

Die wirtschaftlichen Bestimmungen des Versailler Vertrags sahen die einseitige Begünstigung der Siegermächte in Handelsfragen und die Beschlagnahme von deutschen Patent- und Lizenzrechten vor. Sie waren so angelegt, dass der Völkerbund bei der Rekonstruktion der Weltwirtschaft keine maßgebende Rolle spielen konnte. Der wirtschaftliche Zweig des Völkerbunds leistete gute und kritische Arbeit. Er formulierte Grunderkenntnisse, dass etwa in Europa zu viel Geld für Rüstung ausgegeben werde oder dass der Welthandel wegen des Protektionismus vor allem der finanzstarken Länder Frankreich und USA mit der Weltproduktion nicht Schritt halte. Die Festsetzung der Höhe der Reparationen, der Zahlungsmodalitäten, der Anrechnung und Verrechnung von Entnahmen aus laufender Produktion, der Beschlagnahmen und der Sachlieferungen machten die europäischen Siegermächte unter sich aus. Da die USA den Alliierten den Erlass der Kriegsschulden verweigerten, glaubte Großbritannien, das sowohl an die Konkurrenz mit den USA als auch an eine möglichst frühzeitige Reintegration Deutschlands und Russlands (UdSSR) in die Weltwirtschaft denken musste, einen Grund mehr zu haben, um von Deutschland die Wiedergutmachung für die den Alliierten zugefügten Kriegsschäden zu fordern.

Die USA hatten sich bereits nach dem Waffenstillstand aus der wirtschaftlichen Umklammerung der Alliierten gelöst. Die interalliierten Lenkungsausschüsse für Schiffstransporte, Nahrungsmittelversorgung, Rohstoffverteilung etc. sollten nicht zum Kern eines geordnet-planwirtschaftlichen Übergangs von der Kriegs- in die Friedenswirtschaft werden. Es bleibt eine offene Frage, ob die Alliierten dem Wunsch Wilsons nach frühzeitiger Reintegration Deutschlands in die Weltwirtschaft nachgegeben hätten, falls die USA ihre Ressourcen auch in der *Reconstruction*-Phase geteilt und den anderen Siegermächten Finanzhilfen über die 1918–1920 tatsächlich gezahlten 2,6 Milliarden Dollar *U.S. government loans* hinaus zur Verfügung gestellt hätten, um ihnen in der Übergangsphase von der Kriegs- in die Friedenswirtschaft einen Vorsprung gegenüber Deutschland zu verschaffen. Die USA betrieben innenpolitisch die schnelle Rückkehr zur „(staats-)freien" wirtschaftlichen Tätigkeit. In Ergänzung dazu trafen Regierung und Kongress Maßnahmen zur Stärkung der Wettbewerbsfähigkeit amerikanischer Unternehmen und Produkte auf den Auslandsmärkten: Der *Webb-Pomerene Export Act* von 1918 stellte Exportkartelle frei von Strafen, die innerstaatlich bei Verstößen gegen die Anti-Trust-Gesetze drohten. Der *McFadden Act* autorisierte strategische Allianzen von Banken bei der Finanzierung von Auslandsgeschäften.

Im Währungsbereich sorgten die USA für künftige Turbulenzen, da sie die Ausweitung der „Kriegsentschädigung" zu Reparationszahlungen[26] und deren Begründung mit der deutschen Kriegsschuld mittrugen, aber gleichzeitig darauf beharrten, dass die Alliierten die Bedienung ihrer Schulden gegenüber den USA in Höhe von ca. 10 Milliarden Dollar (zum Zinssatz von 5%) genauso ernst nehmen müssten[27] wie sie auf sofortige und umfängliche deutsche Reparationsleistungen über die Beschlagnahmen und Auslieferungen im Rahmen des Waffenstillstandvertrags hinaus pochten. Einer Verrechnung der interalliierten Schulden[28] mit den von Deutschland tatsächlich geleisteten Zahlungen stimmten die USA nicht zu. Sie weigerten sich, das Argument anzuerkennen, dass Frankreich und Großbritannien „Blutopfer" erbracht hätten, während die USA vor dem offiziellen Kriegseintritt an der Kreditvergabe an Frankreich und Großbritannien auch noch durch Produktionserweiterung verdient hätten und ein zweites Mal über die Schuldenrückzahlung verdienen wollten. Da der Kongress festlegte, dass säumige Schuldner keine Kredite in den USA aufnehmen dürften, ließen sich die Alliierten widerwillig auf Abkommen ein. Dies geschah allerdings erst, nachdem amerikanische Gesetzgeber die Möglichkeit schufen, die Schuldzinsen zu senken.[29] Trotz des Zinsnachlasses für die alliierten Schulden bei den USA reichten die deutschen Zahlungen nicht aus, um den kriegsgeschädigten europäischen Alliierten „echte" Reparationen zu sichern. Dies belastete die Inter-West-Beziehungen bis zum Ende der Reparationen 1932.

Die Fortführung der Konflikte in Europa nach Ende des Ersten Weltkriegs mit militärischen, wirtschaftlichen und propagandistischen Mitteln bestätigte die Amerikaner in ihrem Vorurteil über die heillose Zerstrittenheit Europas. Eine Schlussfolgerung daraus, die vor allem von den Isolationisten (W. Borah, H. Johnson) gezogen wurde, war das Drängen auf eine Weltabrüstungskonferenz. Das war nicht gleichbedeutend mit einer Verlagerung der Sympathien in Richtung Weimarer Republik. Doch man stimmte teilweise deutschen Behauptungen zu, dass die militärischen Einsätze zur Erzwingung von Sachlieferungen und Reparationszahlungen (8. März 1921) und die Entscheidungen des Völkerbundrates vom Mai und Oktober 1921 über die Auslegung des Ergebnisses der Volksabstimmungen zu Gunsten der Tschechoslowakei und Polens die politischen Verhältnisse in Deutschland destabilisierten und den Nährboden für den Aufstieg rechts- und linksextremer Kräfte bildeten. Mit dem Abschluss eines bilateralen Friedensvertrags mit Deutschland sowie mit Österreich am 24./25. August 1921 sowie eines Handels-, Schifffahrts- und Freundschaftsvertrags mit Deutschland am 8. Dezember 1923 auf der Basis unbedingter wechselseitiger Meistbegünstigung setzten die USA ein Zeichen, dass sie über die Normalisierung der Beziehungen hinaus ihre vertraglichen Regelungen mit Deutschland auch als Wegbereiter ihrer Einflussnahme auf den Wirtschaftsraum Europa betrachteten. In Deutschland sahen sie den Dreh- und Angelpunkt der wirtschaftlichen Austauschprozesse in Europa und Europas mit der überseeischen Welt. Da der Anteil Europas an den US-Gesamtexporten auf jährlich durchschnittlich 49% – im Vergleich mit 62% im Zeitraum 1910 bis 1914 – und an den Gesamteinfuhren der USA auf 30% (gegenüber 45% vor 1914) zurückging, mussten die europäischen Staaten folglich den Handel untereinander intensivieren oder in die anderen Großregionen, vor allem nach Lateinamerika und Ostasien, ausweichen.

Eine europapolitische Initiative erschien Washington erst dann sinnvoll und Erfolg versprechend, wenn Frankreich und Großbritannien zu der Einsicht gelangt waren, dass sie Konzessionen an den amerikanischen Standpunkt machen und den USA gleichberechtigte Mitwirkung in der Führung europäischer Angelegenheiten zugestehen müssten. Die Regierung Poincaré reagierte auf die deutsche Abkehr von der Erfüllungspolitik (Juli 1922) mit der Politik „produktiver Pfänder" (Besetzung des Ruhrgebiets) und dem Versuch, 1919 nicht erreichte Kriegsziele nachzuholen. Die britische Regierung zögerte, dem französischen Revisionismus offen entgegenzutreten. Amerikanische Vorschläge von 1922, eine Sachverständigenkommission einzusetzen, fanden keine Resonanz. Man befürchtete, dass deren Überlegungen einerseits in die Richtung der von Deutschland geforderten Reduzierung der Lasten und andererseits zur Währungssanierung mittels internationaler Kredithilfe tendieren würden.

Die Situation änderte sich im Spätherbst 1923. Der rapide Wertverlust des französischen Franc gegenüber dem US-Dollar – ein Zeichen der Ansteckungsgefahr für den Franc durch die Destabilisierung der deutschen Währung – und die Überbeanspruchung des französischen Staatshaushaltes durch das Ruhrabenteuer waren unübersehbar. Die Regierung Poincaré geriet in die Kritik. Nachdem die Regierung Stresemann am 26. September 1923 den passiven Widerstand gegen die auch von der britischen Regierung erklärte Unrechtmäßigkeit der Ruhrgebietsbesetzung aufgegeben hatte und der von Frankreich unterstützte und inspirierte Separatismus im Rheinland und in der Pfalz gescheitert war, gestand Paris auf amerikanischen Druck zu, was es dem britischen Partner verweigert hatte, nämlich den Verzicht auf unilaterale, wenn auch durch Mehrheitsbeschlüsse in der Reparationskommission formal gedeckte Strafaktionen. Dafür erhielten die Franzosen das Zugeständnis, dass die USA und Großbritannien, neben den anderen Vertragsparteien, eine Erfüllungspolitik der deutschen Regierung gemäß den Bestimmungen des Dawes-Abkommens (August 1924) garantieren würden. Nach der Stabilisierung des Franc ab Juli 1926 kehrte Frankreich unter Poincaré zu einer selbstbewussten Politik gegenüber den USA zurück.

Die amerikanische Regierung hatte zugestimmt, dass ein mit drei amerikanischen Bankiers besetzter Sachverständigenausschuss unter Leitung von Charles G. Dawes einen Reparationsplan erarbeiten sollte. Ein zweiter Ausschuss unter Vorsitz des früheren britischen Schatzkanzlers McKenna hatte die Aufgabe, die deutsche Zahlungsfähigkeit zu ermitteln. Zur Stabilisierung der Goldmark sollte eine internationale Anleihe (800 Millionen Mark) begeben werden, wobei 110 Millionen Dollar auf dem US-Kapitalmarkt platziert werden sollten. Der von der Londoner Konferenz im August 1924 angenommene Dawes-Plan legte keine Gesamtsumme fest, sondern sah jährliche Reparationszahlungen von einer Milliarde Mark während der ersten fünf Jahre vor. Anschließend, ab 1928/29, sollte auf vorerst unbestimmte Zeit eine Jahresrate von 2,5 Milliarden Mark gezahlt werden. Ausländische Kontrollen über Reichsbank und Reichsbahn waren dazu bestimmt, die Sicherheit der Zahlungen zu gewährleisten.

Die amtliche deutsche Politik in der Ära Stresemann folgte der Einsicht, dass Deutschland sich in den Westen einbinden lassen müsse, um die dringend benötigte Kapitalhilfe von außen zu erhalten. Die deutsche Initiative für einen Sicherheitspakt am 20. Januar 1925 gegenüber London und am 8. Februar gegenüber Paris, die in den Locarno-Vertrag mündete, sollte Vertrauen in die friedliche Entwicklung Europas wecken und somit die Voraussetzung für amerikanische Kreditströme nach Deutschland schaffen. Stresemann ging es darum, dass vor allem die Amerikaner auf Grund eigenen Interesses an starker deutscher Import-Marktmacht auch Verständnis für politische Positionen der Weimarer Republik entwickelten. Umgekehrt würden amerikanische Bankiers und Exporteure sich politisch-diplomatisch für deutsche Anliegen verwenden, wenn die deutsche Politik den Weg der Konferenzdiplomatie beschreite. Solche „penetrierten Systeme" würden die Vertragsbeziehungen abstützen und zugleich mit Leben erfüllen.

Die USA engagierten sich auf breiter Front in der transnationalen Verständigungspolitik. Vor allem die großen Stiftungen wie die *Rockefeller Foundation* und *Carnegie Endow-*

*ment* sponserten Beziehungen auch zwischen Dritten, so den Aufbau und die Kooperation zwischen dem *Royal Institute of International Affairs* in London und dem Hamburger Institut für Auslandskunde. Sie beteiligten sich im Rahmen des Völkerbunds an der Förderung der Kooperation zwischen Intellektuellen und Meinungsbildnern sowie im Erziehungswesen *(Institute of International Education)*. Sie förderten die Organisation von wissenschaftlichen Kooperationsprojekten, den Wissenschaftleraustausch und Studien zur Erforschung der Staatstätigkeit im Ersten Weltkrieg *(Carnegie Series)*. Auch Projekte zum Erlernen von Fremdsprachen erhielten von ihnen finanzielle Unterstützung.

Da viele Leistungen der amerikanischen Wirtschaft gleichsam *best available practise* darstellten, ergänzten sich das Studium der amerikanischen Erfolgsrezepte durch Dritte und amerikanische Selbstanpreisung sowie Export der *business culture*.[30] Den materiellen amerikanischen Traum wollten viele teilen, umgekehrt hielten die ob des materialistischen Credos ihres Heimatlandes nach Paris, Berlin, Prag übersiedelnden amerikanischen Künstler und Literaten ihren Landsleuten den Spiegel europäischer Kritik an der Amerikanisierung des Alltagslebens vor.

Die republikanischen Regierungen und der Kongress engagierten sich für weltweite Abrüstung, in der Annahme, dass eine Begrenzung der Staats- und insbesondere der Verteidigungsausgaben für die USA zwei Vorteile habe: Die Ressourcen könnten von der Privatwirtschaft wohlstandssteigernd verwendet werden, also die wirtschaftliche Überlegenheit der USA vergrößern. Und je mehr die Androhung und erst recht der Einsatz militärischer Machtmittel zur Durchsetzung nationaler Interessen eingeschränkt werde, desto stärker würden die amerikanischen Finanzinstitute, multinationalen Unternehmen und Dienstleister ihre wirtschaftliche Macht entfalten und auf dem offenen Weltmarkt zum Zuge kommen. Die USA könnten Überschuss-Produkte absetzen und Rohstoffquellen erschließen. Die Regierung und die Ölgesellschaften drängten die britischen, französischen und niederländischen Konkurrenten zu einer Neuaufteilung der Förderkonzessionen im Mittleren und Nahen Osten (*Red Line Agreement*, 1928). Ebenso nachhaltig unterstützte Washington die Forderungen nach Zugang zu Kautschuk- (Malaya, Liberia) und Zinnvorkommen. Die amerikanischen Direktinvestitionen in Europa erreichten 1929 den Gesamtwert von 1,35 Milliarden Dollar. Das war wenig im Vergleich mit 1,96 Milliarden Dollar in Kanada, 1,55 Milliarden Dollar in Südamerika, 913 Millionen Dollar in Mexiko und 1,05 Milliarden Dollar in Kuba und den *West Indies*. In Europa kamen Wertpapieranlagen im Gesamtumfang von 3,03 Milliarden Dollar zu den Direktinvestitionen hinzu. Die Attraktivität des US-Dollar ließ sich durch Kreditgewährung unter rechtlichen Vorbedingungen und politischen Auflagen und durch Platzierung amerikanischer Bankiers in Aufsichts- und/oder Ratgeber-Funktionen in großem Stil einsetzen, ohne dass die US-Regierungen Eigenmittel wie Staatsanleihen zur Erreichung politischer Zwecke aufwenden mussten.

Solange die amerikanische Regierung jedoch die direkte Beteiligung an Sicherheitspakten ablehnte und keine Verpflichtung eingehen wollte, vom Völkerbundrat beschlossene wirtschaftliche Sanktionen und darüber hinausgehende Strafaktionen gegen vertragsbrüchige Staaten und Aggressoren mitzutragen, waren Frankreich und dessen

Entente-Partner nicht bereit, den amerikanischen Wünschen und Vorschlägen für konventionelle Abrüstung entgegenzukommen. Sie hatten kein Verständnis für die von amerikanischer Seite entwickelten Schlagworte, dass Waffenexporteure „Kaufmänner des Todes" seien oder dass die Ächtung des Krieges das vorrangige Ziel internationaler Vertragspolitik sein müsse. Das seien leere Worthülsen, weil die USA keine kollektiven Strafmaßnahmen für den Fall vereinbart sehen wollten, dass die Gebote der friedlichen Streitbeilegung und der friedlichen Revision verletzt worden seien. Der Kongress verweigerte außerdem die Zustimmung zur Mitgliedschaft im Ständigen Internationalen Gerichtshof.[31]

Das einzige große interkontinentale Abrüstungsabkommen ging aus der von Präsident Harding nach Washington einberufenen Konferenz der Seemächte hervor (November 1921–Februar 1922). Den USA gelang es, ihre Forderung nach Nichtverlängerung der 1921 auslaufenden britisch-japanischen Allianz durchzusetzen, und zwar mit Unterstützung einiger Dominions (Kanada, Südafrika unter Smuts) gegen den Widerstand anderer Dominions, nämlich der Pazifik-Anrainer Australien und Neuseeland. Japan und England waren aus haushaltspolitischen Überlegungen an Abrüstung interessiert. Ein Nichtangriffsvertrag zwischen den vier Siegermächten USA, Großbritannien, Japan und Frankreich mit einer Laufzeit von zehn Jahren löste den britisch-japanischen Zweibund ab. Die Fixierung bestimmter Relationen zwischen den Flottenstärken für große Schlachtschiffe (über 10 000 Tonnen) – je 525 000 Tonnen für die USA und Großbritannien und 315 000 für Japan (5:5:3), je 175 000 für Frankreich und Italien – sollte das Bekenntnis der Vertragsparteien zu echter Reduzierung von Kriegsgerät festschreiben (Fünfmächtevertrag). Die USA zerstörten 30 ihrer 48 Schlachtschiffe *(capital ships)* und blieben in den Folgejahren unterhalb der zulässigen Obergrenze. Erst 1938 entschieden sie sich für den Bau einer *two ocean*-Flotte, hielten aber an der Defensivstrategie für den Pazifikraum fest. Japan akzeptierte 1921/2 die 5:5:3-Relation vor allem deshalb, weil Großbritannien (ausgenommen Singapur) und die USA (ausgenommen Pearl Harbor auf Hawaii) die Nicht-Befestigung ihrer Stützpunkte in *Asia-Pacific* zugestanden. Damit die Gefahr eines Verdrängungswettbewerbs oder gar eines Angriffs Japans auf das Herzstück des *British Empire*, d. h. das heutige Indien, Burma, Pakistan und Bangladesch, nicht zur Realität werde, schloss sich London dem Wunsch Washingtons nach einem möglichst umfassenden und die interessierten Staaten einbindenden Stabilitäts-Pakt an (9-Mächte-Vertrag).[32]

Die großzügigen privaten Spenden und öffentliche Hilfe, die Amerika Japan nach der Erdbebenkatastrophe 1923 gewährte, trugen zur Stabilisierung demokratischer Regierungsformen in Japan bei. Im Anschluss an den Erfolg ihrer Stabilisierungs-Strategie im Fernen Osten durch das Washingtoner Vertragssystem bauten die USA ihre Präsenz in *Asia-Pacific* nicht weiter aus. Sie verließen sich praktisch darauf, dass die von den Unternehmensgruppen und den politischen Parteien getragene Westorientierung (westliche Kapitalzuströme, Exporte in die USA und nach China) die Vorrangstellung gegenüber den Streitkräften im innerjapanischen Kräftefeld behaupten würde. Der Zusammenbruch des amerikanischen Marktes 1929–1932 und der Widerstand der national-revolutionären Kuomintang gegen Japans Stellung auf dem chinesischen Markt ab 1928 beschädigten das

Ansehen der „Gemäßigten“ im japanischen Machtgefüge. Da die chinesischen Nationalisten unter Sun Yat-sen und ab 1927 Chiang Kai-shek ebenso wie die vielen *warlords* nach alter Gewohnheit die Großmächte gegeneinander ausspielten, blieb den USA der erhoffte Einfluss auf die chinesische Republik verwehrt.

Zwischen der Fernost- und der Europapolitik der USA ist ein gewisser Umkehreffekt zu beobachten. In der ersten Phase von 1920 bis 1923, in der Großbritannien und Frankreich ihre Machtinteressen gegen die Vorstellungen der USA in Bezug auf eine europäische Nachkriegsordnung verteidigten, setzten die USA im Fernen Osten ihre Sicherheits- (Rüstungsbegrenzung) und Wirtschaftsauffassung (*open door*-Prinzip) durch. Nachdem die USA in dieser Phase das Japan-China-Problem in einem multinationalen Vertragssystem, mit dem 5-Seemächte- und dem 9-Mächte-Stabilitätsabkommen als Kern, eingedämmt hatten, wandten sie sich stärker Europa zu und ließen sich als Vermittler und Ordnungsstifter zwischen den europäischen Konfliktparteien engagieren (Herbst 1923–Sommer 1932).

Die französische (E. Herriot) und die britische Linksregierung (R. MacDonald) initiierten im Spätsommer 1924 in der Vollversammlung des Völkerbunds eine Debatte über das „Protokoll für die friedliche Beilegung internationaler Streitfragen“ (Genfer Protokoll), bei dem es um das Prinzip des unteilbaren Friedens und das Instrument kollektiver Sanktionen ging. Die USA ließen sich zwar auch hier nicht einbinden, sondern vertraten weiterhin ihre Position uneingeschränkter Neutralität. Umso mehr beteiligten sie sich als „Pate“ an der Konstruktion einer auf zwei Pfeilern beruhenden Vertragsordnung: Dawes-Plan (August 1924) und Locarno-Abkommen (September 1925). Darüber hinaus wurden amerikanische Funktionseliten über „penetrierte Systeme“[33] zu Mitspielern in Wirtschaft und Politik der an den beiden Stabilisierungsverträgen beteiligten europäischen Großmächte. Die Weimarer Republik hatte in beiden Verhandlungsprozessen als gleichberechtigter Partner an der Vertragsgestaltung mitgewirkt. Insofern war *Locarno* eine nachgeholte Verständigung über die (west-)europäische Sicherheitsordnung.

Man kann ohne große Einschränkung sagen, dass die USA Europa (ohne die UdSSR) und Japan eine Aufschwungs- und Stabilisierungsphase bescherten. Der exportierte Boom überdeckte jedoch Defekte im inneramerikanischen System, die sich in der Hilflosigkeit der US-Administration gegenüber den auslösenden Momenten der großen Depression bemerkbar machten. Dies führte dazu, dass die von den USA teils vertraglich, teils über den „penetrierenden Kapitalismus“ in Europa, Lateinamerika und im Fernen Osten eingezogenen Stützen[34] zusammenbrachen. Das von Amerikanern aus Europa abgezogene Kapital heizte das Spekulationsfieber in den USA an. Das Versiegen dieser Quelle spornte in Europa die *beggar-thy-neighbour*-Politik an: Die Wechselkurse wurden manipuliert, um Importe zu erschweren, die eigenen Exporte zu steigern und damit den Problemdruck auf Nachbarn abzuwälzen. Zur Kompensation für das abgezogene US-Kapital hätte die Weimarer Republik sich vom währungsstarken Frankreich helfen lassen können, aber dieses verlangte Gegenleistung in Form der Zusage politischen Wohlverhaltens. Doch insbesondere den Verzicht auf Um- und Aufrüstung wollte die Regierung Brüning nicht in Betracht ziehen. Die Mischung aus deutscher offensiver Außenhandelspolitik, für die das Projekt einer Zollunion mit Österreich (20. März 1931) steht, einseitiger Verkündung des „Endes der Reparationen“ (6. Januar 1932, 8. Mai 1932) und Verlangen nach Gleichberechtigung im Rüstungsstandard provozierte Frankreich dazu, die deutsche Politik diplomatisch einzukreisen. Der deutsche Revisionismus sollte weder in London und Washington noch in Moskau Fürsprecher finden, sondern sich gleichsam totlaufen.

Die angespannten Beziehungen der USA mit Großbritannien, die 1927/28 ihren Tiefpunkt erreichten, waren Ausdruck von Rivalitätsdenken und wechselseitigem Misstrauen. Für konzertierte Aktionen zwischen Washington und London fehlten die Anknüpfungspunkte. Dennoch gab es Übereinstimmungen im Grundtenor: Weder Großbritannien noch die USA wollten sich über Locarno oder das Dawes-Abkommen hinaus stärker in Europa festlegen. Bei aller Kritik an Frankreichs Hegemoniestreben wünschten die angelsächsischen Weltmächte doch, dass Frankreich in einer Position der Stärke gegenüber Deutschland verharrte. Die amerikanischen Sympathien galten insofern dem französischen Sicherheitsbedürfnis. Symbolische Verständigungsakte wie der Briand-Kellogg-Pakt zur weltweiten Ächtung des „Krieges als Mittel für die Lösung internationaler Streitfälle“ (27. August 1928, in Kraft: 24. Juli 1929) enthielten kleinere Annäherungen an französische Vorstellungen, beispielsweise die Konsultationsverpflichtung gegenüber dem Angegriffenen als Auftakt zu einer eventuellen Beistandszusage. Umgekehrt mahnten die USA französische Konzessionen an deutsche legitime Revisionsanliegen an, damit die Vernunftrepublikaner und Verständigungspolitiker wie Stresemann und Brüning sich gegen ihre Widersacher auf der Rechten und Linken innenpolitisch behaupten könnten.

Die Hoover-Administration hielt an der Auffassung fest, dass die USA die zunächst als Reinigungskrise begriffene Rezession zu Hause überwinden müssten und dadurch oder danach die internationalen Wirtschaftsbeziehungen wieder beleben könnten. Außerdem war sie der Überzeugung, dass die anderen Mächte ausweislich ihrer Militär- und Rüstungsausgaben eine unvernünftige Wirtschaftspolitik betrieben. Da die „anderen“ die Fehler machten, koppelten die USA ihre Bereitschaft, internationale Regelungen mitzutragen, an Gegenleistungen:

Parallel zur oder vor der Lösung der Reparationsfrage müssten Abrüstungsmaßnahmen ausgehandelt werden, um zu verhindern, dass die eventuell eingesparten Mittel für Schuldendienste zur Aufstockung der Verteidigungshaushalte verwendet werden könnten. Die Londoner Flottenkonferenz vom 21. Januar bis 22. April 1930 setzte Höchstgrenzen für die so genannten *auxiliary forces* fest. Dieser Erfolg bildete jedoch keinen Ansporn für die Genfer Konferenz über konventionelle Abrüstung, deren Beginn mehrfach vertagt wurde. Nach der Rheinlandräumung im Jahr 1929 ging es für Frankreich darum, Hüter der eigenen Sicherheit zu sein, d. h. den Rüstungsvorsprung gegenüber Deutschland zu behaupten sowie den Status quo der Grenzregelungen auch in Osteuropa zu konservieren. Mit dem Eintreten für die Sicherheitsbelange der östlichen Nachbarn Deutschlands wollte Frankreich sich der Zuverlässigkeit seiner Entente-Partner versichern. Umgekehrt meldete die deutsche Politik mit dem Anspruch auf Gleichberechtigung das Verlangen nach Auf-, Nach- und Umrüstung an. Das sollte in gewisser Hinsicht auch die geheime, z. T. im Zusammenwirken mit der Sowjetunion betriebene Aufrüstung legalisieren. Eine

Anerkennung des deutschen Anspruchs auf Gleichberechtigung in Rüstungsfragen würde die Konsequenz nach sich ziehen, dass die Nachbarn in einen Wettlauf um die Gunst des nunmehr auch militärisch gewichtigen sowie weiterhin für den Wirtschaftsaustausch zentral wichtigen Akteurs Deutschland eintreten könnten. Den europäischen Regierungen fiel auf, dass Hoover und Außenminister Stimson die Wahrung des Status quo und des Gebots der friedlichen Revision im Fernen Osten verfochten, aber nicht in der von ihnen gewünschten Weise auf die Warnungen vor dem deutschen Revisionismus reagierten. Die USA sollten sich nämlich zumindest auf Konsultationen für den Fall verpflichten, dass Deutschland Rüstungsbegrenzungsabkommen verletzen oder gar eine Aggression begehen würde. Die USA könnten von Frankreich und Deutschlands östlichen Nachbarn, so deren Kritik, nicht die Zustimmung zu ihrem Vorschlag einer gleichwertigen Rüstungsverminderung um 30% der Land- und Luftstreitkräfte erwarten, wenn sie selbst keine bindenden Verpflichtungen zu Konsultationen im Krisenfall eingehen wollten.

Das amerikanische Krisenmanagement 1931/32 war von Eigenwilligkeiten geprägt: Ein von Hoover am 20. Juni 1931 vorgeschlagenes einjähriges Moratorium für Reparations- und inter-alliierte Schuldenzahlungen trat erst am 6. Juli 1931, kurz vor Beginn der deutschen Bankenkrise am 13. Juli, aber zwei Monate nach Zusammenbruch der Oesterreichischen Kreditanstalt am 11. Mai 1931 in Kraft. Für das Zögern gab es gute Gründe: Hoover erwartete von Frankreich, dessen Zentralbank die höchsten Goldreserven in der Welt hielt und sich so gesehen eine freigebigere Geld- und Währungspolitik hätte leisten können, dass es die Zinssätze herabsetzte, um die französische und die Weltwirtschaft zu stimulieren. Er gewann den Eindruck, dass die französische Regierung es lieber auf eine weitere Schwächung Deutschlands ankommen lassen wolle. Daher würden Versuche, eine Lösung der Reparations- und Schuldenfrage auf dem Verhandlungsweg zu erreichen und den internationalen Zahlungsverkehr wieder in Gang zu bringen, an der französischen Hartnäckigkeit abprallen. Gegen französische Einwände, jedoch im Einklang mit der Position der britischen Labour-Regierung, drängte Hoover angesichts der Bankenkrise in Mitteleuropa auf eine Lösung des Reparationsproblems. Das Kabinett MacDonald, das außer mit Zahlungsbilanzproblemen und Sterling-Schwäche auch mit dem japanischen Vordringen in britische Einflusszonen konfrontiert war, wollte den leidigen Streit mit Frankreich aus der Welt schaffen, ob man gegenüber Deutschland auf der Erfüllung des Young-Plans bestehen solle. Der 1929 unter Vorsitz des amerikanischen Bankiers Owen D. Young ausgearbeitete Plan sollte als „endgültige Regelung“ der Reparationsfrage gelten; er bestimmte erstmals die Gesamtsumme, minderte die deutschen Jahresraten erheblich und sah erneut eine amerikanische Anleihe vor.

Bei den am 16. Juni 1932 in Lausanne wieder aufgenommenen Verhandlungen über die Reparationsregelung prallte Hoovers Angebot, das Moratorium um sechs Monate unter der Bedingung zu verlängern, dass die Wiederaufnahme der Schuldenzahlung im Dezember 1932 erfolgen müsse, auf die anders geartete Auffassung Frankreichs. Danach dürften die deutschen Annuitäten nur dann reduziert werden, wenn die USA einer Neuregelung der interalliierten Schulden zustimmten. Weil die Regierung Brüning die deutschen Reparationszahlungen am 8. Mai 1932 eingestellt hatte, sperrte sich Frankreich im

Gegensatz zu Großbritannien u.a. gegen die Vereinbarung eines Schuldenabkommens mit den USA.

Die Niederlage bei den Präsidentschaftswahlen im November 1932 und die unleugbare Tatsache, dass die Krise eine *Great Depression* war, machten Hoovers Konzept hinfällig, bei der angestrebten Weltwirtschaftskonferenz im Frühjahr 1933 die belastenden Probleme der Vergangenheit – Reparations- und interalliierte Schulden – unter der übergreifenden Perspektive der Handels- und Währungsordnung behandeln zu können, wobei die bis dann wieder ökonomisch gesundeten USA die Regie führen sollten. Großbritannien mit dem eigenen Schutzzoll- (Februar 1932) und *imperial preference*-Abkommen (Ottawa-Verträge, August 1932), Frankreich als letzter Hüter des Goldstandardsystems und Deutschland mit den bilateralen Sachlieferungs- und Clearing-Abkommen hatten die Weltwirtschaft inzwischen in Präferenzzonen fragmentiert.

Japan eröffnete mit der militärischen Besetzung Mukdens durch eine Handstreich-Aktion der Kwantung-Armee im September 1931 die neue Ära der Eroberung von Lebensraum für die zur „Führung berufenen Völker". Der Militäraktion ging der von den Militärs geschürte Protest gegen die von der zivilen Regierung akzeptierte Begrenzung der japanischen Flottenstärke auf 6:10 (statt 7:10) bei den großen Kreuzern gegenüber den USA und Großbritannien voraus. Nach dem Attentat auf Premierminister Hamaguchi im November 1930 durch rechtsradikale Jugendliche wetteiferten Armee- und Flottenführung um die Entscheidung, welche Richtung die Expansion nehmen solle. Der Militärputsch vom 15. Mai 1932 beendete die Ära der parlamentarischen Demokratie in Japan. Die japanischen Streitkräfte besetzten die Mandschurei, annektierten die nordchinesische Provinz Jehol und griffen Shanghai an.

Die USA waren unmittelbar tangiert, weil der Völkerbund, von China um Hilfe ersucht, das Nicht-Mitglied USA zur Unterstützung aufforderte. Die Ende August 1931 gebildete Nationale Regierung in Großbritannien wollte ohne Mitwirkung der USA keine über Protestbekundungen hinausgehenden Aktionen des Völkerbunds gegen Japan mittragen. Auf Rat von Außenminister Stimson setzte die US-Regierung darauf, dass die Regierung in Tokio ihre Autorität gegenüber den eigenmächtig vorgehenden lokalen Militärbefehlshabern geltend machen werde. Die japanische Heeresführung durchkreuzte das Kalkül, indem sie ihre militärischen Aktionen ausweitete. Japan missachtete die Ende Januar 1932 ausgesprochene Weigerung Stimsons, die Eroberung der südlichen Mandschurei und die Proklamation eines unabhängigen Mandchukuo durch Tokio am 18. Februar 1932 anzuerkennen. Die Weigerung galt auch für den Fall, dass China und Japan im Rahmen der vom Völkerbund geforderten Waffenstillstandsverhandlungen eine solche Änderung[35] der geltenden Washingtoner Verträge verabreden sollten. Die USA hatten keine Möglichkeit, Japan daran zu hindern, aus Protest gegen die Feststellung der Schuld dieses Landes im Report der vom Völkerbund eingesetzten Lytton-Kommission aus dem Völkerbund auszuscheiden. Dies geschah am 27. März 1933. Japans Reaktion auf die Schuldzuweisung für die Mandschurei-Krise schuf einen Präzedenzfall für Hitlers Austritt aus der Genfer Abrüstungskonferenz und aus dem Völkerbund am 14. Oktober 1933.

Das zeitliche Zusammentreffen von öffentlicher Verherrlichung von Gewalt und

Wiederaufrüstung im Dritten Reich anlässlich Hitlers Machtübernahme Anfang 1933 und Roosevelts Inangriffnahme des *New Deal* sofort nach Amtsantritt am 4. März 1933 kann man als Vorspiel zum Konflikt zwischen Totalitarismus, d.h. Mobilisierung der innerstaatlichen Ressourcen im Dienst der grenzenlosen Gewaltausübung nach innen und außen, und Umgründung des liberal-demokratischen kapitalistischen Systems ansehen. Der Einsatzbereitschaft für eine gerechte Demokratie im eigenen Hoheitsgebiet, wie man den *New Deal* und Roosevelts *peace begins at home*-Motto nennen darf, stand freilich innerhalb der USA eine ausgeprägte und vielfältige Aversion gegen die Solidarisierung mit den europäischen Demokratien gegenüber. Der Widerspruch zwischen innenpolitischem Hyper-Aktivismus der Roosevelt-Administration und der Nicht-Mitwirkung bei der Lösung internationaler Konflikte wurde mit jedem von den totalitären Staaten begangenen Vertragsbruch und Militäreinsatz deutlicher. Die erfolgreiche Aggression Japans in der Mandschurei (1931–33) und in China (7. Juli 1937–August 1945), Mussolinis Revanchekrieg gegen Äthiopien (3. Oktober 1935–Mai 1936) und Hitlers schrittweise Beseitigung der Bestimmungen des Versailler Vertrags[36] waren für Roosevelt Grund genug, Amerika als Bollwerk der Demokratie zu preisen. Daraus folgte jedoch nicht die Selbstverpflichtung zur Beteiligung an kollektiven Aktionen zur Friedenswahrung. Roosevelt gab die Parole aus, dass die amerikanische Regierung selbst davon überzeugt sein müsse, alles für die Erhaltung des Friedens in Europa und Asien getan zu haben, bevor sie die eventuell fällige Aufforderung an ihre Bürger, ihre eigenen Kinder, Verwandten und Freunde in den Krieg zu schicken, guten Gewissens treffen könne.

Gegen die Mobilmachung der amerikanischen Öffentlichkeit für eine Teilnahme an Strafaktionen des Völkerbundrates und gegen einen eventuellen Kriegseintritt, der zeitlich gesehen zuerst gegen Japan und Italien hätte erfolgen müssen, sprachen mehrere Gründe:

1. Der These des „Wilsonianismus“ *a war effort … to make the world safe for democracy* stand die Auffassung entgegen, dass es nach dem Versagen des amerikanischen Systems in der Großen Depression darauf ankomme, die Demokratie im eigenen Land zu sichern *(to safe democracy at home)*. Das Schlagwort wurde noch im Wahlkampf 1940 aufgeboten. Das u.a. von Henry Ford finanzierte und mit Charles Lindbergh als Aushängeschild agierende *Committee to Defend America First* propagierte die These, dass die „Festung Amerika“ stark genug sei, auf sich allein gestellt einen Angriff Hitlers abzuwehren. Das war das stärkste Argument gegen Roosevelts und Willkies internationalistische These, dass vor allem Großbritannien als Bastion der westlichen Freiheit „vorne“ verteidigt werden müsse.
2. Die Untersuchungen über die Rolle der USA im Ersten Weltkrieg, insbesondere die Verkettung zwischen Kredithilfe und Waffenlieferungen an die Alliierten einerseits und Kriegseintritt 1917 andererseits, waren Wasser auf die Mühlen bestimmter Kräfte im Kongress. Diese wollten mit Hilfe einer wasserdichten Neutralitätsgesetzgebung sicherstellen, dass die Exekutive das amerikanische Volk nicht ein zweites Mal in einen Krieg verwickeln könnte. Die Aktivisten – die Senatoren Borah und Johnson, J. Nye – waren zugleich entschiedene Sozialreformer. Roosevelt war auf die politische Unterstützung

der *Progressives* aus dem Mittleren Westen und Westen der USA für seine *New Deal*-Vorhaben angewiesen. Die Sozialreformer sprachen sich gegen wirtschaftliche Sanktionen, Militärhilfe und den Ausbau der Kriegsmarine und der Luftwaffe aus. Das Neutralitätsgesetz vom 31. August 1935 verhängte ein Waffenembargo. Es brach mit der traditionellen amerikanischen Definition von den Rechten der Neutralen, die Waffenexporte an Krieg führende Parteien einschloss. Im Januar 1937 erließ der Kongress ein weiteres Gesetz, das das Waffenembargo auf Bürgerkriegsparteien ausdehnte. Das verschärfte Neutralitätsgesetz vom Mai 1937 untersagte den amerikanischen Staatsbürgern die Zeichnung und den Kauf von Anleihen Krieg führender Staaten, die Ausfuhr von Waffen, Munition, Lastwagen, Erdöl, Stahl u.a. kriegswichtiger Materialien, den Transport von Waffen auf amerikanischen Schiffen im Auftrag Krieg Führender und die Reise auf Schiffen von Staaten, die sich im Kriegszustand befinden.

Es gelang der Roosevelt-Administration zwar, einige zeitlich befristete (im Sommer 1939 auslaufende) Abschwächungen vorzunehmen, sodass zum Beispiel Lieferungen gegen Barzahlung und Transport auf Nicht-US-Schiffen gestattet waren. Der Kongress hatte jedoch das Zeichen gesetzt, dass die USA nicht zur Waffenschmiede für befreundete Staaten werden dürften.

3. Die Nachgiebigkeit der europäischen Mächte und des Völkerbunds gegenüber den Aggressoren, die so genannte *Appeasement*-Politik, suggerierte die Frage, warum die USA sich exponieren sollten. Gegen die Blitzkriegsstrategie, bei der Hitler sich das „Opfer" aussuchen konnte, hätte nur die Abschreckung durch eine kollektive Sicherheitsfront geholfen. Bevor die USA sich mit Großbritannien und Frankreich solidarisierten, müssten die führenden europäischen Westmächte, gegebenenfalls mit der UdSSR, die politischen und militärischen Voraussetzungen für eine wirksame Garantie der Unabhängigkeit mittel- und osteuropäischer Staaten schaffen. Abgesehen davon, dass die Westmächte ihre Interventionsfähigkeit jahrelang vernachlässigt hatten, lud beispielsweise die polnische, gegenüber der Tschechoslowakei und der Sowjetunion feindselige Politik nicht dazu ein, in der westlichen Öffentlichkeit Stimmung für die These des unteilbaren Friedens in Europa zu machen. Hitlers Entschlossenheit zum Krieg wurde seit Mai 1938 überdeutlich. Bis dahin firmierten die deutschen Vertragsbrüche und die ökonomische Expansionspolitik in Mittel- und Südost-Europa eher als unschöne Korrektur an der Versailler Nachkriegsordnung. Die akuten Entscheidungen über drohende Kriegsgefahr betrafen vor 1938 andere Aggressoren. Warum etwa sollte die US-Regierung die Lieferung von Öl an Italien untersagen, wenn der Völkerbundsrat unter Hinweis auf die Unwirksamkeit wegen der ungewissen Mitwirkung wichtiger Ölexporteure (UdSSR, USA) diese effektive Sanktion nicht in den Katalog der verhängten Sanktionen aufnahm? Die andere wichtige, von der französischen Regierung gelieferte Begründung war, dass ein Ölembargo Mussolinis Kriegstreiberei anheizen würde. Zwischen London und Paris, aber auch innerhalb beider Länder, war strittig, ob die italienische Aggression genauso friedensgefährdend sei wie Hitlers Machtdemonstrationen, wen von beiden man befriedigen könne und wie ernst die Gefahr sei, dass Stalin als lachender Dritter von den Konflikten zwischen den Locarno-Mächten profitieren werde.

Mit der Aufnahme diplomatischer Beziehungen zur Sowjetunion im November 1933 folgten die USA zwar dem von Frankreich ausgehenden Trend zur Wiederaufnahme des kommunistischen Regimes in die Staatengemeinschaft. Das schloss jedoch nicht aus, dass Washington Schritte wie die Bildung der Komintern im August 1935 als Rückfall in den Revolutionsexport betrachtete und nicht als Angebot Stalins, Russland in die Front der Staaten einzubringen, die der „faschistischen" Aggression in Europa und in Asien Widerstand leisten solle. Im Anti-Komintern-Pakt vom 25. November 1936 vereinbarten Deutschland und Japan in einem Geheimprotokoll, dass sie einander Beihilfe leisten würden, sollte einer von ihnen in einen Krieg gegen die UdSSR verwickelt sein. Die Zurückhaltung der USA und Roosevelts Versuche, einmal durch öffentliche Warnungen wie die Quarantäne-Rede in Chicago am 5. Oktober 1937, ein anderes Mal durch stille Diplomatie – Korrespondenz mit Regierungschefs, inklusive Hitler und Mussolini – *the epidemic of world lawlessness* aufzuhalten, boten den Regierungen in London und Paris einen Vorwand, ihre eigene *Appeasement*-Politik zu rechtfertigen.

Von dem japanischen Angriff auf China (Nanking, 7. Juli 1937), wo die Nationalisten und Kommunisten zu einer nationalen Einheitsfront gegen die japanische Penetration gefunden hatten, fühlten sich die USA direkt betroffen. Sie hatten die Vertragswerke von 1921/22 geschaffen, um die Integrität und Souveränität Chinas zu protegieren. Fiele der *China Market* in die Hände Japans, dann wäre es nur eine Frage der Zeit, bis auch Indochina und Indonesien in die von Japan mehrfach (1926, 1932, 1938) angekündigte *Co-Prosperity Sphere* einbezogen werden würden. Damit wäre den USA nicht nur der Zugang zu wichtigen Rohstoffen wie Kautschuk und Zinn versperrt, sondern die japanische Exportoffensive könnte, gestützt auf die asiatische Präferenzzone, den USA Märkte in anderen Teilen der Welt abjagen.

Mit seinen Eroberungen setzte Japan das in den Washingtoner Verträgen festgelegte *open door*-Prinzip außer Kraft und verletzte auf diese Weise das US-inspirierte Vertragssystem genauso wie Hitler-Deutschland das Locarno-System. Die brutale Ermordung von bis zu 300 000 Chinesen bei der Eroberung der Hauptstadt Nanking und der Versuch, in Nanking eine nominell von Chinesen geführte Satellitenregierung unter Wang Ching-wei an der Macht zu halten, gaben einen Vorgeschmack, was die dann am 22. Dezember 1938 öffentlich verkündete „Neue Ordnung Ostasiens" beinhaltete.

Gegenüber Japan verhängten die USA wirtschaftliche Sanktionen. Beginnend mit dem Aufruf zum privaten Boykott japanischer Waren im Jahre 1937, folgte die Kündigung des Handelsvertrags am 26. Juni 1939, mit Wirkung zum 26. Januar 1940. Den Schlusspunkt setzte das Erdölembargo im Sommer 1941. Parallel dazu gewährten die USA China Kredithilfe, um dessen Widerstandsbereitschaft zu unterstützen. Vorrang hatte jedoch der Versuch, über Verhandlungen Einfluss auf das innerjapanische Kräftespiel zu nehmen und die Kriegstreiber einzudämmen. In dem schwierigen Balanceakt, auf japanischer Seite einerseits die Position der Gemäßigten durch Konzessionsbereitschaft zu stärken und andererseits die Kriegstreiber durch Sanktionen und Strafaktionen sowie durch Aufrüstungsmaßnahmen wie Bau von Flugzeugträgern und Kriegsschiffen abzuschrecken, gewannen auf amerikanischer Seite die „Falken" bzw. Prinzipientreuen (Außenminister

Cordell Hull) allmählich die Oberhand. Sie pochten auf die Erfüllung der amerikanischen Kernforderungen, insbesondere Japans Rückzug aus China bzw. die Wiederherstellung des Status quo vor dem 7. 7. 1937. Die „Tauben“ hingegen argumentierten, dass die Ausübung von Druck auf Japan dort nur die Abwehrhaltung gegen amerikanische Einmischung steigern werde. Das wäre auch deshalb unklug, weil die USA vorerst keine Möglichkeiten hätten, Japans Übergriffen wirkungsvoll Einhalt zu gebieten.

Roosevelt hatte am 26. September 1938 eine friedliche Lösung der Sudetenfrage angemahnt, in den Tagen darauf gesondert an Mussolini und Hitler appelliert und Chamberlain für die Rettung des Friedens durch das Münchener Abkommen (29. September 1938) gedankt. Mit dem Einmarsch deutscher Truppen in Prag am 15. März 1939 und mit Italiens Annexion Albaniens am 7. April 1939 sah er nun aber den Zeitpunkt gekommen, an dem die warnenden Worte an die *madmen* Hitler und Mussolini vor weiteren Invasionen durch Taten ergänzt werden müssten.

Das Marine-Aufrüstungsgesetz mit dem Ziel einer *Two-Ocean*-Flotte (660 000 Tonnen Schlachtschiff- und Flugzeugträger-Kapazität) ging im Mai 1938 nach Flottengesprächen mit Großbritannien und nach dem japanischen Gesetz über Generalmobilmachung den gegen Hitler-Deutschland ergriffenen Maßnahmen voraus. Bevor die Zwei-Ozean-Flotte in Dienst gestellt werden konnte, sollte die Pazifikflotte statt einer Dislozierung vor den japanischen Hauptinseln eine Defensivstrategie befolgen, einschließlich einer eventuellen Preisgabe der Philippinen in der Frühphase eines japanischen Angriffskriegs. Angesichts der Überlegenheit der japanischen Kriegsmarine verlegte sich die amerikanische Politik im Unterschied zur britischen[37] darauf, China durch Rüstungs- und Materialhilfe etwa beim Bau strategischer Eisenbahnlinien zu stärken. Die Regierung hatte im März 1938 beschlossen, das Neutralitätsgesetz nicht anzuwenden, sodass China in den USA Waffen kaufen konnte. Die Mittel dazu kamen aus dem Verkauf von Silber an die amerikanische Regierung.

Die gegen Japan gerichteten Maßnahmen ließen erkennen, dass die USA zwar Flagge zeigen, jedoch nicht in den „falschen Krieg zuerst“ ziehen wollten. Da das Dritte Reich als Hauptgefahrenherd galt, wollte Roosevelt die Abwehrkräfte Westeuropas, vor allem Großbritanniens, stärken und die USA, allerdings *short-of-war*, in erster Linie gegen Hitlers Drohpolitik in Position bringen. Da Hitler umgekehrt bis zur Kriegserklärung im Dezember 1941 eine direkte Provokation der USA zu vermeiden suchte, bestand ein Zwitterzustand: Beide Seiten verstanden sich als eigentliche Gegner im „Endkampf“, sie traten als Letzte gegeneinander in den Krieg.

Dem *Army Air Corps* erteilte Roosevelt im November 1938 den Auftrag, Vorkehrungen zu treffen, um jährlich 20 000 Militärflugzeuge herzustellen (die damalige Produktion lag bei 2000 Maschinen). Ende 1938 ordnete er an, dass Kampfflugzeuge an Großbritannien und Frankreich verkauft werden dürften. Im Juli 1939 erkundigte sich Lord Riverdale, der Koordinator der britischen Schattenindustrien,[38] welche Typen Großbritannien aus den USA beziehen könnte. In seiner Jahresbotschaft vom 4. Januar 1939 forderte er den Kongress auf, den Verteidigungsetat auf 1,3 Milliarden Dollar (15% der Ausgaben im Haushaltsjahr) zu erhöhen und die *Cash and Carry*-Klausel des Neutralitätsgesetzes von 1937 aufzuheben. Dies geschah am 1. Mai 1939. Die USA wollten den europäischen Westmächten materielle Hilfe gewähren. Das war gleichsam die Belohnung dafür, dass Großbritannien und Frankreich ihre Handlungsfähigkeit durch Anfang April 1939 stattfindende Generalstabsgespräche verbesserten, Garantiezusagen an Polen (31. März 1939), Rumänien und Griechenland (13. April 1939) gaben sowie einen Beistandspakt mit der UdSSR (24. Juli 1939) und Gespräche über eine Militärkonvention (12. August 1939) anstrebten.

Roosevelts Aufruf an Hitler und Mussolini zu Gewaltverzicht und Teilnahme an einer internationalen Konferenz (15. April 1939) ging unter in dem Hin und Her zwischen Stalins Ankündigung auf dem 28. Parteitag der KPdSU am 10. März 1939, dass sein Land nicht für „Kriegsprovokateure" die Kastanien aus dem Feuer holen werde, sowie dem sowjetischen Parallelangebot vom 17. April 1939 an Frankreich und Großbritannien zu Verhandlungen über einen Beistandspakt und zur Verbesserung der deutsch-russischen Wirtschaftsbeziehungen und schließlich der französisch-britischen Militärmission in Moskau (12. August 1939) und des sowjetischen Wunsches nach Annäherung an das Dritte Reich (26. Juli 1939), der in den Hitler-Stalin-Pakt vom 23. August 1939 mündete.

Nach dem deutschen Angriff auf Polen am 1. September 1939 blieben Entlastungsaktionen der Garantiemächte, d. h. britische Bomber-Einsätze und französische Truppenbewegungen, aus. Da Mitte September auch die Rote Armee in Ostpolen einfiel, war Polen schon Ende September 1939 verloren. Die Kapitulation am 6. Oktober 1939 war nur noch eine Formsache. In Katyn liquidierten sowjetische Truppen große Teile der polnischen bürgerlich-antisowjetischen Eliten.

1940 hatte sich Deutschland mit der Kapitulation der Niederlande am 15. Mai, Belgiens am 28. Mai, Norwegens am 10. Juni und Frankreichs am 22. Juni 1940 zufrieden gegeben. Gleiches galt für die Sowjetunion mit der zeitlich parallelen Annexion der baltischen Staaten sowie Teilen Rumäniens (Nordbukowina, Bessarabien) (21./26. Juni 1940) und Japan mit der Bildung einer Kollaborations-Regierung in Nanking und dem Ausgreifen nach Indochina und Südostasien (Bündnisvertrag mit Thailand, 12. Juni 1940). Bis Jahresende 1940 verdichteten sich die Anzeichen, dass Hitler im Frühjahr 1941 einen Russlandfeldzug starten würde, um danach den Sieg über England nachzuholen. In der Luftschlacht über England im Sommer bzw. Herbst 1940 hatte Hitler den Friedensschluss mit dem *British Empire* nicht herbeibomben können. Hatte Roosevelt den von Frankreich am 13. Juni 1940 nach Abschluss der Evakuierung des britischen Expeditionskorps aus Dünkirchen geforderten Eintritt in den Krieg abgelehnt, so gab es für ihn keinen Zweifel, dass Großbritannien in seiner von der Allparteienregierung unter Churchill am 18. Juni 1940 erklärten Kompromisslosigkeit gegenüber Hitler unbedingt unterstützt werden müsse, allerdings vorerst *short of war.*

Mit der Situation konfrontiert, dass Frankreich von Hitler-Deutschland und große Teile Chinas von Japan besetzt waren, dass Großbritannien vor dem Aus stand und die UdSSR als nächstes Opfer zu fallen drohte, betonte Roosevelt Anfang 1941 die Notwendigkeit, dass die USA als letzte Bastion der Freiheit den Kampf gegen die grenzenlos aggressiven Achsenmächte als eine unteilbare Herausforderung begreifen müssten: „Die Kämpfe in Europa, in Afrika und in Asien (sind) alle Teile eines einzigen Weltkonfliktes ... Wir sind der Aufgabe verpflichtet, unsere Lebensweise und unsere vitalen Interessen zu verteidigen, wo immer sie ernsthaft bedroht sind. Unsere Strategie der Selbstverteidigung ... muss deshalb global sein."[39] Damit war der entscheidende Schritt zur Identifizierung als Weltordnungsmacht gedanklich vollzogen. Die Hinwendung zum „Internationalismus" fand ihre Fortsetzung in der Übernahme der Führungsrolle im Ost-West-Konflikt.

Unter dem Eindruck des bevorstehenden Zweifrontenkriegs – USA/Großbritannien gegen Deutschland; USA/China (Großbritannien) gegen Japan – entfaltete sich in den USA die realpolitisch-geostrategische Denkschule. N. Spykman, Arnold Wolfers, Felix Gilbert, C. J. Friedrich u.a. wiesen den USA die Scharnierfunktion in der internationalen Politik als europäische und asiatisch-pazifische Ordnungsmacht zu. Die amerikanischen Militärs fügten die Forderung hinzu, dass die USA ein weltweites Netz an Stützpunkten besitzen müssten, vergleichbar den Knotenpunkten wie etwa Gibraltar, Kapstadt und Singapur, über die die britische Seemacht verfügte.

Gegenüber Mittel- und Südamerika setzten die USA auf *good will.* Außenminister Hughes widerrief die Gleichsetzung von Monroe-Doktrin und US-Oberaufsicht über die zentralamerikanischen Republiken. In einer später von Präsident F. D. Roosevelt aufgegriffenen Denkschrift legte Unterstaatssekretär J. Reuben Clark 1928 dar, dass die Interventionspolitik nicht aus der Monroe-Doktrin abgeleitet werden sollte. Präsident Herbert Hoover nutzte seine Rundreise durch lateinamerikanische Hauptstädte, um die Botschaft der guten Nachbarschaft zu verkünden. Die Praxis war gekennzeichnet durch enge Zusammenarbeit mit nationalen Eliten, die über den Kreditbedarf und die Militärhilfe koordiniert wurde. In Kuba und den Westindischen Inseln sowie in Südamerika hatten die USA 1929 insgesamt 2,6 Milliarden Dollar direkt investiert, doppelt so viel wie in Europa. Mit Initiativen zu Gunsten der pan-amerikanischen Zusammenarbeit suchte Washington den Aversionen gegen den Dollar-Imperialismus entgegenzuwirken. Die Militärpräsenz in Nicaragua und in der Dominikanischen Republik sowie Eingriffe in das politische Geschehen auf Kuba riefen jedoch die Erinnerung an die *big stick*-Politik der Ära Th. Roosevelts und W. Wilsons wach. Präsident F. D. Roosevelt beseitigte mit der förmlichen Aufhebung des *Platt Amendment* (1901 zur Kuba-Verfassungskonvention) und der Anerkennung Kubas als souveräne Republik, mit der Aufkündigung der 1905 von Th. Roosevelt beanspruchten Patronatsrechte der USA über die schuldenmachenden zentral- und südamerikanischen Staaten sowie mit dem Abzug der US-Truppen aus Haiti die aus der Sicht der Partner bestehenden Konfliktpunkte. Auf der Konferenz von Montevideo (1933) verpflichteten sich die USA auf das Prinzip der Nichteinmischung in die inneren und äußeren Angelegenheiten der lateinamerikanischen Staaten. In diesem Sinne schrieb später die Charta der Organisation Amerikanischer Staaten (OAS, 1948) in Artikel 18 das Gebot fest, dass „kein Staat und keine Staatengruppe ... das Recht (hat), direkt oder indirekt, mit welcher Begründung auch immer, in die inneren und äußeren Angelegenheiten irgendeines anderen Staates zu intervenieren".[40] Die Glaubwürdigkeit der *good neighbor*-Politik schien erwiesen. Amerikanisches Militär war nur noch in der Panamakanalzone und auf Guantánamo präsent.

Auf der Interamerikanischen Konferenz in Buenos Aires vom 1. bis 23. Dezember 1936 schwor Roosevelt die teilnehmenden Staaten auf Solidarität und Zusammenarbeit ein und versprach, dass die USA die westliche Hemisphäre gegen Aggression von außen – durch Deutschland und Japan – schützen würden. Der Konflikt mit Mexiko, dessen Präsident Cardenas im März 1938 die amerikanischen und britischen Ölkonzerne entschädigungslos enteignete und auf den anschließenden amerikanischen Boykott von Öllieferungen und Aufkauf von Silber mit der Androhung von Öllieferungen an Deutschland und Japan reagierte, konnte innerhalb eines Jahres bereinigt werden. Im Juli 1940 verabschiedete die Interamerikanische Konferenz von Havanna die Erklärung, dass jeder Versuch einer nichtamerikanischen Macht, sich in die inneren Verhältnisse eines Mitglieds einzumischen, als Angriff auf die amerikanischen Staaten behandelt werden sollte. Angesichts der in einigen Ländern Resonanz findenden nationalsozialistischen Propaganda und blühender Handelsgeschäfte mit dem Dritten Reich war die Deklaration zugleich eine Mahnung an die Adresse der teilnehmenden Regierungen, die Sache der Westalliierten zu verteidigen. Mit Ausnahme Argentiniens erklärten die südamerikanischen Staaten und Mexiko auf der Interamerikanischen Konferenz in Rio de Janeiro im Januar 1942 den Abbruch der diplomatischen Beziehungen mit den Achsenmächten. Brasilien und Mexiko erklärten den Feindstaaten den Krieg und nahmen daran durch die Entsendung von Streitkräften nach Italien und auf die Philippinen teil.

Beide Seiten bekundeten Anfang 1945 ihr Interesse, die erreichte Kooperation zu institutionalisieren. Die Staaten Lateinamerikas hofften auf Fortsetzung der lukrativen Geschäftsbeziehungen und Verstetigung des US-Interesses an ihrer Entwicklung in der Nachkriegszeit. Außerdem würde eine Vertragsgemeinschaft ein Wiederaufleben des amerikanischen Unilateralismus erschweren. Für die USA bedeutete ein interamerikanisches System die Chance, Meinungsführerschaft auszuüben und die Unterstützung ihres Kontinents in der UNO zu gewinnen. Die unter dem Vorzeichen des Kalten Krieges erfolgende Regionalisierung der kollektiven Sicherheit fand im Sicherheits- und Beistandspakt von Rio de Janeiro vom 30. August 1947 und in der Gründung der OAS 1948 ihren ersten Niederschlag. Die kollektive Selbstverteidigung sollte jedoch nur dann wirksam werden, wenn das Opfer einer Aggression das dafür vorgesehene Verfahren in Gang setzte. 1954 erreichte Außenminister Dulles vor dem Hintergrund einer Revolution in Guatemala, dass die Interamerikanische Konferenz auf ihrem 10. Jahrestreffen in Caracas dem Leitsatz zustimmte, den internationalen Kommunismus als gemeinsamen Feind aus der *Western Hemisphere* herauszuhalten. Allerdings müssten von der Beschlussfassung bis zur Durchführung einer solchen Aktion die Gebote der multilateralen Diplomatie befolgt werden.

## Kriegsschauplätze und diplomatische Fronten im Zweiten Weltkrieg

Der Zweite Weltkrieg verschränkte das Geschehen auf den militärischen Kriegsschauplätzen und an den diplomatischen Fronten in einem bisher nicht gekannten Ausmaß und brachte Konstellationen hervor, die gerade die amerikanische Politik vor unerwünschte Optionen stellten.

Mit dem Angriff sowjetischer Truppen auf Finnland (30. November 1939) entfachte Stalin eine heftige Diskussion, ob diese Invasion ebenfalls als Aggression bewertet werden müsse und wie der Völkerbund, insbesondere Frankreich und Großbritannien, reagieren sollte.

Nach dem Sieg über Polen und dem Vollzug der im Hitler-Stalin-Pakt vorgesehenen Teilung Osteuropas in Einflusszonen endete die Phase des so genannten *Phoney War* am 20. Juni 1940 mit der Kapitulation Frankreichs. Vorausgegangen waren die deutsche Besetzung Dänemarks, Norwegens, Belgiens und der Niederlande. Es stand zu erwarten, dass Hitler nun mit der Eroberung Englands beginnen würde. Die USA hätten zu diesem Zeitpunkt nicht den Retter der Inselmacht spielen können. Die englische Luftwaffe hielt im Sommer und Herbst 1940 der deutschen Bomberoffensive stand, konnte aber die Zerstörung von Coventry und großer Teile Londons nicht verhindern. Was Roosevelt 1940/41 in Anbetracht der gegen eine Kriegserklärung an Hitler-Deutschland als Feind Nr. 1 eingestellten amerikanischen Öffentlichkeit tun konnte, um die Durchhaltefähigkeit Großbritanniens unter der nationalen Regierung Churchill-Attlee/Bevin zu verbessern, war die schrittweise Außerkraftsetzung der Neutralitätsgesetze. Roosevelt hatte sie nach der Kriegserklärung Frankreichs und Großbritanniens am 3. September 1939 in Reaktion auf den deutschen Überfall auf Polen am 1. September pflichtgemäß in Kraft gesetzt. Die ersten Maßnahmen, vor allem die *Cash and Carry*-Klausel, ließ sich Roosevelt vom Kongress im November 1939 genehmigen. Damit waren Lieferungen an Krieg führende Parteien, sofern sie bar zahlten und den Transport selbst übernahmen, erlaubt, was wiederum Großbritannien und Frankreich begünstigte.

Roosevelt wollte den Fall Großbritanniens verhindern. Dabei setzte er sich über gesetzliche Hürden hinweg. Das innenpolitische Risiko war gering, weil zum einen der republikanische Präsidentschaftskandidat Wendell L. Willkie für massive Hilfe an Großbritannien eintrat. Außerdem hatte Roosevelt schon vor seiner Wiederwahl im November 1940 mit Stimson als Kriegsminister und Frank Knox als Marineminister zwei der angesehensten Republikaner in sein Kabinett berufen. Schließlich hatte der Präsident mit seiner Einwilligung in die erstmalige Einführung der Wehrpflicht in Friedenszeiten und der Erhöhung der Rüstungsausgaben und dem Versprechen, keine *American Boys* in den Krieg nach Europa zu schicken, die Stimmung in den USA richtig beurteilt. Das außenpolitische Risiko war hingegen erheblich, weil die konkreten amerikanischen Maßnahmen Deutschland zu Kriegshandlungen gegen amerikanische Hoheitsträger veranlassen könnten. Die Besetzung Grönlands Anfang 1941 durch die US-Flotte und die Landung von Streitkräften auf Island Anfang Juli 1941, die beide zu Dänemark gehörten, das unter deutscher Besatzungsherrschaft stand, sollten den amerikanischen Sicherheitsraum ausdehnen. Die amerikanische Kriegsmarine übernahm den Begleitschutz für britische Konvois. Sie hatte den Auftrag, die Fracht gegen feindliche U-Boot-Angriffe unter Waffeneinsatz zu schützen. Im November 1941, nach der Versenkung amerikanischer Zerstörer durch deutsche U-Boote, ließ sich Roosevelt vom Kongress die Vollmacht geben, Handelsschiffe zu bewaffnen. Gemäß den amerikanisch-britischen Stabsgesprächen patrouillierten amerikanische Flottenverbände im westlichen Atlantik zum Schutz britischer

Schiffe und gaben Informationen über gesichtete deutsche U-Boote an die britischen Konvois weiter.

Mithilfe des *Destroyer-Lease*-Abkommens vom September 1940, das von Willkie ebenfalls öffentlich unterstützt wurde, erfüllte Roosevelt den amerikanischen Streitkräften den Wunsch nach Stützpunkten: Großbritannien war darauf angewiesen, die arg reduzierte Kreuzerflotte durch Erwerb von 50 amerikanischen Kriegsschiffen aus dem Ersten Weltkrieg einsatzfähig zu halten. Dafür zahlte London den Preis der Verpachtung von Flotten- und Luftwaffenstützpunkten in der westlichen Hemisphäre (Trinidad, Bermudas, Neufundland) an die USA. Mit dem von beiden Häusern des Kongresses mit großer Mehrheit[41] verabschiedeten *Lend-Lease*-Gesetz (März 1941)[42] erhielt der Präsident die Vollmacht, jedem Staat, der für die Verteidigung der USA lebenswichtig sei, Kriegsmaterial auszuleihen oder zu verpachten. Das Zahlungsproblem, das im Ersten Weltkrieg entstanden war und in den *Inter-Allied-Debt*-Konflikt der Zwischenkriegszeit mündete, war damit ebenso aufgehoben wie die *Cash and Carry*-Klauseln des 1939 novellierten Neutralitätsgesetzes. Nach Hitlers Angriff auf die Sowjetunion am 22. Juni 1941 flossen *Lend-Lease*-Lieferungen auch an Moskau.

Hitlers Ende Dezember 1940 gefasster Entschluss, die Sowjetunion im Mai 1941 anzugreifen, hatte für die USA das „Gute“, dass das Dritte Reich den Zweifrontenkrieg allein führen müsste, falls es gelang, das Durchhalten Großbritanniens zu ermöglichen und dadurch der Sowjetunion nahe zu legen, dass sie nicht wie Frankreich nach ersten Rückschlägen kapitulieren müsse.

Nutznießer der Niederlage Frankreichs war jedoch zunächst Japan. Es eroberte Indochina und bedrohte die britische Stellung in Burma, Thailand, Singapur/Malaya. Da die USA keine Seestreitkräfte aus dem Atlantik abziehen wollten und die Zwei-Ozean-Flotte noch im Bau war, konnten die USA sich gegenüber Japan keine dem Entsatz Großbritanniens im Atlantik vergleichbare Krieg-provozierende militärische Aktivität im Pazifik leisten. Die USA mussten, so das *Joint Board of the Army and Navy* noch am 17. November 1941, in *Asia-Pacific* auf Zeitgewinn hinwirken. Um sich den Rücken für die gewaltigen Vorhaben eines Vorstoßes gegen die mit den USA verbündeten Philippinen und Niederländisch-Indien (Indonesien) zu sichern und damit zur bereits bestehenden Vorherrschaft über Nordostasien (Korea, Mandschurei, Taiwan) und Nanking-China hinaus auch noch Südostasien zu gewinnen, schloss Tokio am 13. April 1941 einen Neutralitätspakt mit der Sowjetunion. Dies geschah zu einem Zeitpunkt, zu dem die USA sich einerseits auf die Unterstützung Russlands als Teil der Anti-Hitler-Koalition vorbereiteten. Andererseits mussten sie entscheiden, ob sie auf ihren harten Bedingungen – vollständiger Rückzug Japans aus China und Indochina – bestehen und daher ein Ultimatum stellen oder aber versuchen sollten, ein Stillhalteabkommen mit Japan zu erreichen, um die eigene Ausgangsposition für den Fall einer parallelen oder gar konzertierten Kriegsaktion Japans und Deutschlands zu verbessern. Anlass zur Sorge bestand, weil Japan am 27. September 1940, einen Tag nach der Verschärfung der amerikanischen Embargomaßnahmen, dem deutsch-italienischen Militärpakt beigetreten war. Großbritannien und die USA verschärften gemeinsam die wirtschaftlichen Sanktionen gegen Japan, insbesondere durch

Einbeziehung von *scrap metal* (Schrott), Flugbenzin und Erdöl. Es war jedoch klar, dass die USA die Kriegslasten gegen Japan allein zu schultern hätten. Die britischen Abwehrkräfte waren durch die von Japan mitgeschürten Auflehnungen in Britisch-Indien gegen die Kolonialherrschaft und die Kämpfe gegen Deutschland an der Heimatfront, in Nordafrika und im Mittleren Osten überstrapaziert.

Die wirtschaftlichen Sanktionen verfehlten ihren Zweck, Japan nachgiebig zu stimmen. Im Gegenteil: Japans „letztes Angebot" vom 26. September 1941 verlangte von den USA und Großbritannien den Verzicht auf die Unterstützung Chinas und die Einstellung des Ölembargos im Tausch gegen das Versprechen, dass Japan sich mit seinen bisherigen Eroberungen zufrieden geben wolle. Im Gegenzug legten die USA ihre Forderungen auf den Tisch: Sie erwarteten von Japan die Wiederherstellung des Status quo von Juli 1937 in China und die Aufkündigung des Militärpaktes mit Hitler und Mussolini (27. September 1941). Praktisch verlangte Japan von den USA, dass sie Druck auf die chinesischen Nationalisten ausübten, damit diese ein Arrangement mit Japan suchten. In der Erwartung, dass der deutsch-italienisch-japanische Militärpakt und Hitlers Siegeszüge die USA nötigen würden, Großbritannien statt China zu helfen, hatte Tokio allen Grund, den Militärpakt als Faustpfand in der Hand zu behalten.

Das Verbot von Ölexporten nach Japan ab 1. August 1941 beeinflusste den Ausgang der innerjapanischen Richtungskämpfe dahin, dass nicht Sibirien, sondern Sumatra das nächste Angriffsziel wurde. Damit waren die USA herausgefordert, tatsächlich militärischen Widerstand gegen die *southern expansion* Japans zu leisten. Nach dem Machtwechsel in Tokio im Oktober 1941 bereitete die Regierung Tojo den Krieg gegen die USA vor. In dem von Außenminister Hull inspirierten amerikanischen Gegen-Ultimatum vom 26. November 1941 fassten die USA die zentralen Punkte zusammen, auf die Japan eingehen müsse, falls es wirklich Frieden wolle: 1. Unverletzbarkeit der territorialen Integrität und Souveränität Chinas, 2. Nicht-Einmischung in innere Angelegenheiten, 3. Gleichwertigkeit kommerzieller Betätigungsmöglichkeiten und Behandlung, 4. friedliche Beilegung von Streitfällen und Verbesserung der internationalen Verhältnisse durch friedliche Methoden und Vorgehensweisen.

Die USA wussten zwar, dass ein Angriff bevorstehe, da sie den Code der japanischen Regierungsdepeschen an die Botschafter entschlüsselt hatten, besaßen aber keine schlüssigen Anhaltspunkte über das Angriffsziel selbst. Sie rechneten mit Vorstößen auf dem Festland gegen die britischen und niederländischen Besitzungen und/oder einen Vorstoß auf die Philippinen. Der japanische Luftangriff auf die amerikanische Flottenbasis in Pearl Harbor auf Hawaii beruhte auf dem Kalkül, dass Roosevelt sich wegen des unvermeidlichen Kriegs mit Hitler-Deutschland gezwungen sehen werde, Japan als K.o.-Sieger zu respektieren und ein Arrangement zu treffen.

Nach dem Überraschungsangriff auf Pearl Harbor am 7. Dezember 1941, bei dem japanische Bomber die dort stationierten Kriegsschiffe und 188 Flugzeuge versenkten, blieb dem Kongress nur die Möglichkeit, Roosevelt die Vollmacht zur Kriegserklärung zu geben. Dies geschah einen Tag nach der Kamikaze-Attacke. Die parallele, weit ausholende japanische Offensive gegen die Philippinen und Malaya/Indonesien bescherte Japan eine

Serie von Eroberungen bis hin zur Landung auf den vor Australien gelegenen Inseln im April 1942. Überall schloss Japan Friedensschlüsse mit Kollaborationsregimen, dem Pendant zum Vichy-Regime in dem von Deutschland besetzten Frankreich.

Hitler und Mussolini erklärten den USA am 11. Dezember 1941 den Krieg, obwohl der Drei-Mächte-Pakt vom 27. September 1940 jeden von ihnen nur dazu verpflichtete, den anderen, hier Japan, im Fall eines Angriffs durch einen Feind, d.h. die USA, Beistand zu leisten. Obwohl seine Militärs ihm rieten, die ohnehin schon lange Liste der Kriegsschauplätze nicht um den größten aller Gegner zu erweitern, ergriff Hitler die Gelegenheit, vor dem Reichstag dem „zur einen Hälfte von Juden, zur anderen Hälfte von Negern“ bestimmten Amerika den Krieg zu erklären.

Die Erfolge der deutschen U-Boot-Flotte unter Dönitz schienen Hitler Recht zu geben – die deutschen Angreifer vernichteten mehr Schiffe, als die USA nachbauen konnten. Das Jahr 1942 bescherte, soweit es die Schlacht im Atlantik und den Krieg in *Asia-Pacific* anging, den westlichen Alliierten eine Serie von Verlusten und Rückschlägen. Hitlers Armeen rückten zu den Ölfeldern im Kaukasus vor, bedrohten die britische Herrschaft über den Suez-Kanal und beherrschten Europa vom Ural bis zum Atlantik. Japans Expansion war noch umfangreicher: Von der Mandschurei und Korea bis in die Inselwelt vor Australien regierte Japan und nach dem Fall Burmas im April 1942 schien auch noch die britische Position in Indien gefährdet.

Nach dem Kriegseintritt der USA gegen Japan und Deutschland erreichte Churchill bei seinem Besuch in Washington Einvernehmen über die Einrichtung eines *Combined Chief of Staff*, mit Sitz in Washington. Die letzte Entscheidung über Kampfeinsätze und Strategie sollte den Regierungschefs vorbehalten bleiben. In Bezug auf den Kriegsschauplatz Fernost wies Roosevelt Churchills Plädoyer für ein vereintes Ostasien-Kommando zurück, da dies einen Affront gegen Chiang Kai-sheks Verlangen nach Kontrolle über den chinesischen Kriegsschauplatz bedeutet hätte. Dafür gestand Roosevelt auf der Quebec-Konferenz im August 1943 die Bildung eines *Southeast-Asia Command* zu.

Die Grobstruktur des Zweiten Weltkriegs resultierte daraus, dass Hitler auf die durchaus als Provokation gedachten Beistandsleistungen der neutralen USA für Großbritannien nicht mit einer Kriegserklärung geantwortet hatte, während Japan nicht in den Krieg gegen die Sowjetunion nach Hitlers Angriffskrieg eintrat, sondern seine Stoßkraft gegen die USA und Großbritannien richtete und gegenüber Russland gemäß dem Pakt vom 13. April 1941 neutral blieb.

Die These, dass Roosevelt den Krieg mit Japan provoziert habe, um „seinen“ Krieg gegen Hitler-Deutschland führen zu können, berücksichtigt nicht die prekäre Lage, in die die USA durch die Neutralität Stalins gegenüber Japan geraten waren. Richtig ist, dass Roosevelt Amerikas Kräfte auf die Auseinandersetzung mit dem Dritten Reich konzentrierte: 60% des US-Militärpotenzials sollten im Krieg gegen Hitler eingesetzt werden.

Die erste gemeinsame Friedens- bzw. Kriegszielerklärung, wie man die mit Churchill beim Treffen vor Neufundland am 14. August 1941 vereinbarte Atlantik-Charta[43] nennen kann, ist eine Fortführung des *Wilsonian Impulse*, allerdings unter Komprimierung der 14 auf 4 Punkte: 1. Kollektive Sicherheit und Abrüstung, 2. Selbstbestimmungsrecht der Völker, 3. Internationale wirtschaftliche Zusammenarbeit, 4. Freiheit der Meere und freier Zugang für alle Staaten ... zu gleichen Konditionen zum Handel und zu den Rohstoffen der Welt.

In den Punkten 2 und 3 schwangen Dissonanzen mit, denn die Begriffe waren im amerikanischen Hausgebrauch auf die Tonlagen Antikolonialismus und Beendigung der *Imperial preference*-Systeme gerichtet. Die Achtung der Rechte der Neutralen, auch und gerade im Krieg, hatte nicht mehr den hohen Stellenwert wie im Ersten Weltkrieg.

In gewisser Weise war die Atlantik-Charta aber auch ein Signal, dass die USA Großbritannien als zweiten Pol im internationalen System anerkannten, allerdings mit dem Vorbehalt, dass die USA die Richtwerte festlegten. Die UdSSR rückte erst nach dem aus eigener Kraft errungenen, wenn auch teuer erkauften Sieg in der Schlacht bei Stalingrad (August 1942–Ende Januar 1943) zur dritten Kernmacht auf.

Dass Roosevelt keinen Alleingang anstrebte, sondern ein Kondominium mit unterschiedlichen Vorzugspartnern, zeigt unter anderem seine Bereitschaft, Großbritannien verschiedene Zusagen zu machen: 1. Austausch atomarer Geheimnisse und Konsultationen betreffend den Einsatz einer Atombombe (Quebec-Konferenzen, August 1943 und August 1944), 2. gemeinsames Oberkommando für den Kriegsschauplatz Südostasien, 3. Konsultationen über die Nachkriegsordnung im Fernen Osten.

Praktiziert wurde die besondere anglo-amerikanische Beziehung auf der Konferenz von Casablanca vom 14. bis 26. Januar 1943, die kurz vor dem Sieg der Roten Armee bei Stalingrad zum Abschluss kam. Roosevelt und Churchill verständigten sich auf die Forderung nach bedingungsloser Kapitulation der Feindstaaten und nahmen Italien davon aus. Das eigentliche Ziel erreichten sie jedoch nicht: Die Konferenz sollte klären, welche französische Gruppe – „Vichy“ (H. Giraud, Admiral Darlan) oder „Freies Frankreich“ (de Gaulle) – den künftigen Partner abgeben sollte, falls die Aussöhnung zwischen beiden nicht zustande käme. Da kein Einverständnis über eine der beiden Optionen erzielt wurde, einigten sich Roosevelt und Churchill auf die Fortdauer des Nebeneinanders beider französischer Anwärter.

Nach dem Zurückdrängen Japans aus Südostasien erklärte Roosevelt sich bereit, Frankreich die Herrschaft über Indochina zurückzugeben. Die Nationalchinesen hatten sich die Vietnamesen zum Feind gemacht. Die britische Regierung forderte mit Nachdruck die Rückkehr Frankreichs. Sie wollte die eigenen Flanken in Nordwesteuropa und in Südostasien von einer freundlichen Macht besetzt sehen und für den Fall unangenehmer Überraschungen durch die USA, z.B. einen abrupten Rückzug ihrer Militärmacht, vorsorgen. Die Rücksichtnahme auf Frankreichs Prestigeanspruch hatte zur Folge, dass die USA von ihrem Plan abrückten, in den von Japan geräumten Gebieten – Indochina sowie Korea – eine UN-Treuhandschaft zu errichten. Die USA kamen zudem in die Bredouille, den von Ho Chi Minh erfolgreich organisierten Unabhängigkeitskrieg gegen Japan, aus dem die Vietminh den Anspruch auf Selbstbestimmung ableiteten, mit den Augen des französischen Verbündeten sehen zu lernen: Die amerikanische Politik wurde Gefangener ihrer noch unfertigen, aber bereits von Frankreich und Großbritannien in Übersee geschickt genutzten Kampagne, dass man nämlich dem Kommunismus jeden Erfolg verwehren müsse, weil er andernfalls wie ein Flächenbrand um sich greifen werde. Paris und London sahen die „Nationalisten“, mit deren selbstbewusstem Agieren kein Ausgleich möglich schien, als Weggenossen des Kommunismus, ihre eigene Selbstbehauptung hingegen als Anliegen, das die USA im Rahmen des weltweiten Ost-West-Konflikts unterstützen müssten. Die USA und Großbritannien drängten Frankreich im Fall Indochina zu einer aufgeschlosseneren Haltung gegenüber Ho Chi Minh, lenkten aber letztlich ein, weil sie Frankreichs in der europäischen Wiederaufbaupolitik bedurften.

Der Wendepunkt im Zweiten Weltkrieg kam im Fernen Osten früher als an der Westfront: Dem US-Flugzeugträgerverband unter Admiral Nimitz gelang es im Juni 1942 unter Nutzung neuer technischer Möglichkeiten wie der Entschlüsselung des japanischen Geheimcodes und der elektronischen Verortung der japanischen Kriegsschiffe, der japanischen Flotte in der Seeschlacht bei den Midway-Inseln eine vorentscheidende Niederlage zuzufügen. Gestützt auf eine kontinuierlich ansteigende Produktion von Flugzeugträgern, Fernstreckenbombern und Aufklärungsgeräten konnten die USA in *Asia-Pacific* die Initiative an sich reißen und mit den parallelen Vorstößen der Armee unter MacArthur von den Inseln nördlich Australiens über Neuguinea und die Philippinen – Ende 1944/Anfang 1945 – sowie Admiral Nimitz' *Island Hopping* (Gilbert-, Marianen-Inseln) die Kampfhandlungen in Richtung Japan verlagern. Es dauerte freilich bis zum Spätsommer 1944, bevor die USA unter General MacArthur auf die Philippinen zurückkehren und schließlich Ende Oktober 1944 den Seekrieg in der Schlacht bei Leyte/Philippinen endgültig gewinnen konnten. Trotz des von den amerikanischen Stützpunkten im Pazifik aus gestarteten Bombenhagels auf Japan zeigte die japanische Militärführung keine Bereitschaft, den Krieg verloren zu geben. Der Kampf um die und auf den japanischen Hauptinseln würde, so das Kalkül der USA, bis zu 18 Monate dauern können.

Parallel zum Kriegsgeschehen sollten politisch-diplomatische Aktionen die Weichen in Richtung Sieg stellen. Im Anschluss an die aufeinander folgenden Konferenzen in Kairo[44] – zwischen Roosevelt, Churchill und Chiang Kai-shek vom 22. bis 26. November 1943 – und in Teheran vom 28. 11. bis 1. 12. 1943 – zwischen Churchill, Roosevelt und Stalin – wollte Roosevelt seinen chinesischen Verbündeten Chiang Kai-shek stärker auf den Krieg gegen die japanische Besatzungsmacht lenken. Die Kuomintang sollte vom Süden Chinas aus den japanischen Feind ähnlich zermürben wie es die chinesischen Kommunisten unter Mao Zedong mit einem Guerillakrieg im Norden des Landes bereits taten. Die erhoffte Wirkung blieb aus. Chiang Kai-shek widersetzte sich dem Drängen der USA auf einen Ausgleich mit den Kommunisten. Chiang spekulierte darauf, dass die USA den Krieg gegen Japan gewinnen müssten. Er wollte sich der Konsolidierung seines Machtbereiches widmen. Empört reagierte er auf Roosevelts Vorstoß, General Stilwell, den Oberkommandierenden der US-Streitkräfte im Krieg um China/Burma/Indien und Stabschef von Chiang Kai-shek, zum Befehlshaber über alle in China operierenden Streitkräfte inklusive der kommunistischen Truppen zu machen. Da Stilwell außerdem die Vergabe der *Lend-Lease*-Mittel in der Hand hatte, hätte seine Aufwertung zum militärischen Oberbefehlshaber auf dem ostasiatischen Festland bedeutet, dass die USA die militärischen Kräfte für die Vertreibung Japans bündelten und Einfluss darauf bekommen hätten, wer den China zugedachten Platz als vierter Weltpolizist besetzen würde, also möglicherweise eine gemeinsame Regierung aus Nationalisten und Kommunisten. Trotz der Fehlschläge aller Versuche, Chiang Kai-shek zu veranlassen, Reformen einzuleiten und die Korruption zu bekämpfen, hielt Roosevelt an „Nationalchina" als einem der vier Weltpolizisten[45] und privilegierten Mächte im UN-System fest.

Die Wende auf dem europäisch-nordafrikanischen Kriegsschauplatz entsprechend der *Germany First*-Strategie herbeizuführen, war die Intention von General George C. Marshalls Projekt einer umfassenden Landeoperation an der französischen Atlantikküste. Der Namensgeber des späteren *European Recovery Program*, mit dem eine Ausweitung des sowjetrussischen Einflusses nach Westeuropa und Westdeutschland verhindert werden sollte, konzipierte die Landeaktion zur Entlastung Russlands. Stalin drängte auf die Eröffnung einer weiteren Front in Westeuropa, sodass die deutschen Streitkräfte in einen echten Zwei-Fronten-Krieg verwickelt würden. Für Roosevelt lag der von Marshall unter Rücksicht auf die Einsatzfähigkeit der Streitkräfte gewählte Zeitpunkt Frühjahr 1943 zu spät, Churchill fand im Juli 1942 im amerikanischen Präsidenten einen Abnehmer für seine altbekannte Idee, den deutschen Gegner zuerst an den weichen Flanken anzugreifen statt die eigenen Streitkräfte im Stellungskrieg an der Westfront zu verschleißen. Das Mittelmeer müsse von den Alliierten kontrolliert werden, bevor die Invasion Frankreichs beginnen dürfe. Churchill wollte außerdem verhindern, dass die Herrschaft über den Suezkanal, Großbritanniens Öl-Straße, in deutsche Hände fiel.

Die nach der Landung in Marokko und Algerien im November 1942 unter Leitung General Eisenhowers durchgeführte *Operation TORCH* führte im Mai 1943 zum Sieg der britisch-amerikanischen Streitkräfte (100 000 Mann) über das Afrikakorps unter Feldmarschall Rommel. Die USA machten ihre ersten deutschen Kriegsgefangenen. Nach der ersten Landung am 10. Juli 1943 erfolgte die Eroberung Siziliens, gefolgt vom Sturz Mussolinis durch hohe italienische Militärs im September 1943. Wegen des Widerstands der von Hitler eingesetzten deutschen Elitetruppen gelang die Befreiung Roms erst am 4. Juni 1944. Der Sieg über die schwächste der Achsenmächte brachte keine Wende im Kriegsgeschehen. Nach der Kapitulation Italiens drängte Churchill auf eine Balkanoffensive. Ende 1944 ordnete er eine britische Landung in Griechenland an, das er gemäß dem Stalin auf der Konferenz in Moskau (9.–18. Oktober 1944) unterbreiteten Plan einer Einflusszonenteilung als britisches Reservat betrachtete. Die Verwicklung der britischen Truppen in den griechischen Bürgerkrieg endete Anfang 1947 mit dem Appell an die USA, die Verantwortung dafür zu übernehmen, dass die Kommunisten nicht den Sieg in Griechenland erringen könnten.

Die Kontaktaufnahme des amerikanischen Geheimdienstes OSS mit deutschen Widerstandskreisen um General Beck, Admiral Canaris und Carl Goerdeler führte zu Irritationen zwischen Stalin und den Westmächten. Sie spitzten sich zu, als Großbritannien und die USA einen zunächst geheim gehaltenen Waffenstillstandsvertrag mit Italien schlossen, ohne die Sowjetunion zu beteiligen. Die Sonderwege waren kein Indiz für einen politisch-strategischen Kurswechsel. Roosevelt hielt an der mit Churchill auf der Konferenz in Casablanca im Januar 1943 verkündeten Doktrin der bedingungslosen Kapitulation

Deutschlands und Japans fest. Dies schloss einen Separatfrieden mit Deutschland aus, zumal auch die Spitzen der deutschen Widerstandsbewegung nicht bereit waren, diese Bedingung zu akzeptieren. Stalin schloss sich auf der Konferenz von Teheran Ende November 1943 der *Unconditional Surrender*-Doktrin an. Die Verbündeten sagten einander zu, dass sie keinen Separatfrieden mit Deutschland schließen würden. Die Ungewissheit darüber, was Stalin mit dem Bund Deutscher Offiziere und mit dem Nationalkomitee Freies Deutschland bezwecke, weckte nunmehr bei Roosevelt die Befürchtung vor einer unliebsamen Überraschung. Der Hitler-Stalin-Pakt, die sowjetischen Überfälle auf Polen und Finnland, der Neutralitätspakt mit Japan und wiederkehrende Anzeichen von deutsch-russischen oder deutsch-japanisch-russischen Geheimgesprächen boten Anhaltspunkte, die Gefahr eines sowjetischen Alleingangs ernst zu nehmen. In Teheran verständigten sich die Großen Drei auf die Einteilung Deutschlands in Besatzungszonen und auf deutsche Reparationszahlungen. Dies war auch dazu gedacht, Stalin zufrieden zu stellen. Roosevelt und Churchill bestätigten dem russischen Diktator, dass die von ihnen gleichfalls in Casablanca vereinbarte Invasion in Frankreich im Mai/Juni 1944 erfolgen werde.

Nach den verlustreichen Siegen der Roten Armee in der Schlacht von Stalingrad und dem Sieg in der Panzerschlacht bei Kursk im Juni 1943 änderte sich die Perspektive: Wie schnell würde die Rote Armee das eigene Land befreien? Wann würde sie in Polen (Ende Juli 1944), Rumänien (Ende August 1944), Bulgarien (Mitte September 1944) und ins Baltikum (September 1944) einmarschieren und schließlich auf deutsches Feindgebiet selbst vorstoßen? Gestützt auf die eigenen Erfolge, setzte Stalin in Teheran die Mitentscheidung der UdSSR in allen den Weltkrieg und die Nachkriegsordnung betreffenden Fragen durch. Im Gegenzug für die Eröffnung der zweiten Front in Frankreich sagte Stalin in Teheran die Beteiligung am Krieg gegen Japan zu, und zwar drei Monate nach einem deutschen Waffenstillstand. In Teheran stand ebenfalls die Nachkriegsordnung im Fernen Osten auf der Tagesordnung: Korea sollte in Besatzungszonen entlang des 38. Breitengrades geteilt werden. Betreffend Indochina hegten Churchill und Roosevelt gegenteilige Ansichten. Ersterer war für die Rückgabe an Frankreich, der Zweite für ein UNO-Treuhand-Regime.

An der Jahreswende 1943/44 waren die USA so weit, den Krieg auf dem europäischen Festland zu eröffnen. Die Atlantikflotte hatte die deutsche U-Boot-Gefahr mithilfe der Radartechnik und der Entzifferung des intra-deutschen Funkverkehrs Ende 1943 überwunden. Die *Combined Bomber Offensive* gegen deutsche Wirtschaftszentren und städtische Ballungsräume setzte am 10. Juli 1943 ein. Die amerikanische Kriegsproduktion erreichte 1943/44 den Punkt, wo die Expeditionsarmee und die *Air Force* mit hochwertiger Ausrüstung und gesichertem Nachschub die *Operation Overlord* ausführen konnten. Die Landung in der Normandie am 6. Juni 1944 mit 200 000 Soldaten und 2700 Schiffen begann unter dem Oberbefehl von General D. D. Eisenhower. Die Schlachten an der Westfront, zu der im August 1944 nach einer weiteren Landeoperation die *Operation Dragoon* – Vorstoß von Südfrankreich aus nach Südwestdeutschland – hinzukam, waren erfolgreich, aber auch verlustreich. Paris wurde am 25. August 1944 befreit. Die deutsche Gegenwehr erreichte mit der Ardennenoffensive (*Battle of the BULGE*, 16. Dezember 1944 bis 31. Januar 1945) eine die USA überraschende Effizienz. Die sowjetischen Truppen lancierten um den 10. Januar 1945 ihre Großoffensive an der Ostfront. Sie eroberten Warschau im Januar 1945 und ermutigten die kommunistische Regierung, das Lublin-Komittee, innenpolitische Gegner zu liquidieren.

Während Stalin auf das Tempo drückte, um beim nächsten Treffen der Großen Drei auf der Krim (Jalta, 4.–11. Februar 1945) dank des Vormarsches der Roten Armee und von dieser geschützter Statthalter-Regime möglichst viele Faustpfänder in der Hand zu halten, hatte Roosevelt im Kampf um die vierte Amtszeit Zugeständnisse an die Stimmungslage im eigenen Lande machen müssen. Die Kritik richtete sich vor allem gegen das Festhalten Roosevelts an der Forderung nach bedingungsloser Kapitulation. In Reaktion darauf versprach Roosevelt, dass beim zweifachen Sieg über Japan und Deutschland so wenig amerikanische Soldaten wie möglich den Tod finden sollten. MacArthur gelang dies bei der Befreiung Neuguineas und Manilas, der Hauptstadt der Philippinen, während die *Battle on the Bulge* die USA 55 000 Tote und Verwundete kostete. Mit diesem Handikap trat Roosevelt zu seiner letzten Gipfelkonferenz auf der Krim an.

Der Widerspruch zwischen der Forderung nach bedingungsloser Kapitulation Deutschlands und Japans einerseits und der bedingten Bereitschaft, amerikanische Leben zu opfern, wurde im Fall Japans durch die von Roosevelts Nachfolger Truman getroffene Entscheidung für den Einsatz der Atombombe aufgehoben. Diese Option lag zu Lebzeiten Roosevelts noch nicht vor. Einiges spricht dafür, dass die Warnungen der amerikanischen Oberkommandierenden, der Generale Eisenhower (Europa) und MacArthur (Fernost), vor einer Überschätzung der Wirkung der Atombombe zu den Gründen gehörten, warum Roosevelt in Jalta der Wirkung nach ein Junktim zwischen eigenem Entgegenkommen an Stalins Forderungen betreffend Ostmitteleuropa und Stalins Zusage eines Eingreifens der UdSSR in den Krieg gegen Japan aushandelte. Roosevelt löste den Widerspruch zwischen „Endsieg über Japan" und „Schutz amerikanischer Soldatenleben" dadurch, dass er die Zusammenarbeit mit der Sowjetunion retten wollte. Die Forderung Molotows Anfang Januar 1945, der UdSSR amerikanische Finanzhilfe in Höhe von 6 Milliarden Dollar zu gewähren, wies Roosevelt allerdings zurück. Stalin war geschickt genug, Roosevelt in den für diesen wichtigen Punkten einer UN-Gründungskonferenz im April 1945 in San Francisco[46] und eines eventuellen Kriegseintritts gegen Japan entgegenzukommen. Nachfolgende britische Vorschläge, den Wettlauf mit der Roten Armee nach Berlin nach der Überquerung des Rheins bei Remagen am 7. März 1945 aufzunehmen, lehnte Roosevelt ab. Die Westmächte müssten, so Churchills Mahnung, die von ihren Truppen besetzten Gebiete unbeschadet der für die Besatzungszeit vorgesehenen Gebietszuweisungen halten, um ein Faustpfand für die Verhandlungen mit Stalin über das Schicksal Mittel- und Osteuropas in Händen zu haben.

Stalin verlangte eine erweiterte sowjetische Sicherheitszone. Dies hieß für ihn, dass der Kreml selbst bestimmte, wer in den so genannten Satellitenstaaten die Macht innehatte. Damit stand fest, dass die als Gegengewicht zu der für unvermeidlich gehaltenen Anerkennung sowjetischer Ansprüche auf die 1939 bis1941 im Rahmen des Hitler-Stalin-Paktes eroberten Gebiete gedachte zweite Jalta-Erklärung „über das befreite Europa" eine

Übung in politischer Kosmetik bleiben würde. Stalin ließ keine Zweifel daran, dass er meinte, was er sagte, als er zwischen den Konferenzen von Jalta und Potsdam die deutschen Ostgebiete besetzte und Polen seine neuen Ost- und Westgrenzen oktroyierte. Entgegen Churchills Warnungen gab Roosevelt sich in Jalta mit Stalins Zusage zufrieden, dass in Polen freie Wahlen stattfinden würden. Roosevelt verzichtete in der Polen-Frage entgegen seinen Schutzbehauptungen auf einen Test der Glaubwürdigkeit Stalin'scher Zusagen wie die frühzeitige Ansetzung freier Wahlen. Die *Joint Chiefs of Staff* hatten Roosevelt dargelegt, dass die USA einen Krieg gegen die militärisch überlegene Sowjetmacht nicht gewinnen könnten, also sollten sie sich nicht in einen Streit zwischen Großbritannien und der Sowjetunion um die Aufteilung von Einflusszonen in Europa verwickeln lassen. Mit der Verschiebung der Westgrenze Polens hatte Roosevelt sich, vorbehaltlich der Friedensvertragsregelung, grundsätzlich einverstanden erklärt.

In der Deutschlandfrage schwankte Roosevelt zwischen verschiedenen Plänen zur Aufteilung Deutschlands. Auf der Konferenz in Teheran hatte Roosevelt am 1. Dezember 1943 konkrete Vorstellungen zur Zerstückelung Deutschlands in fünf unabhängige Staaten vorgetragen. Weitere Optionen waren der Morgenthauplan (Oktober 1944, 2. Quebec-Konferenz mit Churchill), der eine Deindustrialisierung der deutschen Wirtschaft und Internationalisierung des Ruhrgebiets vorsah, sowie eine Besatzungsherrschaft in „Deutschland in den Grenzen vom 31. Dezember 1937“, allerdings unter Aufteilung in drei oder vier Zonen bei gleichzeitiger alliierter Hoheit über das Gesamtgebiet. Dafür warben Harry Hopkins sowie das Außen- und das Kriegsministerium. Die dritte Option, ergänzt um die Annahme der von der in London tagenden *European Advisory Commission* ausgearbeiteten Zonenpläne und Aufgaben der Besatzungsmächte, wurde Grundlage der Potsdamer Beschlüsse. In Potsdam wurde Frankreich, auf britisches Drängen, als vierte Besatzungsmacht anerkannt, war aber nicht anwesend. Vor Potsdam einigten sich die Großen Drei auf einen Gebietstausch, wobei die Sowjetunion die Westalliierten an der Herrschaft über das von der Roten Armee eroberte Berlin beteiligte, während die USA die von eigenen Truppen besetzten Gebiete von Thüringen bis Böhmen räumten und in die sowjetische Besatzungszone eingliedern ließen. Nach Hitlers Selbstmord am 30. April 1945 hatte die Rote Armee am 2. Mai 1945 Berlin besetzt. Die Regierung Dönitz vollzog am 8. Mai 1945 die bedingungslose Kapitulation.

Auf der Potsdamer Konferenz vom 16. Juli bis 2. August 1945 vertrat Truman die USA. Er hatte nach Roosevelts Tod am 12. April 1945 die Amtsgeschäfte übernommen. Truman hatte seit 1941 in der amerikanischen Innen- und Kriegswirtschaftspolitik eine zunehmend wichtigere Rolle gespielt. Er verfocht das *Second Bill of Rights/Full Employment Policy*-Erbe Roosevelts, das dieser in der Jahresbotschaft 1944 verkündet hatte. In die Außen-, Sicherheits- und Militärpolitik war Truman von Roosevelt jedoch nicht eingeweiht worden. Einerseits wollte Truman an der Verständigungspolitik zwischen den beiden Supermächten festhalten, die mit der Verabschiedung der UN-Charta im Juni 1945 eine Plattform erhielt. Andererseits hielt er es für angebracht, Außenminister Molotow davor zu warnen, dass die sowjetische Mischung aus Faits accomplis zu eigenen Gunsten und Nichterfüllung von Zusagen an die Verbündeten den guten Willen auf amerikanischer Seite strapaziere. Kürzungen und Verzögerungen bei der Auslieferung von Wirtschaftshilfe und Auszahlung von Finanzhilfe sollten Stalin signalisieren, dass er berechenbar bleiben müsse, falls er wirklich auf amerikanische Wirtschaftshilfe baue.

In Potsdam verhandelte Stalin aus der Position des selbstbewussten Siegers. Die USA sollten nicht den Eindruck gewinnen, dass sie auf Grund ihrer objektiven Machtfülle Regie führen dürften. Damit wurde die Roosevelt'sche Konzeption der vier Weltpolizisten hinfällig, denn sie setzte voraus, dass die Protagonisten sowohl in den internationalen Strukturen (UNO, IMF) als auch in ihrem regionalen Umfeld verantwortlicher handeln würden als die vielen über-ambitionierten Mittelmächte und Kleinstaaten. Hinzu kam, dass Großbritannien auf sich gestellt nicht in der Lage sein würde, das (noch) nicht sowjetisch besetzte Europa westlich der Elbe als eigene Region zu stabilisieren.

Für Truman stand außer den auf der Tagesordnung vorgesehenen Fragekomplexen Reparationen, Deutschlandfrage und Schicksal der osteuropäischen Länder, insbesondere Polens, in erster Linie die Entscheidung an, wie lange der Krieg gegen Japan dauern und welche Opfer er verursachen werde. Die ohnehin heikle Frage, ob der Einsatz der Atombombe zu rechtfertigen sei, wurde noch dadurch kompliziert, dass nur wenige Beteiligte genau wussten, um welche Atombombe es sich tatsächlich handelte. Der in Alamogordo am 17. Juli 1945 durchgeführte *Trinity*-Test betraf weder den Typ der Uranbombe, die am 6. August auf Hiroshima abgeworfen wurde, noch der Plutoniumbombe, die auf Nagasaki am 9. August fiel.[47]

Ein *Interim Committee* hatte Truman den frühestmöglichen Einsatz der Bombe gegen Japan empfohlen. Dabei spielte das Argument eine Rolle, die Investitionen in das *Manhattan Project* (ca. 2 Milliarden US-Dollar und 120 000 Beschäftigte) mit einem demonstrativen Erfolg zu rechtfertigen und Roosevelts Vermächtnis zu erfüllen. Es bestand kein Zweifel, dass Roosevelt die Atombombe als legitime Kriegswaffe angesehen hatte und das Geheimnis nicht mit der Sowjetunion teilen wollte. Beides engte die Optionen ein, die seinem Nachfolger offen standen. Truman ordnete am 25. Juli an, den Einsatz der Bombe vorzubereiten, falls Japan nicht bis zum 3. August bedingungslos kapitulierte. Tokio lehnte am 28. Juli die Potsdamer Resolution ab, welche Japan die „sofortige und weitestgehende Zerstörung“ für den Fall der Ablehnung des Ultimatums angedroht hatte. Truman erteilte daraufhin den Einsatzbefehl.

Aus dem Umstand, dass der Einsatz der Atombombe von Potsdam aus angeordnet wurde, ist gefolgert worden, dass es sich um einen Akt der *atomic diplomacy* (in Analogie zur *dollar diplomacy*) handele. Diese Deutung bildet einen Eckpfeiler derjenigen Interpretation, die den USA einen hohen Anteil an Ausbruch und Dauer des Kalten Kriegs anlastet.[48] Der Einsatz der Bombe sollte dem Kreml demonstrieren, dass man ein russisches Vordringen auf Japans Spuren nach Ost- und Südostasien verhindern wolle und russische Ambitionen anderenorts eindämmen könne. Als Beweisstück dienen Bestrebungen Trumans, den Termin für die Potsdamer Konferenz hinauszuschieben. An diese Feststellung wird als Motiv angehängt, dass Truman erst über einsetzbare Atombomben verfügen oder deren Einsatz erprobt haben wollte, um gegenüber Stalin ein Faustpfand in der Hand zu haben. Ein zweites Beweisstück wird darin gesehen, dass die USA nicht die Möglichkeit nutzten, das Eingreifen der UdSSR in den Krieg gegen Japan abzuwarten. Truman traute Stalins Zusage, zum vorgesehenen Termin den Krieg gegen Japan aufzunehmen, wollte durch den Bombeneinsatz jedoch erreichen, dass der Sieg über Japan vorher erreicht werde. Russlands Eingreifen in den Krieg zu befürworten, schließt die Auffassung ein, dass man der UdSSR getrost die Eroberung der Mandschurei überlassen sollte und dass dies schnell über die Bühne gehen würde, weil Japan am Ende sei. Der argumentative Kreis schließt sich: Wenn es stimmt, dass Japan „am Ende" war, bedurfte es nicht des Einsatzes der Atombombe, um Japans Kapitulationsbereitschaft herbeizubomben. Also müssten andere Absichten im Spiel sein – die Eindämmung sowjetischer Anrechte auf Parität mit den USA.

Den Zweck als diplomatisches Druckmittel gegenüber der UdSSR konnte die Bombe schon deshalb nicht erreichen, weil Stalin über Spione und Agenten vom Stand der amerikanischen Entwicklung Kenntnis hatte. Das Motiv, dem Gewicht der Roten Armee als Instrument sowjetischer Drohpolitik ein militärisch abschreckendes Allheilmittel entgegenzusetzen und den USA einen Vorsprung auf militärtechnologischem Gebiet zu sichern, war zwar ein ausschlaggebendes Argument in den Überlegungen der von Truman übernommenen Berater Roosevelts – Manhattan-Projekt-Leiter General Groves, Kriegsminister Stimson, „Super"(wirtschafts)minister Byrnes –, aber nicht der maßgebliche Grund für den Atombombeneinsatz zur Erzwingung einer frühestmöglichen Kapitulation Japans. Den USA war klar, dass der Einsatz der Waffe mit unvorstellbarer Vernichtungskraft gegen die „gelbe Gefahr" nicht nur die projektierte Besatzungs- und Umerziehungs-Ära in Japan selbst belasten, sondern auch von beiden Parteien im chinesischen Bürgerkrieg in die Kategorie eines Rassenkonflikts eingeordnet werden würde.

Warum ist dennoch die Bombe zum Einsatz freigegeben worden? Den Ausschlag gab wohl die Auffassung, dass der Krieg mit Japan möglichst schnell siegreich beendet werden sollte. Der Einsatz der Bombe würde diesen Effekt haben. Andernfalls stünden Kampfhandlungen auf den japanischen Hauptinseln bevor, die einige Zeit dauern und viele amerikanische Soldatenleben kosten würden. Am Ende war von 250 000 bis zu 1 Million Toten und Verletzten die Rede, als Vergleich diente, dass die Eroberung Okinawas (1. April bis 25. Juni 1945) 40 000 Tote/Verwundete auf amerikanischer Seite gekostet hatte, 110 000 japanische Streitkräfte verloren ihr Leben, 80 000 Zivilisten starben oder erlitten schwere Verletzungen.

Schließlich ist zu erörtern, ob die amerikanische Regierung gegenüber Japan von der Forderung nach bedingungsloser Kapitulation angesichts des erwarteten unerbittlichen Widerstands hätte Abstand nehmen sollen. Das erschien in Anbetracht von Pearl Harbor und der von Japanern begangenen grausamen Kriegsverbrechen in China und in Südostasien unzumutbar. Gegen die weitere, oft besprochene Option eines Demonstrationseffektes spricht, dass die USA nur über zwei einsatzbereite Bomben verfügten und dass die Voraussetzungen fehlten, um den Ablauf des Abwurfprozesses unter Kontrolle zu halten. Würde der Abwurf auf unbewohntes Gebiet den Machtkampf in Tokio unverzüglich zugunsten derer entschieden haben, die ein Friedensgesuch befürworteten? Würde dieser Friedensfühler in Richtung Moskau ausgestreckt werden, wofür der noch gültige

Neutralitätsvertrag sprach, oder gegenüber den USA, die mit ihren Kriegshandlungen Japan mürbe gemacht hatten? Der Eindruck, dass die *hardliner* auf japanischer Seite nicht abdanken wollten, war ein Grund mehr für die Entscheidung, den Zeitpunkt der Kapitulation durch den Einsatz der neuen Schrecken erregenden Waffe zu beschleunigen. Japan kapitulierte am 14. August. Der Tenno wurde geschont, statt als Kriegsverbrecher abgeurteilt zu werden, behielt der Monarch unter dem Oberbefehlshaber der Besatzungsstreitmacht den Thron. Nach der formalen Kapitulation an Bord des Kriegsschiffes *Missouri* am 2. September 1945 besetzten amerikanische Truppen Japan. Die Staatsgeschäfte lagen in der Hand von General MacArthur und die USA waren de facto alleinige Besatzungsmacht.

# III. Die amerikanische Weltmacht nach 1945

| | |
|---|---|
| 1947 | Truman-Doktrin; Marshall-Plan |
| 1948 | Berliner Blockade und Luftbrücke; Gründung des westdeutschen Teilstaates |
| 1949 | Gründung der Nordatlantischen Vertragsgemeinschaft |
| 1950–53 | Koreakrieg |
| 1954 | Gründung der SEATO |
| 1956 | Polen-, Ungarn- und Suezkrise |
| 1957 | Eisenhower-Doktrin betr. Intervention im Mittleren Osten; Sputnik-Schock |
| 1958 | Zweite Taiwan-Krise; Beginn der zweiten Berlin-Krise |
| 1960 | Scheitern der Pariser Viermächtegipfelkonferenz |
| 1961 | Schweinebucht-Krise; Bau der Berliner Mauer |
| 1962 | Kuba-Krise |
| 1964 | Golf-von-Tonkin-Resolution: Unerklärter Vietnamkrieg |
| 1967 | USA und UdSSR vermitteln Waffenstillstand im Nahostkrieg |
| 1969 | Guam-Doktrin Nixons |
| 1971 | Auflösung des Bretton-Woods-Systems; Abwertung des Dollar |
| 1972 | Nixon besucht China (Februar) und die Sowjetunion (Mai): SALT-I-Vertrag |
| 1973 | Waffenstillstandsabkommen für Vietnam; Yom-Kippur-Krieg |
| 1977 | Panama-Kanal-Verträge |
| 1979 | Carter und Breschnew unterzeichnen SALT-II-Abkommen |
| 1979–81 | Geiselnahme der US-Botschaft in Teheran |
| 1980 | Sanktionen in Reaktion auf Einmarsch sowjetischer Streitkräfte in Afghanistan |
| 1982–84 | Beteiligung der USA an UN-Mission im Libanon |
| 1983 | Reagan kündigt Strategische Verteidigungsinitiative (SDI) an |
| 1985 + 1986 | Gipfeltreffen Reagan – Gorbatschow |
| 1987 | INF-Vertrag regelt Abbau und Verschrottung von Mittelstreckenraketen |
| 1989–90 | Wiedervereinigung Deutschlands; Vertrag über konventionelle Abrüstung |
| 1991 | Golfkrieg |
| 1992 | G. Bush kündigt Senkung der Rüstungsausgaben an („Friedensdividende“) |
| 1992 | G. Bush und Jelzin einigen sich auf weiteren Abbau von Raketen und Atomwaffen |
| 1992–94 | US-Engagement in Somalia (Kontrolle über Verteilung von Lebensmitteln) |
| 1993 | Nordamerikanisches Freihandelsabkommen USA–Mexiko–Kanada |
| 1994 | Clinton schließt Abkommen mit Nordkorea über Kontrolle der Atomanlagen |
| 1995 | USA greifen in Bosnienkrieg ein; Hoolbrooke erreicht Dayton-Vertrag |

| | |
|---|---|
| 1997 | Clinton und Jelzin beschließen Aufnahme von Verhandlungen über START-Abkommen; Clinton und Jiang Zemin vereinbaren ebenbürtige Partnerschaft |
| 1998 | Terroranschläge auf US-Botschaften in Nairobi und Daressalam; Clinton vereinbart mit Netanyahu und Arafat Neubeginn des Nahost-Friedensprozesses |
| 1999 | NATO führt Luftkrieg gegen Serbien im Kosovo |
| 2001 | In Reaktion auf den 11. September ruft G. W. Bush zum Krieg gegen den internationalen Terrorismus auf; Krieg in Afghanistan gegen Al Quaida und die Taliban |

# A. Von der Vormacht des Westens zur einzigen Supermacht

Am Ende des Zweiten Weltkriegs waren die USA die wirkliche Weltmacht. Sie waren die einzige Macht, der es gelang, ihr eigenes Hoheitsgebiet und den amerikanischen Kontinent aus eigener Kraft zu schützen und außerdem ihre wirtschaftlichen und militärischen Machtmittel in alle anderen Kontinente zu projizieren. Großbritannien konnte sich weder gegen das Vordringen der Sowjetunion und ihrer kommunistischen Parteigänger in die britische Einflusszone von Griechenland bis Persien wehren noch die indirekte Schwächung des Sterling-Gebiets durch die sowjetische Expansionspolitik aufhalten. Die Bereitschaft zur Bildung einer Bizone mit den USA in Westdeutschland, die per 1. Januar 1947 in Kraft trat, ist das bekannteste Beispiel für den Zugzwang, in den die sowjetische Drohpolitik die britische Strategie der Selbstbehauptung als dritte Kraft mit überseeischen Stützpunkten brachte. Die ökonomische und schließlich auch militärstrategische Rückversicherung Großbritanniens bei den USA resultierte aus der Ernüchterung der Labour-Regierung Attlee/Bevin über eine Verständigungsbereitschaft Stalins. Die USA erklärten sich im Frühjahr 1946 bereit, die Entscheidung über den Rückzug ihrer Truppen aus Europa zurückzunehmen und stattdessen einen Pakt zur Garantie der Neutralisierung und Demilitarisierung Deutschlands mit einer Laufzeit von 40 Jahren[1] anzubieten. Nach Molotows Ablehnung dieser Offerte kündigten sie ihre Präsenz in Westeuropa und in Westdeutschland öffentlich durch Außenminister Byrnes' Stuttgarter Rede vom 6. September 1946 an. Damit befreiten sie Großbritannien von der Ungewissheit, ob man sich gegenüber der sowjetischen Expansions- und Drohpolitik zum *Appeasement* gezwungen sehen könnte. Die angelsächsischen Mächte demonstrierten ihre Entschlossenheit, indem sie auf Stalins Teilung Europas mit der Gründung eines westdeutschen Teilstaates reagierten.[2] Die Zuverlässigkeit der USA als Stabilisator, der sowohl Deutschland in Westeuropa verankern als auch die Sowjetunion eindämmen werde, machte den großen Unterschied zur Epoche nach dem Ersten Weltkrieg aus. Indem die USA formaliter neben, de facto anstelle Großbritanniens die Rolle des Sicherheitsgaranten für Frankreich und der Aussöhnung zwischen Westdeutschland und Frankreich übernahmen, verhalfen sie Großbritannien zu der „Freiheit", als dritte Weltmacht (Commonwealth, Sterlinggebiet, Militärmacht in Afrika und im Mittleren Osten/Ägypten) im Rennen zu bleiben. Dies wurde deutlich, als die USA statt Großbritannien im März 1946 die Sowjetunion ultimativ aufforderten, ihre Truppen gemäß den interalliierten Abkommen aus Nordpersien abzuziehen und im Herbst 1946 in Reaktion auf sowjetische Forderungen an die Türkei vom August des Jahres nach Einrichtung gemeinsamer sowjetisch-türkischer Befestigungsanlagen an den Meerengen eine Flotte im Mittelmeer stationierten. Die USA waren damit in unmittelbarer Nachbarschaft der UdSSR präsent.

Die dritte Siegermacht Sowjetunion hatte ihren Sicherheitsbereich durch die Annexion der zuerst von Hitler, dann auch von den Alliierten auf der Konferenz von Teheran zugesagten Einflussgebiete erweitert und suchte dies nach Kriegsende fortzusetzen, solange Widerstand ausblieb. Sie benötigte eine längere Phase zur Erholung von den Erschöpfungen des „großen vaterländischen Krieges".

## Die Beziehungen zwischen den „Großen Drei"

Die erste Asymmetrie zwischen den USA und der Sowjetunion bestand darin, dass die USA nach Kriegsende eine schnelle Reduzierung ihrer Militärpräsenz in Übersee und die Demobilisierung ihrer Truppen verkündet hatten und beides bis Anfang 1946 durchführten. Stalin nutzte dagegen die Präsenz der Roten Armee als Schutzschild für mehr (so in Rumänien und Bulgarien) oder weniger stark oktroyierte innere Regimewechsel in den besetzten Ländern. Die Missachtung der zweiten Jalta-Deklaration über das befreite Europa entsprach der von Stalin ausgegebenen Devise, wonach dieser Krieg anders sei als frühere: Die Sieger- bzw. Besatzungsmächte implantierten ihr Herrschafts- und Gesellschaftsmodell zwecks Fundierung der angestrebten erweiterten Sicherheitszone.

Stalin hatte Roosevelt den Gefallen getan, die liberalen Universalprinzipien nachzusprechen, die in der Atlantik-Charta, in der Charta der Vereinten Nationen und im Statut des Internationalen Währungsfonds und der Weltbank ihren Niederschlag gefunden hatten, setzte aber in vielen Einzelfällen – Polen, deutsche Ostgebiete, Türkei, Persien, Korea, Kurilen-Inseln, Nordchina – die territoriale Arrondierungspolitik und den Wechsel der Regime fort, wie er es dank des Paktes mit Hitler im Zweiten Weltkrieg praktiziert hatte. Die Irritation der Westmächte über die Doppelbödigkeit der Politik des Kreml führte eine Konfliktlage herbei, in der die USA der Sowjetunion die Verletzung des Prinzips des Selbstbestimmungsrechts der Völker schon während der San-Francisco-Konferenz im April 1945 vorwarfen. Moskau prangerte hingegen die amerikanische Bezugnahme auf liberale Prinzipien als Verstoß gegen das Nicht-Einmischungsgebot in innere Angelegenheiten an. Der Kreml dehnte den Begriff „innen" auf die erweiterte Sicherheitszone, den „Ostblock", aus.

Da Roosevelt und Truman diese Version des sowjetischen Sicherheitsbedürfnisses zunächst duldeten, war die militärische Machtprojektion der Sowjetunion gegenüber den Einwirkungschancen der Finanz- und Wirtschaftskraft der USA im Vorteil. Die Duldung schloss ein, dass die USA die Oder-Görlitzer Neiße-Grenze abweichend vom Terminus „Vorläufigkeit" im Potsdamer Abkommen als nicht mehr rückgängig zu machende Entscheidung respektierten.

Die USA verfügten über einen vorerst unerschöpflichen Vorrat an Ressourcen, um im Inneren die während der 1930er-Jahre abgebrochene Entwicklung zur Wohlstandsgesellschaft wieder aufzunehmen und nach außen als *benevolent hegemon* in der „freien Welt" Wiederaufbauhilfe zu leisten. Großbritannien war auf eine Fortführung der *Lend-Lease*-Injektionen in irgendeiner Form angewiesen und erhielt von den USA Kredithilfe im Umfang von 3,75 Milliarden Dollar. Sie lag niedriger als die angeforderten mindestens

5 Milliarden Dollar und wurde nicht zinslos gewährt, sondern zu vergünstigten Bedingungen von 2% Zinsen und 50 Jahren Tilgung.

Die Abhängigkeit Großbritanniens von den USA wurde durch Washingtons Sorge dafür aufgewogen, dass der Dollarraum und das Sterling-Gebiet einen gleich großen Anteil von je 40% am Welthandel hatten. Die USA konnten eine Teilung der Weltwirtschaft in einen Hartwährungs- (Dollar) und einen Weichwährungsblock (Sterlinggebiet) nicht zulassen, zumal sich die Teilung der Welt entlang einer amerikanisch-britischen und einer sowjetisch-rotchinesischen Kooperationsgemeinschaft abzeichnete.

Bereits vor dem Auslaufen des *Lend-Lease*-Gesetzes mit Kriegsende hatte auch die Sowjetunion durch Molotow am 3. Januar 1945 in Washington um eine Finanzhilfe von 6 Milliarden Dollar nachgesucht. In den Konsultationen legten amerikanische Spitzenkräfte, insbesondere der im Russlandgeschäft erfahrene Averell Harriman, Präsident Truman nahe, die ökonomische Überlegenheit der USA als Trumpfkarte in der Hinterhand zu behalten, um die sowjetischen Machthaber zu bewegen, den Binnenmarkt zu öffnen und das Mitwirkungsrecht der USA in Osteuropa anzuerkennen. Nach mehreren Hinhaltemanövern lehnte die Truman-Administration das sowjetische Finanzhilfegesuch im Juli 1946 endgültig ab. Stalin ließ sich von der amerikanischen wirtschaftlichen Suprematie ebenso wenig beeindrucken wie zuvor auf der Potsdamer Konferenz von der vermeintlichen *atomic diplomacy* Trumans. Die Sowjetunion setzte gemäß Stalins Ausführungen vor dem Obersten Sowjet im Februar 1946 die Kriegswirtschaft fort, d.h. den Vorrang der Schwer- und Rüstungsindustrie vor der Leicht- und Konsumgüterindustrie. Stalin verbrämte dies mit einer Neuauflage des Systemkonflikts zwischen leistungsfähig-gerechtem Sozialismus und krisenanfällig-ungerechtem Kapitalismus.[3] Auf das Ende der Kooperationsphase reagierten die USA nicht mit dem Rückfall in den Isolationismus, vielmehr bekräftigten sie ihre Führungsrolle im westlich-liberaldemokratischen und marktwirtschaftlich-freihändlerischen Teil der Welt.

Politisch gesehen, waren die USA nur in einem Punkt entschlossen, ihren Sieg allein auszukosten: Als de facto einzige Besatzungsmacht[4] wollten sie in Japan die wirtschaftlichen Strukturen – durch Beseitigung des Großgrundbesitzes und Verteilung des Landes auf Kleinbauern (Bodenreform) und Entflechtung der Verschachtelung von Produktions-, Handels- und Bankenketten in Großunternehmen – grundlegend verändern und in der politischen Landschaft Japans den Aufstieg von gemäßigten linken Parteien und Gewerkschaften begünstigen. In den 1946 durchgeführten Wahlen erhielten jedoch die Kommunisten mehr als 20% der Stimmen und schnitten besser ab als die Sozialisten und Sozialdemokraten. Die im November 1946 auferlegte demokratische Verfassung, in der auch durch Artikel 9 das Verbot des Aufbaus nationaler Streitkräfte verankert war, sollte die Rückkehr kriegstreiberischer Kräfte an die Macht verhindern. Nach der bedingungslosen Kapitulation hielten die USA die Regierung im Amt und tolerierten den Kaiser (Tenno) als geistliches Oberhaupt und Staatsoberhaupt, freilich ohne exekutive Befugnisse. Japans Einheit als Nationalstaat stand nicht in Gefahr. In einer Art Ringtausch hatte Stalin im Dezember 1945 auf eine Beteiligung an der Kontrolle über Japan verzichtet, dafür hielten die USA und Großbritannien sich aus Rumänien und Bulgarien heraus.

Im Hinblick auf Europa hatten die drei Regierungschefs gesamteuropäische und gesamtdeutsche *grand designs*: Großbritannien und die UdSSR meldeten Ansprüche auf Einflusszonen an, Churchill und Stalin hatten sich bei ihrem Treffen in Moskau Mitte Oktober 1944 darauf verständigt, dass Großbritannien in Westeuropa und in Griechenland tonangebend sein dürfe, die Sowjetunion hingegen in Rumänien und Bulgarien. Unbeschadet alternativer interner Überlegungen und Planspiele hatten sich die „Großen Drei" auf die Erhaltung der Einheit Deutschlands in den Grenzen vom 31. Dezember 1937 festgelegt. Gestützt auf die bedingungslose Kapitulation in Reims am 7. und in Berlin am 8. Mai 1945 übernahmen die Siegermächte am 12. Juni 1945 die höchste Gewalt und vereinbarten auf der Potsdamer Konferenz einerseits die Leitsätze für die Neugestaltung des „Feindstaates" (UN-Charta, Art. 53 und 107) und andererseits die Verfahrensgrundsätze für die Besatzungszeit. Alles war auf Drei- bzw. Viermächtehoheit für Deutschland als Ganzes ausgerichtet, dennoch wurde Deutschland schnell geteilt. Grund war das Ineinandergreifen zweier Entscheidungen bezüglich der Aufteilung in Besatzungszonen: In jeder Besatzungszone bildete der Militärgouverneur die höchste Instanz und jede Besatzungsmacht durfte ihrer Zone die von ihr begehrten Reparationsleistungen entnehmen. Aufgrund der massiven Interessengegensätze zwischen den Siegermächten[5] bedeutete die Verbindung beider Kriterien, dass die „Großen Drei" eine Prämie auf die Teilung Deutschlands ausgesetzt hatten. Die Sowjetunion ging in ihrer Zone zügig zu Werke. Damit machte Stalin deutlich, dass er, unbeschadet der Viermächteverantwortung, in der eigenen Zone und in Ostberlin wie zuvor in Polen und Südosteuropa die Weichen in Richtung Sowjetisierung des politischen Regimes stellen wollte. Auch im Iran und in der Türkei verdrehte die Sowjetunion die Absprachen mit den Westmächten zum eigenen Vorteil. Alles deutete darauf hin, dass Stalin systematisch auf eine Verbesserung der eigenen Ausgangsposition für den von ihm im Februar 1946 für unvermeidlich erklärten Konflikt zwischen der sozialistischen und der kapitalistischen Staatenwelt hinarbeitete. Da er gleichzeitig mit einem Verdrängungswettbewerb zwischen den verbliebenen kapitalistischen Weltmächten USA und Großbritannien rechnete, sah er die Siegchancen im so genannten Kalten Krieg auf sowjetischer Seite.

Aus Sorge, dass die USA den angekündigten Rückzug ihrer Streitkräfte wahrmachen könnten, hatte Churchill auf der Konferenz von Jalta auf der Beteiligung Frankreichs als vierter Besatzungsmacht in Deutschland und auf die Rückkehr Frankreichs als Kolonialmacht in Indochina gedrungen. Frankreich „dankte" für das Vertrauen, indem es erneut (wie 1918–1920) auf Sicherheit vor Deutschland drängte und unter diesem Primat die in den Potsdamer Beschlüssen vorgesehene Einrichtung gesamtdeutscher Verwaltungsinstitutionen behinderte. Die unterschiedliche Entwicklung in den vier Besatzungszonen, auf die hier nicht weiter eingegangen werden kann, stellte niemanden zufrieden. Die Truman-Administration tendierte ab Frühjahr 1946 stärker zu einer Konsolidierung der drei Westzonen und schließlich im Vorfeld der Londoner Außenministerkonferenz im November/Dezember 1947 auf eine Forcierung der Weststaatsgründung. Von der Richtigkeit und Unvermeidbarkeit des Schrittes, der auch eine Aufwertung des deutschen Teilstaates als Mitglied der westlichen Sicherheitsgemeinschaft mit sich brachte, musste vor allem

Frankreich überzeugt werden. Die britische Regierung, insbesondere Außenminister Bevin, gab die Hoffnung auf gemeinsame Lösungen mit der UdSSR auf, weil sie erkannte, dass Stalin nach dem Motto handelte: Was die Sowjetunion besitze, gehöre ihr. In allen anderen Fragen, wie z.B. dem Ruhr-Statut und der Entnahme von Reparationen aus laufender westdeutscher Produktion,[6] habe die UdSSR als Siegermacht selbstverständlich ein Mitspracherecht. Aufgrund der Beobachtung, dass die Sowjetführung gelernt habe, dass sie nichts geben musste, um dennoch etwas zu erhalten, verabschiedete sich Truman gleichfalls von der Illusion einer kooperativen Sicherheitspolitik zwischen den Systemgegnern und schlug einen harten Kurs gegenüber Stalins Intransigenz ein. Dem sowjetischen Auftrumpfen sei, so seine Devise, nur Einhalt zu gebieten, wenn der Westen die Stärke der USA ins Spiel brachte und seine Politik koordinierte. Unter dem Vorzeichen des Ost-West-Konflikts erfolgte die Gleichsetzung zwischen der Stärke Amerikas und dem Grad an Freiheit in der Welt.

Durch eine konstruktive Deutschlandpolitik hatte Großbritannien die USA eingeladen, sich zu ihrer Position als europäische Macht zu bekennen und Frankreich jene unverzichtbare Sicherheitsgarantie zu geben, die das von de Gaulle 1944 geschlossene Bündnis mit der UdSSR als Sicherheit vor der „deutschen Gefahr" entbehrlich erscheinen ließ. Dies bedeutete zugleich das Ende der Vision einer dritten Kraft, eines um französisch-britische Kooperationsabsprachen zentrierten „freien Europa" als dritter Pol neben den USA und der UdSSR. Die französische Regierung bemühte sich nach de Gaulles Rücktritt ihrerseits um eine amerikanische Sicherheitsgarantie und Militärhilfe. Aus Sorge um die innenpolitische Stabilität Frankreichs und wegen der Position Frankreichs als dritter Besatzungsmacht in Westdeutschland waren die USA bereit, dem französischen Begehren nach Sicherung einer Vorrangstellung gegenüber Westdeutschland nachzugeben. Im Gegenzug lenkte die französische Regierung auf die Weststaatsgründung und die Einbindung Westdeutschlands in den Prozess der europäischen Einigung ein.

Der Führungsanspruch der USA in Weltpolitik und Weltwirtschaft war zuerst in der Atlantikcharta zum Ausdruck gekommen, allerdings eingebettet in das Angebot eines internationalen *New Deal*, d.h. die Verlängerung des Bekenntnisses zu „Befreiung von Mangel und Furcht" im *Employment Act* von 1946 in die internationale Nachkriegsordnung. Im *Proposal for Expansion of World Trade and Employment* vom November 1945 kam eine klare Option für die zweite der dort genannten Möglichkeiten zum Ausdruck: „Die Länder (der Welt) haben die grundsätzliche Wahl, ob sie gegeneinander um Reichtümer und Macht kämpfen oder gemeinsam für Sicherheit und gegenseitigen Vorteil zusammenarbeiten wollen."

Der Führungsanspruch richtete sich sowohl gegen das *imperial preference*-System Großbritanniens und des französischen Kolonialreiches als auch gegen regional-kontinentale Exklusivzonen, wie sie Deutschland und Japan vor dem Krieg und die UdSSR fortan anstrebten. London vertraute anfänglich darauf, die Abhängigkeit der USA von Rohstoffen aus Afrika und aus Südostasien als Hebel ansetzen zu können, um der Forderung der USA nach Öffnung der Märkte standhalten und von den USA Gegenleistungen auf währungspolitischem und sicherheitsstrategischem Gebiet erwirken zu können. In den Verhandlungen mit den USA in der zweiten Jahreshälfte 1945 über eine Finanzhilfe musste die britische Regierung zusichern, dass sie keine neuen Handelsbeschränkungen und *imperial preference*-Regelungen treffen sowie die Konvertibilität des Sterling binnen eines Jahres nach In-Kraft-Treten des Kreditvertrags, d.h. per Juli 1947, einführen werde.

Die Notwendigkeit zum Arrangement mit Großbritannien und seiner Klientel zeigte sich auf den Konferenzen von Bretton Woods (1.–23. Juli 1944) zur Gründung des Internationalen Währungsfonds und der Weltbank und von Havanna (1946–47) zur Gründung einer Welthandels- und Investitionsorganisation (ITO). Weil der Kongress nur die Handelsbestimmungen ratifizieren wollte, trat statt der umfassenden ITO das *G*eneral *A*greement on *T*ariffs and *T*rade (GATT-Abkommen) in Kraft.

Der diesen Institutionen zugrunde liegende universale bzw. globale Ansatz kam in der ersten Nachkriegsphase nur bedingt zum Tragen, vielmehr übernahmen regional-kontinentale Zusammenschlüsse die Hauptrolle bei der Gestaltung der wirtschaftlichen Nachkriegsordnung. In der *Western Hemisphere* flankierte amerikanische Wirtschafts- und Bildungshilfe die Gründung des Rio-Paktes 1947 und der Organisation Amerikanischer Staaten (OAS, 1948). Nach der Wende im chinesischen Bürgerkrieg zugunsten der Kommunisten unter Mao Zedong unterstützten die USA Japans Wiederaufbau und begannen damit, den freien Staaten Südostasiens, namentlich Thailand und Indonesien, offen Militär- und Finanzhilfe zu leisten. Die Rückkehr der europäischen Kolonialmächte bedeutete allerdings, dass die USA, und teilweise auch Großbritannien, in ein zwiespältiges Verhältnis gerieten zwischen Tolerierung der Restaurationspolitik Frankreichs in Indochina und der Niederlande in Indonesien und der Notwendigkeit, das Prinzip des Selbstbestimmungsrechts der Völker in Südostasien anzuwenden: Nationalismus galt als Immunschutz gegen Anfälligkeit für Kommunismus. Nach einer von Australien und Indien ausgehenden Initiative übernahm dann Großbritannien mit dem Colombo-Plan vom Januar 1950 die Führungsrolle bei dem Arrangement technischer Hilfe für die Wirtschaftsbelebung in Süd- und Südost-Asien. Unter dem *Point Four*-Programm (1949) beteiligte Truman die USA an der Finanzierung des Colombo-Plan-Projekts.

Auf britisches Ersuchen gaben die USA ab Anfang 1947 finanzielle Hilfszusagen an Griechenland und die Türkei. Vor dem Hintergrund des sowjetischen Drucks auf die Türkei und einer sowjetischen Abkehr von der Neutralität im griechischen Bürgerkrieg schien eine Eindämmung der sowjetischen Droh- und Expansionspolitik geboten. Die Truman-Doktrin vom 12. März 1947, die die Unterstützung „wehrhafter" Demokratien vorsah, war die Basis für die Politik der sichtbaren Hand der amerikanischen Hegemonialmacht. Sie wurde nach innen durch die (Voll-)Beschäftigungspolitik und nach außen durch technologische Hochrüstung abgesichert. Die Instrumente außenpolitischer Unterstützung waren die Wirtschafts- und die Militärhilfe, Letztere wurde nach 1951–52 stärker ausgeweitet als die Wirtschaftshilfe. Die Deckelung des Verteidigungshaushaltes durch Präsident Eisenhower auf jährlich ca. 37 Milliarden Dollar bedeutete, dass die Alternative hohe Verteidigungsausgaben vs. Einsparungen bei den Sozialhaushalten bis in die 1970er-Jahre nicht akut wurde.

US-Wirtschafts- und Militärhilfe 1948–1965 (in Mill. $)

| | | | | | |
|---|---|---|---|---|---|
| Frankreich | 3190 | 4237 | Südkorea | 2385 | 2263 |
| Großbritannien | 3835 | 1035 | Taiwan | 1831 | 2317 |
| Türkei | 1458 | 2442 | Japan | 22 | 901 |
| Italien | 1650 | 2292 | Iran | 594 | 723 |
| Griechenland | 1090 | 1353 | Südvietnam | 1868 | (geheim) |
| Westdeutschland | 900 | 1472 | Philippinen | 274 | 341 |
| Belgien/Luxemburg | 560 | 1256 | Indien | 2221 | (geheim) |
| Jugoslawien | 575 | 696 | Pakistan | 1548 | (geheim) |
| Spanien | 577 | 536 | Indonesien | 286 | 79 |
| Portugal | 51 | 327 | Israel | 484 | 28 |
| Chile | 338 | 89 | Tunesien | 211 | (geheim) |
| Brasilien | 403 | 209 | Kongo | 192 | 16 |
| Argentinien | 164 | 35 | Äthiopien | 97 | 91 |
| Venezuela | 62 | 79 | Marokko | 279 | (geheim) |
| Bolivien | 283 | 14 | | | |
| Kolumbien | 246 | 65 | | | |
| Peru | 109 | 94 | | | |
| Mexiko | 51 | 7 | | | |

Martin Gilbert, The Routledge Atlas of American History, 4. Auflage, S. 96

## Marshall-Plan und Nordatlantikpakt

Gemäß der Vorstellung, dass die Sicherheit der freien Welt unteilbar sei, übernahmen die USA die Aufgabe, anderen bei der Verteidigung ihrer selbst gewählten Lebensweise zu helfen. Sicherheit, als „Freiheit der gesellschaftlichen Eigenentwicklung“ verstanden, bildete den amerikanischen Gegenpol zum sowjetischen Satellitensystem. Nichts gefährdete die Eigenentwicklung westlicher Länder so stark wie der drohende Zusammenbruch der Versorgung[7] und die Entwertung der Kaufkraft der jeweiligen Landeswährung. Eine Ursache dafür war die Dollarknappheit. Als der von den USA zum 6. Juli 1947 verlangte Übergang des Pfund Sterling zur Konvertibilität nicht vollzogen werden konnte, war dies das sichtbarste Zeichen der Schieflage in der freien Weltwirtschaft. Statt sich wie bisher auf viele bilaterale Arrangements einzulassen und vor allem Großbritannien direkt zu helfen, verfolgte die Marshall-Plan-Initiative vom 5. Juni 1947 das Ziel, die Finanzhilfe zum Wiederaufbau Europas mit der Aufforderung an die Empfänger zu koppeln, a) die Verteilung über eine gemeinsame Organisation vorzunehmen, wobei die Mitglieder ihre Wirtschaftslage untereinander sowie gegenüber den USA offen legen mussten, und b) die Vielzahl der Handelshindernisse untereinander schrittweise abzubauen. Intraregionaler Handel sollte die dank amerikanischer Anschubhilfe freigesetzten Aufschwungkräfte zum selbstantreibenden Wachstumsmotor machen. Natürlich erhofften sich die USA vom liberalisierten europäischen Großmarkt einen kaufkräftigen Abnehmer amerikanischer Erzeugnisse. In diesem Prozess spielte (West-)Deutschland, das traditionell den größten Handelspartner für alle seine vielen Nachbarn bildete, eine Schlüsselrolle. Die osteuropäischen Länder und die UdSSR waren zur Teilnahme an der Pariser Konferenz eingeladen, doch instruierte Stalin seine Verhandlungsdelegation, für die UdSSR eine von Auflagen befreite Finanzhilfe zu verlangen. Er verbot den osteuropäischen Regierungen nach der vorhersehbaren Ablehnung seiner Bedingung die weitere Teilnahme an der von Großbritannien und Frankreich einberufenen und geleiteten Konferenz.

Der Marshall-Plan wurde zur ersten Plattform des westeuropäischen Pfeilers (OECC) in der transatlantischen Sicherheitsgemeinschaft. In der Phase zwischen Initiierung im Juli 1947 und Inkrafttreten des Marshall-Plans im März 1948, die von harten Auseinandersetzungen innerhalb des US-Kongresses, zwischen der US-Regierung und den Empfängerstaaten sowie innerhalb des Kreises der Empfängerstaaten gekennzeichnet war, lenkten britische, französische und kanadische Bedrohungsvorstellungen die Aufmerksamkeit auf die Sicherheitsfrage. Die Gründung einer Nordatlantischen Vertragsgemeinschaft sollte den Rahmen für die einseitige amerikanische Verteidigungsgarantie bilden, die die von den USA unterstützte Westeuropäische Verteidigungsunion (Brüsseler Pakt, März 1948) ergänzte. Die auf Abschreckungsmacht beruhende Sicherheitsgarantie der USA galt als unerlässliche Abrundung der Wiederaufbauhilfe. Was nütze die Lieferung von Rohstoffen, Nahrungsmitteln und Industriegütern aus Nordamerika, wenn der Kreml etwa im Juni 1948 mit der Blockade Westberlins androhte, dass sein Machtwort auch über die Blockgrenze hinaus gelten müsse?

Mit der Entscheidung zur Entwicklung der Atomwaffe hatte Roosevelt den Grundstein für eine Internationalisierung der amerikanischen Außenpolitik gelegt: Die unter versuchter strikter Geheimhaltung gegenüber der Sowjetunion entwickelte „Superwaffe" sollte Dritte vom Angriff auf den Weltfrieden abschrecken. Allerdings wollten die USA ihr Atommacht-Monopol bewahren, insbesondere unilateral über Einsatz oder Nicht-Verwendung entscheiden. Gedrängt vom Kongress (*McMahon Act*, 1946), beendete die Truman-Administration die atomare Zusammenarbeit mit Großbritannien. Der innere Führungszirkel der Labour-Regierung beschloss im Januar 1947, neben der in starkem Maße konkurrenzfähigen zivilen auch die militärische Nutzung der Atomkraft voranzutreiben, mit dem primären Ziel, die zwischen Roosevelt und Churchill auf den Quebec-Konferenzen (August 1943, August 1944) vereinbarte paritätische Mitbestimmung über die strategische Nutzung und das Einsatzspektrum der Atomwaffe doch noch zu erreichen.

Die vom Kongress als Gesetzgeber festgelegten Vorschriften bildeten die Grundlage für den Baruch-Plan zur Gründung einer Internationalen Atomenergiebehörde unter dem Dach der Vereinten Nationen. Er wurde den Vereinten Nationen im Juli 1946 vorgelegt. Die UdSSR lehnte den Baruch-Plan ab, weil er den USA die momentane Monopolstellung bestätigte, die anderen Staaten hingegen internationaler Kontrolle mittels Inspektion unterwarf. De facto besaßen die USA zu diesem Zeitpunkt weniger als zehn Atombomben. Die UdSSR konterte mit dem Vorstoß, die ungeheuerliche, menschheitsverachtende

Waffe zu verbieten, und eröffnete damit eine nicht enden wollende Debatte zwischen dem Verlangen der Führungsmacht des „friedfertig-sozialistischen" Lagers auf Verbot der Produktion und des Besitzes der Massenvernichtungswaffe und dem Bestreben der USA, ihre Nuklearstrategie als Unterpfand der Sicherheit der „freien Welt" darzustellen. Die USA rechtfertigten ihr Streben nach Überlegenheit auf diesem Sektor im Rüstungswettlauf mit der UdSSR als unverzichtbares Gegengewicht zum uneinholbaren Übergewicht der UdSSR und Rotchinas an konventionellen Streitkräften. Der sowjetisch-chinesische Militärpakt vom Februar 1950 suggerierte den USA, dass sie die „Sicherheit des Westens" auf ihre Weise verteidigen müssten. Nachdem die UdSSR die Monopolstellung der USA durch die Entwicklung eigener Atom- (August 1949) und Wasserstoffbomben (1952/53) gebrochen hatte, konzentrierten sich die USA darauf, ihre Monopolstellung als Nuklearmacht im westlichen Lager durchzusetzen.

Mit der selbst auferlegten, aber auch von den Verbündeten verlangten Verpflichtung, dass weder die Bundesrepublik noch Japan Atomwaffen herstellen oder besitzen dürften, erfüllten die USA praktisch auch ein Sicherheitsbedürfnis der Gegenseite, namentlich der UdSSR und der Volksrepublik China. Der Aufnahme der Bundesrepublik in die NATO ging die Verzichterklärung Adenauers auf die Herstellung und den Direktbesitz von Nuklearwaffen auf der Londoner Konferenz Ende September 1954 voraus. Aufgrund der Nuklearisierung ihrer Schutzmachtgarantie für Deutschland und Japan, die sich allein nicht einer Bedrohung/Erpressung oder gar eines Angriffs erwehren konnten oder dürften, luden sich die USA das Problem auf, wie sie mit dem Mitspracherecht dieser Sicherheitspartner umgehen sollten, auf deren Boden amerikanische Nuklearsysteme disloziert waren.

In Japan waren die USA mit einer anderen Schwierigkeit konfrontiert. Eine Serie von Protesten gegen die Stationierung von Atomwaffen und das Anlaufen amerikanischer Stützpunkte auf den Hauptinseln durch mit Kernwaffen bestückte Kriegsschiffe endete damit, dass die Regierung Sato 1967 ein dreifaches Nein gegen Atomwaffen deklarierte: kein Besitz, keine Produktion, keine Stationierung von Atomwaffen auf japanischem Boden. Die Tatsache, dass die USA außer auf dem Stützpunkt Okinawa auch in Japan Nuklearwaffensysteme stationiert hatten, wurde bis Ende der 1990er-Jahre geheim gehalten und abgestritten.

## Koreakrieg und Blockbildung

Die endgültige Fixierung auf die Zweiteilung der Welt erfolgte im Zuge des Koreakrieges. Die Regierung Truman entschloss sich, auf die von Mao Zedong und Stalin im Grundsatz gebilligte Invasion nordkoreanischer Truppen in Südkorea (25. Juni 1950) mit einer im Rahmen der Vereinten Nationen abgestimmten, US-geführten Militäraktion zu reagieren. Ihr Ziel war klarzustellen, dass Japans Sicherheit nicht in den Sog sowjetisch-chinesischer Übermachtbildung geraten dürfe, außerdem sollte Nationalchina/Taiwan vor der Vernichtung bewahrt werden. Das Oberkommando über die UN-Streitkräfte übernahm General MacArthur, Japan und Okinawa bildeten die Operations- und Nachschubbasis im Koreakrieg.

Auf beiden Seiten galt das gleiche Kalkül: Die UdSSR und Rotchina könnten ihre momentane militärische Einsatzfähigkeit am besten jetzt für politische Terraingewinne ausnutzen, den USA würde langfristig zugute kommen, dass sie mit Deutschland und Japan zwei ökonomische Riesen zum Partner bekämen, für deren äußere Sicherheit die amerikanische nukleare Abschreckungskapazität bürgen sollte. Im Koreakrieg ging es für Stalin und Mao darum, in Westdeutschland bzw. Japan Zweifel an der Zuverlässigkeit der Schutzmacht USA zu schüren. Die USA versuchten dagegen ein Vertrauensverhältnis mit der deutschen und japanischen Bevölkerung zu begründen, indem sie die Lebensbedingungen verbessern und den politischen Status beider Länder aufwerten halfen.

Der erste große Schritt in diese Richtung war ein vergleichsweise „milder" Friedensvertrag mit Japan. Die USA setzten am 8. September 1951 den mit der japanischen Regierung Yoshida ausgehandelten Friedensvertrag von San Francisco gegen Mitspracheforderungen Dritter durch[8] und schlossen einen bilateralen Sicherheitsvertrag mit Japan. Die USA gewährten Japan Schutz gegen äußere Aggression und inneren Umsturz und erhielten im Gegenzug das Recht zur Nutzung japanischen Territoriums als Plattform für militärische Machtprojektion. Der Friedensvertrag gestand Japan den Aufbau von Selbstverteidigungsstreitkräften zu. Auf die Sorge der Philippinen und der südostasiatischen Partner vor einer Remilitarisierung Japans reagierten die USA mit dem Abschluss regionaler und bilateraler Verteidigungsabkommen. Tokio wurde von den USA dazu gedrängt, diplomatische Beziehungen mit Taiwan aufzunehmen. Das war, solange die USA an der eigenen Nicht-Anerkennungspolitik gegenüber Rotchina festhielten, die wirksamste Vorbeugung gegen die von Außenminister Acheson und seinen Nachfolgern gefürchtete Annäherung Japans an Festlandchina und ein Einschwenken Japans auf die von der UdSSR erhoffte Neutralität oder Blockfreiheit. Japan kehrte 1955 in die Staatengemeinschaft zurück und wurde schon 1956 für zwei Jahre als nicht-ständiges Mitglied in den Sicherheitsrat der Vereinten Nationen gewählt.

Zur Einbindung Japans in das westliche System gehörte auch der amerikanische Vorstoß, Japan in das GATT aufzunehmen. Der Beitritt wurde 1961 dank deutscher Unterstützung förmlich vollzogen. In Übereinstimmung mit Japans Eliten verordneten die USA ihrem ostasiatischen Verbündeten eine exportorientierte Wirtschaftspolitik. Die dafür erforderliche Sparsamkeit im Inneren zu bewerkstelligen war Aufgabe der liberal-konservativen Regierungen. Für die Versorgung des rohstoffarmen Japan und den Absatz japanischer Erzeugnisse sorgten die USA auf zweierlei Weise. Die USA nahmen zum einen ca. 35% der japanischen Gesamtexporte ab, außerdem verdiente Japan Dollardevisen durch die Ausgaben der in Japan stationierten amerikanischen Streitkräfte und durch den Korea-Boom. Zum anderen verwendeten die USA sich dafür, dass die Länder Südostasiens den Wirtschaftsaustausch mit Japan wiederherstellten. In dem Maße wie Südostasien und Indien alternative Märkte für japanische Exporte eröffneten und Rohstoffe an Japan lieferten, würden die Kräfte in Japan, die auf den *China Market* blickten, in der politischen Landschaft Japans nicht die Oberhand gewinnen.

Der Ausbruch des Koreakriegs und die amerikanische Demonstration einer Politik der Stärke bewirkten einen Klärungsprozess in Europa. Die Parole, dass „Korea" sich im geteilten Deutschland wiederholen könnte, zeigte Wirkung: Westdeutschland dürfe nicht verloren gehen, d.h. auch nicht neutral werden. Der nordkoreanische Überraschungsangriff machte den europäischen Partnern der USA zudem bewusst, wie schlecht es um ihre eigenen Verteidigungsanstrengungen bestellt war. Man konnte nicht länger so tun, als ob der Vorrang des wirtschaftlichen Wiederaufbaus die Nicht-Einhaltung der vereinbarten militärischen Mindeststandards rechtfertige, während ansonsten die Überlegenheit der amerikanischen Luftwaffe und der amerikanische Atommacht-Status zur Abschreckung ausreichen solle. Großbritannien und Frankreich waren darüber hinaus besorgt, dass die USA sich im falschen Krieg (Korea) zur falschen Zeit (Planungsphase einer Strategie zur Verteidigung Europas) mit den falschen Mitteln engagierten. Sie hätten lieber die Entsendung von Bodentruppen und Flugzeugstaffeln nach Europa gesehen. Ihre Besorgnisse wurden dadurch kompensiert, dass die USA nun ihrerseits die Notwendigkeit erkannten, eine den eingegangenen politischen Verpflichtungen entsprechende militärische Kapazität im NAT-Vertragsgebiet vorzuhalten. Das vor dem Koreakrieg entwickelte, durch ihn an Stoßkraft gewinnende Strategie-Konzept des Nationalen Sicherheitsrates NSC 68 sah vor, dass die USA eine massive nukleare Abschreckungskapazität sowie erhöhte Luftwaffen- und Kriegsmarine-Stärke vorhalten sollten. Von den europäischen Verbündeten erwarteten sie eine umfangreiche konventionelle Aufrüstung.

Der Analogieschluss „geteiltes Korea – geteiltes Deutschland" verwies auf mehrere unerledigte Themenkomplexe. Man fragte sich, a) was die drei westlichen Besatzungsmächte in einer vergleichbaren Situation tun könnten, b) wie die von den „Kontinentaleuropäern", insbesondere Frankreich, geforderte Strategie einer „Verteidigung so weit östlich (auf bundesdeutschem Gebiet) wie möglich" praktisch aussehen müsste, und c) ob man die formal weiterhin unter Demilitarisierungsgebot stehende Bundesrepublik einladen müsse, einen Verteidigungsbeitrag zu leisten. Das lief auf ein Junktim hinaus: Die Westeuropäer forderten die Stationierung einsatzfähiger amerikanischer Kampfverbände auf dem Kontinent, die amerikanische Militärführung verlangte die Beteiligung deutscher Soldaten an der Verteidigung der Sicherheitspartnerschaft. Die USA forcierten die Diskussion über den deutschen Verteidigungsbeitrag und wollten dies mit der Umwandlung der Vertragsgemeinschaft *(NAT)* in die Verteidigungsorganisation (*NATO)* verbinden. Die USA boten den Vertragspartnern die Übernahme des Oberbefehls und die Assignierung eines auf fünf Divisionen und erhebliche Luftwaffenkapazität erhöhten Militärkontingents an, im Gegenzug sollten die europäischen Verbündeten in die Wiederaufrüstung des westdeutschen Teilstaates einwilligen und die Forderung Bundeskanzler Adenauers nach Gleichwertigkeit *(equality of treatment)* anerkennen.

Frankreich widersetzte sich. Es suchte seine im Mai 1950 durch den Schuman-Plan gewonnene Stellung als Führungsmacht im europäischen Integrationsprozess zu nutzen, um seinen Platz unter den Großen Drei im Westen zu behaupten. Ministerpräsident Pleven und vor allem Verteidigungsminister Moch wollten die Bundesrepublik auf Abstand halten, daher stellten sie die Wiederbewaffnung der Bundesrepublik unter den Vorbehalt einer europäisch-integrativen Lösung sowie der Zustimmung des französischen Parlaments zu einem eventuellen NATO-Beitritt der Bundesrepublik. Das kam einem „Nein" zum NATO-Beitritt der Bundesrepublik gleich. Im französischen Parlament galt im Hinblick auf den westdeutschen Teilstaat die Sprachregelung, dass ein Staat, der Gebietsansprüche hege – gemeint waren Ansprüche auf die ehemals deutschen Ostgebiete –, nicht Mitglied der NATO werden dürfe.

Die französischen Hinhaltemanöver in der Frage der Europäischen Verteidigungsgemeinschaft (EVG) als Ankerplatz einer westdeutschen Streitkraft trieben Eisenhower und Dulles, die dem EVG-Projekt viel abgewinnen konnten, zur Androhung einer Überprüfung ihres militärischen Engagements in Europa *(agonizing reappraisal)* sowie zu Überlegungen, wie man den für unverzichtbar gehaltenen deutschen Verteidigungsbeitrag von 500 000 Mann inklusive Marine und Luftwaffe auch ohne französische Zustimmung erreichen könne. Dem standen allerdings zwei Dinge entgegen: Eine einseitige Wiederbewaffnung Westdeutschlands stellte einen Rechtsbruch dar und hätte ein Eingehen Frankreichs auf sowjetische Angebote zur Verständigungspolitik legitimiert. Und es herrschte eine auffällige Diskrepanz zwischen Adenauers Plädoyer, die Westmächte müssten der Bundesrepublik die Aufstellung von Streitkräften über die Grenzpolizei hinaus erlauben, damit die ostdeutsche Volksarmee nicht die einzigen deutschen Soldaten stelle, und den schleppenden Vorbereitungsarbeiten für die Aufstellung einer Bundeswehr. Die USA und vor allem Großbritannien bemühten sich um für Frankreich akzeptable Regelungen.

Der konkrete Aufbau der Bundeswehr durfte erst nach Vollzug des Beitritts der Bundesrepublik zur WEU/NATO im Mai 1955 beginnen. Paradoxerweise hatten die USA mit Japan, dem sie die Entwaffnung in die Verfassung geschrieben hatten, mehr Glück: Japan verfügte 1955/57 über so viele Selbstverteidigungsstreitkräfte, dass die USA einen Teil ihrer Truppen abziehen konnten, aber auch dem Drängen Tokios auf Verhandlungen über einen neuen, ausgewogeneren Sicherheitsvertrag nachgeben mussten.

## Wettrüsten und Machtproben zwischen den USA und der UdSSR

Mit der Entwicklung nuklearbestückter boden-, see- und luftgestützter Raketen begann das Zeitalter des Wettrüstens zwischen den Supermächten USA und Sowjetunion. Nach der 1955 erfolgten sowjetischen Proklamation einer Reduzierung ihrer Landstreitkräfte sowie der Propagierung der Doktrin einer friedlichen Koexistenz auf der Grundlage der Teilungen Europas, Deutschlands und Berlins fiel es den USA zunehmend schwer, die Mitglieder der NATO zur Erreichung des Mindeststandards von 30 Divisionen anzuhalten. Für die USA bedeutete Wettrüsten, dass sie den Nimbus als unbesiegbare Weltmacht und ihre technologische Überlegenheit ständig unter Beweis stellen müssten. Die Glaubwürdigkeit ihrer Sicherheitsgarantie für die Verbündeten in Europa, im Fernen Osten und auf dem eigenen Kontinent hing von der Dominanz im strategischen Wettrüsten mit der UdSSR ab. Die Verwundbarkeit der USA war gegeben, seit die Sowjetunion über Langstreckenbomber (1954) und Interkontinentalraketen verfügte (1958). Diese Verwundbarkeit begründete Zweifel, ob die USA das Risiko eingehen würden, in einem von der

Sowjetunion angezettelten Stellvertreterkrieg oder bei Androhung eines sowjetischen Nuklearschlags wie im November 1956 in der Suez-Krise gegenüber Frankreich und Großbritannien dem bedrohten Partner sofort wirksam zu Hilfe zu kommen. Da die USA sich nicht durch ein zweites „Korea", wo sie den Land- und Luftkrieg vor Ort führten, belasten wollten, forderten sie ihre Partner Südkorea, Japan, Taiwan, SEATO (Thailand, Pakistan) und die NATO-Länder zu verstärkten Eigenanstrengungen auf, damit die Androhung eines Nuklearwaffen-Einsatzes nicht die einzige verfügbare Option bliebe. Um das Misstrauen abzubauen, sie wollten sich vom Schicksal der Verbündeten abkoppeln, führten die USA den beabsichtigten Rückzug ihrer Landstreitkräfte aus Übersee nicht konsequent durch. Die Dislozierung von Kurz- und Mittelstreckenraketen mit Einwilligung der NATO-Partner Großbritannien, Italien, Türkei, Niederlande und Belgien sowie Taiwans und Südkoreas sollte die Glaubwürdigkeit der amerikanischen Abschreckungsgarantie erhöhen. Allein diese Stationierungen machten eine dauerhafte militärische Präsenz der USA in Übersee erforderlich.

Auf den USA und der NATO lastete die Frage, wie die Bundesrepublik, die der NATO als einziges Mitglied einen hochwertigen konventionellen Zuwachs bescherte, auf Dauer in der von zwei oder drei Nuklearmächten mit betont globaler Sicherheitsverantwortung geführten nuklearisierten Allianz zufrieden gestellt werden könne. Der von den USA vorgeschlagene, aber keineswegs konsequent betriebene Ausweg aus dem Dilemma, nämlich die Schaffung einer NATO-Atomstreitmacht, traf auf französischen, aber auch auf britischen Widerstand. Großbritannien wollte die Sonderstellung als einziger Partner der USA in der Zielplanung *(targeting)* und Kommandostruktur strategischer Waffensysteme für sich reservieren. Angesichts des Vorwurfs, die USA machten sich zum nuklearen Aufrüster der Bundesrepublik, und der innenpolitischen Stimmung im Land blieb der Bundesregierung in erster Linie die Option einer multilateralen Nuklearstreitkraft. Das Verlangen Bonns nach nuklearer Mitwirkung in der NATO diente primär dem Ziel, frühzeitig in die Konsultationen über *contingency planning* einbezogen und über die Stationierung nuklearfähiger Waffensysteme auf ihrem Territorium angemessen unterrichtet zu werden. Die Mitspracheregelungen in der zwischen 1965 und 1969 eingerichteten Nuklearen Planungsgruppe brachten die Lösung.

Das Wettrüsten mündete in ein „Gleichgewicht des Schreckens" zwischen den Nuklear- und Raketen-Supermächten. Es machte die wachsende Asymmetrie innerhalb der NATO zwischen den angelsächsischen Kernwaffenstaaten und den kontinentaleuropäischen „Schutzbefohlenen" deutlich. Das gaullistische Frankreich verließ sich auf eine eigene Abschreckungsdoktrin und schied aus der NATO-Militärorganisation aus. Das Direktengagement der USA in immer weiteren Krisenregionen – Mittlerer und Naher Osten, Indochina und Indonesien, südliches Afrika – unter der Parole der unteilbaren Sicherheit der freien Welt erzeugte den Eindruck, als ob der Ost-West-Konflikt in zunehmendem Maße Zielkonflikte innerhalb der westlichen Welt heraufbeschwor.

Den ersten Anlass bot das Suez-Abenteuer Frankreichs und Großbritanniens, mit Israel als Dritten im Bunde, Ende Oktober/Anfang November 1956, bei dem die Eisenhower-Administration und Chruschtschow gleichzeitig gegen die kombinierten Militäraktionen der drei Angreifer zur Bestrafung Nassers intervenierten. Der ägyptische Staatschef hatte in einem pan-arabisch und nationalistisch begründeten Coup die entschädigungslose Enteignung und Verstaatlichung des Suezkanals durchgeführt. Die Ohnmacht der USA, die UdSSR in der gleichzeitigen Ungarn-Krise von der Niederschlagung des Aufstands abzuhalten, bewies die These, dass Washington sich mit der Vor- und Alleinherrschaft des Kreml in der „Sozialistischen Staatengemeinschaft" abgefunden habe. Der im November 1956 wieder gewählte republikanische Präsident Eisenhower ist damit in einer Linie mit den demokratischen Präsidenten Roosevelt und Truman zu sehen, die gleichfalls situationsbedingt von der militärischen Machtprobe mit dem Selbstbehauptungswillen der Kremlführung Abstand genommen hatten. Die von den Republikanern 1952 im Wahlkampf propagierte Zurückdrängung *(roll-back)* der Sowjetunion aus Mittel-Ost-Europa wurde endgültig zu den Akten gelegt.

Hatte Chruschtschow in der Ungarn-Krise darauf vertrauen können, dass die USA den Status quo respektieren würden, so wirkte sein Berlin-Ultimatum vom 27. November 1958 wie ein Rückfall in die Politik Stalins, die Nervenstärke des Westens zu testen. Hinter der Ankündigung, den Berlin-Status zu ändern, steckte die Absicht, die Mitgliedschaft der Bundesrepublik in der NATO nachträglich unwirksam zu machen. Der Verteidigungsbeitrag der Bundesrepublik sollte nicht der Umsetzung der NATO-Strategie dienen, sondern sich nach dem Verlauf von Ost-West-Verhandlungen über kernwaffen- und raketenfreie Zonen und konventionelle Abrüstung richten. Im Rahmen von Ost-West-Verhandlungen würde die Sowjetunion ihre Mitspracherechte in Bezug auf den Sicherheits-Status Westdeutschlands zurückerlangen, die Anerkennung der DDR als zweiten deutschen Staat betreiben und die Glaubwürdigkeit der US-Sicherheitsgarantie für Berlin und Westdeutschland in Frage stellen können. Hatte Chruschtschow den deutschen NATO-Beitritt 1955 hingenommen, so machte er sich Ende 1958 daran, die Krise in der NATO (u.a. wegen der „nuklearen Mitsprache" der Bundesrepublik) von außen aufzuheizen, mit dem Ziel, die USA als Wiederbeleber des deutschen Militarismus bloßzustellen und die Stimmung gegen Adenauer und F. J. Strauß zu schüren.

Chruschtschows Vorstoß erfolgte in einer Zeit, die ohnehin von atmosphärischen Störungen geprägt war: Die USA sahen sich zum einen in Fernost herausgefordert. Im September/Oktober 1958 hatte Mao Zedong die zweite Taiwan-(Matsu-Quemoy-)Krise losgetreten. Er wollte die USA, die sich zum nuklearen Säbelrasseln gezwungen sehen würden, mit Hilfe eines sowjetischen Gegen-Ultimatums als Papiertiger entlarven. Der Konflikt ebbte ab, nachdem Chruschtschow es abgelehnt hatte, von Mao Zedong manipuliert zu werden. Außerdem wollte Mao die ohnehin schwierigen amerikanisch-japanischen Verhandlungen über einen neuen Sicherheitsvertrag torpedieren. Jedes amerikanische nukleare Säbelrasseln würde den Kräften in Japan Auftrieb geben, die eine Verständigung mit China wünschten, das in die japanische Innenpolitik gezielt und massiv eingriff. Zum anderen versetzte de Gaulle den amerikanischen Bemühungen um einen Ausgleich zwischen Frankreich, Großbritannien und der Bundesrepublik einen doppelten Schlag. Sein Eisenhower und Macmillan Mitte September 1958 unterbreitetes Ansinnen, ein Dreierdirektorium als Steuerungszentrale der westlichen Welt an die Stelle des anglo-amerikanischen Duopols zu setzen, sollte den Aufstieg der Bundesrepublik zur Drittmacht an der Seite der USA und Großbritanniens blockieren, bevor die entsprechende Diskussion ernsthaft beginnen könnte. Und de Gaulle brachte außerdem mit seinem Veto im November 1958 gegen den Abschluss der Verhandlungen mit Großbritannien über eine industrielle Freihandelszone im „freien Europa" ein britisches Projekt zu Fall, das den Vorrang der OEEC vor kleineuropäischen Lösungen wie der EWG bewahren und den Übergang zur Konvertibilität der Währungen flankieren sollte. In den Augen der Bundesregierung heilte de Gaulle den angerichteten Schaden, indem er in der Berlin-Frage standfest blieb und so gesehen ein Gegengewicht zur Verhandlungs- und Konzessionsbereitschaft bildete, für das die Regierung Macmillan und einflussreiche demokratische Senatoren in den USA (Fulbright, Mansfield, Church) einstanden. Ihnen ging es darum, einen Modus Vivendi mit der UdSSR in der Berlin-Frage zu finden, damit die USA ihre Aufmerksamkeit auf den Wandel und die Turbulenzen in der Dritten Welt in Folge der Dekolonisierung konzentrieren könnten. Eine solche Krise stand den USA nach der Machtergreifung Fidel Castros in Kuba ins Haus.

Nach der Verteidigung der „Freiheit der Westberliner" 1948/49 durch die Truman-Administration sah sich die Eisenhower-Regierung 1958 bis1960 in der Verpflichtung, die Sowjetunion an einer einseitigen Änderung des Berlin-Status zu hindern, d.h. insbesondere im Fall der Unterbrechung der Verbindungswege zwischen Westberlin und Westdeutschland einzugreifen. Die amerikanische Regierung ging von der Annahme aus, dass Chruschtschows Risikofreude aus einem Überlegenheitsgefühl resultiere, das auf dem erfolgreichen Start der Sputnik-Rakete im Oktober 1957 basierte. Dem stand auf amerikanischer Seite die Verunsicherung gegenüber, ob die von der demokratischen Opposition unter führender Beteiligung von Senator John F. Kennedy behauptete Raketenlücke bestehe. Vor diesem Hintergrund wollten die Amtsinhaber ihre Handlungsfähigkeit und Entschlossenheit bekunden. Dies erfolgte bündnisintern in Konferenzen und Gesprächen mit Großbritannien, Frankreich und der Bundesrepublik sowie in der NATO, und extern gegenüber der Sowjetunion. Chruschtschow entschärfte die Krise, indem er das Ultimatum verstreichen ließ, außerdem änderte er mehrfach die Akzente seiner Berlin-Politik.

Die Krise spitzte sich seit Frühjahr 1961 erneut zu. Die Kennedy-Administration setzte auf Anraten der CIA und mit dem grünen Licht der *Joint Chiefs of Staff* die unter Eisenhower begonnene Planung für eine Entmachtung Fidel Castros in die Tat um, nahm aber in der zu diesem Zweck unternommenen Schweinebucht-Operation (April 1961) kurz nach der Landung der Freischärler-Truppen davon Abstand, diesen Exilkubanern die von der CIA in Aussicht gestellte massive Unterstützung zu leisten. Kennedys Debakel ermunterte Chruschtschow, dem amerikanischen Präsidenten beim vereinbarten Treffen in Wien Anfang Juni 1961 mit einer einseitigen Lösung der Berlin-Frage zu drohen. Kennedy legte die drei *Essentials* fest, die die USA verteidigen wollten, nämlich Selbstbestimmungsrecht der Westberliner, Präsenz der alliierten Truppen in Westberlin und freier Zugang nach Westberlin, und untermauerte dies mit der Verstärkung der amerikanischen Truppenpräsenz in Westberlin und mit einer Erhöhung der Streitkräfte zu Hause. Bei der internen Überprüfung der Optionen wurde deutlich, dass die militärischen Optionen für den Fall, dass Chruschtschow seine Drohungen wahrmachte und die Zugangswege nach Westberlin sperren sollte, auch davon beeinflusst würden, was auf die USA im Falle einer Zuspitzung der Situation in Laos und Südvietnam zukommen würde. Die Entschlossenheit in der Berlin-Frage verband sich mit der Hoffnung, dass die Sowjetunion weiterhin an der Neutralisierung Laos' interessiert bleiben würde.

Kennedy nahm Chruschtschows Entscheidung, die Teilung Berlins durch den Mauerbau am 13. August 1961 zum Stopp der Flüchtlingsströme nach Westberlin zu zementieren statt auf weiter gehende, von Ulbricht verlangte Maßnahmen einzugehen, schließlich mit Erleichterung zur Kenntnis. Für ihn wie für den britischen Premierminister Macmillan war wichtig, dass Chruschtschow das Ulbricht-Regime unter Kontrolle hatte. Der Enttäuschung oder gar dem Entsetzen der Westberliner darüber, dass die USA und die im Wahlkampf engagierte Adenauer-Regierung dem Mauerbau tatenlos zusahen, suchte Kennedy mit der Entsendung von Vizepräsident Johnson und Ex-Hochkommissar John McCloy zu begegnen. Auf der anderen Seite wollte Kennedy sich die Chance, mit dem Kreml über Sicherheit und Rüstungsbegrenzung zu verhandeln, nicht nehmen lassen. Für den Präsidenten war wichtig, dass die von ihm nach Amtsantritt eingesetzte Studiengruppe unter Leitung des stellvertretenden Verteidigungsministers Gilpatric und der Federführung Paul Nitzes berichten konnte, dass der *missile gap* ein Mythos war.

Die amerikanisch-sowjetischen Gespräche verliefen schleppend. Die sowjetische Seite zeigte kein wirkliches Entgegenkommen und hielt die Drohung eines separaten Friedensvertrages mit der DDR aufrecht. Im Falle des Abschlusses eines solchen Friedensvertrages hätten die Verhandlungen über Zugangswege zwischen Westberlin und Westdeutschland direkt mit der DDR geführt werden müssen. In Washington gaben die einen zu bedenken, ob es sich lohne, die Bundesregierung mit Nachrichten zu verschrecken, die über die amerikanisch-russischen Verhandlungen durchsickerten. Eine andere Richtung trat dafür ein, die Bundesregierung aufzufordern, selbst mehr für die Normalisierung der Beziehungen zur Sowjetunion und zur DDR zu unternehmen und sich damit den Verbündeten auf ihrem Weg der Entspannungspolitik anzuschließen.

Wichtiger als die deutschen Empfindlichkeiten wurde für die USA die direkte Herausforderung ihrer Sicherheit durch die Dislozierung sowjetischer Mittel- und Langstreckenraketen und, wie wir seit 1992 wissen, von 36 einsatzbereiten Atombomben auf Kuba. Chruschtschow hatte nach der Schweinebucht-Krise angekündigt, dass die UdSSR Kubas Souveränität und Unverletzlichkeit verteidigen werde. Ähnlich wie die Vereinigten Staaten von türkischem Boden aus Ziele in Russland zerstören konnten, verschaffte sich die Sowjetunion nunmehr die Möglichkeit, von kubanischem Boden aus Ziele auf amerikanischem Boden zu vernichten. In dieser dramatischen Situation lehnte Kennedy die Vorschläge seiner hohen Militärs und wichtiger Regierungsmitglieder ab, die Raketenstellungen zu bombardieren oder eine Invasion Kubas anzuordnen. Stattdessen optierte er für eine 500-Seemeilen-Quarantäne um Kuba, sodass ab 24. Oktober 1962 weitere Schiffsladungen unterbunden wurden. Das verschaffte ein paar Tage Zeit, die Kennedy dazu nutzte, um Chruschtschow über verschiedene Kontaktebenen zum Abzug der Raketen zu drängen und im Gegenzug Konzessionen zu machen. Die wichtigsten waren die Zusage,

Kuba nicht anzugreifen, sowie das Versprechen, den Abzug der ohnehin obsolet gewordenen Jupiter-Raketen aus der Türkei zu vollziehen. Da Letzteres einen NATO-Beschluss und entsprechende Absegnungen durch den US-Senat zur Voraussetzung hatte, gab Kennedy jedoch keine bindende Zusage. Aus Sorge, dass die sowjetische Kubapolitik ein Ablenkungsmanöver sein könnte, um in der Berlin-Frage zuzuschlagen, waren der Präsident, sein Bruder Robert und Außenminister Rusk darauf aus, Chruschtschow zum Einlenken zu bewegen. Das riskante Kalkül, die Konfrontation mit der Sowjetunion dank demonstrativer Entschlossenheit zu gewinnen und dennoch hinter den Kulissen vertrauensbildende Kooperation anzubieten, ging auf: Chruschtschow sagte am 28. Oktober den Abzug der Raketen von Kuba zu, die USA erklärten die Krise am 30. Oktober für beendet.

Hatte die amerikanische Regierung nach dem Bau der Berliner Mauer, gedrängt von der britischen Regierung, den Gesprächsfaden geknüpft, so machte Chruschtschow mit dem Befehl zum Abzug der Raketen aus Kuba den Weg frei, das beiderseitige Interesse am Stopp der Kernwaffentests und an der Nichtverbreitung von Nuklearwaffen und -technologie auf dem Verhandlungsweg auszuloten. Das Teststopp-Abkommen lag Ende Juli 1963 unterschriftsreif vor, der Entwurf des Nichtverbreitungsvertrags Ende August 1967. In beiden Fällen war Großbritannien der dritte Miturheber. Frankreich und die Volksrepublik China weigerten sich, die beiden Abkommen zu unterzeichnen. Die Bundesrepublik verlangte Rücksichtnahme auf den deutsch-deutschen Sonderkonflikt, d. h. keine völkerrechtliche Anerkennung des SED-Regimes als zweiter deutscher Staat auf Umwegen. Und sie erwartete Nichtdiskriminierung der inzwischen konkurrenzfähigen zivilen Atomkraftwerk-Technologie der Bundesrepublik.

## Vietnamkrieg und Selbstisolierung der USA

Die voranschreitende Aushöhlung des Laos-Abkommens, die zunehmende Diskreditierung des Ngo-Dinh-Diem-Regimes in Südvietnam und das Bestreben der kommunistischen Machthaber in Nordvietnam, die ihnen 1954 versagte Wiedervereinigung unter ihrer Vorherrschaft endlich zu erreichen, lenkten die Aufmerksamkeit Washingtons auf Südostasien.

Unter Kennedy begannen die USA mit der Entsendung von Sondermissionen, Militärberatern und Truppen, bis Ende 1963 waren 23 000 Soldaten in Südvietnam. Vizepräsident L. B. Johnson, der nach der Ermordung von J. F. Kennedy am 22. November 1963 die Amtsgeschäfte übernahm, steigerte sich in die Überzeugung hinein, dass die USA die Freiheit und Sicherheit der westlichen Welt – und für deutsche Ohren bestimmt: eines geteilten Landes – gegen kommunistische Herrschaftsansprüche verteidigen müssten. Sollten die USA ihre schützende Hand über die von ihnen mitgegründeten Teilstaaten wegziehen, würde die Glaubwürdigkeit ihrer Sicherheitsgarantie überall in der Welt Schaden nehmen. Zudem war man der Überzeugung, dass der Sieg des Kommunismus in einem Land zu einer Kettenreaktion in Südostasien führen werde. Die logische Konsequenz dieser Domino-Doktrin war, dass die USA den Krieg in Vietnam immer stärker mit eigenen

Streitkräften führten, während die einander befehdenden und ablösenden südvietnamesischen Machthaber unfähig und unwillig schienen, die Landesverteidigung erfolgreich zu betreiben. „Der Krieg (der von General Nguyen Chi Thanh geleiteten vereinten Streitkräfte Nordvietnams und der Nationalen Befreiungsfront NLF) gegen die südvietnamesischen Sicherheitskräfte auf dem Land zwang die Amerikaner dazu, zunehmend ihre Truppen zu verteilen, Sicherungsaufgaben zu übernehmen oder Dörfer zu kontrollieren (statt ihrerseits dem 'Norden' die große Schlacht aufzuzwingen)."[9] Zur Aufstockung ihrer Streitkräfte führten die USA 1965 die Wehrpflicht *(draft)* wieder ein, während die Südvietnamesen, obwohl sie 1968 über 800 000 Mann (9% der Bevölkerung) unter Waffen hatten, sich in internen Verteilungskämpfen und Gruppenkonflikten aufrieben. Dass die Südvietnamesen sich selbst verteidigen konnten, bewiesen sie erstmals nach der Tet-Offensive im Februar 1968 und erst recht 1970 bis 1974, als sie sich nach dem zunächst schrittweisen und dann abrupten Rückzug der US-Truppen dazu gezwungen sahen.

Anfänglich handelte die Johnson-Administration in der Überzeugung, dass sie durch massives Bombardement feindlicher Stellungen einerseits und Schutzpräsenz in den bäuerlichen Siedlungen Südvietnams andererseits die bis dahin erfolgreichen Operationen der Nationalen Befreiungsfront und deren Zusammenwirken mit regulären Truppen Nordvietnams stoppen könnten. Johnson, der sich im Wahlkampf 1964 der Kritik des republikanischen Gegenspielers Goldwater an der *Appeasement*-Mentalität der Demokratischen Partei stellen musste, strebte eine Generalvollmacht an, „alle nötigen Maßnahmen zur Abwehr bewaffneter Angriffe gegen US-Truppen zu ergreifen und zukünftige Aggressionen zu unterbinden". Nach dem Angriff auf amerikanische Kriegsschiffe im Golf von Tonkin Anfang August 1964 nutzte der Präsident die Gelegenheit, um ein klares Votum beider Häuser des Kongresses für die seit längerem bereit liegende Resolution einzuholen. Die fast einhellige Zustimmung zur *Gulf of Tonkin Resolution* sorgte dafür, dass für die nächsten zwei Jahre, also bis 1967 an der innenpolitischen Front eine Art Waffenstillstand herrschte. Dank des haushohen Wahlsieges über Goldwater im November 1964 mit eigenem Mandat ausgestattet, ließ Johnson regierungsintern prüfen, welche Optionen in der Vietnamkriegs-Frage bestanden. Als Vizepräsident hatte er, das von Kennedy erteilte Mandat überschreitend, im Mai 1961 den Machthabern in Südvietnam, Thailand und den Philippinen zugesichert, dass die USA keinen Rückzug antreten, sondern im Gefahrenfall zu ihren Verpflichtungen stehen würden. Die wichtigsten Regierungsmitglieder und Ratgeber Johnsons, Verteidigungsminister McNamara, Sonderbotschafter Maxwell Taylor, die Sicherheitsberater McGeorge Bundy und Walter W. Rostow und die *Joint Chiefs of Staff*, schlossen die Option eines Rückzugs aus Südvietnam oder gar Südostasien aus. Statt des bisherigen gedämpften Einsatzes sollten die USA kriegsentscheidend eingreifen, d.h. Nachschubwege wie den Ho-Chi-Minh-Pfad und Nachschubbasen in Nordkorea, insbesondere den Hafen Haiphong, zerbomben und amerikanische Bodentruppen in den Kampf schicken.

Vor militärischen Operationen, die um des Erfolges willen keine Rücksicht walten ließen, schreckte Johnson jedoch zurück.[10] Er befürchtete, dass die Volksrepublik China, die spätestens seit Herbst 1961 den pro-amerikanischen „Lakaien"-Regierungen in Südostasien den Krieg erklärt hatte und danach trachtete, die Sowjetunion bezüglich Militärhilfe zu übertreffen, aber auch die Sowjetunion direkt in den Krieg eingreifen würden, falls die USA Anstalten träfen, den Krieg für ihre Seite schnell und eindeutig zu gewinnen. Ende 1964 ging Johnson noch davon aus, dass die USA „nur" den Luftkrieg führen müssten, während die dank amerikanischer Finanz- und Beratungshilfe vermehrten und verstärkten Streitkräfte Südvietnams den Bodenkrieg betreiben und die Sicherheit konsolidieren sollten. Die Überraschungsaktionen der NFL am Weihnachtsabend 1964 und im Februar 1965 (Überfall auf eine Kampfhubschrauber-Station in Pleiku) veranlassten den Präsidenten, die *Operation Rolling Thunder* anzuordnen, d.h. Bomberangriffe auf Nordvietnam zu richten, und ab März 1965 Kampfverbände nach Südvietnam zu verlegen. Die von der Volksrepublik China und der UdSSR im Wettbewerb um die Gunst Hanois bereitgestellten personellen und materiellen Hilfen machten die Verluste wett, die Nordvietnam durch die amerikanischen Luftangriffe erlitt.

Die Regierung Johnson zeigte sich zum einen darüber enttäuscht, dass direkte und indirekte Appelle an Moskau keine Wirkung hatten. Der Kreml sollte mäßigend auf Hanoi einwirken, so dass die USA ihrerseits z.B. die Bombenangriffe auf nordvietnamesische Ziele aussetzen könnten. Zum anderen missfiel, dass die westlichen Verbündeten, an der Spitze Frankreichs Staatspräsident de Gaulle, aber auch die britischen (Harold Wilson) und kanadischen (Lester Pearson) Regierungschefs, die USA zur einseitigen Beendigung des Kriegs aufforderten. Letztere stritten ab, dass die Preisgabe Südvietnams von irgendjemand als *Appeasement* oder Präzedenzfall eines amerikanischen Verrats an ihren Gesamtverpflichtungen verstanden würde.

Diese Enttäuschungen bestärkten Johnson in seiner Obsession, dass seine Regierung allein für die Eindämmung der rotchinesischen und sowjetrussischen Expansion nach Indochina und Indonesien, Südafrika, Mittelamerika und den Nahen Osten einstehen müsse. Hinzu kam, dass zuverlässige Verbündete wie Thailand und die Philippinen die USA bei jeder Gelegenheit wissen ließen, dass sie ihre eigene exponierte Position nur durchstehen könnten, wenn auf die amerikanische Schutzgarantie für die Verteidigung ihrer Unabhängigkeit und territorialen Unversehrtheit Verlass sei.

Die 1967 einsetzenden massiven innenpolitischen Protestbewegungen gegen den Vietnamkrieg kamen schließlich als letztes Element hinzu, um die Selbstisolierung der Johnson-Regierung zu komplettieren. Der „Sündenfall" des unerklärten Kriegs gegen Nordvietnam enthüllte die Schattenseiten des amerikanischen Internationalismus. Selbst ein gemäßigter sozial-religiöser Führer wie Martin Luther King erklärte in der Riverside-Church-Rede 1967, die USA seien nicht Gottes gesegnetes Land, sondern der größte Verbreiter von Gewalttätigkeit in der Welt.

Aus der Obsession, stets das scheinbar unvermeidlich „Richtige" tun zu müssen und dennoch von Freund und Feind kritisiert zu werden, gab es nur einen Ausweg: Johnsons Verzicht auf eine zweite Kandidatur und eventuelle Wiederwahl und die Bekanntgabe der Absichten, erstens Verhandlungen mit Nordvietnam und der NFL über einen Friedensschluss aufzunehmen und zweitens die Luftangriffe auf nordvietnamesisches Gebiet nördlich des 17. Breitengrades (entmilitarisierte Zone) einzustellen. Es ehrt Johnson, dass er diese Konsequenz zog. Die am 31. März 1968 abgegebene Erklärung ersparte seiner Partei allerdings nicht die innere Zerreißprobe auf dem chaotisch verlaufenden Konvent in Chicago zur Nominierung des demokratischen Präsidentschaftskandidaten, der per Fernsehen in die Haushalte vermittelt wurde. Ihr Bewerber, Vizepräsident Hubert H. Humphrey, der sich nach der Ermordung Robert Kennedys am 5. Juni 1968 durchgesetzt hatte, unterlag hinsichtlich der Wahlmännerstimmen deutlich (301:191, 46 für Wallace), bei den abgegebenen Stimmen hingegen nur knapp.

Der Republikaner Nixon setzte im Wahlkampf 1968 den Akzent auf einen Verhandlungsfrieden. Dieser sollte dem verbündeten Südvietnam den Status als unabhängiger, mit dem Westen assoziierter Staat sichern. Er legte Wert auf „schrittweisen Abzug amerikanischer Truppen“ und „Selbstverteidigung Vietnams“, also die Re-Vietnamisierung des Krieges. Die Kosten des Vietnamkrieges belasteten den US-Haushalt 1969 mit 30 Milliarden Dollar, ohne dass die Eskalation das gesetzte Ziel erreichte, nämlich Hanois Widerstandswillen zu zermürben. „Ehrenvoller Friede“ bedeutete aus Nixons Sicht, dass die USA handeln müssten, um die Existenz Südvietnams zu retten. Zu diesem Zweck forderte er die sowjetischen Machthaber auf, die russische Hilfe an Nordvietnam zu reduzieren, die USA und Nordvietnam sollten sich verpflichten, ihre Truppen aus Südvietnam parallel abzuziehen, außerdem verlangte er die Wiederherstellung der demilitarisierten Zone entlang des 17. Breitengrades. Für den Fall, dass Hanoi diesen Weg zur Kriegsbeendigung und Friedenssicherung nicht mitmachte, behielt Nixon den USA das Recht zu rigorosen Vergeltungsmaßnahmen vor. Er handelte entsprechend, bis ihn der Kongress im Anschluss an die militärische Invasion in Kambodscha im Frühjahr 1970 zu bremsen vermochte. Der Kongress hob am 24. Juni 1970 die *Gulf of Tonkin Resolution* auf und verhängte Ausgabensperren gegen nicht vom Kongress autorisierte Kriegshandlungen.

## Entspannungspolitik und Europapolitik

Entgegen seiner aus der Zeit als Vizepräsident unter Eisenhower herrührenden Reputation als „kalter Krieger“ erstrebte Nixon ein Arrangement mit der Volksrepublik China und der Sowjetunion. Dieses so genannte strategische Dreieck sollte die Machtbalance zu Gunsten der USA behaupten und die wirtschaftliche Leistungsfähigkeit der USA wieder herstellen. Nixon sah in der Politik Breschnews Anhaltspunkte, die ein Akkommodieren mit der UdSSR rechtfertigten. Der Kreml hatte bei der Niederschlagung des Prager Reform-Kommunismus demonstriert, dass er die sowjetische Vorherrschaft „nur“ in der eigenen Einflusszone beanspruchte (Breschnew-Doktrin). Im Vietnamkrieg hielt sich die Sowjetunion zurück, im Nahen Osten war Moskau zur Zusammenarbeit bereit gewesen, um gemeinsam mit den USA einen Waffenstillstand nach Israels Sieg im Blitzkrieg gegen Ägypten/Syrien/Jordanien Anfang Juni 1967 zu vermitteln. Den Vorsprung der USA gegenüber der Sowjetunion in der Hochrüstung hatte McNamara wieder hergestellt, die Sowjetunion gewann ihn in den 1970er-Jahren auf breiter Front zurück.

Auf Entspannung mit der Sowjetunion hatte Johnson bereits auf dem Glassboro-Treffen vom 23. bis 25. Juni 1967 mit Kossygin hingearbeitet. Zunächst ging es um die beiderseitige Beherrschung des Wettrüstens zwischen den Supermächten durch die *Strategic Arms Limitation Talks.* Auf einer zweiten Ebene sollten Verhandlungen über *Mutually (Conventional) Balanced Force Reduction* (MBFR) zwischen NATO und Warschauer Pakt dem politischen Willen zur Entspannung auf der Basis des Status quo der Teilungen in Europa konkret Ausdruck verleihen. Auf Rüstungsbegrenzung im konventionellen Bereich drängte vor allem die deutsche Bundesregierung, da sie darin das rüstungspolitische Gegenstück zur Konferenz für Sicherheit und Zusammenarbeit (KSZE) in Europa ausmachte: Die UdSSR sollte die westliche Bereitschaft zur Anerkennung des Status quo der Teilungen honorieren, indem sie auf konventionellem Gebiet stärker, d.h. asymmetrisch abrüstete. Das war jedoch ein frommer Wunsch: Solange die Sowjetunion an der Breschnew-Doktrin festhielt, dass kein Land aus der sozialistischen Staatengemeinschaft ausbrechen dürfe, musste sie ihre Panzermacht-Überlegenheit bewahren, um gegebenenfalls erneut wie im Juni 1953, im November 1956 und im August 1968 den Widerstand der Bürger gegen die auch in den Verfassungen der einzelnen Mitgliedsstaaten des Warschauer Paktes verankerte Alleinherrschaft der kommunistischen Partei-Regime niederzuwalzen. Ein Abbau der auch auf westlicher Seite gefürchteten Panzerkraftüberlegenheit war somit unwahrscheinlich, es sei denn, der Kreml gestand „Reformkommunismus" in den Satellitenstaaten zu.

Die Nixon-Administration war gegenüber MBFR skeptisch, würden die NATO-Partner darin doch die Schubkraft für die von ihnen teils bereits praktizierte, teils gewünschte Gelegenheit zum Truppenabbau sehen. Die Skepsis wich, als sie erkannte, dass entsprechende Verhandlungen das beste Mittel seien, den in der Mansfield-Resolution gebündelten Druck des Senats auf einseitige amerikanische Truppenreduzierungen abzuwehren. Die Initiatoren der nach dem Mehrheitsführer im Senat benannten Mansfield-Resolution wollten im Sinne des *burden-sharing* erzwingen, dass die NATO-Partner mehr in ihre Verteidigung investierten, damit die USA die eigenen Belastungen reduzieren könnten. Die öffentliche Stellungnahme Breschnews zu Gunsten von MBFR-Verhandlungen half Nixon, ein Mehrheitsvotum für die Mansfield-Resolution zu verhindern.

Gegenüber der Volksrepublik China hatte Sicherheitsberater Kissinger während einer Geheimreise nach Beijing im Juli 1971 die Fäden für den Nixon-Besuch im Februar 1972 geknüpft. Die überraschende Ankündigung des verabredeten Besuchs erfolgte am 15. Juli 1971. Nur ein republikanischer Präsident konnte riskieren, das Feindbild „Rotchina" zu verdrängen und die „National-China"-Lobby ins Leere laufen zu lassen. Bislang hatten die USA ihr Veto gegen die Aufnahme der Volksrepublik China in die UNO und in den Sicherheitsrat unter Ausschluss Taiwans eingelegt, nunmehr unterschrieben sie die Ein-China-Doktrin Beijings. Die Anerkennung der Volksrepublik China war eine böse Überraschung für Japan, das nicht unterrichtet oder gar konsultiert worden war. Bisher hatten die USA immer massiv interveniert, wenn die *China-Hands* in der japanischen Politik die Aufnahme diplomatischer Beziehungen zwischen Japan und China betreiben wollten.

Die Bemühungen Nixons um Flurbereinigung in den Beziehungen mit China und der Sowjetunion sind vor dem Hintergrund des enormen Prestigeverlustes der USA in den

Augen der Verbündeten und der Dritten Welt zu sehen. Ursachen dafür waren die innenpolitischen Turbulenzen in den USA, insbesondere die Straßenkämpfe zwischen Polizei und Demonstranten in den Großstädten ebenso wie in kleinen Universitätsstädten. Der Inflationsexport der USA[11] und die unilateralen Maßnahmen zur Verbesserung der Handels- und Zahlungsbilanz (10. August 1971) erfolgten nach dem Motto: Wir müssen sie (die anderen: Japan, Deutschland, Kanada) zuerst ausquetschen *(squeeze)*, bevor sie uns die Daumenschrauben anlegen können. Diese Vorgänge untergruben den guten Leumund der USA und veranlassten Dritte, entweder – wie Japan – Selbstschutz zu betreiben oder sich durch Zusammenschluss gegen störende amerikanische Einflüsse abzuschotten. Die EG tat dies auf dem Haager Gipfel vom Dezember 1969 mit den Projekten einer Wirtschafts- und Währungsunion (WWU) und einer Außenpolitischen Zusammenarbeit (EPZ).

Im regierungsinternen Überprüfungsprozess der außenpolitischen Leitvorstellungen bekannte sich Washington zu der seit Truman verfolgten Option in der Europapolitik: „Ein sich einigendes Europa würde ein hilfreiches Gegengewicht zur Macht der USA schaffen; das wäre besser für uns, besser für sie, und besser für die Welt."[12] Zur angestrebten „europäischen Einigung" wurde hier auch immer die Lösung der „deutschen Frage" hinzugerechnet. Aus amerikanischer Sicht verdiente diese Option (I) den Vorzug gegenüber den Szenarien eines „Europa vom Atlantik bis zum Ural" (Option II), welche de Gaulle und der Kreml propagierten, und einer Einbindung Westeuropas in einer Nordatlantischen Gemeinschaft, die auf der anhaltenden Teilung Europas und Deutschlands beruhte (Option III). Unter Option II würden die USA so gut wie nichts zur Lösung der deutschen Frage beitragen können und der UdSSR das Feld überlassen. Mit Option III wäre die Zementierung der Spaltungen verbunden. Die Option I versprach hingegen mehrere Vorteile:

1. Ein sich selbst organisierendes Europa unter Führung Westeuropas würde die Gefahr einer Wiederkehr der deutschen Hegemonie bannen, und zwar auch dann, wenn die DDR der Bundesrepublik beitrete. 2. Ein vereintes (West-)Europa würde im Sinne der Magnettheorie die Länder Ost-Mitteleuropas anziehen, ohne die Balance zwischen den Supermächten USA und Sowjetunion auszuhebeln. 3. „Die Existenz eines Gemeinsamen Marktes macht die erheblichen Zollsenkungen in der Kennedy-(GATT-)Runde (1963–67) für die USA kommerziell attraktiv und insofern politisch akzeptabel. Die Zusammenarbeit zweier gleichwertiger Partner kann sich in Zukunft auch auf andere Bereiche, z. B. in der Entwicklungshilfe- und in der Währungspolitik, erstrecken. Die Entstehung eines neuen Machtzentrums in Westeuropa würde zugleich den Prozess der internationalen Organisation auf eine neue Stufe heben." 4. Wie jeder politischer Akteur, der Macht und Einfluss besitze, würde auch das Vereinte Westeuropa in internationalen Verhandlungen als konstruktiv-kreative Kraft hervortreten. 5. In Fragen der internationalen Sicherheit würde das Vereinte Westeuropa in einer komplementären Position zur amerikanischen Weltpolitik stehen, die europäischen Ambitionen würden sich einerseits auf das regionale Umfeld – gemeinsame Mittelmeerpolitik – und andererseits auf UN-Friedensmissionen konzentrieren.

Die Präferenz für Option I öffnete den Europäern zwar die Perspektive, in große Rollen und Aufgaben hineinzuwachsen, ging aber darüber hinweg, dass die USA sich erstens die Definitionsmacht in Bezug auf globale Engagements vorbehielten. Zweitens gaben die USA auch keine Auskunft darüber, was sie selbst unternehmen wollten, um störende Einflüsse der US-Innenpolitik auf die US-Außenhandels-, Währungs- und Verteidigungspolitik zu dämpfen, d. h. Irritationen der Partnerstaaten in Grenzen zu halten. Das schloss eine mögliche vierte Option ein, nämlich eine Verständigung mit dem Kreml über Machtteilung statt einer Machtprobe. Die Irritationen über Ansätze zu einem amerikanisch-sowjetischen Kondominium vor allem in Fragen der Aufrüstung und Rüstungskontrolle und mangelnde amerikanische Bereitschaft, die Auswirkungen ihrer Haushalts-, Währungs- und Handelspolitik auf die engeren Partner zu prüfen und angemessen zu berücksichtigen, sorgten dafür, dass die integrationsfreundlichen amerikanischen Konzeptionen im europäischen Bewusstsein von den wiederkehrenden Störfällen überlagert wurden. Die Handlungen Washingtons widersprachen dem amerikanischen Konzept der *Partnership in Leadership*, sodass die europäischen Staaten dazu übergingen, „Selbstbehauptung" auf ihre Fahnen zu schreiben. Auf europäischer Seite geht es um einen „ständig neu auszutarierenden, aber doch recht stabilen Kompromiss zwischen dem dominanten Interesse, sich führen zu lassen, und dem Interesse an Selbstbehauptung". Dem steht auf amerikanischer Seite ein gleichfalls zweigeteiltes Interesse an der amerikanischen Führungsrolle in Europa gegenüber: Die einen sind dafür, „weil Europa national fragmentiert ist, die anderen, um Europa national zu fragmentieren". Das Resultat ist, dass die Europäer amerikanische Führung gutheißen, „weil sie dadurch den Fragen der Finalität europäischer Integration ausweichen und dennoch die Politik sektoraler Integration fortsetzen können."[13]

An der strukturellen Abhängigkeit ihrer Sicherheit von der US-Garantie änderte sich wenig, zumal die Bundesrepublik und Großbritannien eine „Europäisierung Europas" als untauglichen Versuch eines *ganging-up* der Europäer gegen Amerika ansahen und an der Führungsposition der USA in der NATO nicht rütteln wollten. Sie fanden sich damit ab, dass sie in bestimmten Punkten und in bestimmten Situationen auf die USA in ihrem Sinne Einfluss nehmen konnten und dass die von den USA errichtete internationale Ordnung in vielen Hinsichten mit ihren Werten und ihren Interessen in Einklang stand. Sie erkannten an, dass die strukturelle Macht der USA für sie von bleibendem Nutzen war.

Jeder von ihnen brauchte die USA und erhielt deren Unterstützung: die Bundesrepublik, um das vielfach begründete Junktim zwischen Ostverträgen mit der Sowjetunion bzw. Polen und Berlin-Abkommen zwischen den Vier Mächten erfolgreich abzuschließen; Japan, um den unentbehrlichen amerikanischen Markt nicht zu verlieren und zur Beschwichtigung der Befürchtungen der Partnerstaaten in *Asia-Pacific* vor japanischer Hegemonie; Großbritannien und Frankreich wegen der amerikanischen Zuverlässigkeitskontrolle über den selbstbewussten Aufsteiger Bundesrepublik und der Einschätzung, dass die „Bonner Republik" dank ihrer Ostpolitik der von beiden Supermächten bevorzugte Partner werden könnte. Schließlich brauchten alle gemeinsam eine handlungsfähige US-Macht, weil nur sie Israel vor der Niederlage durch die von der Sowjetunion ausgerüsteten angriffswilligen Länder Ägypten und Syrien bewahren konnte.

Die Kriegswende zugunsten Israels im Oktober 1973 im Nahostkonflikt veranlasste Breschnew zur ultimativen Androhung eines militärischen Eingreifens mit Kernwaffen, die Nixon und Kissinger ihrerseits mit einer amerikanischen nuklearen Drohkulisse beantworteten. Die Situation glich in ihrer Dramatik der Kubakrise, wurde aber in Europa schwächer perzipiert. Ebenso wie andere NATO-Länder verwehrte die Bundesregierung den USA die uneingeschränkte Nutzung der Truppenstandorte für Machtprojektionen in den Nahostkrieg.

Der Yom-Kippur-Krieg vom Oktober 1973 fiel mit der ersten Ölkrise zusammen. Ölpreissteigungen hatte es seit 1971 ständig gegeben, doch die Anhebung von zwei Dollar auf neun Dollar pro Fass Rohöl innerhalb von drei Monaten und die Androhung eines Lieferboykotts gegen pro-israelische Staaten verliehen der Ölkrise eine neue Dimension. Die so genannte Dritte Welt verhängte politische Auflagen, um Wohlverhalten zu erpressen, dafür sollten die willigen westlichen Länder in den Genuss von Rohstofflieferungen kommen und Absatzchancen auf den Märkten der Erdöl exportierenden Staaten erhalten. Die Außenminister der Europäischen Gemeinschaft machten den Kotau vor den Abgesandten der Arabischen Liga, nur die Niederlande riskierten es, Opfer des Boykotts zu werden. Mit der von Algerien angespornten OPEC im Rücken, forderte die „Gruppe 77“ der Entwicklungsländer eine neue Weltwirtschaftsordnung. Die UNCTAD, in der das UN-Prinzip „ein Land, eine Stimme“ galt, sollte gestärkt, die von den großen Industrienationen dominierten internationalen Wirtschaftorganisationen (GATT, IWF/Weltbank) sollten entmachtet und der Oberaufsicht der UNO unterstellt werden. Hinzu kamen Forderungen nach Wiedergutmachung der von den Imperialmächten des Nordens in der Kolonialzeit angerichteten Schäden und nach Anerkennung des Prinzips eines „gemeinsamen Erbes der Menschheit“ als Grundlage für eine verbesserte finanzielle Grundausstattung der Entwicklungsländer. Die USA widersetzten sich als einzige Nord-Macht dem unter dem Stichwort „Neue Weltwirtschaftsordnung“ gebündelten Maßnahmenkatalog. Ihr Versuch, eine Widerstandsfront der erdölimportierenden Länder zu organisieren, scheiterte an den Nachwehen der europäischen Empörung über amerikanische Arroganz: Außenminister Kissinger hatte im April „1973“ als „Jahr Europas“ deklariert, jedoch eine Funktionsteilung zwischen der Globalmacht USA und Europa in dem Sinne definiert, dass den europäischen Staaten parochiale und regionale Verantwortlichkeit zugewiesen wurde. Im Vertrauen auf die eigenen Devisenwährungspolster und auf lukrative Aufträge aus den Erdöl exportierenden Staaten deckte Japan seinen Importbedarf an Erdöl zu den geforderten Höchstpreisen.

## Die USA auf der Verliererstraße?

Mitte der 1970er-Jahre sah es so aus, als hätten die USA alles verloren:

1. den Krieg in Vietnam: Die Nixon-Regierung hatte die Kriegsführung auf Druck des Kongresses ab Sommer 1972 gänzlich den Südvietnamesen überlassen müssen. Ende März 1972 hatte Nixon noch einmal eine von Hanoi als siegbringende Offensive lan-

cierte Mehrfrontenoperation mit massiven Bombenangriffen auf Nordvietnam sowie dessen Stützpunkte in Laos und Kambodscha gestoppt. Er wurde dann aber vom Senat im Juli 1972 gemahnt, dass er binnen vier Monaten die Rückführung der US-Streitkräfte abschließen und die Heimkehr der Kriegsgefangenen erreichen müsse, falls die Friedensverhandlungen nicht zum Abschluss kämen. Also geriet Nixon unter Zeitdruck. Im Hinblick auf die im November 1972 anstehende Wiederwahl hatte Nixon mehrfach, zuletzt am 26. Oktober 1972, kundgetan, dass der Friedensschluss bevorstehe. Er schwankte, ob er Thieu zwingen sollte, die amerikanischen Zugeständnisse an Nordvietnam zu respektieren, oder ob weiterhin die Chance bestünde, dass Saigon die Stellung halte. Südvietnam könne gewiss durch Offensiven beweisen, dass es unbeschadet des kontinuierlichen Abzugs amerikanischer Streitkräfte seine Souveränität und Integrität zu verteidigen verstand, so Nixons Kalkül. Aufgrund der Zusage, dass die USA auch in Zukunft mit Luftangriffen reagieren würden, falls Nordvietnam und/oder die NFL das Abkommen verletzten, hatte Thieu eingewilligt, das von Kissinger und dem nordvietnamesischen Chefunterhändler Le Duc Tho am 13. Januar 1973 abgeschlossene Pariser Abkommen „zur Beendigung des Krieges und zur Wiederherstellung des Friedens in Vietnam" zu unterzeichnen. Nixon konnte seine Zusage gegenüber Saigon nicht einhalten, weil er am 1. Juli 1973 ein Gesetz unterzeichnen musste, demzufolge die USA alle Kampfhandlungen in Indochina bis 15. August 1973 zu beenden hätten. Während Nordvietnam unter Verstoß gegen den Vertrag die Kräfte für eine Entscheidungsschlacht bündelte, geriet Südvietnam in eine verheerende Krise. Desertationen auf südvietnamesischer Seite und erfolgreiche Agententätigkeit der NFL auf der Gegenseite vermittelten Hanoi den Eindruck, dass der „Endsieg" zum Greifen nahe stand. Der Schlussoffensive des Nordens im April 1975 konnte der Süden nichts mehr entgegensetzen. Die Bilder vom Fall Saigons zeigten den Amerikanern das Elend der Fluchtwilligen, danach hüllte sich ein Mantel des Schweigens über die Gräueltaten der Sieger.

2. die Glaubwürdigkeit der eigenen Institutionen: Nach dem Sturz seiner als „Saubermänner" angetretenen Kabinettsmitglieder Vizepräsident Agnew, Justizminiser Meese und Finanzminister Connally über persönliche Verfehlungen brachte Nixon sich durch den *Watergate*-Skandal um Amt und Würde. Die Begnadigung durch seinen Nachfolger Ford, der im Oktober 1973 als Vizepräsident berufen worden war, bewahrte Nixon vor juristischer Strafverfolgung.
3. den Leitwert des US-Dollar: Nachdem die wichtigsten Handelspartner Kanada, Japan, Bundesrepublik und Großbritannien den amerikanischen Aufforderungen (1969–71) nicht nachgekommen waren, ihre Exporte in die USA freiwillig zu beschränken, ihren Inlandsmarkt zu öffnen und ihre Währungen aufzuwerten, kündigten Nixon und Finanzminister Johnson am 11. August 1971 einseitig die Verpflichtung zur Einlösung des Dollar in Gold (zur festen Rate von 35 Dollar pro Unze Gold) und damit das Grundprinzip der festen Wechselkurse auf, auf dem das Bretton-Woods-System beruht hatte. Die Sofortmaßnahmen zur Verbesserung der amerikanischen Handelsbilanz (10%-*Import Surcharge*) sollten den Konkurrenten zeigen, dass diese sich fügen müss-

ten. In Wirklichkeit mussten die USA in zwei Etappen die Dollarabwertung hinnehmen. Die erste bestand im Aushandeln einer neuen Paritätsstruktur (*Smithsonian Agreement*, Dezember 1971), die zweite in der Zustimmung zum neuen Prinzip flexibler Wechselkurse *(Floating Rate)* im März 1973, nachdem Nixon mit Blick auf seine Wahlchancen angesichts einer schlechten Wirtschaftslage zum Schuldenmachen zurückgekehrt war. Nixon musste die unilateralen Abwehrmaßnahmen zurücknehmen, um im Gegenzug die Einwilligung der EG zur Einberufung einer neuen GATT-(Tokio-) Runde zu erhalten.

Nach dem Fortfall des politischen Bestandschutzes für den US-Dollar als Währung der militärischen Schutzmacht war die US-Währung wie jede andere dem Urteil der Finanzmärkte über die amerikanische Regierungspolitik und die Wettbewerbsfähigkeit der US-Wirtschaft unterworfen. Die anderen Länder, voran Deutschland und Japan, hatten allerdings wenig Interesse an einem Absturz des Dollar, da dieses den beiden Exportwirtschaften zu schaffen machen würde. Die US-Regierungen redeten den Dollar herunter *(benign neglect)*, um Deutschland und Japan unter Druck zu setzen, mehr zur internationalen Konjunkturbelebung zu tun. Diese gesunden, mit einem hohen Devisenpolster ausgestatteten zweit- und drittgrößten Volkswirtschaften sollten ihre Binnennachfrage ausweiten, Auslandsinvestitionen tätigen und noch mehr Entwicklungshilfe leisten. Im Herbst 1978 musste Präsident Carter die G 10[14] um Stützungshilfe bitten *(Carter Bonds)*, um ein weiteres Absacken des Dollarkurses aufzufangen. Da es jedoch um die wirtschaftlich-finanzielle Lage der OECD-Länder schlecht bestellt war, blieb den Regierungschefs und Finanzministern keine andere Wahl als einander zu bedrängen, die innerstaatlich erforderlichen Restrukturierungsmaßnahmen zu ergreifen. Für Carter bedeutete dies die Herkulesaufgabe, eine Energiesteuer durch den Kongress zu bringen und das Anwachsen des doppelten Defizits im Staatshaushalt und in der Handelsbilanz zu stoppen, bevor beides aus den Fugen geriet. Die Wiederaufnahme des von der Sowjetunion angezettelten Wettrüstens und die zweite Ölkrise machten einen Strich durch diese Rechnung.

4. die Scharnierfunktion im internationalen Sicherheitssystem: Im Fernen Osten beendete Nixon den Kalten Krieg mit Rotchina, in Europa verabschiedeten sich die NATO-Partner offen und endgültig von der Doktrin der Unteilbarkeit der Sicherheit des Westens, im Vietnamkrieg hatten sie der amerikanischen Domino-Doktrin die Gefolgschaft verweigert. Mit der Entspannungspolitik wollten sie Europa von den Pendelschlägen in der Machtprobe zwischen den USA und der UdSSR abkoppeln. Die Einleitung des Helsinki-Prozesses seit 1973 und die Verlagerung des Systemkonflikts vom Ost-West-Gegensatz zum Nord-Süd-Konflikt in den internationalen Beziehungen eröffnete den europäischen Partnern unabhängige politische Perspektiven. Diese wurden in eingängigen Parolen zusammengefasst und verbreitet: „Europa als Friedenszone", EG/EU-Europa als „Zivilmacht" (im Gegensatz zu den militarisierten Supermächten U.S. und SU).

Europa koppelte sich dabei bewusst von der Spannungslage ab, die die Sowjetunion heraufbeschwor, als Breschnew die Schwächung der USA durch *Watergate* und Dollar-

(Wirtschafts-)Schwäche zu einer doppelten Herausforderung der USA nutzte: a) Übertrumpfen der USA im strategischen Wettrüsten und b) Erwerb von Stützpunkten in aller Welt. In der Sicht der amerikanischen Öffentlichkeit entwertete der Kreml dadurch die *Détente*.

(a) Die Sowjetunion überholte die USA in der strategischen Auf- und Ausrüstung, d.h., sie konnte jeden Punkt in Nordamerika mit Interkontinentalraketen und jedes Zielobjekt in Europa, China und Japan mit Mittelstreckenraketen (1500–5500 km Reichweite) und *Backfire*-Bombern bedrohen, außerdem etablierte sie sich endgültig als weltweit operierende Seemacht.

(b) Die Sowjetunion errichtete einen so genannten Krisenbogen, der von Vietnam über Äthiopien/Jemen und Syrien/Irak im Mittleren Osten/Ostafrika und Angola in Westafrika bis nach Mittelamerika reichte. So gesehen, grenzten die USA und die Sowjetunion überall in der Welt aneinander oder führten Stellvertreterkriege entlang der Südschiene. Es half den USA, dass der sowjetische Einfluss teils von kurzer Dauer war, beispielsweise in Ägypten und Äthiopien, teils der sowjetischen Heimatbasis wie etwa der Krieg in Afghanistan (1979–1988) teuer zu stehen kam.

5. Die Fähigkeit, die Sicherheit der eigenen Repräsentanten im Ausland zu schützen: Die Geiselnahme der amerikanischen Botschaft in Teheran im Oktober 1979 durch den aus dem französischen Exil zurückgekehrten Ayatollah Chomeini wurde vielerorts als Quittung für die amerikanische Politik gesehen, das Schah-Regime im Iran und die Saud-Dynastie in Saudi-Arabien als Subhegemone im Mittleren Osten aufgebaut zu haben. Die Empörung außerhalb der USA über die beispiellose völkerrechtswidrige Geiselnahme einer Botschaft hielt sich in Grenzen. Das Entsetzen über das klägliche Scheitern der Militärmission zur Befreiung der Geiseln im April 1980 war hingegen weltweit groß, der Fehlschlag setzte ein dickes Fragezeichen hinter die Carter-Doktrin. Darin verpflichteten sich die USA, mit militärischen Mitteln jeden Versuch einer feindlichen Macht zu unterbinden, die Ölzufuhr aus dem Persischen Golf in westliche Länder abzuschneiden. Unter Reagan wurde die von Carter initiierte *Rapid Deployment Force* zum *U.S.-Central Command* ausgebaut. Der Fehlschlag der Befreiungsaktion bedeutete auch, dass Präsident Carter darauf warten musste, ob Teheran dem „großen Satan" rechtzeitig vor dem Wahltag die Gnade erweisen würde, die Verhandlungen über eine Freilassung der Geiseln abzuschließen. Dieses „Geschenk" erhielt Reagan zur Amtseinführung am 22. Januar 1981.

## Der Wiederaufstieg der USA in der Reagan-Ära

Es war das einzige Geschenk, das Reagan in seiner achtjährigen Amtszeit gemacht wurde. Das zweite, den Sieg im Kalten Krieg, wollte er sich selbst machen, doch erhielt sein Vizepräsident und Nachfolger, George Bush, die Gelegenheit, diese Ernte einzufahren. Durch das Anziehen der Rüstungsschraube glaubte Reagan die Sowjetunion zwingen zu können, ihre Niederlage in der Machtprobe zwischen den Supermächten einzugestehen. Reagans

Kalkül basierte auf einer einfachen Gleichung: Wenn es zutraf, dass die Sowjetunion ihre politisch-strategische Parität mit den USA ausschließlich ihrer Militärmacht verdankte, dann musste umgekehrt gelten, dass die wirtschaftlichen Ressourcen der Sowjetunion durch forciertes Wettrüsten überbeansprucht und den Kreml zur diplomatischen Kapitulation zwingen würden. Dem Niedergang der UdSSR wollte Reagan auf doppelte Weise nachhelfen: So stärkten die USA durch Waffenlieferungen und Ausbildungshilfe die Kampfkraft der afghanischen Widerstandskämpfer (Mudjahedin). Je mehr die Sowjetunion in Afghanistan ihr „Vietnam“ erlebte und je länger sie sich dort in verlustreiche Aktionen verstrickte, desto mehr musste die Erfolglosigkeit am Prestige der Sowjetmacht und an der Glaubwürdigkeit der Kremlführung in der eigenen Bevölkerung zehren. Mitte 1988 beendete Präsident Gorbatschow das Afghanistanabenteuer. Außerdem sollten die USA ihre technologische Überlegenheit ausspielen, um die strategische Parität bei den Offensivraketen wiederherzustellen, und darüber hinaus neue Wege einschlagen, auf denen die UdSSR den USA nicht würde folgen können. Dies war die psychologische Absicht des *Strategic Defense Initiative*-Programms (SDI, „Krieg der Sterne“), dessen technische Machbarkeit höchst umstritten war.

In Reagans Sicht hatte SDI außerdem den Vorteil, dass er die weltweiten Proteste gegen die Atomwaffen (und Atomkraftwerke) mit dem Hinweis entkräften könnte, dass dieses Raketenabwehrsystem die Abhängigkeit von der Nuklearisierung der Streitkräftestrukturen und der Strategie abbauen werde. Reagan erklärte wiederholt, dass er persönlich den Horror vor der Atombombe teile. Die Umrüstung beschleunigte den in den 1970er-Jahren begonnenen Übergang zu nicht-nuklearen Präzisionswaffen (Schlesinger-Doktrin) und ist ein Vorläufer der heutigen *Revolution in Military Affairs.* So gesehen, bedeutete SDI auch eine Entwertung des Nuklearmachtstatus Frankreichs und Großbritanniens, die ihre eigene Abschreckungsphilosophie pflegten. Beide beteiligten sich an der Kritik an den USA, dass SDI gegen den ABM-Vertrag verstoße. Sie stimmten insoweit mit der Sowjetunion überein, dass der Abzug und die Zerstörung der russischen Mittelstreckenraketen (INF) den amerikanischen Verzicht auf SDI und uneingeschränkte Fortgeltung des ABM-Vertrags von 1972 voraussetze. Die Bundesrepublik strebte eine doppelte Null-Lösung an, während die Regierungen Thatcher und Mitterrand die Kurzstrecken- und prästrategischen Waffensysteme für unverzichtbar erklärten.

Auf dem Gipfel von Reykjavik im Dezember 1986 wollte Reagan zum Entsetzen seiner zuständigen Minister und obersten Militärs sowie der Regierungen Thatcher, Mitterrand und Kohl sein Festhalten an SDI durch die Bereitschaft zum einseitigen Verzicht auf Mittelstreckenraketen (INF) in Europa erkaufen. Das Tauschgeschäft kam nicht zu Stande, weil Gorbatschow auf der Einhaltung des ABM-Vertrags beharrte. Der Damm war jedoch gebrochen. Den amerikanischen und russischen Unterhändlern gelang in kurzer Zeit die Vereinbarung eines unterschriftsreifen INF-Abkommens, das am 7. Dezember 1987 unterzeichnet wurde und 1988 in Kraft trat.

Reagans Bestreben, die in den 1970er-Jahren erlittenen Rückschläge wettzumachen und Amerika wieder als Hort der Stärke zu positionieren, beschränkte sich nicht allein auf die massive Aufrüstung sowie Waffenlieferungen und -verkäufe an Freund und

Feind,[15] sondern ebenso auf die Wiedergewinnung der Ankerposition im Weltwirtschafts- und -währungssystem.

Den Grundstein zum Wettrüsten mit der UdSSR hatte Carter gelegt, so dass Reagan innenpolitisch nicht mit unüberwindbarem Widerstand gegen die Aufrüstung rechnen musste. Die Kosten für die Aufrüstung vergrößerten das Haushaltsdefizit: Die aus der angebotsorientierten Wirtschaftstheorie *(Reaganomics)* resultierende Steuersenkung erweiterte zusätzlich die Kluft zwischen Einnahmen und Ausgaben. Trotz des Handels- und des Haushaltsdefizits stieg der Dollarkurs u. a. wegen des Kapitalzustroms in das sicherste Land der Welt und der Rolle als *Petrodollar* wieder an und erreichte im Februar 1985 einen Höhepunkt. Die Folgen waren gravierend: Die amerikanischen Exporte stagnierten, die Importe nahmen unverhältnismäßig stark zu und in beiden Parteien fand der Protektionismus immer mehr Anhänger. Um dem zu begegnen, setzte die freihändlerisch eingestellte republikanische Administration den Kurs fort, erfolgreiche Exportländer wie Japan und Südkorea durch *Orderly Market Agreements* (OMAs) zu zwingen, ihre Exportbranchen zur Festlegung von Kontingenten bzw. Quoten zu drängen. Dies ersparte den USA, ihre Importbarrieren zu erhöhen oder Anti-Dumpingverfahren noch mehr auszuweiten und damit den schwarzen Peter in der Hand zu behalten.

Der Anstieg des Dollarkurses fiel zunächst mit der zweiten Ölpreisexplosion zusammen. Die Schwellen- und Entwicklungsländer, die sich unter Umgehung des IWF bei den großen internationalen Banken auf Dollarbasis verschuldet hatten, konnten die Schulden nicht bedienen, die aufgrund des Anstiegs des Dollarkurses, des Zinsniveaus sowie der Ölpreise (in *Petrodollar*) ein höheres Ausmaß annahmen als man bei Aufnahme der Fremdmittel erwartet hatte. Betroffen waren primär die großen amerikanischen international tätigen Banken, die sich in Brasilien, Mexiko, Argentinien – den größten Schuldnern in der Welt nach den USA – (über-)engagiert hatten; die Reagan-Administration sah sich zu Rettungsaktionen verpflichtet. Diese brachten den IWF und die Weltbank ins Spiel. Die Folge war, dass der IWF sachfremde Aufgaben wie Strukturanpassungshilfen und erweiterte Überziehungskreditlinien übernahm und in den (Ver-)Ruf kam, mit steuerfinanzierten, von den Staaten gezeichneten Aufstockungen der IWF-Mittel die Großbanken vor selbst verschuldeten Verlusten zu retten (*bailing out* und *moral hazard*). Da der IWF, in dem die USA die höchstgewichtete Einzelstimme führten, keine Hilfszusage geben durfte, ohne den Empfängern Auflagen zwecks Sanierung des Staatshaushalts zu erteilen, verschärfte die Schuldenkrise die Politisierung der internationalen Finanzbeziehungen. Für die USA bedeutete die Tatsache, dass die Schuldenkrise der 1980er-Jahre überwiegend Mexiko und Südamerika traf und diese Epoche in die Geschichte Lateinamerikas als verlorenes Jahrzehnt einging, die Unterbrechung eines Aufschwungprozesses. Die amerikanischen Exporte erreichten 1988 wieder den Stand von 1981, in der nachfolgenden Dekade 1988–1998 erlebten sie einen Aufschwung.

Auch die europäischen Länder litten unter dem starken Dollar. Ihre Regierungen machten den Anstieg des Dollarkurses für die so genannte Eurosklerose verantwortlich: Die USA zogen teils aufgrund höherer Zinssätze Kapital aus Europa ab. Das dort investierte europäische Kapital half mit, die Erholung der amerikanischen Wirtschaft zu finanzieren, amerikanisches Kapital mied hingegen die schwache Wachstumsregion Europa. Die europäischen Regierungschefs, insbesondere der vom NATO-Doppelbeschluss innerparteilich angeschlagene Bundeskanzler Helmut Schmidt, beschwerten sich darüber, dass Reagan unter dem Deckmantel des *burden sharing* in der NATO die Europäer belasten und die USA entlasten wollte. Reagan forderte nämlich die NATO-Partner auf, das 1977 verabschiedete 10-Jahres-Programm zur Erhöhung der *Defense Capabilities* endlich in Angriff zu nehmen und in diesem Zusammenhang modernisierte Rüstungsgüter aus den USA zu importieren. Da Rüstungsproduktion inzwischen nicht länger als Innovationsschub für andere Industriezweige galt, hätte die Einlösung der Verpflichtung, die Verteidigungsausgaben über einen Zeitraum von zehn Jahren jährlich um 3% zu steigern, aus europäischer Sicht bedeutet, die ohnehin bestehende Investitionsschwäche durch Fehlinvestitionen im Rüstungssektor zu verschlimmern.

Der Höhenflug des Dollar wurde von den USA zunehmend als Last empfunden. Die zweite Reagan-Administration befürwortete Mitte 1985 eine konzertierte Intervention der Zentralbanken zwecks Absenkung des Dollarkurses, um der Protektionismus-Tendenz im Welthandel zu begegnen. Das Plaza-Abkommen der G 5 vom 22. September 1985 erwies sich zunächst als zweckdienlich und das Herunterfahren des Dollarkurses beseitigte einen Teil des Druckes auf die amerikanische Außenhandelspolitik. Da nun aber weder Japan seinen Binnenmarkt für Importgüter und Dienstleistungen öffnete noch Bundesregierung und Bundesbank den Geldhahn zur Konjunkturbelebung aufdrehten, setzten die USA wiederum *benign neglect* als Hebel an. Die Absenkung des Dollarkurses sollte die Wettbewerbsfähigkeit amerikanischer Exporte steigern und die Handelsströme sollten sich vom amerikanischen Importmarkt auf den Inlandsmarkt der Bundesrepublik bzw. Japans verlagern. Stattdessen nutzte Japan die Stärke des Yen zu ausländischen Direktinvestitionen und damit zur Vernetzung der Produktions- und Vertriebsstandorte in den asiatischen Volkswirtschaften, während die Bundesregierung die von EG-Kommissionspräsident Jacques Delors lancierten Projekte eines Einheitlichen Binnenmarktes und einer Wirtschafts- und Währungsunion unterstützte, um der japanischen und amerikanischen Herausforderung auf dem europäischen Inlandsmarkt besser begegnen zu können. Das G-5-Treffen der Finanzminister im Februar 1987 im Pariser Louvre führte nicht zu der von James Baker angestrebten Einrichtung fester Zielzonen, innerhalb deren die Leitwährungen hätten schwanken dürfen. Die unverbindlichen Absprachen verunsicherten die internationalen Finanzmärkte. Mitte Oktober 1987 kam es zum Sturzflug der Aktienkurse an der *Wall Street* – allerdings auch noch aus anderen Gründen. Die Lehre aus dem wiederholten Fehlschlag der währungspolitischen Koordination war, dass Kooperation sich fortan darauf konzentrieren sollte, das eigene Haus in Ordnung zu bringen, z. B. den Staatshaushalt zu sanieren, die Kapitalmärkte zu deregulieren bzw. zu internationalisieren und die Wirtschaft zu privatisieren.

Zur Beseitigung der Handelsungleichgewichtigkeiten setzten die Regierungen Reagan, Bush und Clinton auf das Zauberwort *Marktöffnungsstrategie.* Es diente zur Abwehr der von Richard Gephardt, dem demokratischen Mehrheitsführer und Sprecher im Repräsentantenhaus, orchestrierten Protektionisten. Die *Market-Oriented Sector-Specific Initiative*

(Reagan), *Structural Impediment Initiative* (Bush) und *Framework for New Economic Partnership* (Clinton, 1993) sollten den amerikanischen Exporteuren zu jenen „fairen" Chancen im Ausland verhelfen, die den Partner-Rivalen die Ausdehnung auf dem US-Binnenmarkt ermöglichten. Der amerikanische Kongress wollte sich nicht länger mit vagen Versprechungen zufrieden geben, sondern bestand gegenüber Japan, Südkorea, Brasilien und der EG auf strikter und nachprüfbarer Reziprozität vor allem in den Marktsegmenten, in denen diese Länder hohe Überschüsse in ihrer bilateralen Bilanz mit den USA erzielt hatten. Besonders stark war der Druck auf Japan, dass mit Ausreden und Ausweichmanövern den Zorn der Amerikaner auf sich zog, sodass die USA ihre Handelsbeziehungen mit Japan außerhalb der GATT-Rahmenordnung stellten. Zeitweilige Frustrationen der USA, ob nicht in Wirklichkeit Japan und Deutschland den Kalten Krieg gewonnen hätten, weil sie sich auf ökonomische Wettbewerbsfähigkeit konzentriert und den USA die Kosten für die Sicherheit des Westens überlassen hätten, verschwanden im Verlauf des Clinton-Booms und der Strukturkrisen in Japan und Deutschland/EU und machten der Gewissheit Platz, tatsächlich die einzige Supermacht zu sein.

Die europäischen Regierungen und die Europäische Gemeinschaft kritisierten die amerikanische Einseitigkeit in der Nahostpolitik, vor allem die amerikanische Tolerierung israelischer Strafaktionen gegen die in Beirut gelegenen Lager der Palästinensischen Befreiungsbewegung (PLO). Die Zurückhaltung der USA gegenüber der Ausdehnung israelischer Siedlungen in den 1967 und 1973 eroberten Gebieten kontrastierte mit der EU-Forderung, das Selbstbestimmungsrecht der Palästinenser anzuerkennen (Deklaration von Venedig, 1980) und ihnen die Bildung eines eigenen Staates in Aussicht zu stellen. Die USA beteiligten sich an der Ende September 1982 gebildeten UN-Friedenstruppe zur Überwachung des Abzugs der PLO-Einheiten aus Beirut. Reagan ordnete jedoch sofort den Rückzug der US-Truppen aus dem Libanon an, als amerikanische Soldaten im Oktober 1983 einem Terroranschlag zum Opfer fielen. Die USA und Israel waren machtlos dagegen, dass Syrien unter Assad die Vormundschaft über den Libanon übernahm, dort die militante Hisbollah unterstützte und genauso wie Libyen unter Gaddafi die arabische Welt zum Kampf gegen Zionismus und US-Imperialismus aufrief.

Im April 1986 reagierten die USA auf eine Serie von Terroranschlägen, hinter denen Gaddafi vermutet wurde, mit einem Bomberangriff auf Libyen, den der Staatschef nur mit Glück überlebte. Mit Ausnahme Großbritanniens verweigerten die europäischen NATO-Partner den USA die moralische Unterstützung und Überflugrechte, die Wege der von britischen Standorten aus startenden Kampfflugzeuge zum Zielort Tripolis waren dementsprechend länger. Größere Unterstützung fanden Großbritannien und die USA, als sie Gaddafi und dessen Gefolgsleute für den Absturz eines voll besetzten Pan-Am-Passagierflugzeugs über dem schottischen Lockerbie im Dezember 1988 verantwortlich machten und die Verhängung von Sanktionen verlangten.[16]

Einen beträchtlichen Ansehensverlust erlitt Reagan mit der Iran-Contra-Affäre 1986–87. Durch schrittweise Enthüllung wurde aufgedeckt, dass engste Vertraute Reagans (Sicherheitsberater McFarlane, Oberst North) gegen den Ratschlag von Außenminister Shultz und Verteidigungsminister Weinberger Waffenlieferungen an den Iran vermittelt hatten. Aus dem Erlös wurden die „Contras“ in Nicaragua im Kampf gegen die Regierung der Revolutionsbewegung *(Sandinistas)* unterstützt. In Analogie zum *Watergate*-Skandal Nixons sprach man von einem *Irangate*. Das war umso peinlicher, als die USA Waffen an einen Staat lieferten, dessen fundamentalistisches Regime die USA als Gegner behandelte. In dem von Saddam Hussein ausgelösten Krieg unterstützte die Reagan-Regierung den Irak gegen den Iran. Unter Berufung auf das Selbstbestimmungsrecht der Völker und aus ideologischen Gründen ergriffen die meisten europäischen Regierungen einschließlich der Bundesrepublik unter Schmidt/Genscher und Kohl/Genscher Partei für die durch Wahlen im Amt bestätigte Revolutionsregierung in Nicaragua und leisteten beträchtliche Finanz- und Nahrungsmittelhilfe.

Parallel zur vielgestaltigen Spannungslage zwischen Reagans Amerika und Europa mussten die USA um ihre Position im Fernen Osten kämpfen. Auf der Sollseite ragte die Rivalität mit Japan heraus. Mit dem Selbstbewusstsein des wirtschaftlichen Erfolges wuchs der Einfluss der Kräfte, die meinten, Japan solle und könne es sich leisten, „Nein“ zu amerikanischen Forderungen zu sagen, zumal diese verdeckte Appelle waren, Tokio müsse den USA zu Erfolgen auf dem japanischen Inlandsmarkt verhelfen. Auf der Habenseite standen Fortschritte hinsichtlich der Demokratisierung in Südkorea, Taiwan, Thailand. Der wirtschaftliche Aufschwung in Asien, der überall, in Japan, den „Tigerstaaten“ Taiwan, Hongkong, Singapur und Südkorea und seit Mitte der 1980er-Jahre in den *Newly Industrialized Countries* (NICs) Malaysia, Thailand und Indonesien von exportorientierten Wirtschaftsstrukturen getragen wurde, erhöhte die ohnehin große Bedeutung des amerikanischen Marktes für diese Länder. Es begann eine Debatte über das 21. Jahrhundert als einem „pazifischen Jahrhundert“, in dem *Asia Pacific* für die Zukunft der USA wichtiger sein werde als die transatlantische Gemeinschaft. Verstärkt wurde die Verschiebung der Gewichte dadurch, dass alle Länder in Ostasien die militärische Präsenz der USA in ihrer Region zu verlängern wünschten, um ein Gegengewicht zum Aufstieg Japans und/oder Chinas zur Vormacht im Fernen Osten zu erhalten. Es sollte verhindert werden, dass die wirtschaftliche Hegemonie Japans in der „Region“[17] in politische oder gar militärische Suprematie umschlug. Dem Nominalwert nach rangierte Japan in der Liste der Staaten mit den höchsten Verteidigungsausgaben bereits an dritter Stelle hinter den USA und der Sowjetunion. Eine Fortschreibung der doppelten Abhängigkeit Japans vom Wirtschaftsaustausch mit den USA und von der amerikanischen Sicherheitsgarantie und umgekehrt der USA vom Vertrauensverhältnis mit Japan erschien den Regierungen auch nach Ende des Kalten Kriegs in Ostasien im Gefolge der Normalisierung der Beziehungen zwischen Peking und Washington seit 1972 als effektivste Lösung des Sicherheitsdilemmas. Außer dem komplexen System bilateraler Sicherheitspakte zwischen den USA einerseits und Japan, Südkorea, den Philippinen, Thailand, Singapur andererseits sowie der Schutzmachtrolle für Taiwan gab es im Fernen Osten keine wirksamen Sicherheitsstrukturen.[18]

## Wende in den amerikanisch-russischen Beziehungen und „Neue Ära" in den internationalen Beziehungen?

Angesichts des Vertrauensverlustes in Europa und der inneramerikanischen Kritik an der Prioritätensetzung zugunsten des Verteidigungs- und zu Lasten des Sozialhaushaltes vollzog Reagan im Wahlkampf 1984 eine Kehrtwendung. Das Wort vom Sowjetimperium als „Reich des Bösen", mit dem Reagan das Hochfahren der Rüstungsausgaben gerechtfertigt hatte, verfing nicht mehr. Der Machtwechsel in der Sowjetunion seit dem Frühjahr 1985 gab vielmehr den Anstoß, dass Reagan sich an Gorbatschow messen lassen musste. Gorbatschow zog, sobald er fest im Sattel saß, die Konsequenzen aus dem *imperial overstretch* der Sowjetunion. Da er den Ankündigungen entsprechende Taten folgen ließ, konnte Reagan Gorbatschows Kurskorrekturen nicht länger als bloße Propagandamanöver abtun.

Die starke Resonanz, die Gorbatschow im europäischen Ausland bei seinen häufigen Reisen fand, war ein Grund mehr für die USA, nunmehr ihrerseits eine Verbesserung der Atmosphäre und Bereinigung der Konflikte mit ihren europäischen Partnern anzustreben. Angesichts der ohnehin existierenden Übereinstimmung zwischen *Reaganomics* und *Thatcherismus* ging es in erster Linie um Initiativen gegenüber Westeuropa. Wie zuvor Mitterrand bei seiner Rede im Bundestag am 23. Januar 1983 wollte Reagan der Bundesregierung Respekt für ihre Standfestigkeit in der Durchführung des NATO-Doppelbeschlusses erweisen. Seine Reise nach Deutschland – auf dem Programm stand auch der Besuch eines Soldatenfriedhofs – war als Zeichen der Versöhnung mit dem einstigen Gegner im Zweiten Weltkrieg gedacht. Er war auch eine Geste der Anerkennung der Bundeswehr als erstklassigem Partner in der NATO. Das Vorhaben verfehlte die erwünschte Wirkung. Die Tatsache, dass der ausgesuchte Friedhof in Bitburg auch eine Grabstätte für Angehörige der Waffen-SS war, warf einen Schatten auf das Besuchsprogramm. Trotz gegenteiligen Rats sagte Reagan jedoch seine Deutschlandreise nicht ab, sie fand Anfang Mai 1985 zum 40. Jahrestag des Kriegsendes statt. Beim seinem zweiten Deutschlandbesuch Mitte Juni 1987 wandte er sich öffentlich direkt an Gorbatschow. In seiner Ansprache vor dem Brandenburger Tor forderte er Gorbatschow dazu auf, an diesen Ort zu kommen und das Tor (im Sinne von *glasnost*) zu öffnen. Der Wettstreit um die friedliche Beilegung des Kalten Krieges erreichte seinen Höhepunkt, als Präsident George Bush am 31. Mai 1989 in Mainz der Bundesrepublik die „*Partner-in-Leadership*"-Rolle offerierte und einen Ausweg aus dem die NATO lähmenden Streit um die Modernisierung der Kurzstreckenraketen *(Lance)*[19] versprach und anschließend Gorbatschow Mitte Juni 1989 in Bonn die Bundesregierung statt Ostberlin als Vorzugspartner in der Deutschlandpolitik titulierte.

Angesichts der erfolgreichen Eingliederung der fünf neuen Länder – der Ex-DDR – in die Bundesrepublik erscheinen diese Ereignisse im Nachhinein als Wegmarken einer unaufhaltsamen Entwicklung. Der damalige Prozess glich hingegen einem Hindernisrennen, bei dem das Wunschziel klar war, aber nicht die Gewissheit, ob man die nächste und die weiteren Hürden würde nehmen können. So wie Stalin die Teilung Europas vollzogen hatte, so baute Gorbatschow den Eisernen Vorhang schrittweise ab und so wie Truman die Schaffung des westdeutschen Teilstaates für unvermeidlich erklärt hatte, setzte sich Bush entschlossen für die Vereinigung der beiden deutschen Staaten ein. Bush unterstützte die „historische Chance" Kohls, ein „vereintes Deutschland in einem freien Europa" zu errichten, gegen die von Thatcher und Mitterrand geforderte Zurückhaltung und Verlangsamung der Entwicklung. Gleichzeitig achtete Bush darauf, dass Gorbatschows Stellung trotz der erwarteten Einwilligung in die Zugehörigkeit eines vereinten Deutschland zur NATO nicht untergraben wurde. Das Aufgehen der DDR in der Bundesrepublik sollte nicht als Sieg im Kalten Krieg gefeiert und zur Demütigung des „Feindes" ausgeschlachtet werden.

Die amerikanische Regierung unter Bush, Baker, Scowcroft und Cheney (1989–1992) nahm darauf Rücksicht, dass Gorbatschow den internen Machtkampf mit den Reformgegnern erst noch bestehen musste (Parteitag Anfang Juni 1990). Der Westen selbst würde Gorbatschow den Boden unter den Füßen wegziehen, wenn die USA und die Bundesrepublik als Nutznießer der Wiedervereinigung keine Konzessionen an den Großmachtstatus der Sowjetunion machen und Gorbatschow keine Entschädigung für die von ihm geleisteten Verzichte gewähren würden. Die von Bush auf dem NATO-Gipfel Mitte Dezember 1989 dargelegte amerikanische Marschroute verknüpfte das eigene *essential*, die dauerhafte Zugehörigkeit Deutschlands zur NATO und EG, mit Prinzipien, die Gorbatschow und die Bundesregierung als Elemente des Helsinki-Prozesses bereits grundsätzlich akzeptiert hatten: freie Wahlen in der DDR zur Legitimierung der Vereinigung; Bestätigung seitens der Bundesrepublik, dass die Frage der Ostgrenzen, wenn überhaupt, nur auf dem Verhandlungsweg aufgeworfen werden dürfe.

Die USA wollten die Sowjetunion letztendlich davon überzeugen, dass die Mitgliedschaft eines vereinten Deutschland in einer von den USA geführten Sicherheitsgemeinschaft (NATO) zugleich die beste Gewähr für die Sicherheit Russlands sei. Dieses Vorhaben gelang Außenminister Baker beim Treffen mit Gorbatschow Anfang Mai 1990. Damit wirkte er Gorbatschows Absicht entgegen, wenigstens eine Neutralisierung des DDR-Gebiets zu erreichen und somit den Status Gesamtdeutschlands in der NATO zweigeteilt zu gestalten. In der Sache hatte Baker bereits am 9. Februar 1990 konzediert, dass die NATO nicht über das DDR-Gebiet hinaus erweitert werden solle. In der Übergangszeit bis zum vollständigen Abzug der sowjetischen Streitkräfte aus der DDR bis Ende 1994 sollte „Ostdeutschland" einen Sonderstatus erhalten. Es gab von amerikanischer Seite auch das Zugeständnis, die Kurzstreckenraketen und taktischen Atomwaffen entsprechend ihrer neuen Bestimmung als *weapons of last resort* um 80% zu reduzieren. Ende 1992 war diese Zusage eingelöst.

Der erste Baustein der „neuen Ära" in den internationalen Beziehungen war, dass die Sowjetunion die Vorleistungen der Bundesregierung in der konventionellen Abrüstung honorierte und gemäß der im INF-Vertrag praktizierten Formel der asymmetrischen Abrüstung – wer mehr hat, muss stärker abrüsten – einer Festlegung von Obergrenzen für die verschiedenen Waffenkategorien und verteilt auf gestaffelte Stationierungszonen zustimmte. Sie nahm vergleichsweise stärkere Einschnitte in Kauf als die Gegenseite. Der

Vertrag über *Conventional Armed Forces in Europe* (CFE I) war Bestandteil einer im November 1990 in Paris stattfindenden Abfolge von Vertragsabschlüssen. Die am 21. November 1990 unterzeichnete *Charta für ein Neues Europa* schrieb die Prinzipien, Normen, Regeln und Entscheidungsverfahren für die gesamteuropäische Ordnung fest. Die Statuten galten für den Raum von Wladiwostok bis Vancouver; sie symbolisierten die wechselseitige Anerkennung der Zugehörigkeit Nordamerikas und des sowjetischen Gebiets östlich des Urals zum Geltungsbereich europäischer Sicherheitsbestimmungen. Das Folgeabkommen (CFE II, Juli 1992) enthielt die Festlegung der Obergrenze amerikanischer Truppen in Europa auf 220 000, doch planten die USA intern bereits, ihre Präsenz in NATO-Europa auf unter 125 000 zu verringern.

Der zweite Pfeiler der „neuen Ära" ruhte auf dem Interesse, an der „Friedensdividende" zu partizipieren. Dazu mussten die USA ihre Hochrüstung zurückfahren, den rüstungsindustriellen Komplex reduzieren und die Wettbewerbsfähigkeit des Standortes Amerika wieder herstellen, vor allem die Spitzenstellung bei den Zukunftstechnologien zurückgewinnen. Die Kampagne zugunsten der Sicherstellung einer Friedensdividende wurde in den *Strategic Arms Reduction Talks* (START) umgesetzt: Im Juli 1991 und im Januar 1993 verständigten sich Washington und Moskau auf die Reduzierung der Zahl der Nuklearsprengköpfe und der Raketenarsenale. Dabei sollten die landgestützten Interkontinentalraketen (ICBM) mit Mehrfachsprengköpfen (MIRV) vernichtet und die Zahl der seegestützten ICBM auf 1700–1750 begrenzt werden. Der Senat ratifizierte das Abkommen 1996, die Duma sperrte sich bis 2001.

Den dritten Pfeiler errichteten Bush und Gorbatschow beim kurzfristig anberaumten Gipfeltreffen Anfang September 1990 in Helsinki. Gorbatschow sicherte zu, dass die Sowjetunion nicht nur den Überfall ihres bisherigen Rüstungsklienten Irak auf Kuwait im August 1990 verurteilen, sondern auch gemeinsame Aktionen im Rahmen des UN-Sicherheitsrates befürworten werde.

Parallel zu den von vielen amtlichen und von nicht-offiziellen Seiten unternommenen diplomatischen Vorstößen, Saddam Hussein zum Einlenken zu bewegen, bereiteten die USA einen Militärschlag vor. Grundlage dafür waren die Resolutionen des Sicherheitsrates der Vereinten Nationen, die dem Irak ein Vorgehen „mit allen Mitteln" androhten, falls er seine Invasionstruppen nicht aus Kuwait zurückzog. Das Ende November gestellte UN-Ultimatum bis zum 15. Januar 1991 war so ausgerichtet, dass ein Militärschlag noch vor dem Beginn der heißen Jahreszeit in der Golfregion Wirkung zeigen konnte. Letzte Versuche des UN-Generalsekretärs Anfang Januar 1991, den Irakkrieg abzuwenden, scheiterten an Saddam Husseins Zurückweisung der Vermittler und ihrer Vorschläge.

Die Kriegshandlungen begannen mit Bomben- und Raketenangriffen auf Bagdad. Es gelang den USA nicht, das Potential des Irak zu Vergeltungsschlägen auszuschalten. Die irakischen Raketenangriffe auf Ziele in Israel lösten große Bestürzung aus und ließen Schlimmes befürchten, zumal Saddams Drohung, biologische und chemische Kampfstoffen einzusetzen, den Nervenkrieg aufheizte. Letztendlich war die Gegenwehr der irakischen Streitkräfte jedoch so schwach, dass die amerikanischen Truppen um den 20. Februar 1991 den Marsch auf Bagdad begannen. In diesem Moment setzte der russische

Außenminister Primakow alles daran, Saddam Hussein zu retten, und warnte die USA vor einem Regimesturz. Präsident Bush war die Rücksichtnahme auf Gorbatschows Position mehr wert als ein triumphaler Einmarsch in Bagdad, zumal Großbritannien und Frankreich, die zum Luftkriegserfolg beigetragen hatten, einen Waffenstillstand befürworteten. London und Paris plädierten dafür, den Besiegten durch Entwaffnungs- und Inspektionsmaßnahmen unter Kontrolle zu halten. Damit erhielt Saddam Hussein die von ihm sofort weidlich genutzte Chance, den Irakern zu suggerieren, nicht nur unbesiegt geblieben zu sein, sondern sogar den Sieg davongetragen zu haben.

Der Sieg der alliierten Streitkräfte im Golfkrieg ging auch darauf zurück, dass die Regierungen der arabischen Staaten mit Ausnahme Jordaniens die Strafaktion aktiv unterstützten oder zumindest tolerierten. Darin und in der Kooperationsbereitschaft des Kreml sah Bush die Grundlage für eine Beilegung des Nahostkonflikts. Die Vollversammlung der Vereinten Nationen hob Mitte Dezember 1991 ihren 1975 in der Zionismus-Antirassismus-Resolution ausgesprochenen Bannstrahl gegen Israel auf. Arafat und die PLO hatten die ihnen seit Mitte der 1970er-Jahre entgegengebrachten Sympathien verspielt, als sie Saddam Husseins Raketenangriffe auf Israel bejubelten. Auf der Internationalen Konferenz in Madrid vom 30. Oktober bis 1. November 1991, die unter der Schirmherrschaft der USA und der Sowjetunion stand, sollte die Verflechtung zwischen Ost-West-Konflikt und Regionalkonflikt zugunsten von Frieden und wirtschaftlicher Entwicklung in einer der schwerstbewaffneten Regionen der Welt beendet werden. Die USA, die EG/EU und Japan boten gute Dienste und materielle Hilfe für die Lösung der Probleme beispielsweise in den Bereichen Wasserversorgung, wirtschaftliche Entwicklung, Erziehung und Ausbildung an. Die Drittmächte, voran die USA, wollten die Gesprächsbereitschaft zwischen den verfeindeten Lagern fördern, ohne diesen durch einen mehr oder weniger fest umrissenen Plan die Aufgabe abzunehmen, in direkte Verhandlungen einzutreten und die konträren Positionen nach und nach zu entschärfen. Israel und die arabischen Staaten nutzten die Anwesenheit der Fernsehteams aus aller Welt, um ihre altbekannten Standpunkte unmissverständlich zu verbreiten. Die Konferenz stand unter einem unglücklichen Stern, weil einerseits Israel die PLO als Teilnehmer ablehnte und sich nur dazu durchringen wollte, Palästinenser in einer jordanisch-palästinensischen Delegation zur Konferenz zuzulassen. Andererseits boykottierten Syrien, Irak und Iran die Konferenz mit der Begründung, dass sie der Konsolidierung israelischer Besitznahme arabischen Landes diene. Dabei waren Bush und Baker dem arabischen Standpunkt insofern entgegengekommen, als sie deren Auslegung der Sicherheitsrat-Resolutionen 242 (November 1967) und 338 (Oktober 1973) als Gebot zum Rückzug Israels aus *allen* besetzten Gebieten akzeptierten. Im Gegenzug verlangten sie von den arabischen Staaten die Anerkennung des Rechts Israels, in Frieden zu leben. Die zusammenfassende Formel dafür lautete „Land für Frieden“.

Den von den Europäern in der Nahostpolitik seit längerem für nötig erachteten Schritt unternahm Bush im Vorfeld der Madrid-Konferenz: Er flankierte seine Aufforderung an die Likud-Regierung Shamir zum Stopp der Siedlungsbauten in den besetzten Gebieten mit der Ankündigung, die Israel angebotene wirtschaftlich-finanzielle Hilfe zur Eingliederung jüdischer Aussiedler aus der Sowjetunion erst freizugeben, wenn jene Bedingung erfüllt werde. Nach dem Regierungswechsel in Israel im Jahr1992 sprach sich der neue Regierungschef Rabin (Arbeiterpartei) offen für die Anerkennung der PLO als Verhandlungspartner aus. Unter norwegischer Vermittlung kam das so genannte Oslo-Abkommen zustande. Es legte einen Zeitplan fest, an dessen Ende die Ausrufung eines Palästinenserstaates stehen sollte. Unter diesem Vorzeichen bemühten sich die USA, Syrien – als Vormacht im Libanon und Protektor der gegen die israelische Vorherrschaft im Südlibanon agierenden Hisbollah – zur Verhandlungsbereitschaft gegenüber Israel zu bewegen. Assad ließ sich zunächst nicht aus der Reserve locken, sondern beharrte auf der bedingungslosen Rückgabe des von Israel eroberten Golan-Gebietes. Anfang 1996 empfing er Clintons Emissäre, doch es kam keine Agenda mit verhandelbaren Positionen zustande.

Bush verschenkte die Aussicht auf Wiederwahl, weil er Clintons Parole „It's the economy, stupid" keine wirtschaftspolitisch positive Bilanz entgegenhalten konnte. Nach der deutschen Vereinigung und der Auflösung der Sowjetunion Ende 1991 geriet seine bis dahin so erfolgreiche Außenpolitik auf Schlingerkurs. Auch auf außenwirtschaftlichem Gebiet konnte die Bush-Regierung keinen Erfolg verbuchen. Bushs Versuch, Japan zur Öffnung der Märkte für amerikanische Produkte (Autos, Finanzdienstleistungen, Versicherungen) zu zwingen, scheiterte kläglich.

Die Initiative der Delors-Kommission zur Vertiefung der Europäischen Gemeinschaft – Binnenmarkt und Währungsunion – stieß auf harte amerikanische Kritik an vielen Einzelmaßnahmen. Die Europäer erkannten darin den alten Widerspruch, dass die USA die politische Einigung Europas rhetorisch begrüßten, an der konkreten Ausgestaltung derselben aber die Kritik übten, sie diene dem Bau an der „Festung Europa". Diese Attitüde der Regierung Bush galt den Europäern als Zeichen, dass Washington nichts hinzugelernt habe. Das gleiche Muster wiederholte sich im Fall der NATO. Auf erste Anzeichen einer französisch-deutschen Initiative zur Aufstockung der deutsch-französischen Brigade zum Eurocorps (30. Oktober 1991) als europäische Säule in der konventionellen Streitkräftestruktur intervenierte die Bush-Administration und stellte Bonn vor die Alternative, entweder die Duplizierung der Kommandostrukturen, *capabilities* und Kommunikationsstrukturen zu vermeiden oder zuzugeben, dass man die amerikanische Präsenz und Führungsrolle in der NATO nicht länger wünsche.[20]

## Clintons Politik des *Engagement*

Präsident Clinton wollte den Eindruck korrigieren, dass der Zusammenschluss Europas nicht im Sinne der USA sei. Möglicherweise war er auch der Meinung, die Europäer würden genug damit zu tun haben, die im Maastrichter Vertrag gestellten Aufgaben abzuarbeiten und sich mit der Aufnahme der drei neutralen Staaten Finnland, Schweden und Österreich in die EU sowie der Frage einer Osterweiterung auseinander zu setzen. Die Diskussion über eine eigene Verteidigungskomponente, die mit unerwünschten Doppelstrukturen – EU/WEU und NATO – verbunden sein würde, beunruhigte Clinton nicht sonderlich, da er den Widerstand Großbritanniens, der Niederlande und der neutralen EU-Mitglieder kannte.

Clinton konzentrierte sich in der ersten Amtszeit darauf, der amerikanischen Wirtschaft zu neuer Weltgeltung zu verhelfen. Er lenkte die Energien auf die überfällige Reform der Steuer- und Haushaltsstruktur sowie den Aufbau eines bundesweiten öffentlichen Gesundheitssystems. Die USA sollten sich nicht durch weltpolizeiliche Ambitionen von der Erledigung ihrer ökonomischen Hausaufgaben ablenken lassen. Als Befürworter des Multilateralismus beteiligte Clinton die USA freilich an humanitären Interventionen der UN in Somalia. Nach dem makabren Schauspiel der öffentlichen Folterung eines US-Soldaten durch Gefolgsleute des berüchtigten Bandenchefs Hadid in der Hauptstadt Somalias am 3. und 4. Oktober 1993 kehrte sich die Stimmung in den USA gegen die Teilnahme an Friedensmissionen der Vereinten Nationen. Der seit Ende 1994 von den Republikanern beherrschte Kongress sperrte die Zahlungen für UN-Missionen und schließlich auch die regulären Beitragszahlungen.

Im Bosnienkrieg setzte Clinton die Politik Bushs fort und überließ den UN und der EU die Initiative und Verantwortung. Mit dem Owen-Vance-Plan beteiligten die USA sich allerdings an dem diplomatischen Geschacher um eine prozentuale Aufteilung Bosnien-Herzegowinas zwischen Kroaten, Serben und bosnischen Muslimen. Wichtiger war, dass die USA den bosnischen Muslimen zu Waffenimporten verhalfen und damit gegen das Exportembargo der UN, das die Bosnier benachteiligte, verstießen. Eine Aufhebung der UN-Entscheidung ließ sich gegen den Widerstand Frankreichs und Großbritanniens nicht erreichen. Im Herbst 1994/Frühjahr 1995 kam es zu einer schweren Krise zwischen den mittels Bodentruppen (UN-Blauhelmen) engagierten europäischen Mächten und den USA, die auf Luftwaffenaktionen gegen serbische Stellungen drängten und Maßnahmen im Rahmen des *peacekeeping*-Mandats für wirkungslos erklärten.[21] Die UN und die EU hatten auf französisches Anraten den Ausweg in der Errichtung immer neuer Schutzzonen gesehen. Als die bosnischen Serben zwei dieser Schutzzonen, Srebrenica und Zepa, besetzten und im Juli 1995 Massaker verübten, ohne dass die (niederländischen) Blauhelme eingriffen, bedrängte vor allem Frankreich die USA, sich an NATO-Luftangriffen zu beteiligen (August 1995). Parallel zu den Luftangriffen auf den serbischen Belagerungsring um Sarajevo kam es zu militärisch erfolgreichen Operationen der Kroaten und bosnischen Muslime gegen die bosnischen Serben. Die Initiativen der USA für Waffenstillstandsgespräche waren von dem günstigen Umstand flankiert, dass die Hauptkriegstreiber Karadzic und General Mladic Niederlagen auf dem Schlachtfeld erlitten. Der Serbenführer Milosevic hatte bereits damit begonnen, den bosnischen Serben nicht mehr die gewohnte Unterstützung Serbiens zu gewähren.

Dem amerikanischen Unterhändler Holbrooke gelang es, in den in Dayton (Ohio) geführten Verhandlungen mit allen Kriegsparteien bis zum 21. November 1995 ein Abkommen zu erreichen. Nach außen hin wirkte es so, als ob die USA zuerst den Europäern zeigen müssten, wie man einen Aggressor konzessionsbereit stimmt, um anschließend zu demonstrieren, wie man die Serben, Kroaten und bosnischen Muslime zur Anerkennung der *facts on the ground* zwingt. Der Schlüssel zur Überwindung der Gegensätze lag darin, dass die lokalen Konfliktparteien eine doppelte Oberhoheit anerkannten – eine von der OSZE und EU gestellte zivile Autorität und eine von der NATO geführte Internationale Friedenstruppe (IFOR). Deren UN-Mandat sollte zunächst ein Jahr gelten (bis Dezember 1996), doch war von vornherein klar, dass eine Nachfolgeregelung getroffen werden musste (SFOR). Für die bosnischen Muslime war wichtig, dass die USA sich mit einem starken Kontingent beteiligten, der Kongress bewilligte schließlich auch die Entsendung von 20000 Soldaten für *Operation Joint Endeavour.* Die These, dass die Präsenz amerikanischer Streitkräfte in Europa weiterhin erforderlich sei, erhielt neue Schubkraft.

Der Abschluss des Dayton-Abkommens war nicht der einzige Erfolg. Mit der Einladung nach Camp David im September 1995 wollte Clinton den ins Stocken geratenen Nahost-Friedensprozess wieder in Gang bringen. Er hatte zunächst das Glück auf seiner Seite: Rabin gestand der PLO die Zuständigkeit über weite Teile im Westjordanland zu, Arafat versprach, geordnete Regierungsverhältnisse zu schaffen, und Clinton bot amerikanische Dienste für den Auf- und Ausbau der Sicherheitsarrangements zwischen Israel und dem werdenden PLO-Staat an. Die Ermordung Rabins im November 1995 durch einen Rechtsextremisten und der Erfolg des Likud-Blockes unter Netanjahu machte deutlich, dass Rabins Verständigungspolitik den israelischen Wählern zu weit ging. Umgekehrt reifte auf palästinensischer Seite die Auffassung, dass man mehr erreichen könne, wenn man mit Anschlägen und Terrorakten den Druck auf Israel erhöhte, damit ein militärisches Eingreifen provozierte und so der Weltöffentlichkeit suggerieren konnte, dass die israelische Besatzungsherrschaft beendet werden müsse.

Die im Nahostkonflikt und im Bosnienkrieg, aber auch in Nordirland (Mitchell-Mission) sowie gegenüber Nordkorea (1994/95) erfolgreichen Vermittlungsaktionen und Stabilisierungsschritte konnten als Beweis gelten, dass die USA von den lokal(regional)en Konfliktparteien als ordnende Hand gerufen und akzeptiert wurden. Die Übernahme der Verantwortung in und für immer neue Gebiete stieß in der amerikanischen Öffentlichkeit auf vielfache Kritik und Warnungen. Der Tenor war, die USA dürften sich nicht von jedermann als Weltpolizist in die Pflicht nehmen lassen. Clinton und sein Sicherheitsberater Lake suchten dieser Kritik den Wind aus den Segeln zu nehmen. Die Interventionen, so ihr erstes Argument, erfolgten stets im Einvernehmen mit den Kontrahenten vor Ort. Darüber hinaus, so die zweite Begründung, pflegten die USA im Rahmen der *National Security Strategy of Engagement and Enlargement* (1994)-Doktrin mit Russland und China intensive Kontakte, um diese Großmächte genauso wie die alten Partner Großbritannien und Frankreich sowie Japan und Deutschland in internationale Regime (erweiterter Nichtverbreitungsvertrag 1995, Raketenexportkontrollregime) und internationale Organisationen einzubinden, beispielsweise durch Verhandlungen über Chinas Eintritt in die WTO. Es galt, das Wiedererstarken der UN und die Chance der Kooperationsbereitschaft der anderen Weltmächte zu nutzen, um in den 1990er-Jahren die Visionen Wilsons und Roosevelts zu erfüllen.

## Transatlantische Beziehungen und Europäisierung Europas

Die USA übertrugen das Konzept der Wertegemeinschaft, das die Bündnispolitik seit den 1950er-Jahren geprägt hatte, auf die Ära nach der Aufhebung der „Teilung der Welt". In ihrem ersten neuen Strategie-Konzept vom November 1991 präsentierte die NATO „ein Gefüge aus ineinander greifenden Institutionen, die einander (in ihrer Wirkung) ergänzen", und bot den Vereinten Nationen, der OSZE, der WEU und der EG/EU, aber auch den einzelnen Staaten Osteuropas und Russland – über den Nordatlantischen Kooperations-Rat (NAKR) – vertraglich geregelte Beziehungen an.

Dieser Idee des Stabilitätsexportes verschrieb sich die EG/EU gleichermaßen. Da die osteuropäischen Nationalstaaten sich unter den Schutz der USA gestellt sehen wollten, aber ebenso ihre wirtschaftlichen Austauschbeziehungen mit der EG/EU über das PHARE-Abkommen (1988) und die Europa-(Assoziations-)Abkommen (1991) hinausgehend institutionalisiert wissen wollten, ging es um den Gleichklang zwischen NATO- und EU/EG-Osterweiterung. Die Sprachregelung „Osterweiterung" im Sinne von Beitritt galt für die NATO seit dem Brüsseler Gipfel im Januar 1994 und für die EG/EU seit dem Kopenhagener Gipfel im Juni 1993 und Essener Gipfel im Dezember 1994. Als die neue russische Militärdoktrin vom Sommer 1993 Besorgnisse in Polen, Ungarn, Tschechien und den baltischen Republiken über russische Mitspracherechte auslöste, gab die Clinton-Administration ihre mit Rücksicht auf Präsident Jelzin begründete Zurückhaltung gegenüber einer NATO-Osterweiterung auf. Zusätzlich zur „Partnerschaft für den Frieden", die auch Russland angeboten und von diesem nach einigem Zögern angenommen wurde, beschloss der NATO-Sondergipfel in Brüssel im Januar 1994 die Einleitung eines Erweiterungsverfahrens. Die 1994 in Auftrag gegebene und im September 1995 vorgelegte *Study on Enlargement* enthielt einen Kriterienkatalog, der die Mindestanforderungen an Beitrittsaspiranten auflistete: demokratische Regierungsweise *(good governance)*, zivile Kontrolle über das Militär, Verpflichtung auf den Grundsatz kollektiver Verteidigung und Erfüllung der Beitragspflichten *(willingness to share roles, risks, responsibilities, costs and benefits of assuming common security goals and objectives)*, Beilegung ethnischer Konflikte und territorialer Streitigkeiten vor Aufnahme von Beitrittsverhandlungen.

Die NATO bekräftigte im Mai 1995 auf der Ministerratstagung in Noordwijk ihr Bekenntnis zur Parallelität der eigenen mit der EU-Osterweiterung. Mit dem Konzept der *Combined Joint Task Forces* (CJTF) schuf sie die Plattform für UN-, EU- und OSZE-mandatierte Einsätze, die offen waren für die Beteiligung von Nicht-Mitgliedern *(coalitions of the willing)*. Das CJTF-Konzept war zugleich der Höhepunkt der Wiederannäherung Frankreichs an die NATO als Militärorganisation und des Einvernehmens zwischen Clinton und dem französischen Staatspräsidenten Chirac, der im Mai 1995 ins Amt gewählt worden war.

Mit dem Drängen Frankreichs auf eine Zuordnung der WEU als militärischer Arm der EU im Rahmen der Regierungskonferenz 1995–96 zur Überarbeitung des Maastricht-Vertrages wurde das Problem der unterschiedlichen Mitgliedschaften in NATO und EU akut. Der Parallelismus zwischen NATO- und EU-Osterweiterung wurde hinfällig, weil erstens die EU ihre Osterweiterung an die Reform der eigenen Entscheidungsverfahren und der Gemeinschaftspolitiken koppelte (Agenda 2000, Kopenhagener Gipfel 1997) und damit den Beitrittstermin für die ersten Anwärter de facto auf 2003–2005 verschob, und zweitens die WEU eine eigenständige Kooptationspolitik verfolgte. Die NATO beschloss auf ihrem Gipfel in Madrid im Juli 1997, mit Polen, Ungarn und Tschechien drei neue Mitglieder aufzunehmen; der Beitritt sollte kurz vor dem Gipfeltreffen zum 50. Jahrestag der NATO 1999 vollzogen werden. Die USA bestanden auf einer kleinen ersten Erweiterungsrunde, ohne Festlegung eines Termins für die nächste. Der Hinweis auf die zur Ratifikation erforderliche Mehrheit im Senat zeigte, dass bloße politische Rhetorik als Argument für die Erweiterung nicht ausreichen würde, um die Zweifel auf amerikanischer Seite am militärischen Zugewinn für die NATO sowie an der Beschädigung des Verhältnisses zu Russland aus dem Weg zu räumen. Der Senat stimmte nach heftigen und langwierigen Auseinandersetzungen am 30. April 1998 mit 80:19 Stimmen für die Ratifizierung der Protokolle zur Osterweiterung der NATO um diese drei Mitglieder. Der Antrag von Senator Warner, die Aufnahme weiterer Staaten für die nächsten drei Jahre auszusetzen, scheiterte mit 59:41 Stimmen, war aber ein Signal, dass die erforderliche Zweidrittelmehrheit für weitere Mitgliedschaften schwer zu erreichen sein würde. Die Sorge, das Verhältnis zu Russland zu beschädigen, schien berechtigt, da die Duma 1996 aus Protest gegen die NATO-Osterweiterung die Ratifizierung des START-2-Abkommens ausgesetzt hatte. Der NATO-Russland-Grundlagenvertrag vom Mai 1997 konnte die innerrussische Opposition gegen die Westorientierung Jelzins nicht besänftigen.

Die Ansätze zu einer multilateralen Strategie unter Clinton beruhten auf der Einsicht, dass die zivilisierten Staaten zusammenstehen müssten, um die unerwünschten Begleiterscheinungen der Globalisierung – Drogenhandel, Waffenschmuggel, Geldwäsche, Frauen- und Mädchenhandel, Terrorismus – wirksam bekämpfen zu können. Jede Jahrestagung der G 7/8 und der inter-regionalen Foren (ASEM, APEC, Transatlantische Foren) verabschiedete entsprechende Resolutionen. Da die USA als einzige verbliebene Supermacht und die mit ihnen verbündeten Staaten als Zielobjekte von Terroraktionen galten, war man daran interessiert, den Bedrohungen durch konzertierte Aktionen entgegenwirken zu können.

*Institution Building* wurde auch das Stichwort für die *foreign economic diplomacy* der USA. Die Regierung musste im Bereich der Außenwirtschaftspolitik die weit reichenden Mitwirkungsrechte beider Häuser des Kongresses in Rechnung stellen. Clinton hatte es mit einer dreifachen Opposition zu tun: 1. den von Richard Gephardt angeführten Protektionisten in der eigenen Demokratischen Partei. Sie bevorzugten direkte Maßnahmen zum Schutz der Arbeitnehmerschaft vor importierten „billigen" Gütern und Dienstleistungen und warfen Clinton vor, dass er genauso wie seine republikanischen Vorgänger unter dem Schlagwort „Marktöffnung" nur die Interessen der international operierenden Konzerne verfolge. 2. den Populisten wie Ross Perot oder Pat Buchanan, die zunächst Kräfte aus den großen Parteien unter dem Banner einer „dritten Partei" abzogen und dann unter Hinweis auf ihre Stärke (ca. 20% in Meinungsumfragen) von den Präsidentschaftskandidaten Rücksichtnahme auf ihre Anliegen begehrten. So wagte Clinton erst im

September 1993 nach dem Sieg von Vizepräsident Gore im Fernsehduell mit Perot, das NAFTA-Abkommen dem Kongress zur Ratifikation vorzulegen. 3. der taktischen Opposition der Republikaner: Sie wollten ihre in den Kongresswahlen seit 1994 verteidigten Mehrheiten einsetzen, um Clinton weitere Niederlagen nach dem Scheitern der Gesundheitsreform in der ersten Amtszeit und der Blockade in der Haushaltsgesetzgebung 1995/96 beizufügen. Allerdings hatten die Republikaner Clinton zu Mehrheiten (234:200 im Repräsentantenhaus) bei der Ratifizierung des Beitritts Mexikos zur NAFTA (November 1993) und der Ergebnisse der Uruguay-Runde (1994) verholfen. Beide Schritte vollendeten die von Reagan und Bush begonnenen Aufbauwerke. Mit der Verweigerung des *fast track*-(Schnellspur-)Verfahrens im November 1997 lähmte der Kongress die von Clinton betriebenen Projekte einer gesamtamerikanischen Freihandelszone (*Free Trade Area of the Americas*, Miami-Tagung der OAS, 1994) und einer neuen Welthandelsrunde. Die Republikaner wollten einen Multilateralismus abblocken, der ihrer Ansicht nach dazu führte, dass internationale Bürokratien und nicht der amerikanische Souverän festlegten, wie viel und welche Energie die Amerikaner ver(sch)wenden dürften oder welche steuerpolitischen Maßnahmen zur Unterstützung der exportorientierten Unternehmen oder der Landwirtschaft erlaubt seien.

Die USA forcierten die Institutionalisierung ihrer wichtigsten Handelspartnerschaften. Da war die Nordamerikanische Freihandelszone NAFTA, der mit Kanada und Mexiko zwei der vier größten (individuellen) Handelspartner angehören, sowie die APEC (1989–), in der Japan als der mit Kanada alternierende Spitzenreiter unter den Handelspartnern, die vier asiatischen „Tigerstaaten", die *Newly Industrialized Countries* (NICs), die Volksrepublik China sowie Australien, Neuseeland, Chile und Mexiko zusammengeschlossen sind. Die USA versuchten damit ihre Verhandlungsposition gegenüber der EU zu stärken, die ihrerseits Verbindungen mit anderen regionalen Organisationen (MERCOSUR, ASEAN) einging und über die Erweiterungsrunden und Vertragsbeziehungen mit den AKP-Staaten den Geltungsbereich ihrer Marktöffnungsstrategien ausdehnt. Die USA wollen Vorsorge treffen, dass sie in den Auseinandersetzungen mit der EU in Sach- und Ordnungsfragen auf der Ebene internationaler Organisationen und auf internationalen Konferenzen nicht den Kürzeren ziehen. „Die Größe des europäischen und des amerikanischen Marktes eröffnet beiden die Chance, ihre Regelwerke gegenüber Handelspartnern durchzusetzen, um so ihre eigenen Anpassungskosten zu minimieren ... Permanenter Regulierungswettbewerb und Konflikte sind daher ... gerade wegen der hohen Interdependenz endemisch."[22]

Die ökonomischen Kontinuitäten drohten im politisierten Wettbewerb zwischen den USA und der EG/EU um die Gunst der Wachstumsregionen im Fernen Osten und in Lateinamerika 1994–97 zu verkümmern. Nach dem rhetorischen Eröffnungsfeuerwerk stockten die von den Amerikanern initiierten Verhandlungen mit ihren Handelspartnern. Mexiko, Brasilien und die ASEAN-Länder ergriffen dann aus ökonomischen Gründen genau die Schritte, die die amerikanischen *institution building*-Vorstöße hatten abwenden sollen, nämlich die Einladung an Europa, in Lateinamerika und Asien stärker in Erscheinung zu treten, um ein stabilisierendes Gegengewicht zur Übermacht ebenso wie zur Unbeständigkeit der USA zu bilden. Allerdings ist der Anteil EU-Europas gegenüber den Anteilen der USA an Handel, Investitionen und wissenschaftlich-kulturellen Kooperationen mit Lateinamerika und Asien zu gering, um die USA ersetzen zu können. Hinzu kommt, dass sich die EU als Präferenzzone mit mühsam austarierten Kompromissen nach innen schwer tut, attraktive Angebote nach außen zu machen. Aufgrund offensichtlicher Strukturprobleme, die die Wirtschaftskraft der Mitgliedsländer mit Ausnahme Großbritanniens und Spaniens beeinträchtigten, konnte die EU die überseeischen Partner mit keinem Erfolgsmodell locken. Die USA hingegen waren dank des von 1996 bis 2001 währenden Clinton-Booms in der Lage, ein Rezept anbieten, wie man inflationsfreies Wachstum durch Produktivitätssteigerungen, Beschäftigungsimpulse und den Einsatz neuer Technologien auf Jahre hinaus erzielen könne. Die Aufnahmefähigkeit des US-Binnenmarktes für Exportprodukte aller Länder wog selbst in den Augen Amerika-kritischer Staaten die Vorbehalte gegen die Abhängigkeit von der *unprecedented superpower* auf. Heute sieht es so aus, als ob die USA nicht nur überinvestiert, sondern auch sich selbst und Dritte mit gefälschten Bilanzen geblendet hätten.

Gegen die sich abzeichnende Rezession in den USA und die Tendenz zu großregionalen Zusammenschlüssen ohne Beteiligung der USA – wie z. B. die Projekte China–ASEAN und Lateinamerikanische Wirtschafts-und Währungsunion – will die Regierung von George W. Bush mit einer offensiven Doppelstrategie vorgehen. Bush kündigte Ende Oktober 2002 *Enterprise for* (*ASEAN* bzw. *the Americas*) *Initiatives* an, um unter diesem Dach sowohl interkontinentale Freihandelszonen zu arrangieren als auch bilaterale Verträge mit den bereitwilligsten Mitgliedern vor Ort (z. B. Singapur oder Chile) auszuhandeln, in der Erwartung, dass andere (Thailand, die Philippinen, Malaysia bzw. Uruguay) folgen werden. Da die USA im *two-way trade* (Importe plus Exporte) mit den APEC-, ASEAN- oder MERCOSUR-Staaten einen größeren Stellenwert haben als die Konkurrenten EU und Japan, erwartet die Bush-Regierung von ihrer Marktöffnungsstrategie nicht nur die Beibehaltung des Marktanteils, sondern geht auch davon aus, dass die Teilnehmer der projektierten Freihandelszonen auf die amerikanischen Vorstellungen bezüglich Investitionsschutz, Marktzugang und -regulierung etc. eingehen werden.

Die Frage ist, wer aus der Wettbewerbssituation zwischen den beiden *continental economies* – NAFTA, Euroland – das Beste für die eigene Entwicklung herausholt, ohne die aus der hochgradigen transatlantischen Verflechtung resultierende gemeinsame Verantwortung für die Funktionstüchtigkeit der Weltwirtschaft aufzukündigen. Die Welt erwartet von den USA, dass sie sich an internationalen Übereinkünften beteiligen und die Kosten entsprechend ihrem Anteil am Weltsozialprodukt oder ihren Beitragspflichten in den Internationalen Organisationen (UN, IMF) schultern. Der Kongress und die Bush-Administration sehen hingegen kaum Spielräume für amerikanische Konzessionen in Wirtschaftsfragen. Sie beklagen auch, dass die anderen großen Binnenmärkte amerikanischen Exporten nicht in gleicher Weise offen stehen wie der US-Markt für ihre Güter und Dienstleistungen. Schließlich könnten die US-Produkte so schlecht nicht sein, dass man damit die Defizite im Außenhandel mit den großen Partnern erklären könne. Die USA überziehen Konkurrenten mit Anti-Dumping-Verfahren (80 von weltweit ca. 350 im

Jahre 2001). Sie verlangen trotz fehlender Bereitschaft zum Strukturwandel – z. B. in der amerikanischen Stahlindustrie – drastische *ad valorem*-Strafzölle von ca. 30% (März 2002), von denen der Präsident jedoch aus ökonomischen Gründen ebenso wie aus politischen Opportunitätserwägungen eine Vielzahl von Herstellern freigestellt hat. Ausgelöst durch eine lang anhaltende Dürre-Krise, nahm Bush auch in der Agrarpolitik einen Systemwechsel vor. Sein Vorgänger hatte durch den *Freedom to Farm Act* 1996 dafür gesorgt, dass die Agrarsubventionen auslaufen würden. Clinton wollte damit Druck auf die EU ausüben, ihre mit der McSharry-Reform 1992 signalisierte Wandlungsbereitschaft voranzutreiben. Im Mai 2002 unterzeichnete Bush ein neues Agrargesetz, das eine Erhöhung der Preis- und Produktionsstützungsmaßnahmen um insgesamt 80% während der nächsten acht bis zehn Jahre erlaubt (Gesamtvolumen: 172 Mrd. Dollar). Es werden gerade Agrarprodukte wie Weizen, Mais und Sojabohnen subventioniert, bei denen die USA zu den größten Erzeugern und Exporteuren auf den betreffenden Weltmärkten gehören. Die USA verkaufen ca. 50% ihrer Weizenernte, 40% der Sojabohnen- und 20% der Maisernte an das Ausland. *Agro-Business* und chemische Industrie haben riesige Investitionen in die Herstellung von genmanipuliertem Mais, Sojabohnen etc. gesteckt und fürchten um den Verlust ihrer Auslandsmärkte. Grund dafür bieten die Beschlüsse der EU, die Importe solcher Erzeugnisse nicht nur in Europa zu verhindern, sondern auch auf Drittmärkten zu erschweren. Die Inkompatibilität der Standards in Agrarfragen zwischen den USA und der EU belastet erneut den Fortgang der Welthandelsrunde.

Die Geschäftsgrundlage der transatlantischen Beziehungen ist gerade auch im sicherheits- und verteidigungspolitischen Bereich ins Rutschen geraten. Die Regierung Bush zieht aus ihrer kontinuierlich erweiterten militärischen Handlungsfähigkeit den Schluss, allein oder mit einer „Koalition der Willigen“ friedenserzwingende Missionen durchführen zu können und aufgrund eigener Beobachtungen ausführen zu sollen. Clinton hatte im Januar 1993 die Kategorie „Schurkenstaaten“ *(rogue states)* eingeführt, G. W. Bush übertrumpfte nach dem 11. September 2001 die namentliche Benennung der Willkürherrschafts-Systeme als „Achse des Bösen“. Europapolitiker wie de Villepin und J. Fischer distanzieren sich von dieser Denkweise und dem theologischen Sprachgebrauch, bestreiten aber nicht, dass die EU die militärische „Schmutzarbeit“ notfalls auf sich nehmen müsse.

Nachdem sich im Kosovo-Konflikt (Frühjahr 1998–Mai 1999) erneut gezeigt hatte, dass die „Europäer“ ohne amerikanische militärische Einsatzbereitschaft nicht in der Lage waren, den serbischen Machthaber Milosevic zum Verzicht auf „ethnische Säuberungen“ zu zwingen, hielten Deutschland, Frankreich und Großbritannien den Zeitpunkt für gekommen, als eigenständiger Akteur aufzutreten und zu versuchen, den von amerikanischen Zielsetzungen und/oder Vorgehensweisen abweichenden Auffassungen Gehör zu verschaffen. Der beschleunigte Aufbau einer autonomen, schnell einsetzbaren Militärkapazität soll dafür sorgen, dass die europäische Diplomatie ab Herbst 2003 über einen militärischen Schlagarm verfügen kann. Die Weichen für diese Entwicklung wurden im Herbst 1998 gestellt. Beim Treffen von St.-Malo am 4. Dezember 1998 gab die Regierung Blair das Zeichen, dass Großbritannien gemeinsam mit Frankreich die Führung bei der

Schaffung einer europäischen Verteidigungskomponente ergreifen und ausüben werde. Gleichzeitig stellten beide Regierungschefs klar, dass es in der Europäischen Sicherheits- und Verteidigungspolitik (ESVP) – im Unterschied zur Gemeinsamen Außen- und Sicherheitspolitik (GASP) – bei gemeinsamen Aktionen weder Mehrheitsentscheidungen noch die in *Europolitics* übliche Gemeinschaftsmethode – unter Mitwirkungsrechten der Kommission, des Parlaments und des Europäischen Gerichtshofes – geben solle.

Der Aktionsradius für EU-Operationen beläuft sich auf 4000 km vom Bezugspunkt Brüssel aus bemessen. Fest steht, dass die ESVP Kriseneinsätze in Mazedonien und Albanien übernimmt und eventuell die Mandate für Bosnien (SFOR) und für das Kosovo (KFOR) übernehmen soll. Die meisten europäischen Regierungen beharren auf dem Standpunkt, dass Dialogbereitschaft die Einflusschancen der Gemäßigten im Iran, Syrien, Sudan, PLO erhöhe oder jedenfalls die Gefahr unberechenbarer Gewaltakte verringere (Nordkorea), und schließen eine militärische Option aus. Die USA und Großbritannien hingegen halten eine Interventionskapazität in diesen Krisenzonen vor und betrachten die Dialogbereitschaft der Gegenseite mit Skepsis. Im Falle des Irak hielten die USA und Großbritannien die ständige Androhung militärischer Einsatzbereitschaft für geboten und erklärten die Resolutionen des Sicherheitsrates für ausreichend, um schließlich einen Krieg zur Beseitigung der angeblich vorhandenen Massenvernichtungswaffen sowie zum Sturz Saddam Husseins zu führen (25. März–9. April 2003).

Der offene Gegensatz zwischen den USA, Großbritannien, Spanien, Italien u. a. auf der einen Seite, Frankreich, der Bundesrepublik, Belgien u. a. (sowie Russland) auf der anderen hat den Streit zwischen „Atlantikern" und „Europäern" wiederbelebt. Allerdings haben sich die Gewichte verschoben, weil die USA nunmehr den Eindruck erwecken, als ob ihnen die Rolle der NATO als Fokus der Koordinierung eventueller Kriegseinsätze gleichgültig geworden ist. Auf dem Gipfeltreffen zum 50. Jahrestag der NATO Ende März 1999 hatten die europäischen NATO-Mitglieder die neue Strategie mitbeschlossen und sich ausdrücklich zur Bereitstellung von Krisenreaktionsstreitkräften gemäß den neuen Missionen der NATO verpflichtet. Den von den USA gewünschten weltweiten Einsatzszenarien schlossen sich die NATO-Europäer jedoch nicht an. Die USA begrüßten 1999 die Europäische Sicherheits- und Verteidigungspolitik (ESVP); sie gingen davon aus, dass die im Rahmen der WEU/EU entstehende Streitkraft auf die so genannten Petersberg-Aufgaben ausgerichtet bliebe. Deren Kapazitäten sollten für eine größere friedenserzwingende und eine kleinere friedensbewahrende Mission vorgehalten werden. Damit wäre die europäische Streitkraft primär für Aufgaben designiert, die ähnlich wie IFOR und SFOR nach einer militärischen *peace enforcement mission* anfielen, nicht aber für Anforderungen an einen den NATO-Einsätzen *out-of-area* ähnelnden Kampfauftrag.

Die europäischen Regierungen, vor allem die Bundesregierung, stellen nicht die Haushaltsmittel bereit, die für die Entwicklung und Beschaffung der sowohl in den EU-*headline goals* als auch der NATO-*Defence Capability Initiative* vereinbarten, weithin identischen Posten Transportkapazitäten, Aufklärungssatelliten und bestimmte Waffenkategorien erforderlich wären. Da die Kosten für die verschiedenen Auslandseinsätze weitgehend aus den ohnehin abgeschmolzenen Verteidigungshaushalten gedeckt werden mussten, schrumpften die Finanzierungsspielräume für die termingerechte Bedienung der abgeschlossenen Rüstungsverträge. Aus amerikanischer Sicht behielt das Urteil über die Europäer ausgenommen Großbritannien und teilweise Frankreich seine Gültigkeit: *they don't put their money where their mouth is.* Die Disparitäten spiegeln natürlich in erster Linie die unterschiedliche Einstellung wider, welchen Stellenwert die Rückgriffsmöglichkeit auf militärische Mittel in Reaktion auf Bedrohungslagen in der EU- und NATO-Politik haben darf.

## B. Innen-, Wirtschafts- und Sozialpolitik

| | |
|---|---|
| 1946 | Employment Act |
| 1947 | Labor Management Relations (Taft-Hartley) Act |
| 1954 | Oberster Gerichtshof widerruft „separate but equal"-Doktrin |
| 1963 | Massendemonstration der Schwarzen unter M. L. King in Washington; Ermordung Präsident Kennedys |
| 1964 | Verabschiedung der Bürgerrechts- und Wahlrechtsgesetze zur Gleichstellung der Schwarzen |
| 1965 | Civil Rights Acts |
| 1967 | Rassenunruhen in vielen amerikanischen Städten |
| 1971 | Nixon will durch Lohn- und Preiskontrollen Inflation dämpfen |
| 1973–74 | Watergate-Skandal; Rücktritt Nixons |
| 1978 | Oberster Gerichtshof gegen Rassenquoten; Steuerrevolte in Kalifornien |
| 1981 | Reagan erhöht die Rüstungsausgaben |
| 1986–87 | Iran-Contra-Skandal |
| 1987 | Kurssturz an den Börsen von Chicago und New York |
| 1991–92 | Wirtschaftskrise |
| 1993 | Clinton wirbt für Gesundheitsreform |
| 1994 | Republikaner gewinnen Mehrheit im Kongress |
| 1995–2000 | Clinton-Boom |
| 1998 | Lewinsky-Affäre; Repräsentantenhaus leitet Amtsenthebungsverfahren nach Clintons öffentlichem Eingeständnis einer Falschaussage vor *Grand Jury* ein |
| 1999 | Im Senat kommt Zweidrittelmehrheit zur Amtsenthebung nicht zustande |
| 2000 | Wahlausgang abhängig von Stimmauszählung in Florida |
| 2001 | Gore erkennt die Entscheidung des Obersten Gerichtshofes an, die G. W. Bush zum 43. Präsidenten macht; Kongress beschließt Steuersenkungspaket Bushs; Terror-Anschlag auf World Trade Center und Pentagon |

Die Profilierung der USA als Vormacht des Westens in der langen Nachkriegsdekade 1945–1963 beruhte darauf, dass sie während des Krieges ungeheure Ressourcen mobilisierten, die nach dem Krieg zum Wiederaufbau der zerstörten Gegner eingesetzt werden konnten. Parallel dazu praktizierten die USA mit Hilfe von staatlichen Lenkungsmaßnahmen, technologischen und Management-Revolutionen ein nachahmenswertes Modell der Vollbeschäftigungspolitik (*Employment Act*, 1946), das eine „Wohlstand durch Wachstum"-Gesellschaft schaffen sollte. Die zugrunde liegende Philosophie der Produktivität wurde im Rahmen des *European Recovery Program* (Marshall-Plan) exportiert, aber auch von europäischen Unternehmern adoptiert.

John Kenneth Galbraith betitelte die amerikanische Nachkriegsgesellschaft in einem 1958 veröffentlichten gleichnamigen Buch als *affluent society* (Überflussgesellschaft), deren Merkmale *Konsumverhalten, Kreditkarten-Zahlung* und *Freizeitindustrie* mit den Markenzeichen *Coca-Cola, McDonald's, Holiday Inn, Kino-Parks* auch Kritik und Aversionen gegen die hässlichen Seiten des amerikanischen Lebensstils hervorriefen. Die Freizeitindustrie verdankte ihren Aufschwung den gesetzlichen und tarifvertraglichen Verbesserungen der Nachkriegsepoche: zusätzliche staatliche Feiertage, bezahlter Urlaub von zwei Wochen, Verzicht auf Samstagsarbeit. Die Steuerpolitik begünstigte bis in die Reagan-Ära den kreditfinanzierten Verbrauch und bestrafte Vermögenssparen: Kreditzinsen und -gebühren waren steuerlich absetzbar, Ersparnisse und Dividendeneinkommen wurden hoch besteuert. Was die Amerikaner zu Hause entwickelten und für gut, d. h. umsatzsteigernd befanden, wurde exportiert oder kopiert. In den 1960er-Jahren kehrte sich der Trend um: Die inneramerikanische Kritik am Konsum-Fetischismus wurde durch die im Ausland entwickelten Abneigungen gegen die allumfassende „Amerikanisierung" ergänzt. Aus beiden Strömungen resultierte eine weltweit auftretende, massive Infragestellung des amerikanischen Modells.

## Die demokratische Reformagenda: Bürgerrechte und Fürsorgestaat

Die innenpolitische Atmosphäre war von zahlreichen Kampagnen gegen *Un-American Activities*, insbesondere von Verdächtigungen gegen kommunistische Machenschaften in den Bundesbehörden, aber auch in den Gewerkschaften vergiftet. Das *McCarran Internal Security*-Gesetz von 1950 ermächtigte das Justizministerium, die vermeintlich kommunistischen oder von deren Anhängern unterwanderten Organisationen zur Offenlegung ihrer Mitgliederlisten und Finanzen zu zwingen. Die gewerkschaftlichen Dachverbände AFL unter George Meany und CIO unter Walther Reuther trennten sich von kommunistischen Funktionären. Meany machte dies zur Bedingung für die Fusion, die 1955 abgeschlossen werden konnte. Nach der Ausrufung der kommunistischen Volksrepublik China Ende Oktober 1949 und der Enthüllung des Spionagefalles Fuchs im Januar 1950 erhielt die nach ihrem glühendsten Verfechter Joseph R. McCarthy benannte antikommunistische Bewegung *(McCarthyism)* zusätzlichen Auftrieb. Von der Verdächtigung, als Sympathisanten und „fünfte Kolonne" kommunistischer Staaten zu agieren, blieben selbst hochrangige Mitarbeiter Außenminister Achesons und anderer Bundesbehörden nicht verschont. Die Inquisition des Senators aus Wisconsin (1946–54) stieß im Senat erst auf Widerstand, als McCarthy 1954 sogar Armeeangehörige zum Verhör vor den von ihm geleiteten Untersuchungsausschuss beorderte.

Trotz seines mutigen Eintretens für ein *Civil Rights*-Gesetz in seiner Kongressbotschaft vom 2. Februar 1948 konnte Präsident Truman den Kongress nicht dazu bewegen, die im Zweiten Weltkrieg begonnene Integration der Schwarzen auf eine gesetzliche Grundlage zu stellen und die Emanzipation abschließend zu regeln. Der Bundesgesetzgeber sollte sicherstellen, dass das 14. *Amendment* nicht länger unter dem Motto *equal but separate* unterlaufen werden konnte. Trumans Vorstoß löste Widerstand in der eigenen Demokratischen Partei aus. Die so genannten *Dixiecrats* (*States' Rights Democratic Party*, Juli 1948) organisierten den Widerstand gegen die Reformvorschläge und schickten einen eigenen Präsidentschaftskandidaten (Strom Thurmond) ins Rennen, die *Progressives* unter Henry A. Wallace spalteten sich als dritte Partei ab. Truman gelang zwar mit 303:189 Wahlmännerstimmen die Wiederwahl, doch bedeutete die Tatsache, dass die Demokraten ansehnliche Mehrheiten im Senat und im Repräsentantenhaus errangen, lediglich, dass er auf Zustimmung zu praktischen Reformen in der Innen- und in der Sozialpolitik rechnen durfte.

Das Scheitern der *Civil Rights*-Gesetzgebung 1948/49 hatte Folgen. Das Begehren der Schwarzen nach Aufhebung der Rassenschranken ließ sich nicht mehr unterdrücken. Es kam zu Aufsehen erregenden Zwischenfällen. Außerdem nahmen die Richtungskämpfe unter den Schwarzen zwischen Bürgerrechtlern, die eine Koalition mit *liberals* aus anderen Rassen befürworteten und auf friedfertige Machtdemonstrationen setzten (*sit-ins*, Protestmärsche), und den *black power*-Bewegungen organisatorische Gestalt an. Im Urteil *Brown vs. Board of Education of Topeka* (Kansas) setzte der *Supreme Court* Mitte Mai 1954 einen neuen Maßstab. Der Oberste Richter Earl Warren und die übrigen Mitglieder des *Supreme Court* folgten dem Argument des schwarzen Anwalts der NAACP, Thurgood Marshall, dass die Trennung im Schulwesen das Selbstwertgefühl der schwarzen Kinder verletze und dauerhafte seelische und soziale Schäden verursache. Das einstimmige Urteil hob die 1896 vom Obersten Gerichtshof vorgenommene Auslegung des 14. *Amendment* auf. Der neue Grundsatz lautete: Getrennte Bildungseinrichtungen seien per se ungleich, die *equal but separate*-Doktrin verstoße gegen die Verfassungsbestimmung. 1954 hatte Präsident Eisenhower keine Stellung in dem Konflikt bezogen. Doch im September 1957 ordnete er den Einsatz von Truppen an, als Gouverneur Orval Faubus (Arkansas) mit Hilfe seiner Machtmittel schwarzen Schülern den Besuch einer *High School* in der Hauptstadt Little Rock zu verweigern versuchte. Der Präsident stellte die Nationalgarde des abtrünnigen Staates unter Bundesaufsicht.

Die Proteste gegen die neue Rechtsauffassung kulminierten in der Forderung, man müsse den Obersten Richtern selbst den Prozess machen, weil sie ihre Zuständigkeit überschritten. Angesichts der vielfältigen Gegenströmungen bestand akuter Handlungsbedarf für den Bundesgesetzgeber, um den Grundsatz gleicher Bürgerrechte, unbeschadet der Hautfarbe und Rasse auch im Alltag zur Geltung zu bringen. Das Argument, dass die amerikanische Regierung nicht einerseits die Ostblock-Regime der Unterdrückung von Freiheits- und Menschenrechten bezichtigen und andererseits die Willkürherrschaft von Weißen in den eigenen Südstaaten tolerieren könne, leuchtete den meisten Amerikanern ein. Außerdem diente rechtzeitiges Handeln dazu, die Position der Bürgerrechtler um Martin Luther King zu stärken. Nicht-Handeln oder das Scheitern einer progressiven Gesetzesinitiative würde hingegen Wasser auf die Mühlen der Radikalen leiten. Dazu zählten *Congress of Racial Equality* (F. McKissick), *Students' Non-Violent Coordinating Committee* (Stokely Carmichael), *Black Panthers Party for Self-Defense* unter Huey P. Newton, Bobby Seale und Eldridge Cleaver, *Black Muslims*[23] und die von dieser abgespaltene *Organization for Afro-American Unity* unter Malcolm X. Das würde ferner die Gefahr vergrößern, dass Ausschreitungen wie später in Watts (Los Angeles) 1965 oder Newark, Detroit und anderswo im Jahre 1967 zu unkontrollierbaren Gewaltausbrüchen eskalierten.

Der nach ihrem Vorsitzenden Otto Kerner benannte Report der *Commission on Civil Disorder* betonte die Dringlichkeit, auf die Emanzipationsforderungen einzugehen. Nur so könnte ein Rassenkonflikt abgewendet werden. Nach der Ermordung der Bürgerrechtsführer Martin Luther King im April 1968 und Robert Kennedy Anfang Juni 1968, der sich Chancen als demokratischer Präsidentschaftskandidat ausrechnen durfte, griffen die Protestaktionen um sich. Es kam zu Formen des zivilen Ungehorsams wie dem öffentlichen Verbrennen der Einberufungsbescheide nach Vietnam. Die von den „Stadtguerillas", vor allem den *weathermen*, ausgeübten Angriffe auf Polizisten lieferten dem Establishment Argumente an die Hand, *law and order* durchzusetzen. Mit strammen Parolen gegen die Gesetzlosigkeit, den Drogenkonsum, den Libertinismus u. a. m. suchten die Konservativen in beiden großen Parteien 1970 die Zwischenwahlen für sich zu entscheiden.

Nach dem Urteil im Falle *Brown* demonstrierten die Hartgesottenen unter den Weißen, dass sie die dem Obersten Gerichtshof folgende Rechtsprechung in ihren Bezirken nicht akzeptieren und keine Rassenmischung in Schulbussen, Restaurants etc. dulden wollten. Zu den schlimmsten Zusammenstößen unter Beteiligung weißer Polizisten in der Kennedy-Ära kam es im September 1962 in Oxford (Mississippi) und 1963 in Birmingham (Alabama). Auf lokaler Ebene suchten *White Citizens' Councils* die alten Zustände zu erhalten. Auf Bundesebene unterzeichneten ca. 100 Senatoren und Mitglieder des Repräsentantenhauses eine Erklärung, die den Widerstand gegen die Umsetzung des Urteils des Obersten Gerichtshofes in den verschiedenen Lebensbereichen rechtfertigte. Nachdem ein Artikel in *Newsweek* berichtet hatte, dass nur 2% der Amerikaner das so genannte *busing*, d. h. die von Gerichts wegen angeordnete Mischung von schwarzen und weißen Schülern durch Transfer mit Schulbussen, unterstützten, und Gouverneur George Wallace (Alabama) als unabhängiger Präsidentschaftskandidat 1972 in den Südstaaten als Befürworter der *school desegregation* agitierte, sprach sich Präsident Nixon für ein Moratorium des *court-ordered busing* aus.

Präsident Kennedy leitete erste Maßnahmen zum Schutz der Rechte der Schwarzen ein. So verbot der im August 1962 verabschiedete 24. Verfassungszusatz die Koppelung des Wahlrechts an Steuerzahlungen. 1964 bewies Johnson die Entschlossenheit, eine *Civil Rights Bill* im Kongress durchzusetzen. Mit dem *Economic Opportunity Act* 1964 schuf er zwei neue regulatorische *Agencies: Equal Employment Opportunity Commission* und *Office of Federal Contract Compliance.* Beide sollten rassischen und ethnischen Minderheiten mittels weitgehender Interpretation des Begriffes Chancengleichheit zu Arbeitsplätzen verhelfen. Wenn Schwarze bei der Stellensuche abgelehnt wurden, mussten die Ablehnenden beweisen, dass sie frei von rassischen Vorurteilen gehandelt oder entschieden hatten. Diese Gesetze bildeten eine Vorstufe zu den *affirmative action*-Regelungen der 1970er- und 1980er-Jahre.

Der neue Liberalismus ging davon aus, dass die Benachteiligung der Schwarzen primär Folge diskriminierender sozialer Verhältnisse und weniger auf selbstverschuldete Umstände zurückzuführen sei. Daher wollte er die strukturellen Ursachen der sozialen Ungleichheit auf dem Gesetzgebungsweg beseitigen und zugleich die materielle Situation sowie die politischen Mitbestimmungsrechte der Schwarzen verbessern. Laut dem *Voting Rights Act* von 1965 sollten Afro-Amerikaner sich ungehindert als Wahlberechtigte registrieren lassen können. Der Zuschnitt der Wahlkreise wurde so geändert, dass die Chancen für die Wahl schwarzer Bewerber in mehrheitlich von Schwarzen bewohnten Gebieten stiegen. Auf lokaler und auf Staaten-Ebene gelangten somit schwarze Bewerber in Wahlämter, z. B. Andrew Young als Bürgermeister von Atlanta, doch als erster und bislang einziger Schwarzer amtierte L. Douglas Wilder 1990–1994 als Gouverneur von Virginia. Bei den nationalen Wahlen gehörten die Schwarzen zur Stammwählerschaft demokratischer Kandidaten, umgekehrt erhielten die erfolgreichen demokratischen Präsidentschaftskandidaten Carter und Clinton in den Südstaaten keine Mehrheit unter den weißen Wählern.

Eine weitere große soziale Bewegung in dieser Zeit war die Kampagne zur Gleichberechtigung der Frauen. Betty Friedans *The Feminine Mystique* (1963) lieferte den Aufruf zur Veränderung der sozialen Leitbilder und Rollen und für gleiche Rechte im Berufsleben. Die 1966 von Bella Abzug und Aileen Hernandez gegründete *National Organization of American Women* und zahlreiche *women's liberation groups* drängten auf konkrete Durchsetzung der Forderungen nach Unabhängigkeit und Selbsterfüllung. Die *Students' Movement for Democratic Society* (SDS) mobilisierte die kritische Jugend gegen die Konsumgesellschaft, das politische Establishment und die Einberufung zum Wehrdienst in Vietnam. Gleichzeitig bekundeten sie Solidarität mit „Freiheitskämpfern" wie Ché Guevara und Befreiungsbewegungen wie dem Vietminh. Alle Versuche, mit den Werktätigen ins Gespräch zu kommen und gemeinsame Proteste zu organisieren, blieben ohne dauerhaften Erfolg. In der Bürgerrechtsbewegung wirkten Aktivisten der Frauen- (Angela Davis) und Studentenbewegungen zeitweilig zusammen, doch jede von ihnen verstrickte sich in Flügelkämpfe und Richtungsstreitigkeiten, so dass letztlich doch jeder nur für die eigenen Ziele kämpfte.

Die *Civil Rights*-Gesetze bilden die eine Säule der demokratischen Reformagenda. Die zweite Säule bestand im Ausbau der Wohlfahrtsleistungen. Johnsons Programm einer *Great Society* führte die unter Roosevelt und Truman begonnene Sozialfürsorge-Politik weiter. Die bundesstaatliche Krankenversicherung für Alte – *Medicare* – und Bundesmittel für die Einzelstaaten zur Gesundheitsversorgung der Wohlfahrtsempfänger – *Medicaid* – waren kostenträchtige Neuerungen. Die Ausweitung des Empfängerkreises der *food stamps* (Lebensmittelkarten) 1964 bildete eine Ergänzung zu anderweitigen Versorgungsleistungen. Das Instrument der Bundeszuschüsse *(grants-in-aid)* diente nicht mehr primär öffentlichen Infrastrukturmaßnahmen wie dem Autobahnbau oder der Trinkwasserversorgung, sondern der Expansion der sozialen Dienstleistungen, einschließlich Krankenhausbauten und *community development* (Innenstadtsanierung, Investitionen in das

Schulwesen u.a.m.). Die Gesamthöhe der Bundeszuschüsse lag 1972 mit 40 Milliarden Dollar um das Vierfache über dem Niveau von 1964.

Auf der anderen Seite leistete Johnson der Sozialpolitik einen Bärendienst. Unter dem Schlagwort *creative federalism* verknüpfte er Bundeszuweisungen mit neuen *community action*-Strukturen (*Job Corps Centers, Volunteers in Service to America/VISTA* u.a.). Oftmals boten sie den Wortführern lokaler Randgruppen unter dem Stichwort „Partizipation" die einmalige Chance, die mit den neuen Anspruchsberechtigungen *(entitlement programs)* verbundenen Mittelzuweisungen in ihre Regie zu nehmen. Der Kongress und die Vereinigung der Bürgermeister waren der Auffassung, dass die vom *Office of Economic Opportunity* unter Sargent Shriver geförderten Aktivisten, z.B. Bobby Hutton von den *Black Panthers*, und die von diesen betreuten Klientelen zu den Urhebern der Ausschreitungen in den Riesenstädten Los Angeles, Chicago und Detroit gehörten. Die etablierten Gebietskörperschaften verlangten, dass entweder die Bundeszuweisungen in Form von Pauschalbeträgen ohne Zweckbindung *(block grants)* an die legitimierten staatlichen und lokalen Instanzen überwiesen werden müssten oder dass man zwischen Bund und *state and local governments* eine Neu-Aufteilung der Steuerquellen entsprechend den Aufgabenbereichen vorzunehmen hätte.

Mit den Einkommens-, Körperschafts- und *Social Security*-Steuern verfügte der Bund über eine solide Basis für steigende Einkünfte. Die Staaten hingegen hatten es schwer, ihre Einnahmequellen – Verkaufs- und Umsatz- sowie Besitz- und Vermögenssteuern auf Land/Gebäude ebenso wie auf bewegliches Vermögen *(property taxes)* – sowohl aus politischen als auch aus konjunkturellen Gründen bedarfsdeckend anzuheben. Die aus Eigenmitteln finanzierten Programme der Staaten- und Lokal-Administrationen bewegten sich um die Marke von 8,5% des BSP *(GNP)*, während die Bundesausgaben von 10% (1940) auf 14,3% (1950) und 18,4% (1960) anstiegen.

Die Differenzen zwischen den finanziellen Handlungsspielräumen der einzelnen Staaten traten stärker zutage, je mehr Verantwortung den Einzelstaaten für die Umsetzung von Sozialprogrammen zugewiesen wurde und je weniger die Pauschalzuweisungen *(block grants)* auf die unterschiedliche Leistungsfähigkeit der Staaten Rücksicht nahmen. In den 1970er-Jahren machten die ca. 500 Zuweisungsprogramme etwa 27% der Gesamtausgaben der Gebietskörperschaften aus. Dieser Anteil fiel von knapp 26% im Jahre 1980 auf 18,2% im Jahre 1987. Der Bund senkte die Zuweisungen u.a. wegen des Anstiegs des Haushaltsdefizits 1978–1985.

Die Staaten waren zusätzlich zum Einnahmeverlust aus Bundeszuweisungen auch von der als Steuerrevolte (Kalifornien 1978) bekannt gewordenen Welle des Neokonservatismus betroffen. Deren Wortführer stellten ihre These von der funktionalen Entlastung des Staates gegen das sozial-liberale Credo, dass nur die politische Zentralebene die aufgrund von Marktversagen entstehenden Probleme lösen könne und deshalb das Recht und die Pflicht zur bundesweit einheitlich geregelten Umverteilung zugunsten der Einkommensschwachen habe. Die Umverteilungseffekte, so die Neokonservativen, seien zwar eingetreten, doch hätten nicht die reichsten 1, 5 oder 20% der Bevölkerung, sondern die breite Mittelschicht verloren, u.a. wegen der Progression direkter (Bundes-)Steuern und der Zuwachssteuern auf Immobilien und bewegliche Vermögenswerte (Staaten- und Lokalebene). Ihre Nettoeinkommen nach Abzug von Steuern und Sozialabgaben stagnierten oder schrumpften. Am 200. Jahrestag der Unabhängigkeitserklärung schien Amerika nicht mehr *Amerika* zu sein: Staatsinterventionismus, hohe Steuerlasten und Subventionen nahmen überhand, ohne dass die gesamtwirtschaftliche Lage besser wurde. Die neuen, von Republikanern wie Ronald Reagan und Demokraten wie Jerry Brown, Jimmy Carter, Daniel Patrick Moynihan gleichermaßen verkündeten Schlüsselworte lauteten: Privatisierung, Deregulierung, Dezentralisierung und Abbau der Bundesbürokratie, leistungsstarke, bürgernahe Politik und Subsidiarität.

Das Institut der Bundeszuschüsse blieb bestehen, doch sollten die Sozial- und Infrastrukturprogramme von ca. 500 auf 80–90 gestrafft und zusammengefasst werden. Washington hob die strikte Verbindung zwischen Mittelzuweisung und Verwendungszweck auf. Einige Staaten und Kommunen nutzten die gebotene Gelegenheit, um fortan auch Programme aufzulegen, die den Mittelklassen in den Vororten zugute kamen. Andere wie z. B. New York, New Jersey, Massachusetts, Oklahoma oder Oregon wurden zu Innovatoren in der Sozialpolitik, bei Reformen des Schulwesens, in der Wirtschaftsförderung oder/und im Gesundheitswesen beispielsweise durch Einführung von Versicherungsprogrammen für Einkommensschwache.

Parallel zur Aufgabenteilung zwischen Bund und Gebietskörperschaften erfolgte unter der Ägide des *new federalism*, beginnend unter Nixon, eine Steuerreform. Sie bewirkte ein Absinken des Anteils der Körperschaftssteuer an den Einnahmen, jedoch einen Anstieg der Erträge aus der regressiven *Social Security*-Steuer. Letztere fließen jedoch in einen separaten, als Treuhandfond *(Trust Fund)* geschützten Haushalt.

Gegenwärtig macht der Anteil der Körperschaftssteuer an den jährlichen Einnahmen des Bundes ca. 10% aus (1996: 12,6%, 2001: 8,7%), während auf Erträge aus der Einkommenssteuer 50% (1 Billion Dollar) entfallen. Angesichts des Zielkonflikts zwischen dem Wunsch nach Vereinfachung des Steuersystems und der Vorstellung, die Wirtschaft durch Steuersenkungen ankurbeln zu können, ohne mittel- oder langfristig das Budgetdefizit in die Höhe zu treiben, mehren sich die Stimmen für einen Systemwechsel, nämlich die stärkere Besteuerung des Verbrauchs. Schritte in diese Richtung sind bereits erfolgt, als George Bush und die Demokraten 1990 die Erhebung von Steuern auf Tabak, Alkohol, Benzin u. a. Massenverbrauchsgüter vereinbarten. Eine der europäischen Mehrwertsteuer (VAT) nachempfundene Verbrauchs- und Verkaufssteuer hätte den Effekt, dass die direkten Steuern noch weiter gesenkt werden könnten als dies seit 1974 mittels Kemp-Roth-Gesetz erfolgte. Im Gegenzug müssten viele Vergünstigungen wie Abschreibungen, Absetzbarkeit von Hypothekenzinsen, gegebenenfalls aber auch Kindergeld, Wohnungsgeld etc. gestrichen werden, doch die Begünstigten wollen nicht auf Zuwendungen verzichten. Außerdem setzen sich die Einkünfte der Einzelstaaten bereits aus einer Kombination von unterschiedlich hohen Sätzen von Verkaufs- und Umsatzsteuern zusammen, so dass im Falle der Erhebung solcher indirekten Steuern auf Bundesebene die Aufteilung der Einkünfte zwischen Bund und Einzelstaaten politisch grundsätzlich neu geregelt werden müsste.

Einnahmen nach Steuerquellen der großen Industrieländer, 1987

| Land | Einkommenssteuer in % | Körperschaftssteuer in % | Waren + Dienstleistungen in % |
|---|---|---|---|
| USA | 36,2 | 8,1 | 16,7 |
| Kanada | 38,7 | 8,0 | 29,8 |
| Frankreich | 12,7 | 5,2 | 29,3 |
| Deutschland | 29,0 | 5,0 | 25,4 |
| Japan | 24,0 | 22,9 | 12,9 |
| Niederlande | 19,7 | 7,7 | 26,0 |
| Schweden | 37,2 | 4,1 | 24,1 |
| Schweiz | 34,0 | 6,2 | 19,1 |
| Großbritannien | 26,6 | 10,6 | 31,4 |

Quelle: Brownlee, in: Kutler (ed.), S. 1310

## Wirtschafts- und Haushaltspolitik

Die lange Nachkriegsdekade 1945–63 war anfangs von Erfolgen auf der ganzen Linie gekennzeichnet. Von kurzen Einbrüchen abgesehen (1946/7, 1957/8, 1960/1), verlief die Konjunktur ohne verunsichernde Schwankungen. Niedrigzinsen in Kombination mit staatlich garantierten Hypothekendarlehen belebten den privaten Wohnungsbau. „Die gewünschte Belebung des Baumarktes gelang so rasch und eindrucksvoll: 1972 hatte die *Federal Housing Administration* elf Millionen Familien beim Erwerb eines Hauses unterstützt und weiteren 22 Millionen Familien bei der Renovierung ihres Eigenheimes geholfen. Der Anteil der US-Amerikaner, die im eigenen Haus lebten, stieg von 1934 bis 1972 von 44 auf 63 Prozent.“[24]

Staatliche Militäraufträge, Straßen- und Autobahnbauten (Gesetz vom 29. Juni 1956), Wohnungsbauförderung (Gesetz vom 2. August 1954), Landesentwicklungsaufträge (z. B. Colorado-River) sowie öffentliche Mittel für Forschung und Entwicklung und steigende Sozialausgaben ermöglichten eine vernünftige Konjunkturbelebung.[25] Aus der Verbindung der öffentlichen Aufträge und Ausgaben mit den Werbe-, Vermarktungs-, Management- und Produktionsstrategien der Privatwirtschaft ergab sich das Modell der *mixed economy*.[26]

Von einem hohen Niveau ausgehend, wuchs die Wirtschaft im Jahresdurchschnitt um 4%. Praktisch bestand Vollbeschäftigung. Die Inflationsrate lag stets unter 3%. Dank des Anstiegs des durchschnittlichen Realeinkommens zwischen 1945 und 1970 um 80% waren die privaten Haushalte mit langlebigen Verbrauchsgütern vom Kühlschrank, über Wasch- und Geschirrspülmaschinen, Staubsauger, Telefon und Fernseher bis zum Auto ausgestattet. Die Verbesserung des Familieneinkommens resultierte zum großen Teil aus der Zunahme der Zahl erwerbstätiger Frauen.

Struktur der Einnahmen des Bundeshaushaltes als Anteil der Gesamteinnahmen (in Prozent)

| Fiskaljahr | ES | KS | SVS | VS | Andere | OBA |
|---|---|---|---|---|---|---|
| 1940 | 13,6 | 18,3 | 27,3 | 30,2 | 10,7 | 8,4 |
| 1945 | 40,7 | 35,4 | 7,6 | 13,9 | 2,4 | 2,9 |
| 1950 | 39,9 | 26,5 | 11,0 | 19,1 | 3,4 | 5,3 |
| 1955 | 43,9 | 27,3 | 12,0 | 14,0 | 2,8 | 7,8 |
| 1960 | 44,0 | 23,2 | 15,9 | 12,6 | 4,2 | 11,5 |
| 1965 | 41,8 | 21,8 | 19,0 | 12,5 | 4,9 | 14,3 |
| 1970 | 46,9 | 17,0 | 23,0 | 8,1 | 4,9 | 17,4 |
| 1975 | 43,9 | 14,6 | 30,3 | 5,9 | 5,4 | 22,4 |
| 1980 | 47,2 | 12,5 | 30,5 | 4,7 | 5,1 | 21,9 |
| 1985 | 45,6 | 8,4 | 36,1 | 4,9 | 5,0 | 25,4 |
| 1987 | 46,0 | 9,8 | 35,5 | 3,8 | 4,9 | 25,0 |
| 1989 | 45,0 | 10,5 | 36,3 | 3,4 | 4,8 | 26,6 |

Quelle: Holtferich, S. 262; ES = Einkommenssteuer; KS = Körperschaftssteuer; SVS = Sozialversicherungssteuer; VS = Verbrauchssteuern; OBA = Off-Budget-Anteil

Die Teilhabe am „Wohlstand durch Wachstum" überdeckte die Tatsache, dass die Einkommen ungleich verteilt blieben. Viele Einzelmaßnahmen in dem von Präsident Truman eingebrachten *Full Employment*-Gesetzentwurf scheiterten am Widerstand derer, die hinter der *Fair Deal*-Parole eine Fortsetzung *liberal*-demokratischer Umverteilungspolitik witterten. Der Kongress strich die Krankenversicherung *(Health Insurance)* und die *Education*-Vorhaben aus Trumans Vorlage heraus. Truman hatte den Plan einer national einheitlichen, beitragsfinanzierten Pflichtversicherung in den zweiten Wagner-Murray-Dingell-Gesetzentwurf (November 1945) eingebaut. Gedacht war an eine alle Amerikaner einbeziehende *Health Insurance*, wobei die Finanzierung der medizinischen Versorgung durch eine Anhebung der Sätze der Sozialversicherungssteuer *(Social Security Old Age and Survivors Insurance Tax)* erfolgen sollte. Die Beiträge für die von der Sozialversicherung nicht erfassten Armen wollte man aus dem Steueraufkommen des Bundes entrichten.

Das Scheitern der gesetzlichen obligatorischen Krankenversicherung hatte vorerst keine gravierenden Folgen, da korporatistische Abmachungen die Lücke füllten. Die Arbeitgeber erneuerten die im Zweiten Weltkrieg zwecks Rekrutierung und langfristiger Bindung von Arbeitskräften freiwillig eingerichteten Pensions-Fonds. Diese umfassten neben der Altersversorgung in der Regel auch Krankenversicherung u. a. Vergünstigungen. Die privatwirtschaftlichen Modelle wurden in Tarifvereinbarungen zwischen Gewerkschaftsführung und Unternehmen verankert. Den Durchbruch brachten schließlich Vereinbarungen zwischen *General Motors* und der Automobilarbeitergewerkschaft (UAW). Nach einem 113 Tage dauernden Streik bei *General Motors* ab November 1945, bei dem Gewerkschaftsführer Reuther – vergeblich – Lohnerhöhungen durchsetzen wollte, ohne dass die Kosten durch Preiserhöhung auf die Verbraucher umgewälzt wurden, einigten sich Charles Wilson (GM) und Reuther 1948 in einem Kontrakt mit dreijähriger Laufzeit und 1950 im *Treaty of Detroit* mit fünfjähriger Laufzeit auf *progress sharing. General Motors* akzeptierte das Prinzip, dass Löhne gemäß dem Lebenshaltungskostenindex und Produktivitätssteigerungen automatisch erhöht werden sollten. Die so genannten *fringe benefits*, d.h. die vom Arbeitgeber eingerichteten und ausgestatteten Pensions-, Kranken- und Unfallversicherungskassen, wurden gleichfalls in den Kollektivverträgen festgeschrieben, also kontraktrechtlich abgesichert.

Der Bundesgesetzgeber flankierte die arbeitgeberfinanzierten Krankenversicherungsfonds, indem er 1954 die Sozialabgaben steuerfrei stellte. Die Arbeitgeber durften die Beträge, die sie für die Versicherungsprämien zugunsten ihrer Beschäftigten leisteten, von der Körperschaftssteuer abziehen, die Arbeitnehmer mussten diese vom Arbeitgeber erhaltenen Vergünstigungen ebenfalls nicht versteuern. Die Zahl der Krankenversicherten stieg sprunghaft an: Ende 1954 waren 12 Millionen Arbeitnehmer und 17 Millionen „Abhängige" (mit-)versichert, 1988 verdankten 153 Millionen Amerikaner ihre *Health Insurance* den von Arbeitgebern eingerichteten und zum großen Teil finanzierten Versicherungen – das entspricht 73% aller Krankenversicherten (unter 64 Jahren). Versicherungsschutz und Arbeitsplatzbesitz wurden so gesehen zu Kehrseiten einer Medaille.

Aus den Verschiebungen innerhalb der beiden großen Parteien zugunsten der konservativen Südstaatler bei den Demokraten und des rechten Flügels bei den Republikanern resultierte zwar eine Anti-Washington-/Anti-*imperial presidency*-Grundeinstellung. Dies schloss aber keineswegs aus, dass einflussreiche Senatoren ihre Macht auch für steigende Ausgaben im Sozialbereich und nicht nur für Industrieansiedlung, Pentagon-Aufträge etc. einsetzten. 1950 novellierte der Kongress das Sozialversicherungsgesetz. Man integrierte rund acht Millionen Arbeitskräfte, die meisten von ihnen Selbständige, in das System. Die Unterstützungssätze wurden um 80% angehoben. „Rechtzeitig zu den Wahlen von 1952 beschloss der Kongress, weitestgehend auf eigene Initiative, das Niveau der Sozialversicherungsleistungen heraufzusetzen. Damit begann eine lange Tradition von sozialen Wohltaten in Wahljahren."[27]

Dies wurde auch unter Eisenhower fortgesetzt. Der Kongress verabschiedete im April 1953 ein Gesetz zur Errichtung eines Bundesministeriums für Gesundheit, Erziehung und Wohlfahrt, ebenso beschloss er große Ausgabenprogramme für den Wohnungsbau (1954) und den Autobahnbau (1956). Der Oberste Gerichtshof bestätigte, dass der Kongress berechtigt sei, zweckgebundene Zuweisungen als Instrument zu nutzen, um die Staats- und Lokalebene zu drängen, Programme in Bereichen wie z.B. Erziehung oder *Social Security* ein- und durchzuführen. Etwa 40% der aufgelegten Programme wurden 1961 über Bundeszuweisungen finanziert. Am Ende der Amtszeit Eisenhowers (1960/61) war die Zahl der Anspruchsberechtigten auf Sozialversicherungsleistungen um 10 Millionen gestiegen. In Verbindung mit der Heraufsetzung der Unterstützungssätze *(benefits)* ergab dies eine Erhöhung der bundesstaatlichen Sozialausgaben von 23 Milliarden Dollar (1950) auf 52 Milliarden Dollar (1960). Das Haushaltsdefizit, zu dem die öffentlichen

Übersee-Ausgaben, d.h. Militärhilfe, Entwicklungshilfe und Beiträge an internationale Organisationen, gleichfalls beitrugen, erreichte 1961 die Höhe von 18,2 Milliarden Dollar.

Im Zuge einer Rezession griff Präsident John F. Kennedy auf *deficit spending* zurück: Eine Steuerentlastung um 10 Milliarden Dollar sollte die Nachfrage der Verbraucher stimulieren, eine gleichzeitige Ausgabensenkung wurde ausgeschlossen. Die Kreditfähigkeit des Staates, so Kennedys Berater H. Heller, sei so groß, dass das Defizit durch Schuldenmachen ausgeglichen werden könne. Der Wachstumsschub werde dafür sorgen, dass erhöhte Steuereinnahmen den Haushalt schon bald konsolidieren würden. Die Widerstände gegen den Rückgriff auf keynesianistische Methoden waren groß, der Kongress beschloss die Steuersenkung erst unter L. B. Johnson. Andere finanzpolitische Maßnahmen und Kennedys *Trade Expansion Act* von 1962 bewirkten einen Konjunkturaufschwung, der bis Ende der 1960er-Jahre anhielt.

Mit dem ehrgeizigen Versuch, den amerikanischen Einsatz im Vietnamkrieg zu erhöhen und gleichzeitig der Armut im eigenen Land den Kampf anzusagen,[28] ging Johnson das Risiko ein, die Inflation anzuheizen, die Handels- und Leistungsbilanzdefizite auszuweiten und das Haushaltsdefizit zu steigern. Im Unterschied zu früher lagen die Staatsschulden jedoch nicht mehr überwiegend in Händen amerikanischer Staatsbürger, die von der Steuergewalt der eigenen Regierung belangt werden konnten, sondern zunehmend in ausländischen Händen. Neben Dollarreserven hielten Ausländer auch Schatzwechsel, u.a. US-Schuldverschreibungen. Die amerikanische Regierung musste auf Grund dessen ähnliche Erfahrungen machen wie zuvor die britische seit den 1950er-Jahren: Tagtäglich stimmten die internationalen Finanzmärkte über die Stärke oder Schwäche der von Washington ergriffenen oder unterlassenen binnenwirtschaftlichen und außenpolitischen Aktivitäten ab.

Trotz beunruhigender Defizite im Haushalt und in der Leistungsbilanz, die beide den Dollarwert in Mitleidenschaft zogen, hielt auch Präsident Richard Nixon an der Politik der Nachfragesteuerung durch Schuldenmachen fest. Entgegen der Tradition der eigenen Republikanischen Partei hatte er keine Bedenken, gegen die nahende Rezession mit einem projektierten Haushaltsdefizit für 1972 in Höhe von 40 Milliarden Dollar anzukämpfen. Sein Vorstoß vom Herbst 1971, sowohl Löhne, Gehälter, Renten als auch Preise Kontrollen zu unterwerfen, um die Stagflation, d.h. die Kombination von hohen Inflations- und Arbeitslosenraten, zu überwinden, scheiterte an der Gegenwehr der organisierten Interessen. Um seine Chancen auf die Wiederwahl im November 1972 zu verbessern, bedrängte Nixon das *Federal Reserve Board*, es solle die Geldpolitik manipulieren, d.h. den Kredithahn zudrehen. Das Manöver gelang, weil die Regierung durch *deficit spending* gleichzeitig die Wirtschaft ankurbelte. Der Rückfall in die Inflation (ab 1973), die dann noch durch die erste Ölkrise in die Höhe getrieben wurde, rief den Kongress auf den Plan. Die Kritiker der von Arthur Burns, Chairman des *Fed*, betriebenen Kreditverknappung verlangten unter Berufung auf Milton Friedmans Monetarismus-Theorie eine Strategie der Geldmengensteuerung. Das *Federal Reserve*-Gesetz 1977 und das *Humphrey-Hawkins*-Gesetz 1978 legten fest, dass der Chairman des *Federal Reserve Board* dem Kongress seine geldpolitischen Zielsetzungen periodisch darlegen müsse. Dies sollte mit einer Prognose der wirtschaftlichen Entwicklung verknüpft werden, die der Präsident im gleichen Zeitraum für die Haushaltsberatungen erstellen musste.

Der Anstieg des Haushaltsdefizits in der Reagan-Ära hat mehrere Gründe. Zum einen fielen die Steuereinnahmen geringer aus als vom Haushaltsbüro geschätzt. Die optimistischen Voranschläge kosteten Budgetdirektor Stockman das Amt und brachten das Weiße Haus in Misskredit. Zweitens hatte die Expansion der Verteidigungsausgaben – von 134 Mrd. Dollar 1980 auf 290,4 Mrd. Dollar 1988 – das Ziel, die UdSSR zur Einstellung des Wettrüstens zu zwingen. Und schließlich konnte der Bund die Sozialausgaben nicht in dem Maße reduzieren, wie das bei der Planung der Steuersenkungsaktion unterstellt worden war. Eine Allianz aus Kongressmitgliedern, Repräsentanten der Gebietskörperschaften, Fürsorgediensten u. a. widersetzte sich erfolgreich dem Sozialabbau, zumal der Bedarf an Unterstützungsprogrammen nicht zu leugnen war. In Reaktion auf den wirtschaftlichen Abschwung verabschiedete der Kongress 1983 den von dem demokratischen Abgeordneten Claude Pepper und dem republikanischen Senator Robert Dole ausgehandelten *Social Security Amendment Act.* Er schuf die 1972 eingeführte Dynamisierung der Rente (d. h. die Anpassung der Leistungssätze an den Lebenshaltungskostenindex) wieder ab und erhöhte die Steuern. Durch die erste Maßnahme sanken die *benefits,* die zweite verbesserte die Reservebildung und konsolidierte den *Trust Fund* langfristig.

Zur Finanzierung des Haushaltsdefizits griff die Reagan-Administration zum Instrument der Neuverschuldung. Die Mittelaufnahme an den Kapitalmärkten erfolgte auch über ausländische Zentralbanken, Unternehmen, Geschäftsbanken und private Haushalte. Die Kreditaufnahme im Ausland war wegen der vergleichsweise geringen Sparquote der amerikanischen Privathaushalte unumgänglich. Da die Reagan-Administration in ihrer ersten Amtszeit die Wiedererstarkung des Dollar anstrebte, konnte sie schlecht gegen die Hochzinspolitik des *Fed* eintreten, mit der die Zentralbank die Inflationsrate erfolgreich senkte. Die Hochzinspolitik zog ausländisches Kapital an. Der Kursanstieg des Dollar (1981–85) – von 2,26 DM bei Reagans Regierungsübernahme im Januar 1982 und 3,47 DM Höchstwert am 26. Februar 1985 – erschwerte die Exporte der US-Wirtschaft, erleichterte jedoch den Anstieg der Importe. Zu Letzterem trug bei, dass die US-Wirtschaft sich ab 1982 besser entwickelte als die europäische, gemessen an den Kriterien Produktivitätsrate, Anzahl neuer Beschäftigungsverhältnisse, Absenken der Arbeitslosenquote. Sie blieb jedoch hinter den Wachstumsraten Japans und erst recht der vier asiatischen Tigerstaaten zurück. Mit dem Anstieg des Haushaltsdefizits und damit einhergehend der Auslandsverschuldung sowie der Scherenbewegung im Außenhandel wuchs auch das Leistungsbilanzdefizit. Die Nettozinsdienste des Bundes stiegen von durchschnittlich 7,3% im Zeitraum 1955–1975 auf 13,7–14,8% der Gesamtausgaben in 1987–1989. Für die Präsidentschaft und den Kongress ging es fortan darum, die Zinslast zu reduzieren, damit die Politik Gestaltungsspielräume zurückgewinnen konnte.

Auf Initiative der Kongressmitglieder Gramm, Rudman und Hollings verabschiedete der Kongress 1985 den *Balanced Budget and Emergency Deficit Control Act.* Er schrieb vor, dass der Bundeshaushalt bis 1991 ausgeglichen werden müsse. Die Budgetansätze sollten automatisch gekürzt werden, falls der Kongress die Obergrenzen der für die Einzeltitel festgelegten Haushaltsdefizite überschritt. Der Oberste Gerichtshof erklärte das Gesetz 1986 in Teilen für verfassungswidrig, woraufhin 1987 eine überarbeitete Fassung verabschiedet wurde. Diese Regelung lief zu einem Zeitpunkt aus, als sich die Anzeichen einer Rezession mehrten. Entgegen seinem Wahlversprechen, keine Steuern zu erhöhen *(read my lips: no new taxes)*, musste Präsident George Bush dem Drängen der Demokraten nachgeben und den Weg für Steuermehreinnahmen frei machen. Er musste sein Versprechen preisgeben, die Kapitalertragssteuer *(capital gains tax)* zu senken. Sie galt den Republikanern als Symbol für einen überfälligen Systemwechsel, denn die Steuerpolitik begünstigte den Konsum inklusive der Absetzbarkeit von Konsumentenkrediten stärker als die Investitionen. Das *Budget Enforcement*-Gesetz 1990 legte für einen Zeitraum von fünf Haushaltsjahren Höchstgrenzen für die Teilbereiche Rüstungs-, Auslands- und Inlandsprogramme fest, um das Budgetdefizit im Geltungszeitraum um 500 Millionen Dollar zu senken. Übertragungen von Einsparungen in einem Haushaltsbereich auf andere Kategorien waren nicht erlaubt. Die Friedensdividende, die von geplanten Kürzungen im Verteidigungshaushalt – um real 20% zwischen 1991 und 1995 – erhofft wurde, konnte nicht für innenpolitische oder Auslandsprogramme genutzt werden.[29]

Dies änderte sich 1993 mit Wirkung für das Haushaltsjahr 1994: Umschichtungen im Haushalt sollten möglich sein. Die Republikaner vertraten die Auffassung, dass die von Bush eingeleiteten Kürzungen im Verteidigungshaushalt um real 20% sowie die Reduzierung des Streitkräftepersonals um 25% auf 1,6 Mill. Aktive weit genug gediehen seien. Präsident Clinton erklärte hingegen in seiner Jahresbotschaft 1994, dass die Verteidigungsausgaben bis 1997 um 60 Milliarden Dollar und die Präsenzstärke der Streitkräfte auf 1,4 Millionen Aktive zurückgehen könnten. Angesichts der Auslandseinsätze u.a. in Haiti, Somalia und Ex-Jugoslawien, der Doktrin der Einsatzfähigkeit in zwei Regionalkonflikten (z.B. Golfkriegsregion und Korea oder Taiwan) und der Ausgaben für Raketenabwehr befanden die hohen Militärs, dass keine Einsparmöglichkeiten *(peace dividend)* mehr bestünden. Dank des Wirtschaftsbooms stiegen die Verteidigungsausgaben, obwohl ihr Anteil am Bundeshaushalt zwischen 1992 und 1999/2000 von 20,7% auf 14,8% sank.

Die aus Republikanern und konservativen Demokraten bestehende Mehrheit im Kongress sprach sich gegen die weitere Schließung von militärischen Standorten, die Beendigung bestimmter Waffenprogramme (z.B. *Trident II*-Raketen) und generell gegen die Schwächung der rüstungsindustriellen Basis der USA aus. Eine zweite Gruppe, die so genannten Modernisierer, verlangte, dass die Streitkräfte auf die unter dem Stichwort *Revolution in Military Affairs* gebündelten Strategien und Operationskonzepte umgerüstet werden müssten, was u.a. die Beschaffung von *attack submarines* als Plattform für die im ersten Golfkrieg bewährten *Tomahawk Cruise Missiles* betraf. Der Konflikt zwischen den Traditionalisten und den Modernisierern innerhalb der Streitkräfte und zwischen den Waffengattungen wurde dahingehend gelöst, dass ältere Anschaffungsschwerpunkte ansatzweise reduziert und neue Beschaffungsprogramme mit Abstrichen in Kraft gesetzt wurden. Obwohl George W. Bush im Wahlkampf 2000 eine Modernisierung der Streitkräfte versprochen und mit Donald Rumsfeld einen Verfechter der mobilen Einsatzkräfte

**Verteidigungsausgaben 1960–1999 in Mrd. US-Dollar in Prozent am Bundeshaushalt und in Prozent des Bruttoinlandsprodukts**

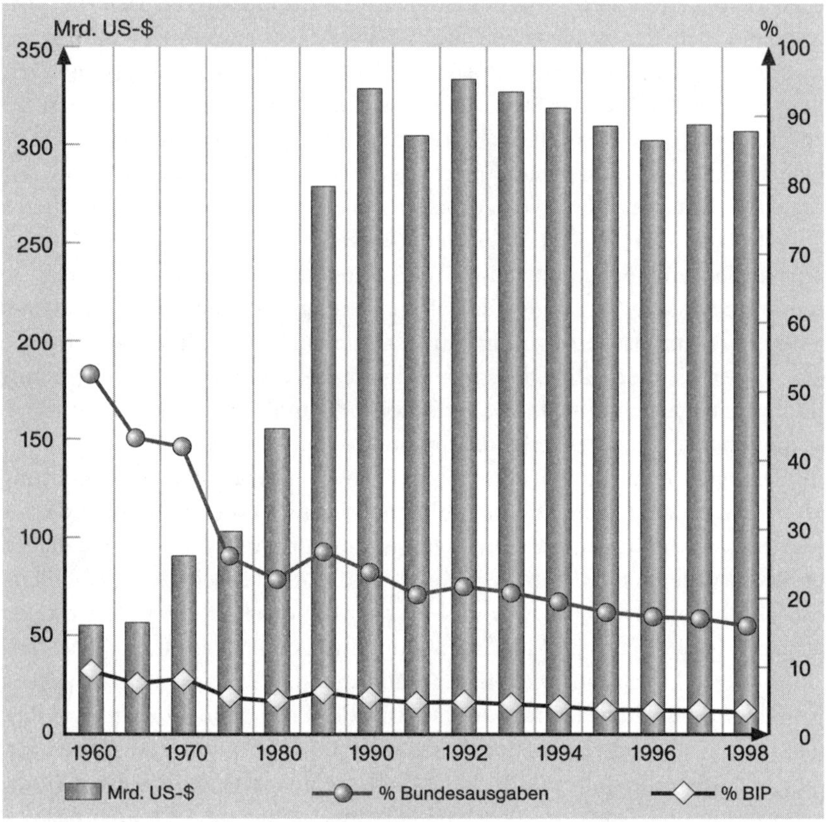


Quelle: US Statistical Abstract 1998, S. 358; aus: Rode, in: Wasser (Hrsg.), USA, S. 200

zum Verteidigungsminister ernannt hatte, sieht seine Bilanz nicht viel anders aus. Zwar gelang es Rumsfeld und seinem Vertrauensmann, Stephen Cambone, einige Großprojekte zu stoppen, aber der Einfluss der Rüstungslobby und des *Iron Triangle* auf den Kongress blieb stark genug, um z.B. den 200 Millionen Dollar pro Stück teuren *F/A-22*-Düsenjäger (Lockheed) oder den für die *Special Forces* des Heeres vorgesehenen *V-22 Osprey* (Boeing) zu retten, den *Comanche*-Hubschrauber in reduzierter Stückzahl weiter zu produzieren sowie den Bau eines weiteren Flugzeugträgers (Northrop Grunman) durchzusetzen.

Nach einer Übergangsphase setzte 1998 die Wende zur Wiederaufrüstung ein. Der Verteidigungsetat für das Haushaltsjahr 1999 wurde um knapp 20 Milliarden Dollar, aufgestockt. Für 2001 forderte der aus dem Amt scheidende Präsident Clinton eine Erhöhung um 11 Milliarden auf insgesamt 291 Milliarden Dollar. Die *Joint Chiefs of Staff* monierten,

Verteidigungsausgaben der Großmächte, 1995–2000*
in Milliarden US-Dollar zum Wert von 1998 (Prozentanteil am Bruttoinlandsprodukt)

| Jahr | USA | UK | Frankreich | BRD | Russland | China | Japan | (2)–(6) |
|---|---|---|---|---|---|---|---|---|
| 1995 | 298 | 39 | 42 | 35 | 43 | 14 | 37 | 210 |
| in % | 3,8 | 3,0 | 3,1 | 1,7 | 4,1 | 1,8 | 1,0 | |
| 1996 | 282 | 40 | 41 | 34 | 40 | 15 | 37 | 207 |
| 1997 | 281 | 37 | 41 | 33 | 42 | 17 | 38 | 208 |
| 1998 | 274 | 37 | 40 | 33 | 31 | 19 | 38 | 198 |
| 1999 | 275 | 37 | 40 | 33 | 38 | 21 | 38 | 208 |
| in % | 3,0 | 2,5 | 2,7 | 1,5 | 3,0 | 2,1 | 1,0 | |
| 2000 | 281 | 36 | 40 | 33 | 44 | 23 | 38 | 214 |

* W. Wohlforth, in: Meier-Walser (Hrsg.), S. 310, nach SIPRI: Datenbank für Militärausgaben; bei den Angaben über China und Russland handelt es sich um Schätzungen von SIPRI

dass dieser Ansatz um 16 Milliarden Dollar hinter dem Bedarf zurückbleibe, der sich aus den dem Militär von der Politik zugewiesenen Aufträgen ergebe. Die Regierung Bush jr. übernahm zunächst Clintons letzten Haushaltsentwurf. Die zweite, d. h. erste eigene Vorlage für das Haushaltsjahr vom 1. Oktober 2001 bis 30. September 2002 wurde durch die Ereignisse vom 11. September 2001 Makulatur. Der Ende Oktober 2002, kurz vor den Zwischenwahlen vom Kongress festgestellte Verteidigungshaushalt liegt mit 355,4 Milliarden um rund 12% über dem Vorjahr. Er enthält 11 Milliarden Dollar Zusatzmittel für den Ankauf von Waffensystemen, 7,4 Milliarden Dollar für die Entwicklung des *National Missile Defense*-Systems und erlaubt Solderhöhungen um 4,1%. Der jüngste Haushaltsentwurf für den Zeitraum 2003/4 sieht Ausgaben in Höhe von 378 Milliarden Dollar vor und liegt damit um rund 100 Milliarden Dollar über dem Clinton-Bush-Ansatz von 2000/1.

## Konzentrationsbewegungen in der Wirtschaft

Aus dem Zweiten Weltkrieg gingen die großen Konzerne gestärkt hervor. Die Zahl der Riesenunternehmen nahm zu, die Spitzenreiter wurden noch größer. Die drei größten Unternehmen zusammen – *General Motors, Standard Oil of New Jersey (EXXON), Ford* – übertrafen den Beitrag der Landwirtschaft zum amerikanischen Bruttoinlandsprodukt. Noch im Jahre 1965 besaßen die *top 500* zwei Drittel der *manufacturing assets* (Betriebsvermögen). In den 1980er-Jahren rückten die Großbanken hinsichtlich der Marktkapitalisierung in die Spitzenstellung vor: Die *Bank of America* und *Citicorp* wiesen das Doppelte an Vermögenswerten aus wie *General Motors* und *EXXON*. Außer im Bankensektor war die Fusionswelle in der chemischen und Pharma-Industrie sowie in der Telekommunikation und den Informationstechnologien besonders ausgeprägt. Während des *Clinton*

*Boom* stiegen *Microsoft, Cisco* u.a. Informationstechnologiekonzerne in Bezug auf die Marktkapitalisierung in die Kategorie von *General Electric* und *General Motors* auf. Nach dem Einbruch der Technologiewerte und dem Wiederanziehen der Ölpreise in den Jahren 2001–03 besetzen die nunmehr fusionierten Ölkonzerne die meisten Plätze in der *top 10*-Liste.

Die Verlagerung des wirtschaftlichen Schwerpunkts von der Industrieproduktion zu den Dienstleistungen ging von den USA aus und hält dort ununterbrochen an. Das hat insofern Auswirkungen auf die Rangordnung, als Banken und Versicherungen, Großhandelsketten *(Wal-Mart)* und kombinierte Versorgungsunternehmen (Wasser, Gas, Strom etc.) die Konzentrationsbewegung vorantreiben. Auf der anderen Seite ging der Rückgang der Konzerne im altindustriellen Sektor mit einem Bedeutungsgewinn der mittleren und kleinen Unternehmen einher. Im Jahre 1982 erwirtschafteten diese 38% des BIP. Während die großen Stahl-, Automobil-, Textil- und Schiffsbau-Konzerne Arbeitsplätze abbauten, schufen die mittleren und kleinen Unternehmen neue Stellen. Als Folge ihrer Ausgaben für Forschung und Entwicklung kamen innovative Produkte auf den Markt. In dieser Hinsicht sind die Verhältnisse in den USA und in der Bundesrepublik vergleichbar.

Die amerikanische Wirtschaft erlebte in den 1960er-Jahren ihre dritte große Welle der Unternehmensübernahmen und Zusammenschlüsse (nach 1897–1906 und 1922–28). Die Bildung von Konglomeraten wurde vom Gesetzgeber begünstigt. Das 1950 vom Kongress verabschiedete *Celler-Kefauver*-Gesetz verschärfte zwar das Kartellverbot, ließ aber Lücken, die von den Rechtsabteilungen der Konzerne für die Konstruktion riesiger Mischkonzerne genutzt wurden. Die zuständige Abteilung des Justizministeriums ordnete beispielsweise an, dass der Chemiekonzern *DuPont* seine Anteile an *General Motors* verkaufen musste, doch schritten die Kartellbehörden gegen die Bildung der „Gemischtwaren"-Konzerne nicht ein. Die Wettbewerbshüter vertraten die Auffassung, dass die Konglomerate – z.B. *ITT, Litton, United Technologies* – aufgrund ihrer vielen *divisions* für mehr Wettbewerb auf den von etablierten Namen beherrschten Teilmärkten sorgen würden. Diese Konzernbildung erfolgte vor allem in der Grundstoff-, Elektro- und Elektronikindustrie, im Maschinenbau und in der chemischen Industrie.

Die ökonomischen Gründe wirkten zunächst überzeugend, hatten jedoch keine lange Lebensdauer: 1. Diversifizierung: Durch Streuung der Risiken sowie Gewinn bringende Anlage liquider Mittel in vermeintlichen Wachstumssektoren wollte man die Zukunft des Kernunternehmens sicherstellen. Finanzjongleure und Rechtsanwälte hatten das Sagen. 2. Synergie-Effekte: Im Glauben, dass finanzielle Erfolgsstrategien in einem Sektor auf beliebige andere übertragen werden könnten, erfolgte eine Expansion um der Expansion willen. 3. Steuervorteile: Das aufnehmende Unternehmen durfte die Verluste der aufgekauften Firma nutzen, um die eigene Steuerlast zu reduzieren, zugleich konnte es aber den Buchwert der erworbenen Firma mit dem eigenen zusammenführen und gegenüber dem Börsenpublikum einen höheren Profit ausweisen. Der Einbruch an den Börsen von den späten 1960ern bis in die 1970er-Jahre offenbarte die Schwachstellen in der Finanzarchitektur der Mischkonzerne. Die Gewinne brachen ein, der Aktienwert stürzte in den Keller – so sank beispielsweise die *Litton*-Aktie von 104 Dollar im Jahre 1967 auf 4 Dollar im Jahre 1973. In den 1970er-Jahren kehrte die Industriestrategie zurück zur Konzentration auf Geschäftsbereiche, in denen die Kompetenz zur Erneuerung der Produktpalette und zum Ausbau der Marktmacht vorhanden war.

Die Konzentrationsbewegung setzte sich fort. Die steigenden Kosten für Forschung und Entwicklung erhöhten den Kapitalbedarf der Unternehmen. Die unter dem Stichwort *shareholder value* zum Ausdruck gebrachte Macht der Aktionäre zwang die Unternehmensführungen, Kostensenkungsprogramme zu konzipieren und durchzuführen und die weniger profitträchtigen Bereiche abzustoßen. Das fiel mit einer zweiten Entwicklung zusammen, die mehr Aufmerksamkeit erregte. Unter Einsatz neuer Finanzierungstechniken, so genannter *leveraged buyouts*, betrieben darauf spezialisierte Firmen wie *Kohlberg Kravis Roberts and Company* den Aufkauf von Unternehmen, um anschließend die „Filetstücke" mit hohen Gewinnen zu veräußern. Da diese „Zwischenkäufer" selbst nicht über das erforderliche Kapital verfügten, hing der Erfolg ihrer Operationen von den Kosten der Kapitalaufnahme bei Dritten – zunehmend bei institutionellen Anlegern – in Relation zum Verkaufserlös ab. Die Konzentration auf die Geldbeschaffung und das Spielen mit Unternehmenswerten kennzeichnen diesen Kasino-Kapitalismus. Die Strategie der Finanzjongleure ging nicht nur zu Lasten der Erneuerungskraft der zwischengekauften Unternehmen, sondern beeinträchtigte auch die Anpassung der amerikanischen Wirtschaft an den Strukturwandel in der Weltwirtschaft. Man verschwendete Kapital, um entweder Unternehmensübernahmen vorzubereiten oder feindliche Übernahmen abzuwehren, statt die Produktionsverfahren umzustellen oder in neue Produkte zu investieren. Die Manipulation der Kurswerte und das Erzielen kurzfristiger Profite wurden für wichtiger gehalten als die Produktinnovation. Da dies in den 1980er-Jahren Bereiche betraf, in denen US-Firmen Weltmarktführer gewesen waren – Automobil-, Elektronik-, Petroleum-, Stahl- und Textilsektor –, zeigte sich der Verlust an Wettbewerbsfähigkeit im Absinken des Anteils der USA an der Weltproduktion und an der Eroberung des amerikanischen Binnenmarktes durch ausländische Automobilhersteller u. a. und/oder Tochterunternehmen ausländischer Investoren.

Um den Kapitalbedarf für die Erforschung und Entwicklung der übernächsten Produktgeneration zu sichern, schlossen die Unternehmen strategische Allianzen, teils mit internationalen Konkurrenten, teils in Anlehnung an das japanische Modell (MITI) durch staatlich vermittelte und geförderte Zusammenführung von Branchenführern z. B. in der Halbleiterproduktion *(Sematech)* mit dem Ziel, den „Standort Amerika" auf Dauer zu sichern. Die Politik half auch auf andere Weise nach. 1983 wurde an die Spitze der Anti-Trust-Abteilung im Justizministerium ein Befürworter von Unternehmenszusammenschlüssen berufen. Ziel war, durch wirtschaftliche Effizienz dem Verbraucher Qualitätsprodukte zu vernünftigen Preisen anzubieten. Politische Motive wie Beschränkung von Marktmacht und gesellschaftspolitische Zielsetzungen, etwa Umweltschutz und Sozialausgaben, sollten dahinter zurücktreten. Ferner begünstigte der Oberste Gerichtshof die Fusionswelle, als er den einzelstaatlichen Gesetzgebern die Berechtigung absprach, die Übernahme von Unternehmen mit Sitz im eigenen Bundesstaat durch eine Firma mit Sitz in einem anderen zu untersagen. Außerdem stellten sich Regierung, Kongress und Oberster Gerichtshof hinter die vertikale Konzentration. Zur Absicherung ihrer Position auf dem Inlandsmarkt riefen die Konzerne nach staatlichen Eingriffen. Sie sollten US-Unternehmen vor Importen mit einem besseren Preis-Leistungs-Verhältnis schützen, wozu u. a. energiesparende japanische Autos, deutsche Werkzeugmaschinen, französische (Radial-) Autoreifen und schwedische Präzisionsgeräte gehörten. Die Bundesausgaben für Subventionen und Steuervergünstigungen an Unternehmen stiegen von 77,1 Milliarden Dollar im Jahre 1950 bis 1980 um das Vierfache auf 303,7 Milliarden Dollar. Staatliche Beihilfen ermöglichten Unternehmen wie *Lockheed* oder *Chrysler*, deren Führungskräfte über die notwendigen politischen Kontakte und Medienwirksamkeit verfügten, den Konkurs abzuwenden und die Sanierung durchzuführen.

Den US-Giganten – z. B. *International Harvester, General Motors, U.S. Steel* – fiel es umso schwerer, die in den 1960er- bis 1970er-Jahren versäumten technologischen Innovationen nachzuholen, weil einerseits die Profite einbrachen, andererseits Schuldendienste und Aufwendungen für die Pensionskassen auf ihnen lasteten. Der niedrige Stand des Verbrauchervertrauens-Indexes dämpfte gleichfalls die Investitionsbereitschaft. Hinzu kam schließlich, dass die Hochrüstung in der Reagan-Ära den Abstand zu Japan und Deutschland bezüglich der *non-defense investments* vergrößerte. In absoluten Zahlen gerechnet, gaben die USA mehr für Forschung und Entwicklung aus als die nachfolgenden vier Konkurrenten Japan, Deutschland, Frankreich und Großbritannien zusammen. Zieht man allerdings die Ausgaben für Rüstungsinvestitionen ab, dann hatten Japan und Deutschland zwei Jahrzehnte lang mehr für Forschung und Entwicklung aufgewendet als die USA, außerdem stieg der Anteil der Ausgaben für zivile Forschung und Entwicklung am BSP in Deutschland und Japan seit 1981 schneller an als in den USA.[30]

## Arbeitsbeziehungen und Gewerkschaften

Mit dem Strukturwandel der amerikanischen Wirtschaft veränderten sich auch die Arbeitsbeziehungen und die Position und Rolle der Gewerkschaften. Die im „Sonnengürtel"[31] angesiedelten Unternehmen der neuen Wirtschaft waren überwiegend gewerkschaftsfrei. Unternehmen wie IBM oder NCR *(National Cash Register)* erleichterten ihren technischen Arbeitern und Angestellten durch betriebseigene Pensionsfonds, vermögenswirksame Leistungen, Bezug von Aktienanteilen u. a. m. *(welfare capitalism)* die Identifizierung mit dem Unternehmen. In den alt-industriellen Ballungszentren, im *rust belt*, verloren die Gewerkschaften hingegen durch Werkschließungen, Massenentlassungen etc. zahlreiche ihrer Mitglieder. Unter dem internationalen Wettbewerbsdruck büßten die Branchen, in denen die Großkonzernbildung weit vorangeschritten war – Stahl/Eisen, Automobilindustrie –, nicht nur Marktanteile im In- und Ausland ein, vielmehr behaupteten die Unternehmensleitungen, dass Kostensenkungsmaßnahmen die Vorbedingung für die Weiterführung der gesunden Teilbereiche und Betriebsstätten seien. Angesichts geringfügiger Produktivitätszuwächse und hoher Inflation gerieten die in den Modellverträgen zwischen *General Motors* und der UAW 1948 und 1950 verankerten Eckwerte der

Lohnfindung, d.h. Inflationsausgleich und Produktivitätsbeteiligung, ins Wanken. 1985 wirkten beide Partner, GM und UAW, erneut als Trendsetter. Das Abkommen zwischen UAW und der GM-Tochter, die das Modell *Saturn* auf den Markt bringen sollte, beruhte auf den Eckpfeilern Anpassung des Produktionsvolumens an den Markt und Flexibilisierung der Arbeitsprozesse, mit anderen Worten Kostensenkung, Lohnkürzung, flexible Arbeitszeiten. Für den Fall betriebsbedingter Kündigungen erhielten 80% der am längsten Beschäftigten von *General Motors* eine Arbeitsplatzgarantie. Dieses Zugeständnis des Unternehmens brachte die UAW dazu, von der Tradition der Erzwingungsstreiks Abstand zu nehmen. Die Unternehmen klagten darüber, dass die Rückstellungen für die betriebseigenen Sozialleistungen einer der Gründe wären, warum sie weniger Investitionen tätigten als die deutsche und die japanische Konkurrenz. Das *Saturn*-Abkommen 1985 war innovativ, fand in den Industriesektoren jedoch nur wenig Nachahmer. Im Tausch für ihren Verzicht auf Lohnfestlegung nach der Arbeitsfunktion *(job classification)* erhielten Gewerkschaftsvertreter das Mitspracherecht bei der Produktionsplanung, nicht jedoch bei den Investitionsentscheidungen. Die Beschäftigten erhielten mehr Autonomie bei der Gestaltung und Aufteilung der Arbeitsabläufe, was auch die Entlohnung nach individueller konkreter Arbeitsleistung *(pay for knowledge)*, Urlaubsregelung etc. einschloss. Eine Fertigung des Endprodukts gemäß den Kundenwünschen anstelle der am Fließband hergestellten Massenartikel bedingte gerade im Automobilbau die Abkehr vom „Fordismus". Die Erprobung flexibler Formen des *teamwork* zur Lösung spezialisierter Aufgaben hielt nunmehr auch in die Industrieproduktion Einzug. Mischkonzerne wie *General Electric* und die großen Namen der neuen Industrien – *IBM, Lucent, Kodak, 3 M* – hatten die richtige Nutzung des Faktors *human resources* schon früher erkannt und erprobt. Der größte Automobilhersteller der Welt, *General Motors*, übernahm die von japanischen Konkurrenten entwickelten neuen Management-Rezepte, z.B. Kleingruppen-Kompetenzteams und *lean production.*

In anderen Branchen mit einem hohen Anteil an Erwerbstätigen wie dem Verkehrssektor, Telefon- und Telekommunikationsdiensten und Baugewerbe wurde der mittels Deregulierung angestrebte Wettbewerb zum Einfallstor für Lohnkürzungen. Dies hing damit zusammen, dass die unter Präsident Carter einsetzenden Maßnahmen in eine Phase der Rezession und steigender Arbeitslosigkeit fielen (1978–1982). Unter dem Druck der verschärften Wettbewerbsbedingungen und der schlechten Wirtschaftslage blieb den Gewerkschaften, die sich ohnedies erst durch Anerkennungswahlen im Betrieb das Vertretungsmonopol erkämpfen mussten, oftmals keine andere Möglichkeit als die Orientierung am Betriebswohl. Mit dem so genannten *concession bargaining* wollten die Gewerkschaften für ihre Mitglieder Arbeitsplatzsicherheit erreichen. Dies geschah durch Zustimmung zu differenzierenden Lohnkürzungen und zur Absenkung der vom Arbeitgeber gewährten *fringe benefits.* Die Basis verweigerte sich oftmals dem strategischen Handeln der Gewerkschaftsspitzen. Nach dem 1983 einsetzenden Wirtschaftsaufschwung gelang es den Gewerkschaften nur selten, die Unternehmen dazu zu veranlassen, die Beschäftigten für ihren Lohnverzicht in Krisenzeiten durch Zuschläge in Boomjahren zu entschädigen. Stattdessen errichteten die Unternehmen neue Betriebstätten in Bundesstaaten, die dafür bekannt waren, dass sie gewerkschaftsfreie Firmen willkommen hießen. Die japanische Konkurrenz hatte dies bei der Standortwahl für ihre Tochterunternehmen in den USA vorexerziert.

## Die Ära Clinton

Die schlechte Wirtschaftslage 1990/92 und die steigenden Kosten der Sozialprogramme verschärften die innenpolitischen Auseinandersetzungen zwischen Republikanern und Demokraten. Bei den Demokraten kam mit Bill Clinton der Bewerber zum Zuge, der sich zum Prinzip des ausgeglichenen Staatshaushalts bekannte und unter Reformen im Sozialbereich auch Einschnitte in das soziale Netz verstand. Die Republikaner verschrieben sich unter dem Einfluss von Newt Gingrich der Doktrin der Leistungsgesellschaft und propagierten die Abkehr vom *welfare state.* Die Politik sollte endlich die Interessen der steuerzahlenden Mittelschichten in den Mittelpunkt rücken. Im Wahlkampf 1992 verloren die Republikaner Stimmen an den Drittbewerber Ross Perot, der den Konflikt zwischen Freihändlern und Protektionisten (Pat Buchanan) im republikanischen Lager ausnutzen konnte.

Nach dem Wahlsieg stand für die Clinton-Regierung zunächst die Gesundheitsreform auf dem Programm. Zielsetzung war zum einen, allen Amerikanern, d.h. auch den 39 Millionen Nicht-Versicherten, Versicherungsschutz und umfassende medizinische Grundversorgung anzubieten. Die „universale" Versicherungspflicht war für Clinton die einzige nicht-verhandelbare Position. Zweitens war eine wirksame Kostenkontrolle der Ausgaben vorgesehen. Und schließlich wollte man den Anteil der öffentlichen Ausgaben im Gesundheitswesen erhöhen, um Bedürftigen Versicherungsschutz gewähren zu können. Das Geld zur Startfinanzierung sollte durch Abgaben der Tabakindustrie bereitgestellt werden. Der *National Health Security*-Gesetzentwurf vom Oktober 1993 sah keine national-einheitliche, beitragsfinanzierte Pflichtversicherung vor, sondern knüpfte ausdrücklich an die bestehenden Strukturen an. Es ging um den Ausbau der arbeitsplatzbezogenen, von den Arbeitgebern initiierten oder mitgetragenen Krankenversicherungen und der auf der Grundlage des *Health Maintenance Organization*-Gesetzes von 1973 geschaffenen lokalen Trägerschaften.[32] Um der Flucht der Arbeitgeber aus ihren freiwillig eingerichteten Versorgungskassen vorzubeugen, sollten diese gesetzlich verpflichtet werden, 80% der Versicherungsprämie zu zahlen, das entsprach der bis in die 1980er-Jahre reichenden Praxis. Die knapp 1400 Seiten umfassende Diskussionsgrundlage wurde schnell und bis zur Unkenntlichkeit zerredet. Im September 1994 brachte der Kongress die Gesundheitsreform zu Fall. Solange das Haushaltsdefizit nicht abgebaut war, wollte die Kongressmehrheit keine Zunahme der Ausgaben im Gesundheitswesen ins Auge fassen. Der Anteil der gesamten öffentlichen und privaten Gesundheitsausgaben am Bruttoinlandsprodukt betrug zu diesem Zeitpunkt 12,2% – die Höchstmarke unter den OECD-Ländern.[33]

In der Euphorie über den Erfolg mit ihrer Kampagne gegen die Gesundheitsreform und gestützt auf ihre bei den Zwischenwahlen 1994 erzielte Mehrheit im Kongress versuchten die Republikaner, Clinton eine Niederlage im Streit um das Haushaltsgesetz beizubringen. Nach dem aussichtslosen Veto Clintons gegen einen mit *Amendments* der republikanischen Mehrheitsfraktion gespickten Haushaltsplan machte der Kongress von der Möglichkeit Gebrauch, die Zustimmung zur Fortführung der Regierungsgeschäfte auf der Basis des alten Haushaltes zu verweigern. Das Ausbleiben der Überbrückungsgelder zwang den Präsidenten im Winter 1995/96, Teilbereiche der Regierungsbehörden zu schließen. Clinton verbesserte seine Chancen auf Wiederwahl im November 1996 dadurch, dass er der Öffentlichkeit einen Plan für den Abbau des Haushaltsdefizits über einen Sieben-Jahres-Zeitraum vorlegte. Die Medien und die Wähler lasteten die Konfrontation den Republikanern an. Um ihre Fehleinschätzung im Budgetkonflikt wettzumachen, einigten sich die Republikaner im August 1996 mit Clinton auf ein Sozialhilfegesetz, das bis Herbst 2002 eine Ruhepause in den Auseinandersetzungen ermöglichen sollte. Es vereinigte Forderungen der Demokraten – Beseitigung der Nachprüfung der Bezugsberechtigung von *food stamps* von Einkommen oder Vermögen, Mittel für Kinderbetreuung, berufsqualifizierende Maßnahmen, Unterstützung im Krankheitsfall – mit sozialpolitischen Elementen aus der Nixon- und Reagan-Ära: Koppelung der Geldleistungen an die tatsächliche Wahrnehmung von Weiterbildungs- und Beschäftigungsangeboten, zeitliche Befristung der Unterstützungsleistungen, Verrichtung von Arbeiten (30 Stunden pro Woche) bei kommunalen Einrichtungen oder in der Wirtschaft. Die in *Temporary Assistance for Needy Families* umbenannte Unterstützung armer Familien mit Kindern verfolgte das Ziel, die Kinderarmut zu senken. Die Kinderarmut betrug 26% dieser Altersgruppe und war damit stärker verbreitet als die Altersarmut mit 12% der Bevölkerung im Rentenalter. Das Gesetz legte Eckwerte für den Mindestlohn fest und sollte den Niedriglohnsektor gegen die Gefahr abschirmen, dass die Kopplung der Sozialhilfe an die Annahme einer Tätigkeit als Einladung zum Lohndumping missverstanden würde. Die Durchführung des Reformgesetzes lag weiterhin in der Zuständigkeit der Staaten-Gouverneure. Der Bund verpflichtete sich, den Staaten jährlich einen pauschalen Zuschuss in Höhe von 16,6 Milliarden Dollar zu deren Sozialhilfeprogrammen zu überweisen.

Die Amtszeit Clintons und der Aufschwung 1993–2000 fielen zeitlich zusammen. Mit einiger Berechtigung durfte sich die Administration das Verdienst an dem beispiellosen Aufwärtstrend anrechnen. Clinton setzte 1993 mit dem *Omnibus Budget Reconciliation Act* eine erste Haushaltskonsolidierung durch: Der Einkommenssteuersatz für Spitzenverdiener wurde von 28% auf 40% erhöht, einige Ausgabenposten, darunter auch der für Verteidigung, wurden gesenkt. Risikokapital stand zur raschen Nutzung von technologischen Neuerungen bereit. Die niedrige(re) Regulierungsdichte signalisierte die Marktfreundlichkeit der demokratischen Präsidentschaft. Durch ihre Zinspolitik trug das *Federal Reserve Board* unter Leitung Alan Greenspans zur Stabilisierung der Zinslasten und insoweit zur Verbesserung der Handlungsspielräume öffentlicher Hände und privater Unternehmen bei. Die Republikaner, die Clintons Haushaltsgesetz 1993 nicht mitgetragen hatten, setzten mit Hilfe ihrer 1994 errungenen Mehrheit in beiden Häusern des Kongresses Maßnahmen durch, die Einsparungen bewirkten. Aus dem Defizit von 290 Milliarden Dollar im Jahre 1990 wurde ein Jahrzehnt später ein Überschuss von 236 Milliarden Dollar.

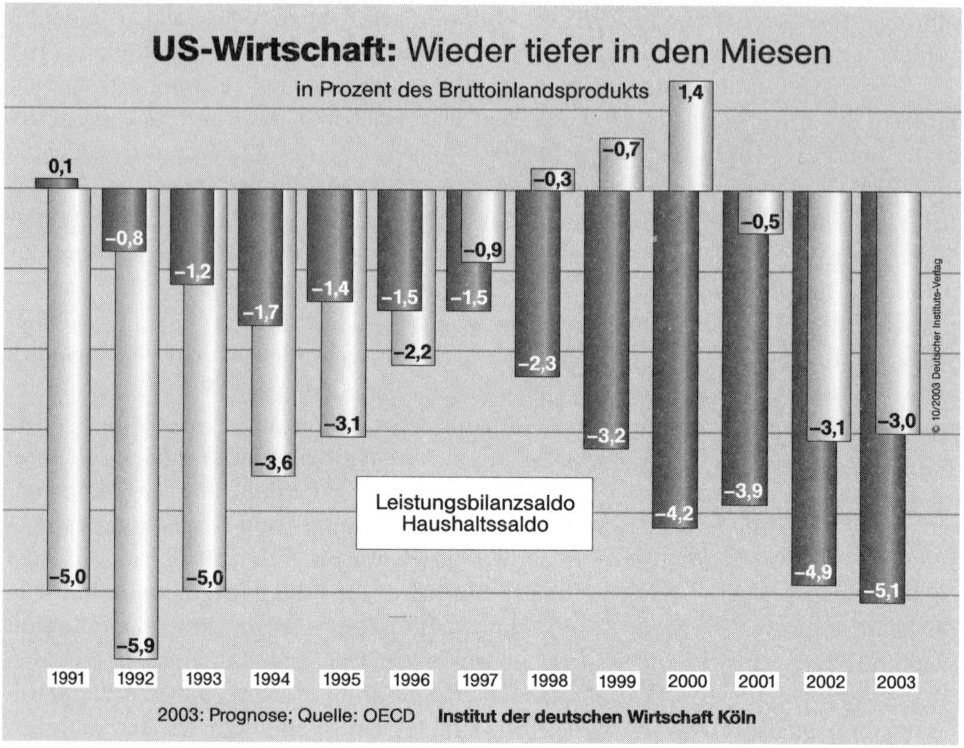


Ob Clintons Haushaltspolitik sowie seine Maßnahmen zur Förderung von Industrie und Exportwirtschaft die Ursache für den Aufschwung bildeten oder ob die Wirtschaft nach einer Anpassungskrise wieder Tritt fasste, mag dahingestellt sein. Die amerikanische Industrie nahm in den Sektoren Medizintechnik, Informationstechnologien, Biotechnologie, Pharmaindustrie, Glasfaser- und Lasertechnologie, Mikroelektronik u.a. weltweit eine Spitzenstellung ein oder baute ihren Vorsprung weiter aus. Der Aufschwung trug sich gleichsam von selbst. Das freigesetzte Kapital wurde vor allem für Investitionen in das Umlagevermögen verwendet, z.B. *software* und Informationsverarbeitungsgeräte. Dies steigerte nach damals vorherrschender Auffassung die Qualität und Quantität der Investitionen. Die Investitionen in Umlagevermögen nahmen seit 1993 um jährlich durchschnittlich 19% zu und machten 1999 80% aller Kapitalinvestitionen der Unternehmen aus (Investitionen in Anlagevermögen, z.B. Fabrikgebäude: 20%, gegenüber 1960: 60%). Die Gesamtinvestitionen stiegen zwischen 1991 und 1998 dreimal so schnell wie das Bruttoinlandsprodukt und zweimal so schnell wie während der 1980er-Jahre. Der Anteil der Kapitalinvestitionen der Unternehmen am BIP betrug 1999: 14%, gegenüber 1990: 10% (1981: 13%).

Das Erstaunliche am Clinton-Boom ist die Dauerhaftigkeit der Kombination dreier Merkmale: niedrige Inflationsraten (Kerninflationsrate 1,9%), konstant niedrige Arbeitslosigkeit (1996–2001 ca. 4,5%) und anhaltendes Produktivitätswachstum (durchschnittlich 2,9% pro Jahr). Im Zeitraum 1996–1999 verzeichneten alle Gruppen von Lohn- und Gehaltsempfängern inflationsbereinigt einen Zuwachs in vergleichbarer Höhe. In den 1980er-Jahren galt dies nur für die Gruppe der obersten 10% (durchschnittlich 1440 Dollar pro Woche), während die mittlere (durchschnittlich 646 Dollar pro Woche) und die untere (durchschnittlich 307 Dollar pro Woche) aufgrund der Inflation Einbußen erlitten hatten.

Am Aufschwung partizipierten auch die *Latinos/Hispanos* und die Afro-Amerikaner: Zum einen sank die Erwerbslosenquote – bei den *Hispanos* auf 1999: 6,5% gegenüber 1992: 11,5%; bei den Schwarzen auf 8% (1999) gegenüber 1992: 14%). Zum anderen stieg das Lohnniveau. Der Mindestlohn wurde auf 5,15 Dollar pro Arbeitsstunde angehoben. Dank des Umstands, dass die Löhne und Gehälter in der zweiten Hälfte der 1990er-Jahre schneller stiegen als die Preise für Waren und Dienstleistungen und dass die Produktqualität der dauerhaften Verbrauchsgüter besser wurde, ging es den Amerikanern in der Clinton-Ära gut. Zum Aufschwung trug ebenfalls bei, dass der Anteil der Immigranten am Zuwachs der *labor force* merklich anstieg. Zwar sind immer noch 86% der Erwerbstätigen in den USA geboren, doch entfallen 50% des Zuwachses der *labor force* in den 1990er-Jahren auf Immigranten, im Vergleich mit 10% während der 1970er- und 25% während der 1980er-Jahre. Von den 13 Millionen legalen und illegalen Einwanderern in den Jahren 1990–2001 traten 8 Millionen der *labor force* bei.

Licht- und Schattenseiten der wirtschaftlichen Entwicklung liegen in der Clinton-Ära eng beieinander. Beide haben einen gemeinsamen Namen: Konsumrausch. Dieser äußert sich zum einen in Privatverschuldung, zum anderen durch Importüberschuss. Das Leben über die eigenen Verhältnisse wurde durch Kapitalimporte aus dem Ausland finanziert.

Die US-Bürger verschuldeten sich für den Kauf von Wertpapieren auf Kredit, um am Boom der Aktienmärkte partizipieren zu können. Sie nutzten auf diesem Wege ihr buchwertmäßig erhöhtes Einkommen, um Waren und Dienstleistungen zu erwerben. So gesehen, trug ihr Konsumverhalten zur Belebung der Binnennachfrage bei. Die Nachfrage der Verbraucher macht ca. zwei Drittel der amerikanischen Wirtschaftsleistung aus. Die Schattenseite bestand in der zunehmenden Verschuldung der Privathaushalte: „Der Anteil der Schulden eines Privathaushaltes an seinem Jahreseinkommen stieg von 63% im Jahre 1979 auf 90% im Jahre 1999.“[34] Trotzdem stieg das mittlere Nettovermögen der amerikanischen Haushalte, das aus allen Vermögenswerten abzüglich der Schulden berechnet wird, zwischen 1998 und 2001 von 78 000 auf 86 100 Dollar.

Die Sparrate liegt in den USA vergleichsweise niedrig. Gegenüber 8% Anfang der 1980er-Jahre ist sie zehn Jahre später auf weniger als 1% des verfügbaren Einkommens gesunken. Der Grund dafür ist, dass die amerikanische Statistik zwei wichtige Eckwerte nicht einbezieht, die vermögensbildend wirken und somit als Substitut für Sparvermögen angesehen werden können: Aktienbesitz und Wohneigentum. Die Anhäufung von Vermögen während des Kursaufschwungs von Aktien(fonds) im Zeitraum 1981–2001 gilt als ein Grund für die statistisch niedrige Sparquote in diesem Zeitraum.[35] Nahezu jeder zweite Amerikaner partizipierte über Rentenversicherungsfonds oder durch Direktanlagen am Wall-Street-Boom. Da der Wert der Aktienbeteiligungen seit März 2000, dem Gipfelpunkt der Hausse, um 40% gesunken ist, fiel auch das Gesamtvermögen der amerikanischen Haushalte beträchtlich.

Wohneigentum erwies sich in dieser Situation als wichtigster Vermögensrückhalt der „Zweidrittelgesellschaft" – 68% der US-Bürger wohnen in den eigenen vier Wänden. Der Häuserpreisindex des staatlichen *Office of Federal Housing Enterprise Oversight* zeigt für den Zeitraum März 2000 bis Sommer 2002 einen Wertzuwachs von 16%. Die Häuserpreise kletterten zwischen 1999 und 2001 um 24% in die Höhe, gleichzeitig gingen die durchschnittlichen Zinssätze für Hypotheken von 8,7% im Frühjahr 2000 auf 6,5% im Herbst 2001 zurück. Im Herbst 2002 erreichten sie mit 5,93% den niedrigsten Stand seit 1965. Von dem durch Umschuldung und Refinanzierung entstandenen verfügbaren Kaufkraftzuwachs um schätzungsweise 80 Milliarden Dollar (2001–02) wurden ca. 30 Milliarden Dollar für die Begleichung anderer Schulden wie Kreditkarten und Ratenkauf von Autos verwendet. 50 Milliarden Dollar flossen in den Konsum, inklusive Verbesserungsarbeiten am und im Haus, Anschaffung von Haushaltsgeräten etc. Die Erklärung für die Binnenmarktnachfrage als Konjunkturstütze wäre demnach am Häusermarkt zu finden.

Auch die hohen Importe waren ein Indiz für den Konsumrausch, dem die Amerikaner verfallen waren. Für den Rest der Welt war die Aufnahmefähigkeit des amerikanischen Absatzmarktes ein Segen. Die amerikanischen Importe aus den ostasiatischen Industrieländern Japan, Südkorea, Taiwan und Singapur stiegen beispielsweise 1996–99 um 17%, hingegen sanken die US-Exporte in diesen Raum um 4%.

Die Nebenwirkung von Importboom und Exportrückgang besteht im fortgesetzten Abbau von gut bezahlten Arbeitsplätzen in der Industrie. Neueinstellungen finden überwiegend im Dienstleistungssektor statt, wobei die Arbeitgeber vor allem im Niedriglohnsektor oftmals keine *fringe benefits* gewähren und schlechtere Entgelte zahlen. Berechnungen besagen, dass zwischen 1980 und 1999 in den USA ca. 70 Millionen neue Arbeitsplätze, davon 20 Millionen zwischen 1992 und 1999, geschaffen und ca. 35 Millionen abgebaut worden sind. Die stärkere Differenzierung der Arbeitsentgelte durch Schaffung und Ausweitung eines Niedriglohnsektors sicherte die Beschäftigung schlechter ausgebildeter Arbeitskräfte. Die Reduzierung der Arbeitslosenquote während der Clinton-Ära wurde in den USA selbst als ein Pluspunkt verbucht.

Schattenseite der Entwicklung ist der Fortbestand der Ungleichheiten zwischen den Einkommensklassen. Zwar bestreiten die reichsten 10% aller Privathaushalte zwei Drittel des Einkommenssteueraufkommens, aber aufgrund der Herabsetzung der Spitzensteuersätze, der weiter geltenden Freibeträge und der steuerlichen Abschreibungsmöglichkeiten wuchs das durchschnittliche Netto-Einkommen der Gruppe „1% der allerreichsten Haushalte" um mehr als 20% stärker als deren Bruttoeinkommen.[36] Bei den unteren Einkommensklassen bedeuten die Abgabenbelastungen hingegen, dass die Nachsteuereinkommen geringfügiger anstiegen als der Bruttolohn. Unter Berücksichtigung der Einkommens-, „Lohn"-Steuer und der Sozialversicherungsbeiträge sowie der Verkaufs- und Verbrauchssteuern liegt die effektive Steuerlast des untersten Fünftels der Einkommensbezieher (Jahresdurchschnittseinkommen: 7946 Dollar) bei 18%, die des obersten Fünftels (Durchschnittseinkommen: 116 666 Dollar) bei 19%.

## Die Ära Bush: Steuerentlastungen und „Löcher" in den sozialen Sicherungssystemen

Der Ausgang des Wahlkampfes 2000 hinterließ einen zwiespältigen Eindruck. Mit der Majorität des konservativen Flügels entschied der Oberste Gerichtshof mit 5 zu 4 Stimmen die Wahl für George W. Bush. Die Demokraten hatten das Gericht angerufen, da aufgrund der marginalen Differenz zwischen den Wahlmännerstimmen alles davon abhing, ob die Stimmenauszählung in Florida doch noch zugunsten von Al Gore, Vizepräsident unter Bill Clinton, revidiert wurde oder nicht. Gore selbst gestand die Niederlage schließlich mit einiger Würde ein. Die Kernaussagen in den Fernsehduellen der Kandidaten bezogen sich auf die laufenden Auseinandersetzungen zwischen Demokraten und Republikanern darüber, wie die Haushaltsüberschüsse verwendet werden sollten. Bush übertraf Gore hinsichtlich des Umfangs der beabsichtigten Steuersenkungen (1,3 Billionen : 480 Mrd. Dollar). Umgekehrt sah Gore doppelt so viel Gelder für Sozialausgaben vor wie Bush (870 Mrd. : 457 Mrd. Dollar) und versprach die Erweiterung von *Medicare* um 360 Mrd. Dollar (jeweils für die nächste Dekade).

Bush hatte gezielt die weißen Mittel- und Oberschichten angesprochen und warb um Sympathien bei den *Hispanos/Latinos* und den Afro-Amerikanern. Gore berücksichtigte in seinen Sachaussagen die Forderungen der ethnischen Minderheiten, der unteren Mittelschichten und der Sozialschwachen. Die Gewerkschaften, die meisten Frauenverbände, die Kirchen der Schwarzen, *American Civil Liberties*, Ralf Naders *Public Citizen*, die *National Association for the Advancement of Colored People* mobilisierten Wähler für Gore. Die *National Rifle Association*, die *Christian Coalition*, die Tabak-, Pharma- und Ölindustrie warben für Bush. Das Wahlergebnis bekräftigte die Einschätzung, dass die Wählerschaft des Landes in zwei Lager gespalten ist. Von den abgegebenen Stimmen entfielen 53% der Weißen sowie 53% der männlichen Wähler-Voten auf Bush. Die Schwarzen votierten zu 90%, die *Latinos/Hispanos* zu 63% für Gore, außerdem gewann Gore 54% der von Frauen abgegebenen Stimmen. Die Ergebnisse der Wahlen zum nationalen und zu den einzelstaatlichen Kongressen zeigen das gleiche Bild.

Die Republikaner erzielten im Repräsentantenhaus eine knappe Mehrheit (221 : 212), im Senat errangen sie einen Sitz mehr als die Demokraten. Ihre seit 1994 bestehende Mehrheit ist von Wahl zu Wahl geschrumpft. Durch den Übertritt von Senator James Jeffords (Vermont) Anfang Juni 2001 aus Protest gegen das Budgetpaket ging die Mehrheit an die Demokraten unter Thomas Daschle über. Die Folge war, dass die Demokraten auch den Vorsitz in den Ausschüssen übernahmen und nunmehr als Mehrheitsführer dem Präsidenten in Haushalts- und Gesetzgebungsfragen gegenübertreten konnten.

Für die zwischen 1981 und 1992 zusätzlich gemachten Schulden hatten die amerikanischen Steuerzahler über 2 Billionen Dollar an Zinsen aufzubringen. Man hat errechnet, dass in den vergangenen 19 Jahren pro Kopf und pro Jahr etwa 500 Dollar für Zinsdienste abgeführt werden mussten. So betrachtet war es eine Art Wiedergutmachung, wenn die Regierung Bush durchsetzte, dass fast alle Familien im Spätsommer 2001 eine einmalige Steuerrückzahlung von 600 Dollar erhielten. Eine längerfristige Regelung ist in den Steuersenkungsbeschlüssen vom Mai 2003 enthalten. Die Demokraten sahen in diesem Punkt eine vergleichbare Entlastung vor, trotz unterschiedlicher Einschätzung der Haushaltslage. Das Haushaltsbüro des Kongresses hatte im März 2001 einen Budgetüberschuss für die nächste Dekade von 5,6 Billionen Dollar prognostiziert, allerdings entfielen davon 2,3 Billionen Dollar auf Überschüsse in der Rentenversicherung. Beide Bewerber um die Präsidentschaft sicherten im Wahlkampf 2000 zu, dass der *Social Security*-Haushalt nicht angetastet werde, falls ein Konjunktureinbruch ein politisches Gegensteuern erforderlich machen sollte.

Bush bekräftigte nach der Amtseinführung und bei der Vorlage seines Steuersenkungsprogramms im März 2001 diese Zusage. Im Einvernehmen mit dem Präsidenten der Zentralbank, Alan Greenspan, baute Bush darauf, dass Steuererleichterungen und Zinssenkungen die Konjunktur beleben würden. Das Nachsteuereinkommen ist vom März 2001 bis Ende 2002 inflationsbereinigt um 5% gestiegen, die Steuerbelastung der privaten Haushalte aufgrund der Herabstufung der personenbezogenen Steuern um 230 Milliarden Dollar gesunken. Dank der Zinssenkungen der *Fed* sind die Zinsdienste auf Verbraucherkredite um 23 Milliarden Dollar verringert worden, obwohl die Verschuldung der privaten Haushalte zugenommen hat. Vor dem Hintergrund der verschlechterten Wirtschaftslage seit März 2001 begünstigen die Steuererleichterungen und sinkenden Zinslasten eine Zunahme der Sparneigung. Im Oktober 2002 erreichten die Ersparnisse einen Jahreswert von 335 Milliarden Dollar gegenüber 190 Milliarden Dollar im März 2001.

Die im Juni 2001 verabschiedete erste große Steuersenkung – um 1,35 Billionen Dollar über die nächsten 10 Jahre statt der vom Weißen Haus beantragten 1,6 Billionen – stieß zunehmend auf Kritik. Dennoch wurden nach dem 11. September 2001 zusätzliche Ausgaben beschlossen, um die Flaute zu bekämpfen. Dieser zunächst auf 50 Milliarden Dollar veranschlagte Nachtragshaushalt war zwischen Weißem Haus und demokratischer Senatsmehrheit strittig, im Zuge der Kompromissfindung erfolgte jedoch eine Aufstockung auf bis zu 75 Milliarden Dollar, darunter 40 Milliarden Dollar Hilfe an die Opfer des Terroranschlags und 20 Milliarden Dollar für den Wiederaufbau New Yorks. Hinzu kamen Ausfallentschädigungen an Fluggesellschaften, Zusatzgelder für das Pentagon und für die Erhöhung des „Heimatschutzes".

Ende Mai 2002 wurde ein Haushaltsdefizit von 149 Milliarden Dollar festgestellt. Durch weitere Ausgaben für Terrorismusbekämpfung und die Streitkräfte sowie Mehrausgaben in der Renten- und Krankenversicherung wuchs es bis Ende des Haushaltsjahres (30. September 2002) auf 165 Milliarden Dollar an. Dieses Budgetdefizit sowie die konjunkturbedingten Steuerausfälle von ca. 70 Milliarden Dollar (5% der geschätzten Einnahmen) zwangen die Bush-Administration, den Kongress um die Anhebung der bisherigen Grenze für die höchstzulässige Staatsverschuldung (5,95 Billionen Dollar) um 750 Milliarden Dollar zu ersuchen, damit die Ende Juni 2002 fälligen Zinszahlungen, darunter die Halbjahreszinsen an die *Trust Funds*, geleistet werden konnten. Der Senat stimmte Mitte Juni 2002 einem Gesetzentwurf zu, der die Höchstgrenze der Staatsverschuldung um 450 Milliarden Dollar anhob, das Repräsentantenhaus schloss sich zum letztmöglichen Termin mit einer Stimme Mehrheit an. Im Hinblick auf die Zwischenwahlen im November 2002 wehrten sich die Republikaner im Repräsentantenhaus dagegen, ihr Renommee als Gegner der Staatsverschuldung zu beschädigen. Die Demokraten argumentieren, dass sie die Regierung Bush vor den Folgen einer leichtfertigen Steuersenkungsaktion gewarnt hätten. Nach den Zwischenwahlen 2002 ersuchte die Regierung Bush den Kongress Ende Dezember 2002 erneut um die Heraufsetzung der Verschuldensgrenze, weil Ende Februar 2003 die Obergrenze von 6,4 Billionen Dollar aufgrund neuer Anleihen durchbrochen würde. Nach der Einigung über das zweite Steuersenkungspaket Ende Mai 2003 stimmte der Senat der Anhebung der Verschuldungsgrenze um 984 Milliarden auf 7,4 Billionen Dollar zu.

Um die schlechte Wirtschaftslage zu überwinden, die Bush eine zweite Amtszeit kosten könnte, ist seine Regierung entschlossen, die bei den Zwischenwahlen 2002 gewonnene Mehrheit in beiden Häusern des Kongresses für eine Mischung aus Steuerreform und Konjunkturbelebung zu nutzen. Von dem Konjunkturpaket sollen im Jahre 2003 104 Milliarden, 2004: 94 Milliarden Dollar wirksam werden. Man hofft, dass 92 Millionen Amerikanern infolge der Steuersenkungen ihr Nachsteuerjahreseinkommen um 1083 Dollar verbessern können. Dies soll wiederum die Binnennachfrage und damit die Konjunktur beleben.

Da der Steuerentlastung der Vorwurf anhängt, die „Besserverdienenden" und die Unternehmen zu begünstigen, sieht die Regierung zum Ausgleich Einkommensverbesserungen für die mittleren und unteren Familienhaushalte und eine Ausweitung der staatlichen Krankenversicherung für Rentner *(Medicare)* vor, z.B. durch Übernahme der Kosten für verschreibungspflichtige Medikamente an Alte und Behinderte.[37] Um dem Vorwurf der einseitigen Begünstigung der Wohlhabenden entgegenzuwirken, hatte Bush bereits im Vorfeld des zweiten *big tax cut* auf die Verlängerung der Dauer der Arbeitslosenunterstützung von einem halben auf ein ganzes Jahr und einen Zuschuss von 3000 Dollar für jeden der ca. 1,2 Millionen infolge des Anschlags am 11. September 2001 entlassenen Arbeitnehmer für Umzugshilfen, Kinderbetreuung, *job retraining* u.a. hingewirkt. Der Beschluss kam einer der Kernforderungen der demokratischen Agenda entgegen.

Die Kosten des Gesamtpakets aus Senkung oder Abschaffung der Dividendensteuer und Maßnahmen zur Verbesserung des Einkommens schwächergestellter Familien wurden zunächst auf 300 Milliarden Dollar, verteilt über zehn Jahre, geschätzt. Am 7. Januar 2003 gab Bush die Absicht bekannt, ein 675-Milliarden-Dollar-Paket vorzulegen. Durch Zugeständnisse in den ersten Verhandlungsrunden schwoll es auf 726 Milliarden Dollar an. Das Repräsentantenhaus trat mit einer 550-Milliarden-Dollar-Vorgabe, der Senat mit 300–330 Milliarden in die entscheidende Runde. Ende Mai 2003 kam eine Einigung zwischen Repräsentantenhaus und Senat auf 330 Milliarden Dollar zustande, einschließlich einer Bundeszuweisung von 20 Milliarden Dollar an die Staaten.

Die wichtigsten Vorhaben der zweiten Steuersenkungsaktion sind:

1. Die Ungleichbehandlung zwischen Besteuerung der Dividenden und *capital gains* (Zinsausschüttung für festverzinsliche Wertpapiere) soll beendet werden. Die bisherige Regelung gilt in zweifacher Hinsicht als ungerecht: Erstens werden Dividenden zweifach besteuert, als *dividend income to shareholders* und als *corporate profits*. Während die Unternehmen die Ausschüttung von Gewinnen (Dividendenzahlung) steuermindernd absetzen können, sind die Dividenden als Teil des Einkommens gemäß dem persönlichen Grenzsteuersatz zu versteuern. Die zweite Ungerechtigkeit besteht darin, dass Dividendeneinkommen mit einem Satz von bis zu 38,6% besteuert wird, festverzinsliche Wertpapiere hingegen mit höchstens 20%. Unter Hinweis darauf, dass Unternehmen effektiv sehr viel weniger als die nominelle 35%-Körperschaftssteuer zahlen, fragen sich Kritiker, warum dem Trend nachgeholfen werden soll, dass die großen Unternehmen mit immer weniger Steuerzahlungen davonkommen sollen. Dem Präsidenten soll die Angleichung der Steuersätze für *dividend income to shareholders* an die *capital gains tax* am Herzen liegen. Das Ende Mai 2003 mit 231:200 im Repräsentantenhaus und 51:50 Stimmen im Senat verabschiedete Steuergesetz berücksichtigt dies. Der (faule) Kompromiss beruht darauf, dass Dividenden bis 2008 mit 15% besteuert werden, nach Ablauf der Frist soll die alte Regelung in Kraft treten, es sei denn der Kongress verlängert die Übergangsregelung. Durch den Kunstgriff entgehen der Staatskasse im 10-Jahres-Zeitraum „nur" 185 Mrd. statt der zunächst veranschlagten 385 Mrd. Dollar.
2. Die Regierung will für kleinere Unternehmen die Abschreibungsmöglichkeiten für Investitionen in Neuausstattungen *(equipment purchases)* und für Schuldenaufnahme verbessern oder ausweiten.
3. Die 2001 eingeführte Regelung für die Gewährung eines Freibetrags für jedes Kind *(child-care tax credit)*, der stufenweise von jährlich 500 bis auf 1000 Dollar ansteigen wird, soll zeitlich vorgezogen und sofort auf 1000 Dollar erhöht werden (er lag 2002 bei 600 Dollar).
4. Zur Erhöhung des verfügbaren Einkommens ist vorgesehen, dass Privathaushalte vorübergehend niedrigere Beiträge zur staatlichen Sozialversicherung zahlen. Der Grund für diesen Vorschlag ist, dass die steigenden Sozialabgaben die Vorteile aufheben, die mittlere und niedrige Einkommensbezieher durch die sie betreffenden Steuersenkungen erreichen könnten.
5. Die im Jahre 2001 für 2004 und 2006 beschlossenen Einkommenssteuersenkungen sollen auf das laufende Haushaltsjahr vorgezogen werden und dauerhaft gelten. Ein verheiratetes Ehepaar mit zwei Kindern würde bei einem Jahreseinkommen von 40 000 Dollar nur noch 54 statt 1178 Dollar Einkommenssteuer zahlen. Einzelpersonen ohne Kinder würden nur um 2,53% (126 Dollar) entlastet und müssen bei gleichem Einkommen Steuern in Höhe von 4860 Dollar zahlen.
6. Die Einzelstaaten sollten vom Bund 10 Mrd. Dollar erhalten, um die ihnen drohenden Defizite abzuwenden, 36 der 50 Bundesstaaten rechneten mit einem Defizit, das auf insgesamt 25,7 Mrd. Dollar veranschlagt wurde (Stand: Januar 2003). Da ihnen die Kreditaufnahme untersagt ist, stehen sie vor der Entscheidung, Steuern (Tabak-, Alkohol-, Umsatz-) zu erhöhen und/oder Ausgaben in ihren Aufgabenbereichen (Bildung, *Medicaid*) zu kürzen.

Begründete Zweifel, ob weitere durch Schuldenmachen finanzierte Konjunkturmaßnahmen überhaupt greifen können, resultieren aus der Diagnose, dass die US-Wirtschaft in der Boomphase zu viele Kapazitäten geschaffen habe, und zwar gerade in den favorisierten Bereichen (Informationstechnologien etc.), außerdem biete das Absinken des Zinsniveaus Anreiz genug, wenn die Unternehmen wirklich investieren wollten. Die demokratische Opposition teilt die Zweifel an der Wirksamkeit des *stimulus package.* Sie kritisiert die Steuersenkungsstrategie nicht nur wegen der sozialen Ungerechtigkeit der wichtigsten Maßnahmen. So kämen 42% des Vorteils aus der Abschaffung der Dividendensteuer den reichsten 1% der Steuerzahler zugute. Sie beklagt zudem den Umstand, dass dem Staat Mittel für die Finanzierung dringlicher Reformprogramme entzogen werden. Die demokratische Agenda sieht umfangreiche Verbesserungen und Mehrausgaben in der Altersversorgung, im Erziehungsbereich und in der Umweltpolitik vor. Sie nimmt für ihr 136-Milliarden-Dollar-Paket aus Steuersenkungen und Ausgleichszahlungen an die Staaten- und Lokal-Ebene in Anspruch, dass diese „Injektion" sofort Wirkung zeigen würde. Sie will jedem Steuerzahler, unabhängig vom Einkommen, eine einmalige Steuerrückzahlung von 300 Dollar und gegebenenfalls weitere 300 Dollar für die ersten beiden Kinder in Familienhaushalten gewähren.

Im Vergleich mit dem Steuerprogramm fällt der Ausgabenplan der Bush-Regierung für das nächste Haushaltsjahr bescheiden aus. Die Ausgaben für das am 1. Oktober 2003 beginnende Haushaltsjahr 2004 sollen um 4% (30 Mrd. Dollar) steigen. Die Zuwachsrate entspricht dem geschätzten Anstieg des durchschnittlichen Familieneinkommens. Laut Bush soll das Prinzip herrschen: „Die Ausgaben des Bundes dürfen nicht schneller steigen als die Lohneinkommen *(pay-checks)* amerikanischer Familien."[38] Im Haushaltsjahr 2002 wuchsen die *discretionary spendings*[39] um 13%, für 2003 werden 9% Mehrausgaben erwartet. Etwa drei Fünftel der Zusatzausgaben entfallen auf Verteidigung und Innere Sicherheit. Durch die Anhebung um 4% steigen die Verteidigungsausgaben auf 380 Milliarden Dollar, die Ausgaben für den „Heimatschutz" auf 36 Milliarden Dollar. Von den verbleibenden 10 Milliarden Dollar soll 1 Milliarde Dollar den Kindern aus armen Familien für Schulbesuch und Erziehung beispielsweise in Form von Schulgutscheinen für den Wechsel auf bessere Schulen zugute kommen.

Die Budgetüberschüsse im Zeitraum 1998–2001, so stellte sich heraus, waren nicht durch Ausgabendisziplin in den Einzelhaushalten erzielt worden – außer für 2000 –, sondern durch Überschüsse in den so genannten *Off-Budgets*, d.h. *Social Security* und *Medicare*, den Treuhandvermögen *(trust funds)* der staatlichen Renten- und Krankenversicherung. Für die nächsten zehn Jahre übertreffen die Einnahmen der beiden staatlichen Versicherungen die Ausgabe-Verpflichtungen so stark, dass eine Reservebildung für schlechtere Zeiten gegenwärtig keine Priorität genießt. Dabei sind die künftigen Schwierigkeiten bereits deutlich erkennbar. So wird die Zahl der Leistungsempfänger ab 2015–16 die Zahl der Beitragszahler übertreffen – zurzeit kommen drei Beitragszahler auf einen Leistungsempfänger. Falls eine Reform der Renten- und Krankenversicherung nicht rechtzeitig verabschiedet wird, würden die Ausgaben die Einnahmen ab 2017 übersteigen. Die Kosten allein für *Medicare* sind im Zeitraum 1996–2001 um 24% auf 238 Milliarden

Dollar gestiegen und werden 2006 ca. 310 Milliarden Dollar erreichen, die Zahl der Anspruchsberechtigten wird von 40 Millionen Personen im Jahr 2001 auf voraussichtlich 77 Millionen Amerikaner im Jahr 2030 zunehmen. Entsprechend dem Ziel, die Eigenvorsorge zu stärken, stellten die Republikaner die Weichen in Richtung privater Vorsorge. Sie wollen Einzelpersonen, Familien und Kleinbetrieben Steuern erlassen oder Steuergutschriften gewähren. Erwartet wird, dass die Begünstigten den gewonnenen Spielraum für den Abschluss einer privaten Krankenversicherung nutzen. Die Ruheständler sehen sich bereits seit Jahren aus Angst vor nichtgedeckten Leistungen, z.B. längere Krankenhausaufenthalte, Pflegefall, steigende Arzneimittelpreise um ca. 20% jährlich gezwungen, private Zusatzversicherungen abzuschließen. Da eine Erhöhung der Beitragszahlungen zum Auffangen der Mehrkosten auf Protest der Betroffenen hin im Kongress mehrfach gescheitert ist, kreisen die Auseinandersetzungen um die Frage, wie man erreichen kann, dass öffentliche Unterstützung auf die wirklich Bedürftigen unter den *Medicare*-Berechtigten konzentriert wird, gleichzeitig aber genügend Anreize geschaffen werden, damit jedermann rechtzeitig für möglichst ausreichenden privaten Versicherungsschutz in Ergänzung zu den obligatorischen Sozialversicherungen Vorsorge trifft.

Für die Umstellung werden zwei Argumente ins Feld geführt. Einerseits ist es unabdingbar, steuerfinanzierte staatliche Rentenversicherung durch kapitalgedeckte Privatvorsorge zu ergänzen. Andererseits müssen die Aufgaben der Krankenversicherung erweitert werden, z.B. durch Einbeziehung der Kosten für Medikamente und ärztliche Versorgung.[40] Arbeitnehmer sollen einen Teil ihrer Beiträge zur staatlichen Rentenversicherung über besondere Sparkonten an die Börse lenken können. Der von der Bush-Regierung eingeschlagene Weg orientiert sich an zwei existierenden Modellen.

1. Die großen Konzerne haben für ihre Arbeitnehmer Pensions- sowie Krankenversicherungs-Fonds eingerichtet und leisten die Prämienzahlungen. Diese so genannten *traditional defined-benefit pension plans* garantieren ihren Beschäftigten ein bestimmtes Rentenniveau und übernehmen für sie in den meisten Fällen zusätzlich Krankenkassenbeiträge. Nach Angaben des *Council of Economic Advisers* im Jahresbericht 1985 zahlten die großen Arbeitgeber durchschnittlich 2700 Dollar jährlich pro Beschäftigten an ihre Pensionskassen. Seit Mitte der 1980er-Jahre ist zu beobachten, dass die Unternehmen ihren Anteil an den Prämienerhöhungen, die durch steigende Kosten der medizinischen Versorgung bedingt sind, auf die von ihnen Versicherten abwälzen. Letztere müssen entweder einen Anteil übernehmen oder auf Lohnerhöhungen verzichten. Manche Unternehmen, z.B. der drittgrößte amerikanische Stahlkonzern *Bethlehem Steel*, müssen bei einer auf 13 500 Mitarbeiter geschrumpften Beschäftigtenzahl für 95 000 Menschen eine Pension und für 130 000 die Krankenkassenbeiträge erwirtschaften. *General Motors* hat mit ca. 175 000 Beschäftigten gegenüber 450 000 Ruheständlern oder deren Witwen die Verpflichtung einzulösen, die festgelegten Monatsrenten und Krankenversicherungsbeiträge zu zahlen. 346 der im *Standard & Poor's 500*-Index gelisteten Konzerne, darunter *General Electric, General Motors, IBM, DuPont, Boeing, Ford*, unterhalten solche Pensionskassen. Die Vermögenswerte dieser privatwirtschaftlichen *pension plans* liegen bei ca. 1,8 Billionen Dollar (2001–02). Da die Vermögenswerte dieser Pensionskassen entsprechend den

Kursverlusten an den Börsen geschrumpft sind, müssen die Großunternehmen Gelder zur Wiederaufstockung der Rücklagen einschießen.[41]

2. Der Gesetzgeber begünstigte (Abschnitt 401 [k] des Steuergesetzes) private Sparpläne. Arbeitnehmer zahlen einen Teil ihres Lohnes regelmäßig in einen Pensionsplan eigener Wahl ein *(defined contributions)*, Arbeitgeber komplementieren die Einzahlungen ihrer Beschäftigten mit entsprechenden Sätzen. Die Beitragszahlungen sind steuerfrei, die Besteuerung erfolgt bei Auszahlung des Guthabens. Die auf der Grundlage des *Employment Retirement Income Security Act* 1974 eingerichtete *Pensions Benefit Guaranty Corporation* schützt die über die zugelassenen Pensionsfonds angeschlossenen Mitglieder davor, dass ihre Anwartschaften im Fall der Insolvenz ihres Arbeitgebers verloren gehen. Die Vermögenswerte der 401 (k)-Sparpläne belaufen sich auf ein Gesamtvolumen von 2,3 Billionen Dollar, ca. 40 Millionen Arbeitnehmer haben 401 (k)-Sparpläne.

Eine dritte Kategorie bilden die Arbeitnehmer, die allein auf die staatliche Rente angewiesen sind.[42] Ihr Anteil ist von 29% im Jahre 1985 auf 17% im Jahre 1998 gesunken. In Anbetracht der Wertverluste an der Börse und der Pleiten von Großunternehmen kehrt sich der Trend um: „*Social Security checks* sind für Ruheständler und ältere Arbeitnehmer wichtiger geworden als je zuvor."[43]

Vor dem Hintergrund der laufenden Kapitalvernichtung durch die Insolvenzen und die Kursstürze an den Aktienmärkten haben sich die Aussichten für Bushs Vorhaben, private Ruhestandskonten – *Lifetime Savings Accounts, Retirement Savings Accounts* – zu begünstigen und auf weitere Arbeitnehmer auszudehnen, erheblich verschlechtert. Steuernachlässe sollen den Anreiz schaffen, dass Arbeitnehmer einen Teil ihrer Beiträge zur Rentenversicherung in Aktien und Unternehmensanleihen investieren. Stattdessen beginnen „401-(k-)Sparer" damit, ihre Aktienanteile bei neuen Wertpapierkäufen zu verringern. Erhebungen zufolge erzielte die Hälfte der amerikanischen Haushalte keinen Zugewinn durch höhere Erträge aus Beteiligungen an Pensionskassen.[44] Das Wanken des Traumes vom gesicherten Lebensabend führt dazu, dass die über Pensionskassen und Sparpläne Versicherten vom Gesetzgeber verlangen, mehr zum Schutz ihrer Anwartschaften zu tun, d.h. die Arbeitgeber bzw. Unternehmen zu verpflichten, zum einen die Beiträge an den Pensionsgarantiefond zu erhöhen und zum anderen ihre Pensionsrückstellungen solider zu fundieren, aber auch Wege zu finden, damit die Versicherten beim Wechsel der Unternehmenszugehörigkeit keine Nachteile erleiden.

Das eigentliche Problem besteht jedoch darin, dass 35–43 Millionen Amerikaner unter 65 (14–18% dieser Gruppe) ohne Krankenversicherung sind. Ein Grund ist, dass Firmen mit weniger als 100 Beschäftigten ein Drittel der Arbeitsplätze bereitstellen, dass aber nur etwa die Hälfte von ihnen ihren Arbeitnehmern *health insurance* anbieten kann. Die zweite Gruppe bilden die im Niedriglohnsektor Beschäftigten, die weder Eigenbeiträge für eine private Zusatzversicherung erübrigen noch eine vertragliche Bindung gegenüber einer Privatversicherung eingehen können. Die dritte große Gruppe umfasst Kinder und Jugendliche unter 24 Jahren. Eine vierte Gruppe besteht aus Personen, die sich bei einem Jahreseinkommen von über 50 000 Dollar eine Krankenversicherung finanziell leisten könnten; auf sie entfällt ein Viertel der Nichtversicherten. Sie scheuen jedoch die hohen

Prämien und wollen in keinen Topf einzahlen, aus dem Dritte bedient werden könnten. 39% der nichtversicherten Familien verfügen über ein Einkommen, das zwischen 20 000 und 50 000 Dollar liegt. Als Angestellte, Teilzeitbeschäftigte u.ä. können sie die Prämien für Familienmitglieder aus Eigenmitteln nicht abzweigen. Sie sind auf arbeitgebervermittelte Niedrigkosten-Versicherungen angewiesen, die aber unerschwinglich werden, sobald die Einzelstaaten die Zuschüsse zu Prämien oder Arznei- und Hilfsmittelausgaben einsparen.

Aus den genannten Gründen ergäbe sich die Notwendigkeit, dass der Bundesgesetzgeber ein erschwingliches Gesundheitssystem vorhält. Weil jedoch vier Fünftel der Amerikaner unter 64 Jahre im oben genannten Sinne privat versichert sind und die USA hinsichtlich des Anteils der gesamten Gesundheitsausgaben am Bruttoinlandsprodukt mit 13% (2000) die Spitzenstellung unter den OECD-Ländern einnehmen, ist die Anhebung des Anteils der öffentlichen Ausgaben an den Ausgaben im Gesundheitswesen schwer zu verwirklichen. Dieser Anteil ist zwar von 39,6% (1990) auf 44,3% (2000) gestiegen. Der Zusatzbedarf im Pflichtversicherungssektor ist aber bereits Gegenstand von Verhandlungen: Die Liste der Mehrausgaben, die für die Umgestaltung des staatlichen Gesundheitssystems für Pensionierte vorgesehen sind, um sie von den eigenfinanzierten Zusatzversicherungen für verschreibungspflichtige Medikamente, ambulante Behandlung, längere Krankenhausaufenthalte etc. zu entlasten, beläuft sich auf Mehrkosten von 380–450 Milliarden Dollar für den Zeitraum 2004–2013. Hier steht eine Entscheidung zwischen Erhöhung des Zugriffs auf allgemeine Steuermittel von derzeit ca. 30% auf eventuell 45% und kostendämmenden Reformen bevor. Im Hinblick auf die unter 64-Jährigen geht es um eine Kombination von Elementen der Clinton'schen Sozialpolitik, insbesondere des Universalprinzips, mit den Präferenzen der Republikaner für private Ruhestandskonten. Nach den Vorstellungen der Republikaner soll die Bundesebene sowohl den Wechsel von Arbeitnehmern in eine kapitalgedeckte Rente durch Steuervergünstigungen fördern als auch Zuschüsse zu Gesundheitsprogrammen gewähren.

# C. Die Weltgeltung der USA heute: *Unprecedented Superpower*

Fällt heute der Name „Amerika“, so assoziieren wir damit mehrere Vorstellungen: Geschehnisse auf dem Staatsgebiet der USA, konstitutives und stärkstes Mitglied der westlichen OECD-Welt, Motor und Schaltzentrale der Weltwirtschaft, singuläre Machtstellung im Weltstaatensystem („Weltpolizist“) und Führungsmacht zahlreicher Bündnissysteme und Element des (populär-)kulturellen und wirtschaftlichen Alltags („Amerikanisierung“). In gewohnt selbstbewusster Anpreisung stellte der amerikanische Botschafter in der Bundesrepublik, John C. Kornblum, Ende Oktober 2000 fest, dass die USA das Labor der Welt und der Weltpolizist zugleich geworden sind.

## Militärische Machtstellung

Der terroristische Angriff auf zivile Ziele in New York am 11. September 2001 machte sichtbar, dass in den amerikanischen Metropolen Menschen aus aller Herren Länder ihr Lebensschicksal mit US-Staatsbürgern teilen. Dies betrifft Geschäftsreisende und Touristen, aber natürlich auch die Einwanderer, die die zehn größten amerikanischen Städte sowie die Staaten Kalifornien und New York schon heute und die USA ab 2030/2050 zum Land der ethnischen Minderheiten machen. Die Tatsache, dass so viele Ethnien auf dem Territorium der USA zu Hause sind, trägt nicht unwesentlich dazu bei, dass die USA immer der erste Adressat sind, wenn es um humanitäre Interventionen in Krisengebieten geht. Sobald die USA solche Aktionen durchführen, werden diese häufig von den Mitbeteiligten als bloße amerikanische Machtpolitik diffamiert, auch wenn sie im Auftrag von UN oder NATO stattfinden. Die US-Regierungen leisten allerdings diesem Eindruck Vorschub, indem sie in Absprache mit wenigen Partnern handeln, UN-Mandate wie im Fall Somalia 1993 oder der Flugverbotszonen im Irak eigenwillig auslegen oder ihr Mitwirken an friedenserzwingenden Maßnahmen wie im Fall Ost-Timor gegen Indonesien ablehnen.

Nach dem Sieg in der globalen Machtprobe mit der UdSSR sieht man die USA als singuläre Globalmacht in der Verantwortung, weltweit politisch erträgliche, wenn schon nicht friedfertige Verhältnisse zu schaffen und die Armut in der Welt zu mindern. Die Mitglieder der Bündnissysteme, aber auch der Sicherheitsrat der Vereinten Nationen verlangen von den USA, dass sie diesen Auftrag auf der Basis von multilateral ausgehandelten Mandaten wahrnehmen, eine Forderung, die für die immer noch überwiegend inlandorientierte US-Politik stark gewöhnungsbedürftig ist. Die in der Frühgeschichte der USA formulierten Doktrinen Washingtons, Jeffersons und Monroes prägten die lange

Phase des machtpolitischen *Non-Alignment* im 19. und 20. Jahrhundert und beeinflussen die Einstellungen in der amerikanischen Öffentlichkeit weiterhin. Seit dem Eintritt in den Zweiten Weltkrieg hat der Internationalismus das Regierungshandeln bestimmt. Dabei kollidiert die Bereitschaft zu Alleingängen, zum Unilateralismus, die mit der besonderen Verantwortung als Schutzmacht für viele Regionen gerechtfertigt wird, mit der Option, als Führungsmacht im Rahmen eines vielfach institutionalisierten Multilateralismus vorzugehen.

Das innenpolitische System, das vielen Beobachtern als anachronistisch gilt, ist der internationalen Position und Rolle der USA im Weltstaaten- und Weltwirtschaftssystem am wenigsten angepasst. „Die von der Innenpolitik vorgelegten Handlungsmargen sind das Maß aller außenpolitischen Dinge."[45] Eindeutige Mehrheiten im Kongress machten es den Präsidenten wiederholt so gut wie unmöglich, den Verbündeten eine Beteiligung der USA an Regelwerken wie dem Internationalen Strafgerichtshof oder dem Kyoto-Protokoll zuzusagen, die auf eine Beschneidung der Entscheidungsrechte des Kongresses hinauslaufen. Auf der anderen Seite besitzt die US-Außenpolitik den einzigartigen Vorteil, dass der Präsident vor allem in militärischen Einsatzfragen auf hohe Zustimmungsbereitschaft und damit interne Geschlossenheit zählen kann. Allerdings fand in den 1990er-Jahren der Versuch, in der amerikanischen Öffentlichkeit die Verantwortlichkeit als globaler Akteur zu thematisieren und die Wählerschaft für Ursachen und Folgen der amerikanischen Sonderstellung zu sensibilisieren, wenig Resonanz. Befürchtungen wegen der hohen Kosten einer „weltpolizeilichen" Außenpolitik, Ermahnungen, dass die USA sich weiterhin als *first global power in history that is not an imperial power* verstehen müssten, und Einwände, dass die USA nicht noch mehr negative Reaktionen anderer Länder provozieren sollten, trugen dazu bei, dass die Frage, wie die USA mit ihrer überlegenen Wirtschafts- und Militärmacht umgehen müssten, als Spielwiese konservativer Außenseiter abgetan wurde.

Die neue Strategie der Bush-Regierung seit September 2002, den Supermachtstatus zu vorbeugenden Militärschlägen gegen „Schurkenstaaten" zu nutzen, hat eine intensive Debatte in Gang gesetzt. Sie kreist um die Frage, ob die amerikanische Hegemonialmacht als Primus inter Pares agieren solle oder Herrschaft ohne Suche nach Konsens ausüben könne. Die Voraussetzungen für unilaterale Militäraktionen sind gegeben, die Abhängigkeiten vom guten Willen vieler Drittmächte in der Kapital- und Liquiditätsversorgung der US-Wirtschaft sind hingegen gestiegen. Wie anhand der Verteidigungsausgaben ersichtlich, haben die USA nach 1995 in jedem Jahr mehr für Verteidigung ausgegeben als die sechs nächstgrößten Rüstungsproduzenten.[46] Vor allem verwendeten sie einen höheren Anteil des Verteidigungshaushaltes für Forschung und Entwicklung sowie für Beschaffungsprogramme und erreichten somit mehr „Kampfkraft" für ihr Geld. Das Urteil, ob mit der überlegenen Waffentechnik und der Fähigkeit zu Kampfeinsätzen an jedem Punkt der Welt auch die Kapazität für Stabilitätsexport und vertrauensbildenden Wiederaufbau einhergeht, hängt im Hinblick auf Afghanistan und den Irak davon ab, wie man die dort bereits vorhandene Gewaltbereitschaft einschätzt und ob man den Eingriff von außen als beschleunigendes oder retardierendes Moment der Gewaltspirale bewertet.

## Sonderstellung in der Weltwirtschaft

Im Bereich der globalen Sicherheitspolitik haben die anderen Staaten die Möglichkeit, dem hegemonialen Machtgebaren der USA eine multilaterale oder universale Ordnungsstruktur entgegenzuhalten. Die US-Wirtschaft gilt als unersetzbarer Dreh- und Angelpunkt internationaler Konjunkturverläufe. Das liegt einmal daran, dass Amerika die Weltwirtschaft durchdrungen hat: „Gemessen an der Marktkapitalisierung haben 9 der 10, 35 der 50 und 244 der 500 größten Unternehmen der Welt ihren Sitz in den USA. Mit insgesamt 7,3 Billionen Dollar Marktwert haben die US-Firmen einen Anteil von 57% an der Marktkapitalisierung der 500 größten Konzerne (12,7 Billionen Dollar). Die USA vereinen 25% des Weltsozialproduktes und drei Fünftel des Marktwertes der bedeutendsten multinationalen Konzerne auf sich."[47] Umgekehrt befinden sich amerikanische Unternehmen, Immobilien, staatliche Schuldtitel und Unternehmensanleihen in ausländischem Besitz. Ausländische Anleger kontrollieren rund 11% des amerikanischen Aktienmarktes, außerdem waren Ende des dritten Quartals 2001 21,4% aller US-Unternehmensanleihen und 36,4% aller amerikanischen Staatsanleihen in ausländischen Händen. Der Gesamtbetrag, den „Ausländer" in den USA an Unternehmenswerten, Direktinvestitionen, Staatsanleihen und offiziellen Währungsreserven erworben haben, hat sich zwischen 1982 und 1990 verdreifacht, von 736 Milliarden auf 2,3 Billionen Dollar. War die Vermögenswertbilanz der USA Anfang der 1980er-Jahre mit 364 Milliarden Dollar noch positiv, so schloss sie 1991 mit einem Defizit von 362 Milliarden Dollar, obwohl die amerikanischen Vermögen im Ausland gleichfalls expandierten.[48] Ende 2001 betrugen die Auslandsschulden der USA rund 2,2 Billionen Dollar, das entspricht 22% des Bruttoinlandsprodukts. Bedeutsam an der hohen Auslandsverschuldung ist, dass der zum Ausgleich des Leistungsbilanzdefizits erforderliche Kapitalzufluss überwiegend durch Schuldverschreibungen an Ausländer erfolgte. Da auf Anleihen Zinsen gezahlt werden müssen, bedeutet die Verlagerung innerhalb des Kapitalzuflusses zu staatlichen Schuldverschreibungen, dass die dafür fälligen Zinsdienste den amerikanischen Finanzierungsbedarf erhöhen. Laut Aussagen des amerikanischen Notenbank-Gouverneurs Alan Greenspan von Ende Februar 2002 sind in den vergangenen sechs Jahren 40% des Zuwachses am amerikanischen Kapitalstock durch ausländisches Geld finanziert worden. „Je größer dieser Berg von Forderungen wird, desto höher steigen die Zinszahlungen, die jährlich an die ausländischen Investoren zu leisten sind." Täglich flossen 1,5 Milliarden Dollar in die USA, bei einem erwarteten Leistungsbilanzdefizit für das Jahr 2002/03 im Umfang von 550 Milliarden Dollar (5% des BIP) steigt der Bedarf auf 2 Milliarden Dollar täglich. Mit der Zuversicht, dass das Defizit in der Leistungsbilanz noch keine gefährliche, also dauerhaft untragbare Größe erreicht habe, weist die Regierung Bush die Warnungen des IWF und der europäischen Zentralbank zurück. Es habe immer Volkswirtschaften gegeben – so auch die amerikanische gegen Ende des 19. Jahrhunderts –, die für ausländische Investoren besonders attraktiv gewesen seien. „Der Boom bei Unternehmensanleihen hat bisher wesentlich zur Stärke des Dollar und zur Finanzierung des amerikanischen Leistungsbilanzdefizits beigetragen. Im vergangenen Jahr sind in Amerika Anleihen im Wert von

715 Milliarden Dollar auf den Markt gebracht worden, ein Plus von 60% gegenüber dem Vorjahr. Rund ein Viertel davon wurde im Ausland, vor allem in Europa, platziert."[49]

Weil Investoren in den USA höhere Renditechancen als anderswo erblickten, schwoll der Kapitalstrom in den 1990er-Jahren stetig an. Von 1995 bis 2000 sind 1,2 Billionen Dollar mehr Investitionsmittel in die USA geflossen als von dort abgezogen wurden. 23% aller weltweit getätigten Direktinvestitionen (d.h. von 827 Milliarden Dollar) erfolgten 1999 in den USA (35% in „Euroland").[50] Die Kapitalverflechtung bedeutet zum einen, dass ausländische Unternehmen über ihre Tochtergesellschaften in den USA wichtige Arbeitgeber sind, beispielsweise beschäftigen die ca. 3000 deutschen Unternehmensniederlassungen in den USA eine Million Mitarbeiter und erwirtschaften einen Jahresumsatz von 500 Milliarden Dollar. Britische Investoren haben mehr als 1 Million Arbeitsplätze in den USA geschaffen. Umgekehrt haben 1800 US-Unternehmen in Deutschland mehr als 100 Milliarden Dollar investiert. Sie beschäftigen 800 000 Arbeitskräfte und erreichen einen Jahresverkauf von insgesamt 583 Milliarden Dollar. Der Anteil der USA an den Auslandsinvestitionen in Großbritannien betrug 1996 40%, in Frankreich 20% und in Deutschland 25%. An den gesamten Auslandsinvestitionen in den USA waren Großbritannien mit 41% (1998), Frankreich mit 20% (1997) und die Bundesrepublik mit 22% beteiligt.

Die Kapitalverflechtung bedeutet, dass gleichsam eine doppelte „unternehmerische Staatsbürgerschaft" entsteht. Deutsche Unternehmen betrachten die USA als zweiten Heimatmarkt. Die amerikanische *IBM* ist Japans größter Computer-Exporteur, der japanische *Sony*-Konzern ist der größte amerikanische Exporteur von Fernsehgeräten und Besitzer eines der größten Studios in Hollywood. Ein japanischer Konzern *(Brothers)*, der im Bundesstaat Tennessee Schreibmaschinen produziert, verklagte den amerikanischen Konkurrenten *Smith Corona* vor der *U.S. International Trade Commission*, weil dieser die in Singapur und Indonesien gefertigten Geräte zu Dumpingpreisen in die USA einführe. Aufgrund des kumulativen Effekts amerikanischer Direktinvestitionen ist der Umfang der Geschäftstätigkeit amerikanischer Unternehmen im Ausland so groß, dass der Austausch von Waren und Dienstleistungen innerhalb amerikanischer multinationaler Konzerne etwa zwei Fünftel des Exports aus den USA und ebenso der amerikanischen Importe ausmacht. Tochtergesellschaften amerikanischer Firmen in der EU sind für ca. 20% des EU-Fertigwarenhandels mit den USA verantwortlich, umgekehrt bestreiten die in den USA angesiedelten Tochterunternehmen von EU-Firmen rund ein Drittel der US-Fertigwarenimporte aus der EU und 12,5% der US-Fertigwarenexporte in die EU.[51]

Nach den Vorstellungen der Gründerväter sollten die USA von Anbeginn nicht nur Teilhaber, sondern auch treibende Kraft internationaler wirtschaftlicher Austauschbeziehungen sein. Am Beginn des 21. Jahrhunderts befinden sich die USA in einem ungeteilten Weltmarkt, von dem die *open door*-Politik an der Wende zum 20. Jahrhundert gesprochen hatte. Die USA erwirtschafteten 2002 ca. 21% (1999: 21,9%) des Weltsozialprodukts, generierten aber 40% des realen Wachstums des Welt-BSP.[52] Der Anteil der amerikanischen Exporte an den Weltausfuhren liegt bei 15%, auf „Euroland" entfallen 19%, auf Japan 9,1%. Die stärkste Handelsverflechtung der USA besteht mit den NAFTA-Partnern Kana-

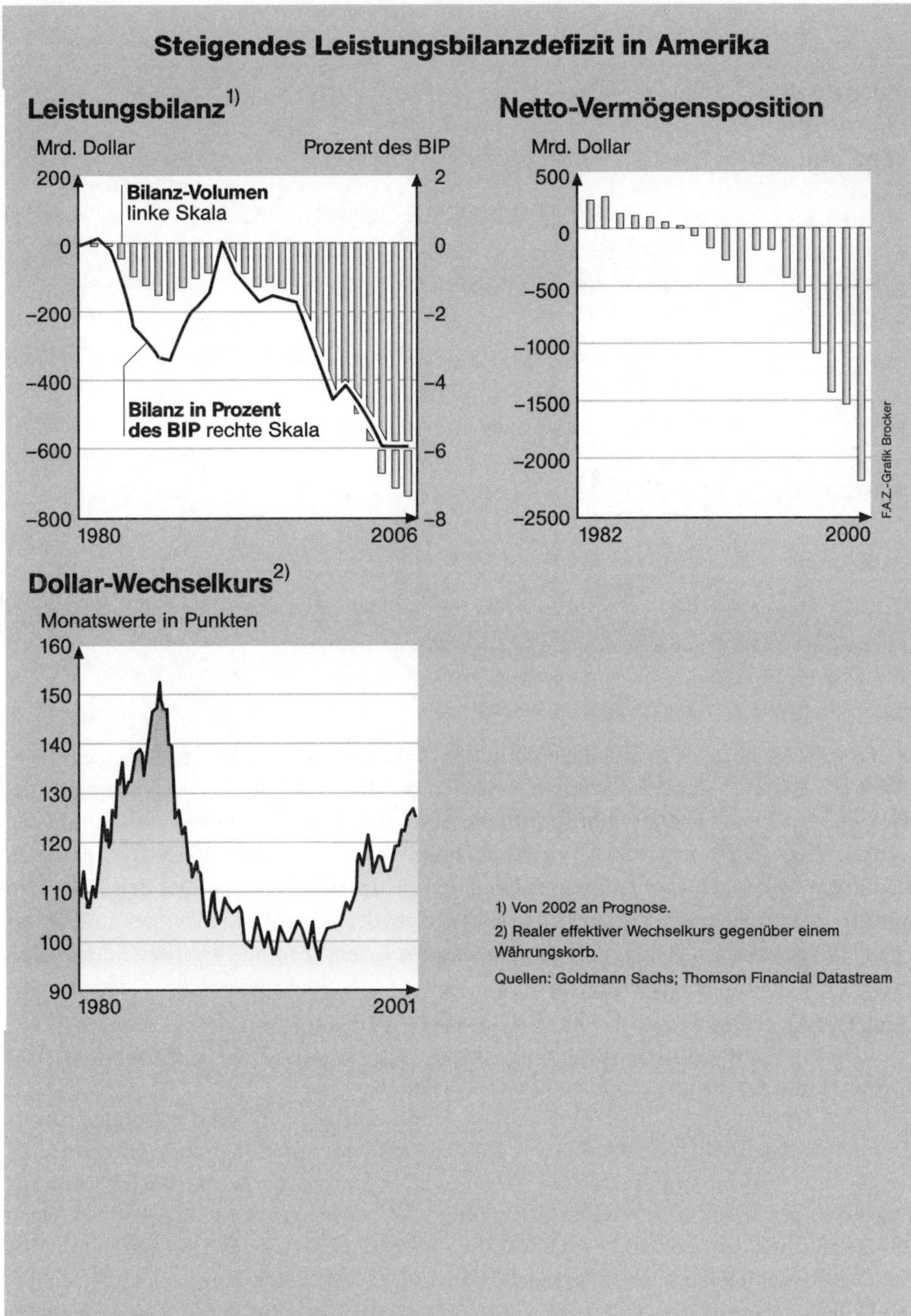
Steigendes Leistungsbilanzdefizit in Amerika
Leistungsbilanz1)
Mrd. Dollar
Prozent des BIP
Bilanz-Volumen
linke Skala
Bilanz in Prozent
des BIP rechte Skala
200
0
-200
-400
-600
-800
2
0
-2
-4
-6
-8
1980
2006
Netto-Vermögensposition
Mrd. Dollar
500
0
-500
-1000
-1500
-2000
-2500
1982
2000
F.A.Z.-Grafik Brocker
Dollar-Wechselkurs2)
Monatswerte in Punkten
160
150
140
130
120
110
100
90
1980
2001
1) Von 2002 an Prognose.
2) Realer effektiver Wechselkurs gegenüber einem Währungskorb.
Quellen: Goldmann Sachs; Thomson Financial Datastream

Außenhandel der USA (in Mrd. Dollar)

| Importe aus / Exporte nach Saldo | 1998 | 1999 | 2000 | 2001 |
|---|---|---|---|---|
| NAFTA | 244,4/208 **–36,4** | 293,2/235,5 **–57,7** | 401,5/312,5 **–89** | 394/296,1 **–97,9** |
| Japan | 111,6/51,6 **–60** | 126,6/53,9 **–72,7** | 163,4/70,8 **–92,6** | 144,8/64,4 **–80,4** |
| EU | 162,4/133,6 **–28,8** | 188,7/142,6 **–46,1** | 246/179 **–67** | 252,5/178 **–74,5** |
| China | 67/12,7 **–54,3** | 82,3 /12,3 **–70** | 116,7/17,6 **–99,1** | 122,1/21,5 **–100,6** |
| Lateinamerika | 130,7/120,9 **–9,8** | 158,4/127,7 **–30,7** | 226,3/178 **–48,3** | 222/171 **–51** |
| ASEAN | 67,7/35,1 **–32,6** | 75,9/37,4 **–38,5** | 99,5/51,4 **–48,1** | 89/49 **–40** |

Quelle: http://europa.eu.int/comm/trade/goods/stats.htm

da und Mexiko, ein Drittel des amerikanischen Außenhandels entfällt auf Asien, ein Viertel auf Europa. Der Handelsaustausch zwischen den USA und der EG/EU ist besser ausgewogen als der etwas höhere transpazifische Austausch an Waren und Dienstleistungen.

In der Phase des einzigartigen Wirtschaftsbooms in den USA von 1993–2000 erzielten alle übrigen wichtigen Handelsmächte einen Exportüberschuss gegenüber den USA. Den größten prozentualen Anstieg verbuchte Frankreich, der schärfste Kritiker des amerikanischen Unilateralismus, gefolgt von Kanada, das den Erfolg zumindest teilweise dem Wertverlust des kanadischen gegenüber dem US-Dollar verdankte, ebenso China, dessen „Öffnung nach Westen" von den USA mit der Außerkraftsetzung von Handelsbeschränkungen belohnt wurde, und Deutschland, dessen exportlastige Industrien sich auf dem US-Markt günstig positionieren wollten und konnten.

Bei den Direktinvestitionen übersteigt die transatlantische Bilanz den Vergleichswert für den transpazifischen Austausch. Sowohl der Anteil der amerikanischen Direktinvestitionen in der EU an den gesamten US-FDI (FDI = *foreign direct investments*) als auch umgekehrt der Anteil europäischer FDI in den USA an den gesamten FDI der EU zeigen eine ansteigende, von hohem Niveau ausgehende Tendenz.[53] Aus den USA waren bis 1996 399,6 Milliarden Dollar nach Europa geflossen, umgekehrt hatten Europäer 410,4 Milliarden Dollar in Amerika investiert. Im Fernen Osten sind die USA in Südkorea, Singapur, Hongkong und Australien der größte Auslandsinvestor, während Japan die USA in den anderen sechs Staaten der Region – China, Indonesien, Thailand, Malaysia, Philippinen, Taiwan – übertrifft.[54]

Japan investierte in den USA 118,1 Milliarden Dollar in Unternehmen, während die USA z. T. wegen Japans steuerlicher Diskriminierung ausländischer Unternehmen bei Unternehmensübernahmen „nur“ 39,5 Milliarden Dollar in Japan direkt investiert haben.[55] Japan hat überdies Großbritannien seit 1978 als führender Inhaber von US-Schatzanleihen abgelöst. Mit einem Nettoforderungsbestand von über 1,1 Billionen Dollar ist Japan der Welt größter Nettogläubiger[56], zugleich aber das Land mit der höchsten Staatsverschuldung unter den OECD-Mitgliedern (2002: 140% des BIP).[57] Sollten die japanischen Anleger aufgrund der hohen japanischen Binnenverschuldung oder aufgrund eines Vertrauensverlustes in die amerikanische Wirtschaft ihre Gelder aus den USA abziehen oder dauerhaft in den EU-Raum verlegen, würde die amerikanische Währung an Wert verlieren. In Washington muss man darauf achten, welchen Rat man Japan zur Lösung des hausgemachten Überhangs von 400 Milliarden Dollar Not leidender Kredite gibt. „Japan als Nation hält 3 Billionen in Dollar denominierter Wertpapiere in der Hand. Viele von ihnen sind durch Depositen gedeckt, die im Falle einer Generalüberholung des japanischen Bankensystems ‘heimgeholt’ werden würden. Viele Ausländer halten Dollars, die ja überwiegend aus Überschüssen im Handel resultieren, innerhalb des amerikanischen Bankensystems. Die Situation des Dollars ist bedroht, wenn die Restrukturierung der Bankenlandschaft in Japan die Repatriierung von Dollars in größerem Umfang erfordern würde.“[58]

Es war damit zu rechnen, dass die nach dem Zweiten Weltkrieg bestehenden wirtschaftlichen Sonderbedingungen irgendwann (de facto in den 1960er-Jahren) hinfällig wurden. Dennoch haben die USA nach Überwindung der schweren Krise in den 1970er-Jahren und der Rezession Anfang der 1990er-Jahre ihre Vorrangstellung im internationalen Handels- und Finanzsystem behaupten können. Die wirtschaftliche und finanzielle Bedeutung der USA kommt vor allem darin zum Ausdruck, dass die Zentralbanken mehr als zwei Drittel ihrer offiziellen Devisenreserven in Dollaranlagen halten (Mitte 2002 ebenso wie zwei Jahre zuvor 68%, Herbst 2003: 65%). Das liegt z. T. daran, dass die Notenbanken von „Euroland“ traditionell einen großen Anteil ihrer Reserven in Dollar hielten. Die höchsten Devisenreserven besitzt Japan (550 Mrd.Dollar, Juni 2003), gefolgt von China (350 Mrd. Dollar) und Taiwan (171 Mrd. Dolar). Rund 55% der Weltwährungsreserven lagen im Jahre 2002 in den Händen ostasiatischer Zentralbanken, etwa 75% dieser asiatischen Reserven bestehen aus US-Dollar.[59]

Rund 60% des Welthandels wurde 2001 auf Dollarbasis abgewickelt (1997: 50%), 20% auf Euro-Basis. Erdöl, Rohstoffe, Flugzeuglieferungen werden fast ausschließlich in Dollar fakturiert. Etwa 25% des Welthandels, an dem die USA selbst nicht beteiligt sind, wird ebenfalls auf Dollarbasis in Rechnung gestellt. Wichtig und auffällig ist, dass Japan seine Importe und Exporte „weitgehend in Dollar fakturiert und (dass) auch der Finanz- und Kapitalverkehr Japans mit dem Ausland überwiegend in Dollar erfolgt“[60]. 30% der deutschen Ausfuhren werden in Dollar abgerechnet, 45% gehen in den Euro-Raum. Am Devisenmarkt entfielen Mitte 2002 42% (April 2001: 45%; 1997: 41,5%; 1989: 70%) aller Transaktionsgeschäfte auf US-Dollar, knapp 22% (20%) auf den Euro.

Am Markt für internationale Anleihen ist der Dollar Mitte 2002 mit 45% beteiligt (gegenüber 43% – 1996/67 – und über 60% Mitte der 1960er-Jahre). Im ersten Quartal 2001 übertrafen erstmals die in Euro ausgegebenen internationalen Unternehmensanleihen die in US-Dollar aufgelegten entsprechenden Titel. Der Anteil der in US-Dollar denominierten privaten Portfolioanlagen lag Mitte 2002 immer noch bei 38% (1995: 40%, 1981: 67%). Auf europäische Währungen bzw. Euro lauteten Mitte 2002 39% aller kurzfristigen Geldmarkt-Finanzierungen (1995: 37%, 1981: 13%).[61] Die Wertpapierbestände der Banken lauten weltweit zu 38,9% auf Dollar,[62] die japanischen Banken sind insgesamt mit 1,2 Billionen Dollar im Ausland engagiert und liegen damit an zweiter Stelle hinter den deutschen Banken.[63]

Noch immer setzen die amerikanischen Aktien- und Anleihemärkte die Vorgaben für die europäischen und fernöstlichen Börsenplätze. Bei den Devisengeschäften, dem Fondsmanagement, dem Handel mit Auslandsaktien und mit Eurobonds wird New York seit einiger Zeit von London überflügelt. Nach schweren Unternehmenskrisen z.B. bei *Barings, Robert Maxwell* und *BCCI* in den frühen 1990er-Jahren wurden die britischen Regulierungen verbessert, um Vertrauen zurückzugewinnen. Auch die USA verschärften Ende 2002 durch den *Sarbanes-Oxley Act* die Vorschriften für das *Listing* an der Wall Street. Beide Börsenplätze werben konkurrierend um ausländische Notierungen, London führt beim Handel mit ausländischen Aktien, die New York Stock Exchange ist die größte Börse nach Marktkapitalisierung.[64]

## Aspekte der „Amerikanisierung"

In den 1920er-Jahren waren es Telefon, Radio, Autos und elektrische Haushaltsgeräte, in den 1950er-Jahren Fernsehen und *air condition*. Die aus den USA stammenden Innovationen der 1990er-Jahre hießen Multimedia, *Life Sciences*, Gentechnologien. Sie alle trugen dazu bei, dass sich das Alltagsleben in vielen Teilen der Welt sichtbar veränderte. Mit dem Wahlkampfversprechen von 1992, innerhalb der nächsten Dekade einen *electronic super highway* zu schaffen und damit allen Amerikanern den Zugang zu Informationen und *images* zu ermöglichen, rief Präsident Clinton als Erster unter den Staats- und Regierungschefs zur Gestaltung des digitalen Zeitalters auf. Die EU folgte dem Beispiel auf ihrem Gipfeltreffen in Lissabon vom 23. bis 24. März 2000 („Europa der Innovation und des Wissens"). Clintons Praxis, per Fax und E-Mail ständig mit Wählern Verbindung zu pflegen und auf die laufende Berichterstattung der Medien prompt zu reagieren, hat in Großbritannien, Deutschland, Japan und anderswo ebenfalls Nachahmer gefunden.

Die Vorreiterrolle der USA in der technologischen Entwicklung und der weltweiten Vermarktung von Innovationen hat dazu geführt, dass die USA ihre Position auf zweifache Weise nutzen: erstens zu politisch motivierten wirtschaftlichen Strafaktionen, wobei sie unter Einbeziehung der amerikanischen Tochterunternehmen auch andere Länder zur Beteiligung an den Sanktionen anhalten; zweitens zur rechtlichen Absicherung von US-Tochterfirmen im Ausland und zur Absicherung des technologischen Vorsprungs durch

Lizenzen, Copyright, Monopolisierung von Zulieferungen etc. Noch darüber hinaus geht die Amerikanisierung des Jurisdiktions-Marktes. Die Ausweitung der Tätigkeit von Unternehmen über Staatsgrenzen hinweg, die durch Deregulierung, Liberalisierung und Privatisierung weltweit weiteren Auftrieb erhalten hat, führt in Verbindung mit dem in Handelsverträgen traditionell vorgesehenen Prinzip der Gleichbehandlung von Staatsbürgern der Vertragsparteien mit Inländern dazu, dass Anwaltskanzleien die Unternehmen bei Übernahmen und Fusionen ins Ausland begleiten. Hierbei treten amerikanische Rechtsanwälte offensiv auf und gestalten Vertragstexte nach amerikanischen Usancen. Damit vergleichbar ist die aggressive Werbung bestimmter amerikanischer Spezialisten um eine nicht-amerikanische Klientel mit dem Angebot, dieser vor US-Gerichten zu lukrativen Schmerzensgeldern, Entschädigungszahlungen u.ä. verhelfen zu können. Das Aufspüren von Anhaltspunkten, dass beispielsweise ein abgestürztes Flugzeug New York als Zielflughafen hatte, dient als Hilfskrücke, um den Opfern und deren Angehörigen die Möglichkeit eines Klageverfahrens vor einem amerikanischen Gericht als attraktiv hinzustellen. Dieser Aspekt der Amerikanisierung weckt Abneigung, Widerwillen und Gegenwehr auch bei denen, die nicht gewohnt sind, schlecht über Amerika zu reden. Darauf reagieren amerikanische Akteure, indem sie Partnerschaftsverhältnisse begründen, in der Hoffnung, durch bi- oder gar multinationale Zusammensetzung der Firma den Vorwurf der Penetration der Gastlandgesellschaft entkräften zu können.

Während die USA ihre Rechtspraxis auf staatlicher Ebene *(Helms-Burton Act, D'Amato-Kennedy Act)* ebenso wie im Privat- und Unternehmensrecht wie selbstverständlich exportieren, behandeln sie die ausländische Konkurrenz auf ihrem Inlandsmarkt mit oftmals unlauteren Methoden und diskriminierend. Die Androhung, ein Unternehmen vor Gericht zu bringen und ihm damit sofort fällige hohe Kosten aufzubürden, hat manchen ausländischen Konzern dazu veranlasst, die Einführung seiner Produkte auf dem US-Markt besonders sorgfältig vorzubereiten. Die zuständigen US-Behörden, z.B. die *Food and Drug Administration* für die Pharma-Industrie, gehen davon aus, dass ihre Prüfmethoden die zuverlässigsten sind und ausländische Prüfverfahren nicht anerkannt werden müssen. Ausländische Produkte stehen daher unter generellem Sicherheitsvorbehalt.

In anderen Bereichen, wie der Regulierung des Wettbewerbs durch Kartellrecht und Fusionskontrolle, arbeiten die zuständigen amerikanischen und europäischen Instanzen seit Anfang der 1990er-Jahre auf der Basis der gegenseitigen Information und nacheinander geschalteter Prüfverfahren zusammen (z.B. *Mutual Recognition Agreement*, Juni 1997). Sie erwarten davon eine Verbesserung des gegenseitigen Verständnisses und eine von praktischen Erfahrungen geleitete Angleichung der Wettbewerbsregulierungen in beiden Großräumen. Die auf beiden Seiten des Atlantiks operierenden Unternehmen drängen ihrerseits darauf, dass die Instrumente, mit denen die Aufsichtsbehörden den Wettbewerb auf globalisierten Märkten steuern wollen, in gleicher und damit berechenbarer Weise greifen. Die angelegten Maßstäbe unterschieden sich allerdings in mancher Hinsicht: Während die zuständigen amerikanischen Instanzen, die *Federal Trade Commission* (Kartellfragen) und die *Anti-Trust Division* des Justizministeriums (Fusionskontrolle), darauf achten, ob eine wesentliche Reduzierung des Wettbewerbs eintreten würde, richtet der Wettbewerbskommissar der EU seine Entscheidung daran aus, ob das aufnehmende Unternehmen durch Übernahme eines Konkurrenten eine marktbeherrschende Stellung erringen, also eine kritische Marktmachtgröße überschreiten würde. In Fällen, in denen Wettbewerbsbeschränkung mit Kostensenkungen für die Verbraucher einhergeht, nimmt die FTC die Reduzierung der Zahl der Anbieter und einen Marktanteilszuwachs der „Großen“ in Kauf. Bei vertikalen Verflechtungen sind die US-Instanzen großzügiger als die europäischen Behörden. Daher fand der Kauf von *Honeywell* durch *General Electric* in den USA Zustimmung, während EU-Wettbewerbskommissar Monti eine marktbeherrschende Stellung erwartete und die Zustimmung zur Fusion verweigerte. Die Unterschiede in den Leitgedanken zum Wettbewerbsrecht zwischen den USA und der EU müssen nicht unbedingt als Auseinanderentwicklung der europäischen und der amerikanischen Praxis gesehen werden, doch sprechen amerikanische Leitartikler nachdrücklich von einer Machtprobe. „Wenn schon *General Electric* seitens der Aufsichtsbehörde eines ihrer größten Märkte mit einer Untersagung des Zusammenschlusses gedroht wird, dann müssen amerikanische Vorstände sich schon fragen, ob sie Investitionen tätigen sollten, die ihre Stellung auf dem europäischen Markt betreffen. Doch straft die Europäische Kommission mit einer Entscheidung, die den Handel beschränkt, ohne den Wettbewerb zu bestärken, schließlich nur sich selbst, denn das Wegbleiben ausländischer Investitionen und höhere Preise für Flugzeugtechnologie wird Europa schaden.“[65] Wird das Fusionsverbot im Falle *GE-Honeywell* dem Vorurteil des Wettbewerbskommissars Monti angelastet, dass *big is bad* gelte, so werden andere Konflikte damit erklärt, dass die EU den USA beweisen wolle, dass Europa seine Stellung als gleichwertige Handels- und Investitionsmacht auch einsetzen werde, um die Weltstandards z. B. hinsichtlich genmanipulierter Nahrungsmittel entsprechend den eigenen Überzeugungen festzulegen.

Die Divergenzen spiegeln im Wesentlichen die Vorbehalte gegen das Umsichgreifen amerikanischer wirtschaftlicher Kultur wider, für das stellvertretend die Stichworte *Shareholder-Value* (kurzfristiger Nutzen des Kapitaleinsatzes statt langfristiger Seriosität und Erfolgsgarantie des Produzenten) und *US-GAAP* (amerikanischer Rechnungslegungsstandard) stehen. Bei dem gebühren- und provisionsträchtigen Geschäft mit Beratung bei Fusionen und Übernahmen sowie amerikanischen und europäischen Aktienemissionen nehmen die vier großen amerikanischen Investmentbanken *Goldman Sachs, Salomon Smith Barney, Morgan Stanley Dean Witter* und *Merrill Lynch* die führende Stellung ein. Hinsichtlich der Marktstellung in einzelnen Branchen ist *Goldman Sachs* führend in den Sektoren Telekommunikation/Medien/Technologie und Finanzdienstleistungen, *Morgan Stanley* in der Versorgerbranche, und alle drei sowie *J P Morgan Chase* im Pharmabereich.

Weltunternehmen, die ihren Marktanteil in den USA steigern wollen, zieht es an die New Yorker Börse. Die Zulassung wird als Aufnahme in das *Who's Who* der Weltwirtschaft gefeiert. Der praktische Vorteil besteht darin, dass die Registrierung an der New York Stock Exchange den US-Bürgern erlaubt, Anleihen ausländischer Unternehmen zu zeichnen, was für diese wiederum bedeutet, dass sie Kapital in den USA zur Finanzierung der Expansion auf dem dortigen Markt aufnehmen können. Mit ihren *Ratings* üben die in den USA ansässigen großen Kreditbewertungs-Agenturen *Moody's Investor Service* sowie

*Standard and Poor's* Macht über die Bonität und Kreditwürdigkeit sowohl von Staatsanleihen als auch von Platzierungen von Aktien und Anleihen großer Unternehmen aus.[66] Zusammen mit *Fitch (Fimalac SA)* sind sie bislang die einzigen von der Börsenaufsicht *SEC* anerkannten Ratingagenturen. Ihr Gütesiegel „Schuldner guter Bonität" ist Voraussetzung dafür, dass Versicherungen und Pensionsfonds die Wertpapiere von Emittenten kaufen können. „Obwohl sie private, gewinnorientierte Unternehmen sind, füllen die Agenturen damit fast schon eine regulatorische Rolle aus. Ihre Machtfülle macht sie denn auch regelmäßig zur Zielscheibe von Kritik. In Europa hat es wiederholt Versuche gegeben, der Macht der amerikanischen Agenturen mit der Gründung einer europäischen oder deutschen Ratingagentur zu begegnen. Die Versuche verliefen aber stets im Sande."[67] Während die vier großen Wirtschaftsprüfungsgesellschaften *PWC Price Waterhouse, Deloitte Touche, KPMG* und *Ernst & Young*, die rund 80% der 100 größten Unternehmen in Belgien, Frankreich, Großbritannien, Italien und den Niederlanden bewerten, schon Gegenstand der europäischen Fusionskontrolle gewesen sind, fordern Mitglieder des Europäischen Parlaments die Europäische Kommission auf, die Marktmacht der führenden Ratingagenturen unter die Lupe zu nehmen. Durch die Verwicklung in Machenschaften großer Konzerne *(Enron, Tyco, Global Crossing)* ist die Phalanx aus Ratingagenturen, Wirtschaftsprüfungsgesellschaften und Unternehmensberatern, d.h. *America Inc.*, brüchig geworden und scheint das Auftriebspotential der amerikanisierenden Marktgestalter zu dämpfen.

Die ausgewählten Beispiele unterstreichen, dass Amerikas „strukturelle Macht" ungebrochen ist, auch wenn die Indikatoren im Vergleich zur Hegemonialstellung der langen Nachkriegszeit andere geworden sind. Damals verfügten die USA über die größten Devisenreserven, waren Erzeuger und Verteiler des preiswertesten Energieträgers Erdöl, leisteten Verbündeten Wiederaufbau- und Militärhilfe, stellten Nahrungsmittelhilfe zur Verfügung und boten Japan, Deutschland u.a. einen großen Absatzmarkt.

Im Unterschied zur langen Nachkriegsdekade ist die Energieversorgung zur Schwachstelle der amerikanischen Wirtschaftsmacht geworden. Die USA haben einen Anteil von 28% am Weltenergieverbrauch (1996). Sie erzeugen zwar noch 14% der Weltproduktion an Rohöl, doch ist der Anteil der Importe am Verbrauch wieder gestiegen. Über 60% des Verbrauchs werden durch Nettoimporte von Rohöl gedeckt. Die nach 1985 einsetzende Wiederzunahme der Importe lässt sich teilweise auf die Aufstockung der strategischen Reserve zurückführen, die die Bush-Administration von 592 Millionen (Herbst 2002) auf 700 Millionen Fass (2005) steigern will, um die Bevorratung von 51 Tagesreserven (2001) auf ca. 4 Monate anzuheben. Zwischen 15–17% der Öleinfuhren kommen aus Saudi-Arabien. Wichtiger als diese Eckzahl ist der Umstand, dass Saudi-Arabien immer noch als das einzige Förder- und Exportgebiet gilt, das über brachliegende Kapazitäten verfügt, welche den krisen- und kriegsfallbedingten Ausfall von Lieferungen aus dem Irak, Iran, gegebenenfalls Kuwait sowie Nigeria oder Venezuela wettmachen könnten. Die Bemühungen der USA, die Abhängigkeit von Öllieferungen aus dem Mittleren Osten zu reduzieren, sind erfolgreich. Jeder der drei Nachbarn Kanada, Mexiko und Venezuela liefert fast so viel Rohöl an die USA wie Saudi-Arabien, während Nordsee-Öl (Großbritannien, Norwegen) ebenso wie Westafrika (Nigeria, Angola, Gabun) die Liefermengen der Mittelost-Anbieter (Kuwait, Irak, Iran) übertrifft.[68] Auf der Suche nach sicheren Ölquellen sind die amerikanische Regierung und erst recht die Ölkonzerne nicht nur auf den guten Willen der „Gastgeberländer" angewiesen, sondern auch auf die Verständigungsbereitschaft der Mitbewerber aus dem Fernen Osten, Letztere haben einen steigenden Importbedarf und sitzen außerdem auf hohen Dollardevisenreserven.

## Die amerikanische Forderung nach *Fair Deal*: Offener Binnenmarkt – offener Weltmarkt?

Die USA werden als *first 20th century nation*[69] bezeichnet. Sie haben das Zeitalter wissenschaftlich-technologischer Innovationen und weltweiter ökonomischer Austausch- und Penetrationsprozesse, aber auch militärischer Interventionen gegen militaristisch-diktatorische ebenso wie gegen siegreiche revolutionäre Regime maßgeblich mitgestaltet und sind selbst von den Triebkräften der Interdependenzbeziehungen geprägt worden. Mit der Liberalisierung des Welthandels seit den frühen 1970er-Jahren konnten die USA, wie die Entwicklung des Handelsbilanzdefizits zeigt, die Vorteile ihres riesigen Binnenmarktes nicht mehr für sich allein nutzen. Ausländische Anbieter eroberten einen großen Teil des Marktes. Hinzu kam, dass amerikanischen Direktinvestitionen im Ausland der Ruf anhing, Arbeitsplätze zu exportieren. Damit stieg der Druck auf Regierung und Kongress, energisch für die Förderung der Absatzchancen von US-Produkten auf den internationalen Märkten tätig zu werden. Das Instrument dafür war das in den Handelsgesetzen von 1974 und 1988 verankerte Prinzip der Reziprozität: Die USA fordern die „Gewinner" auf dem internationalisierten US-Binnenmarkt – EG/EU, Japan und Kanada – auf, ihre Handelsbarrieren wegzuräumen, so dass die USA dort ihre wettbewerbsfähigen Agrar-, Hochtechnologieprodukte, Finanz- und Versicherungsdienstleistungen absetzen könnten. Diese so genannte bilaterale Liberalisierung erstreckt sich auf alle Bereiche der amerikanischen Außenwirtschaftsbeziehungen.

Im Zuge der Globalisierung versuchten die USA, im Zusammenwirken mit den wichtigsten Konkurrenten – 1986 Halbleiterabkommen mit Japan, 1984–88 Vereinbarung von Bankgeschäftsstandards mit Großbritannien, 1991–93 EU-USA-Kompromisse in der Uruguay-GATT-Runde und im Rahmen der New Transatlantic Agenda (1998–) – die für die Zukunftschancen ihrer maßgeblichen Wirtschaftszweige benötigten rechtlichen und technischen Standards international festzuschreiben. Informationstechnologie beispielsweise hat ein Geschäftsvolumen von weltweit 2,3 Billionen Dollar, wobei die US-Konzerne 37% Marktanteil auf sich vereinen (EU-Firmen: 25%). Gleichzeitig schreckten sie vor einseitigen, in der nationalen Gesetzgebung verankerten Strafmaßnahmen gegenüber Dritten nicht zurück.

Außenhandelspolitisch fahren die USA also doppelgleisig: Unter dem Motto Reziprozität suchen sie Drittlandmärkte für den Export der Gewinnerbranchen zu öffnen, unter dem Stichwort *Fair Trade* treffen sie Vorkehrungen zum Schutz der Produktionszweige, die gegenüber ausländischen Konkurrenten an Boden verloren. Der Versuch, die Doktrin der gegenseitigen Marktöffnung unter Berufung auf innenpolitische Widersacher einzuschränken und ein Recht auf Vergeltungsmaßnahmen in Anspruch zu nehmen, ist eine Reaktion auf die Veränderungen zwischen Wachstumsindustrien und -regionen und den alten schwerindustriellen Zentren. Damit geht ein Rollentausch zwischen den großen Parteien einher.

In der Wirtschaftsstruktur kam es zu erheblichen Verschiebungen zwischen neuen, überwiegend im *Sunbelt* angesiedelten Industrien: Flugzeugbau, Computer, *software and applications*, Ölindustrie (inklusive Fördertechnik), Glasfaser- und Lasertechnologien, Bio- und Gentechnik, Pharma-Industrie, Informationstechnologien, Mikroelektronik, und den traditionellen Branchen. Hier trugen Importprodukte erheblich dazu bei, dass amerikanische Hersteller Absatzeinbußen erlitten. Betroffen waren neben der Schuh- und Textilbranche und Fischerei insbesondere die Stahl- und Metallindustrie, Maschinenbau, Schiffsbau und Schifffahrt, Elektro- und Elektronikindustrie sowie der Fahrzeugbau. Seit dem Vordringen deutscher und japanischer Fahrzeuge auf dem US-Markt seit den frühen 1980er-Jahren ruft auch dieser Sektor nach Schutz- und Unterstützungsprogrammen.

In der politischen Struktur handelt es sich um zwei Veränderungen. Erstens hat sich der Kongress schrittweise die Position als Entscheidungsinstanz in der Außenhandelspolitik zurückerobert. Die Unzufriedenheit damit, dass Präsident und Außenministerium verständigungs- und entwicklungs(hilfe)politische Gesichtspunkte in die Handelsbeziehungen einbezogen und Konzessionsbereitschaft zeigten, veranlasste die Abgeordneten und Senatoren, auf ihre Rechte zu pochen. Der Kongress fügte in den *Trade Act* von 1974 die Klausel ein, dass der Präsident nach Ablauf einer GATT-Handelsrunde Auskunft geben müsse, ob die anderen großen Vertragsparteien EG, Japan und Kanada substanziell gleichwertige Konzessionen an die USA gemacht hätten. Angesichts der von der Regierung Clinton in der Uruguay-Runde eingegangenen Verpflichtung (WTO, Art. XVI), wonach jedes Mitglied der WTO gewährleisten muss, dass die nationalen Gesetze, Regulationen und Verwaltungsvorschriften in Einklang mit den in den Abkommen festgelegten Bestimmungen stehen, hat der Senat im Ratifizierungsprozess den Vorbehalt einer Überprüfung nach fünf Jahren festgeschrieben. Der Kongress will sicherstellen, dass Mitglieder der WTO das Vertragswerk nicht dazu nutzen können, die amerikanische Gesetzgebung anzuzweifeln oder Feststellungsklagen gegen Handlungen zu erheben, zu denen sich amerikanische Bundesstaaten oder Lokalbehörden befugt sehen. Das Ratifizierungsgesetz weist den Grundsatz zurück, dass Welthandelsrecht Vorrang vor dem nationalen Gesetzgeber habe. Die Konstituierung der Welthandelsorganisation erschwert es den USA, allein auf ihre Erzwingungsmacht zu vertrauen.

Die zweite Veränderung betrifft den Standortwechsel der Parteien. Die Demokraten verfechten den Anspruch auf unilaterale Maßnahmen in Handels- und Investitionsfragen zum Schutz der Interessen amerikanischer Arbeitnehmer. Richard Gephardt, D. Bonior, R. Nader, Ross Perot, Jesse Jackson sowie die AFL/CIO werfen den Präsidenten vor, den amerikanischen Markt im Interesse der Verbraucher wettbewerbsorientiert geöffnet, aber die Kaufkraft des US-Importmarktes nicht genutzt zu haben, um umgekehrt fremde Märkte für US-Produkte in vergleichbarem Maße zu öffnen. Die Gewinner auf dem amerikanischen Markt (Japan, China, Kanada, EU) seien nicht gezwungen worden, Exportsubventionen abzuschaffen und rigorose Importhindernisse aufzuheben.

Nach dem Zweiten Weltkrieg waren es die Republikaner, vertreten durch die Senatoren Arthur Vandenberg und E. D. Millikin, die ihre Zustimmung zu der von Truman angestrebten Fortführung des *Reciprocal Trade Act* von der Zusage abhängig machten, dass der Schutz der amerikanischen Produktion gewährleistet bleibe *(no injury to domestic trade pledge)*. Demgegenüber vertraten die Demokraten die Auffassung, dass Marktöffnung den US-Verbrauchern und Exportindustrien gleichermaßen nutze. Je mehr die Republikaner in der Folgezeit ins Lager der Freihändler überwechselten, desto stärker engagierten sich wichtige Teile der Demokratischen Partei für den Einbau von Schutzvorkehrungen in die Handelsgesetzgebung. Sie umfassten die Forderung, auf alle wettbewerbsfähigen Importe Zwangsabgaben zu erheben (*Burke-Hartke Bill*, 1972), und gipfelten in dem im Oktober 2000 Gesetzeskraft erlangenden *Byrd Amendment*, demzufolge die Erlöse aus Anti-Dumping-Maßnahmen den amerikanischen Unternehmen zugute kommen sollen, die die Klage angestrengt hatten[70] – Importschutz wird durch Subventionen aus fremden Taschen aufgestockt.

Die amerikanischen Gesetzesbestimmungen nutzten rigoros die im GATT 1947 angelegten Ausnahme- oder Notfall-Regeln (Artikel VI, XII, XIX). Die demokratischen Antragsteller, insbesondere Burke-Hartke 1972 im *Foreign Trade and Investment Bill*, forderten Maßnahmen zum Schutz der Arbeitnehmer vor forcierten Anpassungsprozessen in den von Liberalisierung betroffenen Produktionszweigen und regionalen Ballungsräumen. Sie forderten darüber hinaus gesetzliche Auflagen, die die Handlungsspielräume der multinationalen Konzerne einschränken sollten. Die Demokraten sahen und sehen in ihnen die eigentlich treibende Kraft hinter den von den Präsidenten proklamierten neuen Welthandelsrunden und Freihandelszonen (NAFTA, FTAA). Die großen Konzerne verstanden es nicht nur, die gegen sie gerichteten Vorstöße abzublocken, sondern sich auch exportfördernde Steuervergünstigungen zu verschaffen. Gegen die steuerliche Begünstigung von Agrarexporten durch die *Foreign Sales Corporations* mit einem Wert von ca. 4 Milliarden Dollar prozessierte im Juni 2001 die EU erfolgreich vor der Welthandelsorganisation. Die USA änderten zwar ihr Gesetz und erkannten insofern die Unvereinbarkeit von Gesetzgebung durch den Kongress und Welthandelsvertragsrecht an, ohne jedoch dem Urteil Genüge zu tun. Die EU erwirkte im August 2002 ein Urteil des WTO-Panels, demzufolge die Kommission Strafzölle auf US-Importe bis zur Höhe von 4 Milliarden Dollar verhängen könnte. Die Vollstreckung steht aus, weil einige Mitgliedsstaaten die wegen des Irakkrieges bestehenden Spannungen nicht noch weiter mit „Handelskriegen" aufladen wollten.

Die beste Aussicht, Wachstum durch Exportexpansion zu erreichen, böte die Ausweitung der NAFTA zu einer transatlantischen Freihandelszone. Eine TAFTA würde mit Kanada, Mexiko und der EU drei der vier größten Abnehmer amerikanischer Waren und Dienstleistungen umschließen, aber so gesehen auch Handlungsbedarf auf den wichtigsten Gebieten begründen: umfassende Investitions(schutz)regeln,[71] gemeinsame Standards für hochtechnologische Produkte, sektorspezifische Abkommen. Der für Außenhandelsfragen zuständige EU-Kommissar, Sir Leon Brittain, forcierte dieses Projekt, für das er auf beiden Seiten des Atlantiks politische Unterstützung fand. Der kanadische Premierminister Chrétien (1994), der deutsche (K. Kinkel), britische (M. Rifkind) und amerikanische Außenminister (W. Christopher) sahen den Zeitpunkt gekommen, die nordamerikanisch-westeuropäischen Beziehungen auf eine zweite, die NATO entlastende Schiene zu bringen und ein Rahmenabkommen zwischen den beiden größten Wirtschaftsräumen der Welt zu vereinbaren.

Das Projekt eines *Transatlantic Market Place* war dazu gedacht, durch regelmäßige und rechtzeitige Konsultationen Vorsorge zu treffen, dass Irritationen über unterschiedliche Subventions-, Kartell- und Übernahmerichtlinien und -praktiken nicht neue Konfrontationen[72] zu den Dauerkonflikten hinzufügten.[73] Außerdem sollten Absprachen über Prüfverfahren und -standards (*Mutual Recognition Agreement*, Juni 1997) getroffen werden, so dass Herstellern nicht unnötig hohe Kosten aufgebürdet würden. Die Verbraucher sollten die Vorzüge eines offene(re)n Handels kennen und schätzen lernen. Ein *Transatlantic Business Dialogue* sowie ein *Consumer Dialogue* sollten verdeutlichen, dass die „Politik" bestrebt sei, transnationale nicht-gouvernementale Akteure an der Findung tragbarer Lösungen zu beteiligen.

Die Gegner, voran der französische Staatspräsident Chirac, drehten diese Argumentation um: Ähnlich wie in der NATO würden die USA auch in einer transatlantischen ökonomischen Partnerschaft den Ton angeben, ohne auf unilaterale Aktionen zu verzichten. Die nichtbeteiligten Staaten würden US-EU-Absprachen als versuchtes Diktat ablehnen, also hätten solche Absichten eine destabilisierende Wirkung auf das gerade vereinbarte Welthandelsregime. Konkret ging es Frankreich darum, den USA keine zusätzliche Plattform zu bieten, von der aus Washington die von Frankreich erzwungene Solidarität der EU-Partner mit den Forderungen nach Fortführung der gemeinsamen Agrarpolitik, Ausklammerung kultureller Güter und kulturschaffender Bereiche (audio-visuelle Medien u. a. m.) aus Welthandelsregelungen, Sonderregelungen für Textilprodukte und bestimmte Dienstleistungen aushebeln könnte. Der Schulterschluss der EU-Partner, voran der Regierung Kohl, mit Frankreich in kritischen Phasen der Uruguay-Runde (1991, 1993) nährte auf amerikanischer Seite den Vorwurf, die Europäer widersetzten sich offenem Regionalismus und legitimierten unter Berufung auf die Solidarität im Gemeinsamen Markt (als Präferenzzone) ihren Protektionismus. Die Handelskonflikte zwischen den USA und der EU erhalten dadurch zusätzlichen Zündstoff, umgekehrt bewirkt die vergleichsweise ausgewogene Bilanz der Waren- und Dienstleistungsströme, dass die Missstimmungen nicht überborden.

Konkrete Anlässe trugen dazu bei, diese Einsicht auf beiden Seiten des Atlantiks zu verbreitern und zu vertiefen und zu versuchen, die zuvor erwähnten Veto-Positionen zu umschiffen. Der wichtigste Impulsgeber war die Befürchtung, dass die Asien-(Finanz-)Krise 1997–98 den Ausfall Japans als Zugpferd der Regional- und Weltwirtschaft verlängern und sich damit die Gefahr erhöhte, dass die boomende US-Wirtschaft noch mehr Importe auf sich ziehen würde. Die kriselnde EU-Wirtschaft war hingegen damit beschäftigt, eine doppelte Aufgabe zu bewältigen, nämlich erstens den auf dem Athener Gipfel im Dezember 1996 verabschiedeten Stabilitätspakt einzuhalten und den durch den Eintritt in die dritte und letzte Phase der Währungsunion (1. Januar 1999) unvermeidlich gewordenen Strukturwandel zu beschleunigen, und zweitens die Marktöffnung für die Beitrittsanwärter voranzubringen. Da es nur eine Frage der Zeit zu sein schien, wann die lang anhaltende Aufschwungphase der US-Wirtschaft auslaufen und bestenfalls mit einer weichen Landung statt eines Sturzfluges des Dollar enden würde, richtete sich die amerikanische Erwartung verständlicherweise darauf, ob „Euroland" bereitstünde, die Rolle als Stützkraft der Weltwirtschaft zu übernehmen.

Unabhängig davon, ob ein Wechsel in der Führungsrolle eintritt oder beide als Zugmaschinen zusammenarbeiten, bringt die Verantwortung, für eine gute Konjunktur sorgen zu sollen, für beide Hauptakteure Probleme mit sich. In einer von strategischen Allianzen, gemeinsam finanzierten Forschungsaufwendungen, Kapitalverflechtungen usw. geprägten weltweiten Unternehmenslandschaft kann sich eigentlich niemand Schadenfreude über ein gescheitertes Projekt leisten. Die Häme einiger amerikanischer Konzernchefs, warum sie denn in Europa investieren sollten, wo doch die erfolgreichen europäischen, insbesondere deutschen Konzerne Produktionsstätten in die USA verlegten, spiegelt die Auffassung wider, dass die europäischen Politiker nicht willens oder in der Lage seien, die bekannten Investitionshemmnisse zu beseitigen, um eine der amerikanischen Hochschwungphase vergleichbare Konjunkturwelle auf ihrem Binnenmarkt zu erreichen. Der Streit, ob hohe Arbeitskosten, inflexibel-rigide Arbeitsmarktregeln, politisch motivierte Regulierungen wie die Ökosteuer, Vorbehalte gegen „Niedriglohnsektoren" und Genehmigungsverfahren die Ursache für die unterschiedlichen Erfolge der beiden Wirtschaftssysteme seien, ist gleichzeitig ein europäisch-innenpolitischer Gegensatz.

Im November 1998 stimmten die Außenminister der EU (Rat für Allgemeine Angelegenheiten) dem Aktionsplan Brittains für eine *Transatlantic Economic Partnership* zu.[74] Der EU-Kommissar nutzte jede sich bietende Gelegenheit, das Rahmenprogramm mit konkreten Vorhaben anzureichern. Dazu gehört die Vertiefung der seit 1991 bestehenden *regulatory cooperation* zwischen den Wettbewerbsbehörden. Dies erschien in Anbetracht der hohen ausländischen Direktinvestitionen, Firmenübernahmen und Fusionen besonders vordringlich. Das Zusammenwirken der US- und EU-Wettbewerbsbehörden wird somit zum Testfall dafür, wieweit die westlichen wirtschaftlich-rechtlichen Grundwerte und Normen auch in der praktischen Anwendung als Regeln und Entscheidungsverfahren zusammenpassen und als Wertmuster globale Anerkennung finden können.

# Anmerkungen

## Vorwort

[1] Hans Ulrich Wehler, Nationalismus, S. 55–62; Horst Dippel, Die amerikanische Revolution; Jacob Schissler, Neokonservatismus; Detlev Junker, Von der Weltmacht zur Supermacht; Hartmut Wasser, Die Rolle der Ideologie in den Vereinigten Staaten (in: ders. [Hrsg.], USA), S. 39–68.

[2] Detlev Junker, Der 11. September 2001 und die Grundlagen amerikanischer Weltpolitik, in: Erich Reiter (Hrsg.), Jahrbuch der internationalen Sicherheitspolitik 2002, Bd. 1, S. 160.

[3] Außenminister Joschka Fischer, 27. Juni 2002, Rede im Deutschen Bundestag anlässlich der Debatte über die transatlantischen Beziehungen. Ähnlich sehen es und äußern sich zumindest Regierungskreise in Nordost- und Südostasien.

## I. Von der Unabhängigkeit zum Bürgerkrieg

[1] Sautter, S. 50.

[2] Heideking, S. 25.

[3] Jefferson, A Summary View of the Rights of British America, 1774.

[4] Wasser (Hrsg.), S. 18 ff.

[5] Sautter, S. 65 f.

[6] Heideking, S. 58.

[7] Wallace Brown, The King's Friends (Providence, 1965), S. 275, 261 ff.

[8] Junker, S. 12–13, Schissler, Neokonservatismus, S. 18–20, Dippel, Amerikanische Revolution. Die These, dass die amerikanische Nation keine Ideologie habe, sondern eine Ideologie sei, geht auf Hofstadter zurück. Junker spricht von einer „Nation mit der Seele einer Kirche".

[9] John Gerard Ruggie, Constructing the World Polity (London: Routledge, 1999), S. 218–219.

[10] Formal trat die Verfassung erst am 1. März 1781 in Kraft. Auf Vorschlag des Kongresses wurde das Gebiet zwischen den Appalachen und dem Mississippi Gemeinschaftsbesitz.

[11] Die klassische Begründung liefert der 51. Artikel der Federalist Papers, die Schlüsselpassage in deutscher Übersetzung findet sich in: Wasser (Hrsg.), S. 29.

[12] Ellis: Sie schufen Amerika.

[13] Gemeint sind: Virginia, Pennsylvania, Massachusetts, die beiden Carolina und Georgia.

[14] Connecticut, Delaware, New Jersey, Maryland, New York. Diese Gruppe wollte möglichst viel vom Prinzip der Staatengleichheit in einer Konföderation bewahren. Rhode Island nahm am Reformkonvent nicht teil, weil es die Legitimität des Neubeginns bezweifelte.

[15] Die innere Staatsschuld betrug $ 40,4 Millionen, die auswärtige $ 11,7 Mill. Die Schulden der Einzelstaaten beliefen sich auf insgesamt $ 18,3 Mill., Nash, in: Kutler (ed.), S. 512–514.

[16] Hofstadter, S. 40–41.

[17] Das Telegraphen-Kabelnetz umfasste 1860 ca. 50 000 Meilen.

[18] Carl N. Degler: Out of the Past. The Forces that Shaped Modern America, S. 418–420.

[19] Sautter, S. 140.

[20] Kentucky (1792), Louisiana (1812), Mississippi (1817), Alabama (1819), Missouri (1821), Arkansas (1836).

[21] Ohio (1803), Indiana (1816), Illinois (1818), Michigan (1837), Iowa (1846), Wisconsin (1848), Minnesota (1858).

[22] Heideking, S 139.

[23] Eric Foner (ed.), Kap. *Civil War*, S. 404–405.

[24] Die Mitglieder leugneten ihre Herkunft vom geheimbündlerischen *Order of the Star Spangled Banner*.

## II. Von der Kontinentalmacht zur Weltmacht

[1] Die *Black Codes* beschränkten die Rechte der freien „Neger" darauf, z. B. als Zeuge aufzutreten, wenn Verfahren gegen ihresgleichen anstanden. Sie durften keine Waffen tragen. Die *Freedmen* wurden verpflichtet, jährlich einen Arbeitsvertrag einzugehen, durften aber den *Job* nicht verlassen. Arbeitslose Schwarze durften an weiße Landbesitzer ausgeliehen werden. Kinder von Schwarzen mussten bei Weißen in die Lehre gehen. Die Möglichkeit, Land zu kaufen oder zu pachten, war in den einzelnen Staaten eingeschränkt.

[2] Das vom Staate Maryland 1902 verabschiedete erste Gesetz dieser Art wurde 1904 für verfassungswidrig erklärt.

[3] Berkowitz, Social Welfare, in: Kutler (ed.), S. 476–477.

[4] In seiner Karriere als Anwalt lebte Bryan die „Allianz" vor: Er hatte sowohl die *farmers' revolts* gerechtfertigt als auch Gerichte und Gouverneure getadelt, weil sie auf Drängen von Unternehmern Streikführer zu Geld- und Haftstrafen verurteilten.

[5] Heideking, S. 211.

[6] Der Gesamtwert des amerikanischen GNP betrug zu diesem Zeitpunkt 20 Milliarden Dollar. Die Kapitalisierung der USSC entsprach somit 7% des GNP.

[7] Lindstrom, „Domestic Trade and Regional Specialization", in: Kutler (ed.), S. 277.

[8] Heideking, S. 238.

[9] Stephenson, Manifest Destiny, S. 83–87.

[10] Außenminister Hay sprach vom *splendid little war.* Die Kampfhandlungen brachen am 21. April 1898 aus. Am 24. April erklärte Spanien den Krieg. Der Friedensschluss erfolgte bereits am 12. Dezember 1898 in Paris.

[11] Die amerikanische Massenpresse verbreitete detaillierte Meldungen über die von Spanien durchgeführten Zwangsumsiedlungen auf Kuba. Die Explosion des zu einem Höflichkeitsbesuch in Havanna ankernden Schlachtschiffs „Maine", für die die US-Regierung einen Bombenanschlag verantwortlich machte, gab den letzten Anstoß, die aufgebrachte Stimmung für einen Kriegszug zu nutzen. In die Kriegspsychose spielte das Motiv hinein, das spanisch-katholische „Joch" abzuschütteln.

[12] Iriye, S. 13.

[13] Junker, S. 32.

[14] Die 14 Punkte umfassten u. a.: kollektive Sicherheit im Rahmen eines Völkerbunds, Reduzierung der nationalen Rüstungen und Streitkräfte, Selbstbestimmungsrecht der Völker, öffentliche Friedensverträge, absolute Freiheit der Schifffahrt, absolut unparteiische Ordnung aller kolonialen Ansprüche, Aufhebung sämtlicher wirtschaftlicher Schranken (*open door*-Politik).

[15] Beatrice Heuser, 'Das internationale System vom Wiener Kongress bis zur UNO: Zwischen gleichem Recht und Oligarchie', in: Gabriele Clemens (Hrsg.). Nation und Europa (Festschrift für Peter Krüger), Stuttgart 2001, S. 300.

[16] Zwischen 1922 und 1929 wurden 80 000 Straßenkilometer fertig gestellt. Von den Gesamtkosten entfielen $ 670 Mill. auf den Bund und 869 Mill. auf die Einzelstaaten.

[17] Die Angaben schwanken je nach Wahl des Vergleichsjahres: 1919, 1920, 1921.

[18] Perkins und Altmeyer waren in den als fortschrittlich geltenden staatlichen *Industrial Commission* bzw. *Board* hervorgetreten, Perkins in New York (unter Roosevelt als Gouverneur), Altmeyer in Wisconsin.

[19] Boyer u. a., Enduring Vision, S. 884.

[20] Filibustertaktik: Die Mitglieder des Senats können ihre unbegrenzte Redezeit nutzen, um die Entscheidung über eine Vorlage endlos hinauszuzögern.

[21] Der streng geheime Militärbezirk wurde 1943 eingerichtet, nachdem Enrico Fermi an der Universität Chicago die Gewinnung von Plutonium gelungen war. Neben Fermi hatten auch andere politische Flüchtlinge wie Albert Einstein bereits Ende der 30er-Jahre vor der Gefahr einer Atombombe in Hitlers Händen gewarnt. Im Frühsommer 1941 berief Roosevelt ein *National Defense Research Committee* ein, dem Henry Wallace (Vizepräsident), Henry L. Stimson (Verteidigungsminister), George C. Marshall (Stabschef der Armee) und James B. Conant (Präsident der Harvard-Universität) angehörten. Neben Großbritannien, dessen Forschung damals weiter gediehen war als die amerikanische, wurde Kanada – als Uranbesitzer –, nicht aber die Sowjetunion am Geheimprojekt beteiligt. Die Arbeiten wurden unter der Oberleitung von J. Robert Oppenheimer, einem Schüler von Max Born, an mehreren Zentren vorangetrieben.

[22] Boyer u. a., Enduring Vision, S. 875.

[23] Das Pentagon schrieb Forschungsaufträge aus oder finanzierte beantragte Projekte, erlaubte Gewinnspannen bei Großaufträgen, gewährte Patent- und Lizenzschutz etc. Die größten Hersteller, die mit Aufträgen des Pentagon bedient wurden, vereinten den Hauptteil staatlicher Fördermittel (R&D) auf sich. Einige Unternehmen wie z. B. *Lockheed* hingen von Staatsaufträgen und Fördermitteln ab, andere wie *General Electric* oder *General Motors* erzielten nur einen geringen Teil ihrer Umsätze und Gewinne mit Rüstungsaufträgen.

[24] Mit Wilson nahm zum ersten Mal ein amerikanischer Präsident an einer mehrmonatigen Friedenskonferenz im Ausland teil. Die am 18. Januar 1919 im Spiegelsaal von Versailles eröffnete Friedenskonferenz behielt die Verhandlungen ausschließlich den Vertretern der 27 Siegermächte vor. Die Staats- und Regierungschefs Frankreichs, Großbritanniens, Italiens und der USA konstituierten sich als *Council of Four.*

[25] Im letzten der 14 Punkte hatte Wilson davon gesprochen, im Rahmen eines Bundesvertrages gegenseitige Garantien für die politische Unabhängigkeit und territoriale Integrität in gleicher Weise für die großen und kleinen Staaten festzulegen.

[26] Eine genaue Höhe der Reparationen wurde im Versailler Vertrag nicht festgelegt. Bis 1921 sollten 20 Mrd. Goldmark in Form von Gold, Waren, Schiffen, Wertpapieren oder anderswie aufgebracht werden. Auf der Londoner Konferenz im März 1921 präsentierten die Siegermächte, verbunden mit einem Ultimatum, eine Gesamtforderung von 226 Mrd. Goldmark. Nach der deutschen Ablehnung drohten die Siegermächte (5. Mai 1921) mit einer Ruhrbesetzung, falls die Reichsregierung die auf 132 Mrd. Goldmark herabgesetzte Schuld nicht anerkenne. Die Schuld sollte in jährlichen Raten von 2 Mrd. zuzüglich 25% Ausfuhrabgabe gezahlt werden. Im Januar 1922 erreichte die Regierung Wirth/Rathenau, die eine Erfüllung der Verpflichtungen zusagte, einen Zahlungsaufschub. Während Berlin argumentierte, dass der Verfall der deutschen Währung die frist-

gerechte Zahlung verhindere, vertrat insbesondere die französische Regierung die Ansicht, dass die Reichsregierung die Inflation anheize, um nicht zahlen zu müssen.

[27] Das geschah nach dem Motto: *They hired the money, didn't they?* Die höchsten Kriegsschulden gegenüber den USA (1920, in US-$) entfielen auf Großbritannien (4,3 Mrd.), gefolgt von Frankreich (3,4 Mrd.) und Italien (1,6 Mrd.).

[28] Angesichts der hohen Außenstände Frankreichs (10 Mrd. RM) erstrebte London ein Schuldenabkommen mit Paris. Dies würde Großbritannien die Bedienung der eigenen Schulden gegenüber den USA erleichtern (18 Mrd. RM). Das 1926 geschlossene Churchill-Caillaux-Abkommen wurde von Frankreich erst 1929 ratifiziert.

[29] Die britische Regierung Baldwin, die im Februar 1923 als Erste ein Abkommen schloss, zahlte 3,3% Zinsen, Frankreich (1926) 1,6%, Italien kam mit 0,4% davon.

[30] Rosenberg, Emily: Spreading the American Dream, New York 1982.

[31] Die USA wurden Mitglied der International Labour Organisation (ILO), der Weltgesundheitsbehörde und der Völkerbundeinrichtungen für kulturelle Zusammenarbeit, Erziehung *(Education)* u.a.

[32] Die weiteren Vertragspartner waren Belgien, China, die Niederlande und Portugal.

[33] Link, Die amerikanische Stabilisierungspolitik. Vergleichbare Strukturen entwickelten sich im Verhältnis USA–Japan (1923–28).

[34] Grundlegend: Ziebura: Weltpolitik und Weltwirtschaft.

[35] Außerkraftsetzung des *open door*-Prinzips, Verletzung der territorialen Integrität Chinas u.a.m.

[36] Austritt aus der Abrüstungskonferenz und aus dem Völkerbund am 14. Oktober 1933, Bekanntgabe der Existenz einer Luftwaffe (9. März 1935) und Wiedereinführung der allgemeinen Wehrpflicht (16. März 1935), Besetzung der demilitarisierten Rheinzone (7. März 1936), Anschluss Österreichs (3. März 1938).

[37] Die britische Regierung fand sich mit Japans China-Politik ab, eine entsprechende Erklärung wurde am 24. Juli 1939 veröffentlicht, parallel zum Beistandsvertrag zwischen Frankreich, Großbritannien und der Sowjetunion.

[38] Zur Beschleunigung der Flugzeugproduktion wurde die britische Automobilindustrie umgerüstet *(Schattenfabriken)*, die USA folgten dem Modell.

[39] F. D. Roosevelt an Joseph C. Grew (Botschafter in Japan), 21. Januar 1941, Junker, S. 8.

[40] Knud Krakau (Hrsg.): Lateinamerika und Nordamerika, S. 193.

[41] Im Senat stimmten am 8. März 1941 60 für, 31 gegen das Gesetz, im Repräsentantenhaus kam am 11. März eine 317:71-Mehrheit zustande.

[42] Die *Lend-Lease*-Lieferungen der USA (1941–1945) betrugen insgesamt $ 50 Mrd., davon entfielen auf Großbritannien/British Empire 31,4 Mrd., UdSSR 11 Mrd., China 1,6 Mrd.

[43] Die UdSSR trat der Erklärung 1942 unter Vorbehalten bei.

[44] Stalin wollte wegen seines Interesses an der Neutralität Japans nicht an den Verhandlungen über die Kriegsziele gegenüber Japan teilnehmen. Der Forderung nach bedingungsloser Kapitulation hatte er sich angeschlossen.

[45] Roosevelt entwickelte verschiedene Versionen des Konzepts. Die vielleicht bedeutendste äußerte er im Gespräch mit Molotow im Mai 1942. Sie beruhte auf zwei Kerngedanken: 1. Wenn die USA, die UdSSR, Großbritannien und China ihre Kooperation aufrechterhielten, benötigten Russland und Großbritannien keine Einflusssphären (Kolonien), d.h., der Anlass für den *Struggle for Asia* und um die Zugänge zum Mittelmeer und Persischen Golf würde entfallen; 2. die 'kleinen' Mächte bräuchten keine größeren Streitkräfte zum Schutz vor den wieder erstarkenden Feindstaaten

(Japan, Deutschland) zu unterhalten, d.h., Balkankriege würden keine Weltkriege auslösen. Jeder *world cop* sollte in seiner Region Friedensgarant sein.

[46] Auf Stalins Frage, ob sich die Situation wiederholen könnte, dass die UdSSR damit rechnen müsse, ähnlich wie nach dem Überfall auf Finnland aus dem Völkerbund ausgeschlossen zu werden, gestanden Roosevelt und Churchill zu, dass jeder der vier Weltpolizisten (ständiges Mitglied des Sicherheitsrates) ein absolutes Veto haben müsse, also Einstimmigkeit bei allen essentiellen Fragen zur Gültigkeit eines Beschlusses erforderlich sei.

[47] Der Projektleiter informierte Truman, dass die Uranbombe ab 1. August 1945 einsetzbar sei, dafür benötige man keinen Test. Der in Alamogordo durchgeführte Test galt einem Verfahren und nicht dem Test einer Atombombe.

[48] Gar Alperovitz wird als Hauptvertreter der *atomic diplomacy*-These herangezogen. Barton J. Bernstein u.a. sprechen von einem erwünschten Nebeneffekt und bestreiten, dass der Atombomben-Abwurf eine Ursache für den Beginn des Kalten Krieges war.

## III. Die amerikanische Weltmacht nach 1945

[1] Außenminister James F. Byrnes hatte auf der Londoner Außenministerkonferenz im September 1945 einen Viermächte-Pakt mit einer Laufzeit von 25 Jahren angeregt; das Angebot sollte den Weg für die Vorlage eines Friedensvertragsentwurfs bereiten, den die USA im Januar 1946 vorlegten.

[2] Den Ausdruck „Eiserner Vorhang" hatte Churchill in einer Rede am 5. März 1946 in Fulton (Missouri) geprägt. Der feste Entschluss zur Gründung eines westdeutschen Teilstaates reifte im Vorfeld der Londoner Außenministerkonferenz (November–Dezember 1947).

[3] In dem berühmten, mit „X" gezeichneten „langen Telegramm", das im Juli 1946 von der *New York Times* veröffentlicht wurde, nahm George F. Kennan eingangs Bezug auf Stalins ideologische Begründung des Ost-West-Konfliktes. Die unmittelbare Gefahr, so Kennan, liege nicht in militärischen Expansionsbestrebungen der UdSSR, sondern in der Destabilisierung der wirtschaftlich-gesellschaftlichen Verhältnisse im Westen mit Hilfe von Unterwanderungsstrategien. Kennan war ein Befürworter der *economic recovery* Europas und Japans mit amerikanischer Hilfe, jedoch ein Gegner der NATO-Gründung; die militärische Dimension dürfe nicht zur wirtschaftlichen und politischen Teilung hinzukommen.

[4] Die USA weigerten sich, der UdSSR eine der japanischen Hauptinseln zur Besatzung zu übergeben; die UdSSR annektierte die ihr in Teheran zugestandenen Sachalin-Inseln. Im Dezember 1945 gestanden die USA die Bildung einer elfköpfigen *Far East Commission* zu, in der auch die UdSSR vertreten war, doch blieb diese genauso einflusslos wie der auf beratende Funktionen beschränkte, in Tokio angesiedelte (Viermächte-) *Allied Council for Japan.*

[5] Die USA und Großbritannien verfochten die Auffassung, dass die Besatzungskosten einschließlich der Verpflichtung zur Versorgung der deutschen Bevölkerung einen Vorrang *(first charge)* vor anderen Ansprüchen – d.h. Reparationen – haben müssten; im Fall hoher Entnahmen aus laufender westdeutscher Produktion würde die deutsche Wirtschaft nicht die erforderlichen Einnahmen erzielen, also müssten amerikanische bzw. britische Steuerzahler die Zeche bezahlen.

[6] Stalin hatte in Jalta von Reparationen in Höhe von 20 Mrd. Dollar gesprochen; Roosevelt ging darauf ein und hielt einen 50%-Anteil für die UdSSR für berechtigt. In Potsdam einigten sich die 'Großen Drei' auf das Prinzip, dass jede Besatzungsmacht die benötigten Reparationen ihrer Zone entziehen dürfe; die UdSSR sollte außerdem 10% der Entnahmen aus den Westzonen erhalten; weitere 15% kämen hinzu, sofern der Westen als Gegenleistung Nahrungsmittellieferungen aus der

SBZ erhielte. Aufgrund des Vetorechts jeder der vier Besatzungsmächte im Alliierten Kontrollrat, der Anordnungshoheit des Militärgouverneurs in seiner Zone bezüglich der Reparationsleistungen und des Ausbleibens von Nahrungsmittellieferungen aus der SBZ verschärften sich die Gegensätze im Mai–Juli 1946.

7 Die durch den harten Winter 1946/47 verschärfte Versorgungskrise – Energie/Heizkraft; Konsumgüter – schürte eine innenpolitische Konfliktlage, in deren Verlauf die Kommunisten in Frankreich, Italien, Belgien aus den Regierungen ausschieden bzw. ausgeschlossen wurden (März bis Mai 1947) und dann ihrerseits mit den ihnen nahe stehenden Gewerkschaften auf den Straßen gegen die als bürgerlich-kapitalistisch diffamierten Regierungen Front machten. Diese westeuropäischen KPs nahmen im September 1947 am Gründungskongress der *Kominform* teil; die Regie führte dort Shdanov, der Stalins Zwei-Lager-Theorie verkündete.

8 Die UdSSR, die Volksrepublik China, Nationalchina (Taiwan), Indien, Nordkorea und Burma unterzeichneten den Friedensvertrag nicht. Obwohl Großbritannien gegenüber Japan eigene Forderungen, insbesondere Reparationsansprüche, verfocht, unterstützte es die amerikanische Linie, andere Dritte aus den amerikanisch-japanischen Verhandlungen herauszuhalten.

9 Marc Frey, Geschichte des Vietnamkrieges, S. 137.

10 Dazu gehörten Bombenangriffe auf Hanoi, die Hauptstadt Nordvietnams, oder die Zerstörung von Deichen oder eine totale Bombardierung Nordvietnams.

11 Wichtige Erzeugnisse wurden auf Dollarbasis abgerechnet. Die USA schleusten – über Kriegs- und Militärausgaben in aller Welt – Dollars in die weltweite Zirkulation. Andere Volkswirtschaften importierten schwache (weiche) Dollars. Die amerikanische Regierung rechtfertigte ihren Verzicht auf Kurspflege des Dollar damit, dass Deutschland, Japan, Kanada u. a. Staaten, die von der militärischen Sicherheitsgarantie der USA profitierten, Maßnahmen zur Stützung der Sicherheitswährung ergreifen müssten und nicht die USA selbst.

12 Policy Planning Council Memorandum, 'US Policy towards Western Europe', Dezember 1968, NSF, Subject Files, Box 50, F: Transition.

13 Dembinski, Die Zukunft des politischen Westens, S. 5 und S. 29.

14 Zum so genannten Zehnerclub gehören: Belgien, Deutschland, Frankreich, Großbritannien, Italien, Japan, Kanada, die Niederlande, Schweden und die USA. Er bildet ein Kooperationsforum innerhalb des Internationalen Währungsfonds. Die G 10 nutzen die Bank für Internationalen Zahlungsausgleich – als Dachorganisation der Zentral- (Noten-)Banken – seit 1964 zur Absprache von Maßnahmen zur Finanzierung von Zahlungsbilanzdefiziten.

15 Gilbert, Routledge Atlas, S. 118.

16 Gaddafi bestritt jahrelang jegliche Verantwortung, gab die Schuld seiner beteiligten Offiziere jedoch 1999 zu und gewährte den Opfern Entschädigungszahlungen.

17 Japans Bruttoinlandsprodukt war seit den 1970er-Jahren so groß wie die Summe aller anderen ost- und südostasiatischen BIPs (einschließlich Volksrepublik China); aufgrund des von hohen Devisenüberschüssen gedeckten harten Yen sah sich Japan zum *Recycling* in Form von Auslandsinvestitionen in seinem Hinterland gezwungen und bildete eine *Network Power* (Katzenstein).

18 Das um Großbritannien zentrierte *Five Power Defense Arrangement* mit Malaysia, Singapur, Neuseeland und Australien existiert weiterhin, dürfte aber auf sich gestellt wenig Stabilität verbürgen. Die 1954 gegründete SEATO, in der nur zwei asiatische Staaten Mitglied waren – Pakistan und Thailand –, wurde 1977 formal aufgelöst.

19 Außenminister Genscher hatte gedroht, dass die Dislozierung von Waffensystemen kurzer Reichweite, die mit atomaren Sprengköpfen ausgestattet waren und nur gesamtdeutsches Gebiet sowie das von sowjetischen Streitkräften geräumte Gebiet in den östlichen Nachbarstaaten abdeck-

ten, das Ende der deutsch-amerikanischen Freundschaft bedeuten musste. Die Regierung Thatcher befürwortete die Modernisierung der Kurzstreckensysteme. Mitterrand konnte sich nicht entschließen, der Bundesregierung Mitspracherechte über die so genannten prästrategischen Systeme einzuräumen und die Diskrepanzen in Strategiefragen zu diskutieren.

[20] Die Bundesrepublik teilte die französische Einschätzung, dass Europa Konsequenzen aus der Reduzierung der amerikanischen Militärpräsenz ziehen, sich also rechtzeitig auf die Situation einstellen müsse, dass die USA sich de facto von ihrer europäischen Rolle verabschieden könnten.

[21] Die Blauhelm-Truppen durften nur sich selbst und die UN-, OSZE-Beobachter schützen. Sie hatten kein (robustes) Mandat, die als *safe haven* deklarierten Zonen und Lager gegen gewaltsame Übergriffe zu schützen.

[22] Dembinski, S. 12.

[23] Den Übertritt zum Islam begründeten Schwarze damit, dass Christentum und weiße Vorherrschaft in Amerika von Beginn der Siedlungsnahme an identisch seien. Man müsse bewaffneten weißen Polizisten Paroli bieten dürfen.

[24] Friedrich Lenger, Urbanisierung als Suburbanisierung. Grundzüge der nordamerikanischen Entwicklung im 20. Jahrhundert (Bochum: Stiftung Bibliothek des Ruhrgebiets 10, 2003), S. 17.

[25] Holtfrerich, S. 367, Tabelle M-2: Struktur der Ausgaben des Bundeshaushaltes als Anteil der Gesamtausgaben und als Anteil des Bruttosozialproduktes (in Prozent).

[26] Vatter and Walker (eds.), S. 12–13.

[27] Berkowitz, in: Kutler (ed.), S. 492.

[28] Große Teile des *Great Society*-Programmes wurden vom Kongress verabschiedet: *Medicare* und *Medicaid* 1965; Bundesmittel für Grund- und staatliche *secondary schools* (Mittel- und Oberstufe). Beide Maßnahmen, in Kennedys *New Frontier*-Programm vorgesehen, waren in der Demokratischen Partei auf Widerstand gestoßen.

[29] Dittgen, S. 309.

[30] National Science Board, Science and Engineerung Indicators, 1989, in: Vatter and Walker (eds.), S. 58.

[31] Der „sun-belt" erstreckt sich von Virginia, den Carolinas, Georgia und Florida an der Atlantikküste über Texas, Arizona und New Mexiko bis nach Kalifornien.

[32] Die HMOs unterhalten eigene Krankenhäuser und Ärzteschaften; die Beitragsbemessung richtet sich nach dem Jahresbudget, das sie für Krankenhaus und Ärzteschaft aufstellen. Sie sichern ihrer Mitgliedschaft Versicherungsschutz für bestimmte Leistungen (nahezu ohne Selbstbeteiligung) und verlangen dafür fixe monatliche Beiträge, die unabhängig von der Inanspruchnahme von Leistungen fällig sind. Der Bund unterstützt die HMOs durch Bereitstellung von Mitteln zur Aufnahme von Darlehen oder Krediten. Arbeitgeber mit mehr als 25 Beschäftigten müssen diesen die Mitgliedschaft anbieten, wenn eine den gesetzlichen Ansprüchen genügende HMO vor Ort existiert. Die Zahl der versicherten Mitglieder stieg von 10,2 Millionen im Jahre 1980 auf knapp 40 Millionen im Jahre 1991.

[33] FAZ-Grafik Heumann, „Teure Gesundheitswesen", 3. Dezember 2002.

[34] Bierling, S. 29.

[35] Martin Feldstein: Amerikanischer Aufschwung ist kein Geschenk des Himmels, FAZ, 21. März 2002.

[36] Rosen, in: Bierling/Meier-Walser, S. 17–18.

[37] „All seniors should have the choice of a health care plan that provides prescription drugs", Bush State of the Union Address, 28. Januar 2003. Die Rentner sollen freien Zugang zu verschreibungspflichtigen Medikamenten erhalten, doch ist zwischen den Parteien strittig, wer die Kosten

übernimmt. Die Demokraten treten dafür ein, dass der Bund die Medikamente bezahlt; die meisten Republikaner (*Majority Leader* Bill Frist) befürworten „a stronger role for private insurance companies in helping provide prescription drugs through the Medicare program for the elderly and disabled" – IHT, 10. Januar 2003.

[38] Bush, State of the Union Address, 28. Januar 2003.

[39] *Discreditionary spendings* umfasst alle Bundesausgaben mit Ausnahme der Treuhandfonds (Social Security, Medicare u.a.) und der Zinsdienste für die Staatsschulden. Die Sozialleistungen werden den Anspruchsberechtigten automatisch ausgezahlt.

[40] Nur Teil A – Krankenhauskosten – ist durch obligatorische Versicherungsbeiträge, die Arbeitnehmer und Arbeitgeber zu gleichen Teilen leisten, gedeckt; Teil B der Krankenversicherung für Alte über 65 *(Medicare)* sieht freiwillige Zusatzversicherungen für Arztbehandlungskosten, Zahnarztbehandlung, Medikamente, Hilfsgeräte etc. vor; der Arbeitnehmer zahlt dafür eine monatliche Prämie. Die Versicherungsleistungen sind nicht kostendeckend. Für ambulante Behandlung und Medikamente besteht eine Selbstbeteiligung. Der Bund bezahlt 75% der Ausgaben des Teils B aus Steuermitteln (s. Murswieck).

[41] FAZ, 12. Oktober 2002, Graphik „Deckungslücken in amerikanischen Pensionskassen".

[42] Rentner dürfen einen Nebenverdienst bis zu einer bestimmten Höhe erzielen, ohne Abzüge zu riskieren.

[43] J. VandeHei and J. Eilperin, 'Republican candidates disavow Bush's social security plan', IHT, 14. August 2002.

[44] Jeff Madrick (Herausgeber des *Challenge Magazine*), „For most in U.S., no pension windfalls", IHT, 22. Februar 2002.

[45] Weidenfeld, in: Internationale Politik VI (2001), S. 7.

[46] S. die Schaubilder in Teil III.B.

[47] Thomas C. Lawton and Kevin P. Michaels, 'The evolving global productions structure: Implications for International Political Economy', in: Th. C. Lawton, J. N. Rosenau, A. C. Verdun (eds.): Strange Power. Shaping the parameters of international relations and international political economy (Aldershot: Ashgate, 2000), S. 71.

[48] Vietor, Economic Performance, in: Kutler (ed.), S. 1179.

[49] „Die Märkte leiden unter dem Enron-Debakel", FAZ, 11. Februar 2002.

[50] UNCTAD: World FDI grows, Presseerklärung, 8. Februar 2000.

[51] Koopman, Transatlantic Trade under Fire, in: Intereconomics, 37:3 (May/June 2002).

[52] FAZ-Grafik Brocker/Levinger: Vereinigte Staaten, Euro-Raum und Japan – Wirtschaftsdaten im Vergleich, FAZ, 3. Juli 2001.

[53] Koopman, S. 127; Decker, Handelskonflikte, Tab. Ausländische Direktinvestitionen der USA und der EG.

[54] Gordon, Figure 5.8. Total investment stock of Japan and U.S in Asia (bis 1998).

[55] Reinhard Rode, Der Euro als transatlantische Herausforderung, ZfP, 2/99, S. 466–7.

[56] Hanns Günter Hilpert, Japans endlose Wirtschaftskrise, SWP-Studie S 44, Dezember 2002, S. 27–28.

[57] Die Gläubiger sind im Wesentlichen japanische Kreditgeber. Es handelt sich um eine auf Yen lautende Binnenverschuldung. Nur 3,6% der japanischen staatlichen Wertpapiere gehören ausländischen Gläubigern.

[58] Akio Mikuni and R. Taggart Murphy, 'The dollar dilemma. Why reforming Japan's banks could ruin the U.S.', IHT, 31. Oktober 2002.

[59] FAZ, 21. Februar 2003, „Wechselkurspolitik Japans und Chinas sorgt für Unruhe".

[60] Hilpert, S. 39.

[61] Euro-Papers No. 26, Juli 1998.

[62] Rode, S. 466–67.

[63] FAZ, 13. Juni 2002: „Enttäuschung größte Gefahr für Märkte. IMF warnt vor Folgen der Enron-Pleite".

[64] FAZ, 24. Januar 2003, S. 23: „London führt beim Handel mit ausländischen Aktien".

[65] „Europe's Merger Busting", New York Times, 22. Juni 2001.

[66] S&P hat einen Marktanteil von 41% und erzielt einen Umsatz von $ 1,6 Mrd., Moody's 38% und $ 1,02 Mrd., Fitch kommt auf einen Marktanteil von 14%. Deutsche Unternehmen wie Thyssen-Krupp, Linde AG, Deutsche Post, Telekom u. a. reagierten (Winter 2002–03) empört auf die Bekanntgabe, dass sie auf der Beobachtungsliste stehen oder herabgestuft wurden.

[67] FAZ, 8. Febr. 2002, „Das Geschäft mit dem Rating ist eine Goldgrube".

[68] Energy Information Administration/Petroleum Supply Monthly, December 2002, S. 72, sowie Tab. 5 und *Figures* 56 und 62.

[69] LaFeber, in: Cambridge History, II, S. 238 f.

[70] Koopmann, S. 129.

[71] Außenminister Warren Christopher, Rede in Madrid, Juni 1995.

[72] Die *New Life Sciences*, Bio-Technologien, Gen-Technik u. a. können in den USA (sowie in Großbritannien) mit weniger Verboten, Vorschriften und Genehmigungsverfahren rechnen.

[73] EU-Begünstigungen für Bananen-Importe aus AKP-Staaten; Subventionen für den Airbus, für EU-Agrarexporte; amerikanische Zölle auf Stahlimporte u. a.

[74] Zuvor hatten französische Vertreter im November 1990 die Transatlantische Erklärung verwässert, im Frühjahr 1995 die TAFTA-Projekte verworfen und im März/April 1998 im Vorfeld des EU-US-Gipfels die *Market Place*-Pläne der Kommission gestoppt.

# Literaturverzeichnis

## Gesamtdarstellungen

Adams, Willi P.: Die USA vor 1900 (München 2000).
Ders.: Die USA im 20. Jahrhundert (München 2000).
Becker, W. H./Wells, Samuel F. Jr. (Hrsg.): Economics and World Power: An Assessment of American Diplomacy since 1789 (New York 1984).
Boyer, P. S., u. a. (Hrsg.): Enduring Vision: A History of the American People, 3. Aufl. (Boston 1998).
Commager, Henry St./Cantor, Milton (Hrsg.): Documents of American History, 10. Aufl. (Englewood Cliffs 1963–1988).
DeConde, A. (Hrsg.): Encyclopedia of American Foreign Policy. Studies of the Principal Movements and Ideas, 3 Bde. (New York 1978).
Degler, Carl N.: Out of Our Past: The Forces that Shaped Modern America, 3. Aufl. (New York 1984).
Hacker, A.: Two Nations: Black and White, Separate, Hostile, Unequal, 2. Aufl. (New York 1995).
Hartz, Louis: The Liberal Tradition in America: An Interpretation of American Political Thought Since the Revolution (New York 1955).
Heideking, Jürgen: Geschichte der USA (Stuttgart 1996).
Hofstadter, Richard: The American Political Tradition and the Men Who Made It (New York 1948).
Hogan, Michael J./Paterson, Thomas G. (Hrsg.): Explaining the History of American Foreign Relations (Cambridge/New York 1991).
Junker, Detlef: Von der Weltmacht zur Supermacht. Amerikanische Außenpolitik im 20. Jahrhundert (Mannheim 1995).
Kammen, Michael: The Problem of American Exceptionalism: A Reconsideration, in: American Quarterly, Bd. 45:1 (1993), S. 1–43.
Kutler, Stanley I. (Hrsg.): Encyclopedia of the United States in the 20th Century, Bd. 4 (New York 1996).
LaFeber, Walter: United States Foreign Policy at Home and Abroad since 1750 (New York 1989).
Landauer, Carl: Sozial- und Wirtschaftsgeschichte der Vereinigten Staaten von Amerika (Stuttgart 1981).
Lösche, Peter: Amerika in Perspektive. Politik und Gesellschaft in den Vereinigten Staaten (Darmstadt 1989).
Markham, Jerry W.: A Financial History of the United States (London 2002).
Patterson, Samuel C./Davidson, R. H./Ripley, R. B.: A More Perfect Union. Introduction to American Government, 4. Aufl. (Pacific Grove, Calif. 1989).
Porter, Glenn (Hrsg.): Encyclopedia of American Economic History, 3 Bde. (New York 1980).
Rode, Reinhard: USA (München 1992).
Sautter, Udo: Geschichte der Vereinigten Staaten von Amerika, 2. Aufl. und 5. Aufl. (Stuttgart 1976 und 1994).

Scheiber, Harry N. (Hrsg.): Federalism. Studies in History, Law and Policy (Berkeley 1988).
Ders./Vatter, Harold G./Faulkner, Harold U.: American Economic History (New York 1976).
Schwartz, Bernard: History of the Supreme Court (New York 1993).
Shafer, Byron E. (Hrsg.): Is America Different? A New Look at American Exceptionalism (Oxford 1991).
Smith, T.: America's Mission: The United States and the Worldwide Struggle for Democracy in the 20th Century (Princeton 1994).
Vorländer, Hans: „Hegemonialer Liberalismus". Politisches Denken und politische Kultur in den USA 1776–1920 (Frankfurt a. M. 1997).
Wasser, Hartmut (Hrsg.): USA. Wirtschaft – Gesellschaft – Politik, 4. Aufl. (Opladen 2000).
Wiebe, Robert H.: The Segmented Society: An Introduction to the Meaning of America (Oxford 1975).
Williams, William A.: The Tragedy of American Diplomacy (New York 1962).

## I. Von der Unabhängigkeit zum Bürgerkrieg (1776–1865)

Bemis, Samuel F.: John Quincy Adams and the Foundations of American Foreign Policy (New York 1973) (Nachdruck).
Billingham, Ray A.: Westward Expansion: A History of the American Frontier, 5. Aufl. (New York/London 1982).
Brown, Wallace: The King's Friends (Providence 1965).
Cole, Donald B.: The Presidency of Andrew Jackson (Lawrence 1993).
Cronon, William: Changes in the Land. Indians, Colonists, and the Ecology of New England (New York 1983).
Dippel, Horst: Die amerikanische Revolution 1763–1787 (Frankfurt a. M. 1985).
Dozer, Donald M. (Hrsg.): The Monroe Doctrine. Its Modern Significance (Tempe, Arizona 1976).
Ellis, Joseph J.: „Sie schufen Amerika". Die Gründergeneration von John Adams bis George Washington (München 2002).
Habakkuk, H. J.: American and British Technology in the Nineteenth Century: The Search for Labour-Saving Inventions (Cambridge 1962).
Heideking, Jürgen: Die Verfassung vor dem Richterstuhl. Vorgeschichte und Ratifizierung der amerikanischen Verfassung 1787–1791 (Berlin/New York 1988).
Horwitz, Morton J.: The Transformation of American Law, 1780–1860 (Cambridge, Mass. 1977).
Kaminski, John P. (Hrsg.): A Necessary Evil? Slavery and the Debate over the Constitution (Madison 1995).
Kammen, Michael (Hrsg.): The Origins of the American Constitution. A Documentary History (New York 1986).
Kaplan, Lawrence S.: Entangling Alliances with None. American Foreign Policy in the Age of Jefferson (Kent/London 1987).
Middleton, Richard: Colonial America – A History, 1565–1776, 3. Aufl. (Oxford/Malden 2002).
Perkins, B.: The Creation of a Republican Empire, 1776–1865. In: The Cambridge History of American Foreign Relations, Bd. 1 (New York 1993).
Peterson, Merrill D.: The Great Triumvirate. Webster, Clay and Calhoun (New York 1987).
Potter, David M.: The Impending Crisis, 1848–1861 (New York/London 1976).
Schröder, Hans-Jürgen: Die Amerikanische Revolution. Eine Einführung (München 1982).

Sellers, Charles G. : The Market Revolution: Jacksonian America, 1815–1846 (New York 1991).
Stephenson, A.: Manifest Destiny: American Expansionism and the Empire of Right (New York 1995).
Watson, Harry L.: Liberty and Power. The Politics of Jacksonian America (New York 1990).
Wehler, Hans-Ulrich: Grundzüge der amerikanischen Außenpolitik 1750–1900 (Frankfurt a.M. 1983).
Wellenreuther, Hermann: Der Aufstieg des ersten Britischen Weltreiches. England und seine nordamerikanischen Kolonien 1660–1763 (Düsseldorf 1987).

## II. Von der Kontinentalmacht zur Weltmacht (1867–1945)

Angermann, Erich: Die Vereinigten Staaten von Amerika seit 1917, 7. Aufl. (München 1987).
Badger, Anthony J.: The New Deal. The Depression Years 1933–1940 (Basingstoke 1989).
Brinkley, Alan: The End of Reform: New Deal Liberalism in Recession and War (New York 1995).
Brownlee, W. Elliot: Dynamics of Ascent. A History of the American Economy (New York 1974).
Cashman, Sean Dennis: America in the Gilded Age (New York 1984).
Chandler, Alfred D., jun.: Scale and Scope: The Dynamics of Industrial Capitalism (Cambridge, Mass. 1990).
Ders.: The Visible Hand: The Managerial Revolution in American Business (Cambridge, Mass. 1977).
Cochran, Thomas C.: Frontiers of Change. Early Industrialism in America (New York 1981).
Cohen, Warren I.: America's Response to China: A History of Sino-American Relations, 4. Aufl. (New York 2000).
Ders.: Empire Without Tears. America's Foreign Relations, 1921–1933 (New York 1987).
Dallek, Robert: Franklin D. Roosevelt and American Foreign Policy, 1932–1945 (New York 1979).
David, Kenneth S.: Franklin D. Roosevelt, 4 Bde. (New York 1971–1993).
Dingman, Roger: Power in the Pacific (Chicago 1976).
Eichengreen, Barry J.: Golden Fetters. The Gold Standard and the Great Depression, 1919–1933 (New York 1992).
Foner, Eric: Reconstruction. America's Unfinished Revolution, 1863–1877, 2. Aufl. (New York 1989).
Fraser, Steve/Gerstle, Gary (Hrsg.): The Rise and Fall of the New Deal Order, 1930–1980 (Princeton 1989).
Gantenbein, James W.: The Evolution of our Latin American Policy. A Documentary Record (New York 1980).
Gardner, Lloyd C.: A Covenant with Power. America and World Order from Wilson to Reagan (Oxford 1984).
Gellman, Irwin F.: Good Neighbour Diplomacy in Latin America, 1933–1945 (Baltimore 1979).
Hacker, L. M.: The Triumph of American Capitalism: The Development of Forces in American History to the End of the 19th Century (New York 1940).
Heilbronner, Robert L.: The Economic Transformation of America (New York 1977).
Hofstadter, Richard: The Age of Reform: From Bryan to F.D.R. (New York 1955).
Hogan, Michael J. (Hrsg.): Hiroshima in History and Memory (Cambridge, Mass. 1996).
Hunt, Michael H.: The Making of a Special Relationship: The United States and China to 1914 (New York 1983).

Iriye, Akira: After Imperialism. The Search for a New Order in the Far East, 1921–1931 (Cambridge, Mass. 1965).
Dies.: The globalizing of America (New York 1993).
Junker, Detlef: Der unteilbare Weltmarkt. Das ökonomische Interesse in der Außenpolitik der USA, 1933–1945 (Stuttgart 1975).
Karl, B.: The Uneasy State: The United States from 1915 to 1945 (Chicago 1983).
LaFeber, Walter: The American Search for Opportunity 1865–1913 (New York 1993).
Langley, Lester D.: The Banana Wars. U.S. Intervention in the Caribbean 1898–1934 (Chicago 1988).
Leffler, Melvyn: The Elusive Quest. America's Pursuit of European Stability and French Security, 1919–1933 (Chapel Hill 1979).
Leuchtenberg, William E.: FDR and the New Deal 1932–1940 (New York 1963).
Ders.: The Perils of Prosperity, 1914–1932 (Chicago 1958).
Link, Arthur S.: Woodrow Wilson, 5 Bde. (Princeton 1947–1965).
Link, Werner: Die amerikanische Stabilisierungspolitik in Deutschland 1921–1932 (Düsseldorf 1970).
Maizels, Alfred: Industrial Growth and World Trade. An Empirical Study of Trends in Production, Consumption and Trade in Manufactures from 1899–1959 (Cambridge 1963).
Marks III, Frederick W.: Velvet on Iron. The Diplomacy of Theodore Roosevelt (Lincoln, Nebr. 1979).
May, Ernest R.: Imperial Democracy. The Emergence of America as a Great Power, 2. Aufl. (Chicago 1991).
Mayer, Karl J.: Zwischen Krise und Krieg. Frankreich in der Außenpolitik der United States zwischen Weltwirtschaftskrise und Zweitem Weltkrieg (Stuttgart 1999).
McPherson, James M.: Battle Cry of Freedom. The Civil War Era (Oxford 1988).
Pastor, Robert A.: Whirlpool. U.S. Foreign Policy toward Latin America and the Caribbeans (Princeton 1992).
Ders.: Congress and the Politics of U.S. Foreign Economic Policy, 1929–1976 (Berkeley 1980).
Patterson, James T.: America's Struggle Against Poverty 1900–1980 (Cambridge, Mass. 1981).
Porter, Glenn: The Rise of Big Business 1860–1910 (New York 1973).
Potter, D. M.: The American Economy between the World Wars (London 1974).
Rosenberg, Emily: Spreading the American Dream. American Economic and Cultural Expansion, 1890–1945 (New York 1982).
Schmidt, Gustav (Hrsg.): Konstellationen internationaler Politik 1924–1932. Politische und wirtschaftliche Faktoren in den Beziehungen zwischen Westeuropa und den Vereinigten Staaten von Amerika, 1924–1932 (Bochum 1983).
Schröder, Hans-Jürgen (Hrsg.): Confrontation and Cooperation. Germany and the United States in the Era of World War I, 1900–1924 (Providence/Oxford 1993).
Schwabe, Klaus: Deutsche Revolution und Wilson-Frieden. Die amerikanische und deutsche Friedensstrategie zwischen Ideologie und Machtpolitik 1918/9 (Düsseldorf 1971).
Sitkoff, H. (Hrsg.): Fifty Years Later: New Deal Evaluated (New York 1985).
Skocpol, Theda: Protecting Soldiers and Mothers. The Political Origins of Social Policy in the United States (Cambridge, Mass. 1992).
Tomlins, Christopher L.: The State and the Unions. Labor Relations, Law, and the Organized Labor Movement in America, 1880–1960 (Cambridge/New York 1985).
Utley, Robert M.: The Indian Frontier of the American West, 1846–1890 (Albuquerque 1984).

Weinberg, Gerhard: Eine Welt in Waffen. Die globale Geschichte des Zweiten Weltkrieges (Stuttgart 1995).
Wiebe, Robert H.: The Search for Order, 1877–1920 (New York 1967).
Wilson, Joan Hoff: American Business & Foreign Policy, 1920–1933 (Boston 1971).
Woodward, C. Vann: Origins of the New South, 1877–1913 (Baton Rouge 1951).
Ders.: Reunion and Reaction. The Compromise of 1877 and the End of Reconstruction (Boston 1951).
Ziebura, Gilbert: Weltwirtschaft und Weltpolitik, 1922/24–1931. Zwischen Rekonstruktion und Zusammenbruch (Frankfurt a. M. 1984).
Zunz, Olivier: Making America Corporate, 1870–1920 (Chicago 1990).

## III. Die amerikanische Weltmacht nach 1945

Adams, Willi P., u. a. (Hrsg.): Länderbericht USA, 2 Bde. (Bonn 1992).
Ambrose, Stephen E.: Eisenhower, vol. 2: The President (New York 1984).
Ders.: Nixon, 3 Bde. (New York 1989–1991).
Bartlett, Christopher John: The „Special Relationship“: a Political History of Anglo-American Relations since 1945 (London 1992).
Bernstein, Barton J.: The Atomic Bomb. The Critical Issue (Boston/Toronto 1978).
Bialer, Seweryn/Mandelbaum, Michael (Hrsg.): Gorbachev's Russia and American Foreign Policy (Boulder 1988).
Bierling, Stephan G./Meier-Walser, Reinhard C. (Hrsg.): Die Clinton-Präsidentschaft. Ein Rückblick. Argumente und Materialien zum Zeitgeschehen 31 (München 2001).
Campbell, Colin/Rockman, Bert A. (Hrsg.): The Bush Presidency. First Appraisals (Chatham 1991).
Cohen, Benjamin: The Geography of Money (Ithaca 1998).
Cohen, Warren I. (Hrsg.): Pacific Passage. The Study of American-East Asian Relations on the Eve of the 21st Century (New York 1996).
Ders./Iriye, Akira (Hrsg.): The Great Powers in East Asia 1953–1960 (New York 1990).
Costain, Ann/McFarland, Andrew S. (Hrsg.): Social movements and American political institutions (Laham, Md. 1998).
Czempiel, Ernst-Otto: Machtprobe. Die USA und die Sowjetunion in den achtziger Jahren (München 1989).
Decker, Claudia: Handelskonflikte der USA mit der EG seit 1985. Eine Studie des Reziprozitätsprinzips in der amerikanischen Außenhandelspolitik (Berlin 2002).
Dembinski, Matthias/Rudolf, Peter/Wilzewski, Jürgen (Hrsg.): Amerikanische Außenpolitik nach dem Ost-West-Konflikt (Baden-Baden 1994).
Destler, I. M.: American Trade Politics. A System under Stress (Washington, D.C. 1986).
Dittgen, Herbert: Amerikanische Demokratie und Weltpolitik. Außenpolitik in den Vereinigten Staaten (Paderborn 1998).
Dobson, Alan P./Marsh, Steve: US Foreign Policy since 1945 (London/New York 2001).
Duignan, Peter/Gann, L. H.: The Rebirth of the West. The Americanization of the Democratic World (Cambridge, Mass. 1992).
Feldstein, Martin (Hrsg.): The American Economy in Transition (Chicago 1980).
Freedman, Lawrence: Kennedy's Wars: Berlin, Cuba, Laos, and Vietnam (New York 2000).

Freedman, Lawrence/Karsh, Efraim: The Gulf Conflict 1990–1991. Diplomacy and War in the New Era (Princeton 1993).
Frey, Marc: Geschichte des Vietnamkrieges. Die Tragödie in Asien und das Ende des amerikanischen Traums (München 1998).
Gaddis, John Lewis: We Now Know. Rethinking Cold War History (Oxford 1997).
Gardner, Richard N.: Sterling-Dollar Diplomacy. The Origins and the Prospects of Our International Economic Order, rev. Aufl. (New York 1969).
Garthoff, Raymond L.: Detente and Confrontation. American Soviet Relations from Nixon to Reagan (Washington 1987).
Gitlin, T.: The Sixties: Years of Hope, Days of Rage, 2. Aufl. (New York 1993).
Gordon, Bernard K.: America's Trade Follies: Turning Economic Leadership into Strategic Weakness (London 2001).
Haass, Richard N.: The Reluctant Sheriff. The United States after the Cold War (New York 1997).
Hacke, Christian: Zur Weltmacht verdammt: Die amerikanische Außenpolitik von Kennedy bis Clinton (Berlin 1997).
Hacker, Jacob S.: The Divided American Welfare State, Public and Private Benefits (Cambridge, Mass. 2002).
Haftendorn, Helga/Schissler, Jacob (Hrsg.): Rekonstruktion amerikanischer Stärke. Sicherheit und Rüstungskontrollpolitik der USA während der Reagan-Administration (Berlin/New York 1988).
Hanrieder, Wolfram F.: Deutschland – Europa – Amerika. Die Außenpolitik der Bundesrepublik 1949–1994 , 2. Aufl. (Paderborn 1995).
Harrison, Bennett/Bluestein, Barry: The Great U-Turn. Corporate Restructuring and the Polarizing of America (New York 1988).
Heath, J.: Decade of Disillusionment: The Kennedy-Johnson Years (Bloomington, Ind. 1975).
Hoffmann, Stanley: Gulliver's Troubles, or the Setting of American Foreign Policy (New York 1968).
Hogan, Michael J. (Hrsg.): America in the World: The Historiography of American Foreign Relations since 1941 (New York 1995).
Ders. (Hrsg.): The Reagan Years: The Record in Presidential Leadership (Manchester 1990).
Hogan, Michael J.: The Marshall Plan. America, Britain and the Reconstruction of Western Europe 1947–1952 (Cambridge/New York 1987).
Holtfrerich, Carl-Ludwig: Wirtschaft USA. Strukturen, Institutionen und Prozesse (München 1991).
Hyland, William G.: Clinton's World. Remaking American Foreign Policy (Westport 1999).
Ikenberry, G. John/Lake, David/Mastanduno, Michael (Hrsg.): The State and American Foreign Economic Policy (Ithaca 1988).
Junker, Detlef (Hrsg.): Die USA und Deutschland im Zeitalter des Kalten Krieges 1945–1990. Ein Handbuch, 2 Bde. (Stuttgart/München 2001).
Kagan, Robert: Macht und Ohnmacht. Amerika und Europa in der neuen Weltordnung (Berlin 2003).
Kubbig, Bernd W. (Hrsg.): Transatlantische Unsicherheit. Die amerikanisch-europäischen Beziehungen im Umbruch (Frankfurt a. M. 1991).
Kupchan, Charles A.: The End of the American Era. U.S. Foreign Policy and the Geopolitics of the Twenty-First Century (New York 2002).
Leffler, Melvyn P.: A Preponderance of Power. National Security, the Truman Administration, and the Cold War (Stanford, Cal. 1992).
Ders./Painter, David S. (Hrsg.): Origins of the Cold War (London 1994).

Lieber, Robert J. (Hrsg.): Eagle Adrift. American Foreign Policy at the End of the Century (New York 1997).
Lovett, William Anthony/Eckes, Alfred E., Jr./Brinkman, Richard L.: U.S. Trade Policy: History, Theory and the WTO (Armonk 1999).
Lundestad, G.: American Empire (Oxford 1990).
May, Ernest R. (Hrsg.): American Cold War Strategy. Interpreting NSC 68 (Boston/New York 1993).
McCormick, Thomas J.: America's Half Century. U.S. Foreign Policy in the Cold War (Baltimore 1989).
McKay, D.: Domestic Policy and Ideology: Presidents and the American State 1964–1987 (New York 1989).
McMahon, Robert J. (Hrsg.): Major Problems in the History of the Vietnam War, 2. Aufl. (Lexington, MA 1995).
Ders.: The Limits of Empire: The United States and Southeast Asia Since World War II (New York 1999).
Meier-Walser, Reinhard C./Lutter, Susanne (Hrsg.): Europa und die USA. Transatlantische Beziehungen im Spannungsfeld von Regionalisierung und Globalisierung (München 2002).
Mower, A. G.: Human Rights and American Foreign Policy: The Carter and Reagan Experiences (New York 1987).
Nau, Henry: America at Home Abroad. Identity and Power in American Foreign Policy (Ithaca 2002).
Nye, Joseph S., Jr. (Hrsg.): The Making of America's Soviet Policy (New Haven 1984).
Oye, Kenneth A./Lieber, Robert J./Rothchild, Donald (Hrsg.): Eagle Entangled. U.S. Foreign Policy in a Complex World (Boston 1977).
Dies.: Eagle Defiant. United States Foreign Policy in the 1980's (Boston 1982).
Dies.: Eagle Resurgent? The Reagan Era in American Foreign Policy (Boston 1987).
Painter, David S.: Private Power and Public Policy. Multinational Oil Corporations and U.S. Foreign Policy 1941–1954 (London 1986).
Patterson, James T.: Grand Expectations. The United States, 1945–1971 (Oxford 1996).
Revel, Jean-François: L'Obsession anti-américaine (Paris 2002).
Ruggie, John Gerald: Winning the Peace. America and World Order in the New Era (New York 1996).
Schaller, M.: Reckoning with Reagan: America and Its President in the 1980s (New York 1992).
Schissler, Jakob (Hrsg.): Neokonservatismus in den USA (Opladen 1983).
Schlesinger, Arthur: The Disuniting of America. Reflections on a multicultural Society (New York 1991).
Schmidt, Gustav (Hrsg.): A History of NATO. The First Fifty Years, 3 Bde. (2001).
Ders./Doran, Charles F. (Hrsg.): Amerikas Option für Deutschland und Japan. Die Position und Rolle Deutschlands und Japans in regionalen und internationalen Strukturen. Die 1950er und die 1990er Jahre im Vergleich (Bochum 1996).
Ders. (Hrsg.): Ost-West-Beziehungen. Konfrontation und Détente 1945–1989, 3 Bde. (Bochum 1993–95).
Ders. (Hrsg.): Strukturen des Kalten Krieges im Wandel, 1946–1956 (München 2003).
Schonberger, Howard: Aftermath of War. Americans and the Remaking of Japan, 1945–1952 (Kent/London 1989).
Schulzinger, Robert D.: A Time for War. The United States and Vietnam 1941–1975 (New York 1997).

Schwartz, Thomas Alan: America's Germany. John McCloy and the Federal Republic of Germany (Cambridge, Mass. 1991).

Spiro, David E.: The Hidden Hand of American Hegemony: Petrodollar Recycling and International Markets (Ithaca/N.Y. 1999).

Tew, Brian: The Evolution of the International Monetary System 1945–1988, 4. Aufl. (London 1988).

Trachtenberg, Marc: A Constructed Peace: The Making of the European Settlement, 1945–1963 (Princeton, N.J. 1999).

Treverton, Gregory: Covert Action. The CIA and the Limits of American Intervention in the Postwar World (London 1987).

Vatter, H. G., u.a. (Hrsg.): History of the U.S. Economy since World War II (Armonk 1996).

Viorst, M.: Fire in the Streets: America in the 1960s (New York 1979).

Weir, M./Orloff, A. Sh./Skopcol, Th. (Hrsg.): The Politics of Social Policy in the United States (Princeton 1988).

Woods, R. B., et al.: Dawning of the Cold War. The United State's Quest for Order (Athens 1991).

Zelikow, Philip/Rice, Condoleezza (Hrsg.): Germany Unified and Europe Transformed. A Study in Statecraft (Cambridge, Mass. 1995).

# Personenregister

# Personenregister